Edel Marzinek-Späth

Das große Pferdelexikon

von A bis Z

Mit Illustrationen von Helmut Ball

Schneider Buch
EGMONT

Liebe Leserin, lieber Leser!

Pferde, so hört man oft, gehören zu den edelsten Tieren. Nun, man kann darüber verschiedener Meinung sein, ob es edlere und weniger edle Arten im Reich der Tiere gibt. Sicher ist, dass die Pferde zu den Tierarten gehören, die dem Menschen – neben Hund und Katze – am nächsten stehen.

Ohne das Pferd wäre die Geschichte der Menschheit gewiss völlig anders verlaufen. Mit ihm sind die Menschen über ihren engeren Lebensraum hinaus mobil geworden. Nur mit dem Pferd war es möglich, bis in die abgelegensten Winkel der Kontinente Handel zu betreiben. Mit Hilfe von Pferden wurden aber auch ganze Weltreiche gewaltsam erobert, wurden bis ins 20. Jahrhundert hinein schreckliche Kriege geführt, in denen neben unzähligen Menschen auch zahllose Pferde zu Tode kamen. Selbst religiöse Verehrung mussten Pferde oft mit dem Leben bezahlen.

Überhaupt ging es dem zum Haustier gewordenen Pferd trotz seiner Anpassungsfähigkeit und Dienstbereitschaft in menschlicher Hand nicht immer gut, oft sogar geradezu erbärmlich. Und das hat sich bis heute nicht geändert. In allen Bereichen der Zucht und der Nutzung von Pferden und des Pferdesports werden viele Tiere nach wie vor in unnatürlicher Weise gehalten. Oft werden sie gewissenlos ausgebeutet, oder sie werden vernachlässigt, weil die Besitzer das Interesse an ihnen verloren haben.

Wer von Pferden und ihrer Ausstrahlung fasziniert ist, sollte nie vergessen, dass es sich um Tiere mit eigenen Bedürfnissen handelt. Pferde sind keine Maschinen, die auf Knopfdruck funktionieren. Sie sind keine empfindungslosen Sportgeräte und keine Plüschtiere, die man nach Gebrauch einfach nur wegzuräumen braucht. Sie sind auch kein „Kulturgut" wie Bauwerke aus Stein oder Holz, sondern wurden, ohne sich dafür anzubieten, zu Helfern und Sportpartnern des Menschen. Nur die Achtung vor dem Pferd kann uns zu einer Einstellung verhelfen, die ihm als Tier und als tausendfach verdientem Gefährten des Menschen gerecht wird.

Edel Marzinek-Späth

A

Aalstrich _ Ein hellbrauner bis schwarzer Längsstreifen im Rückenfell eines Pferdes. Er verläuft vom Mähnenkamm bis zum Schweifansatz, oft auch noch ganz durch den Schweif. Man zählt den Aalstrich zu den Merkmalen urtümlicher Pferde, ebenso wie das ☞ **Mehlmaul**, die ☞ **Wangenflecke** und die ☞ **Zebrastreifen**.
☞ **Abzeichen**, ☞ **Wildfärbung**

Auch beim Fohlen ist der Aalstrich schon gut erkennbar.

Abblasen _ So nennt man es, wenn eine ☞ **Reitjagd** mit dem Hornsignal „Halali" beendet wird.

Abbrechen _ 1. Von der ☞ **Mittellinie** der ☞ **Reitbahn** oder aus der Aufstellung im Freien einzeln anreiten und zum ☞ **Hufschlag** oder zum Reitweg abwenden; der Anfangsreiter bricht als Erster ab.
2. Abbrechen nennt man es auch, wenn ein Reiter eine Prüfung vorzeitig beendet – auf eigene Entscheidung oder durch ☞ **Abläuten**.

Abfohlen _ Eine Stute, die ein Fohlen zur Welt bringt, fohlt ab. ☞ **Geburt**

Abfußen, Auffußen _ Wenn ein Pferd ein Bein anhebt, fußt es ab. Das Aufsetzen der Beine nennt man Auffußen. ☞ **Aktion**, ☞ **Gangarten**, ☞ **Untertreten**

Abgeschlagene Kruppe _ Eine besondere Form der ☞ **Kruppe**.

Abkauen _ erzeugt Schaumbildung im Maul eines Pferdes, das auf dem ☞ **Gebiss** der Zäumung „kaut". Dadurch wird die ☞ **Ohrspeicheldrüse** wie beim Fressen zur Speichelbildung angeregt, und das Pferd wird im Genick geschmeidig. Der Speichel wandelt sich dann zu Schaum. Das Abkauen ist normalerweise ein Zeichen für richtiges Reiten. Es lässt sich jedoch auch künstlich herbeiführen, beispielsweise durch den Einsatz von ☞ **Hilfszügeln** oder durch die Verwendung von Gebissen mit Obstgeschmack.

Abläuten _ 1. Glockenzeichen vor dem ☞ **Start** bei Pferderennen (☞ **Rennsport**). Nach dem Abläuten dürfen für die bevorstehende Ausscheidung keine ☞ **Wetten** mehr angenommen werden.
2. Signal zum Beginn eines Rittes oder einer Fahrt bei ☞ **Turnieren**.
3. Glockensignal als Anordnung der ☞ **Richter**, einen Ritt beziehungsweise eine Fahrt zu unterbrechen oder zu beenden. Ein neuerliches Läutesignal ist bei einer Unterbrechung die Freigabe zum Weitermachen.

Abreiten, Abfahren _ So nennt man das direkte Vorbereiten der Pferde beispielsweise vor einer Leistungsprüfung, zu Beginn einer Jagd oder eines Ausritts. Durch leichte Reitübungen in allen Gangarten, gegebenenfalls einzelne Springübungen oder Fahren im Schritt und Trab werden Stall- oder Transportersteifheiten und Verspannungen gelöst, die Muskulatur wird aufgewärmt, der Kreislauf allmählich in Schwung gebracht; auch angestauter Bewegungsdrang und Nervosität können gemildert werden.
Bei richtigem Abreiten werden die Pferde nicht schon vor Beginn des eigentlichen Einsatzes schweißnass geritten und dutzende Mal über Hindernisse gejagt! Nur nach ausreichendem und richtigem Abreiten können sie mit Schwung und Aufmerksamkeit, aber ohne Hektik in die Prüfung gehen. Den bisherigen Abreiteplatz auf ☞ **Turnieren** der

☞ **FN** hat man umbenannt in ☞ **Vorbereitungsplatz**. Abreiten in einem anderen Sinn bedeutet, eine Strecke zu Pferd zu erkunden, bevor der eigentliche Ritt losgeht. Vor den meisten Prüfungen darf der ☞ **Parcours** oder die Geländestrecke nicht abgeritten werden; die Teilnehmer dürfen sie teilweise jedoch zu Fuß besichtigen.

Abreiteplatz _ ☞ **Vorbereitungsplatz**

Absatteln _ Den ☞ **Sattel** vom Pferd abnehmen.

Absatzfohlen _ Ein Fohlen, das von der Mutter entwöhnt und entfernt worden ist, bezeichnet man als Absatzfohlen oder Absetzer. ☞ **Absetzen**, ☞ **Fohlenweide**

Abschirren _ Das ☞ **Geschirr** vom ☞ **Zugpferd** abnehmen.

Abschlagen _ Wenn eine Stute zwar schon in der ☞ **Rosse**, aber noch nicht paarungsbereit ist, wehrt sie Paarungsversuche des Hengstes oft noch sehr heftig ab. Sie läuft vor ihm weg, und wenn das nichts nützt, keilt sie nach ihm aus: Sie schlägt ihn ab.

Abschnauben _ Das Abschnauben oder Abprusten ist ein Ausdruck des Wohlbehagens und der ☞ **Losgelassenheit** eines Pferdes, besonders beim Reiten oder Fahren. Das Pferd hat sich in der Bewegung entspannt und stößt beim Abschnauben kräftig und vernehmlich Luft aus.

Abschwitzen _ nennt man das Abkühlen des Pferdes nach anstrengender Tätigkeit. Pferde schwitzen meist zuerst am Hals und zwischen den Hinterbacken sowie in der Sattel- bzw. Gurtlage.
Das Abkühlen darf nicht zu schnell erfolgen, vor allem darf ein erhitztes Pferd nicht in Zugluft stehen. Auch getränkt werden darf es nur vorsichtig. Einem nass geschwitzten Pferd nimmt man am besten Sattel- und Zaumzeug ab und zieht die feuchten Stellen mit einem ☞ **Schweißmesser** ab. Dann führt man es, bis sich die Atmung beruhigt hat. Vor allem bei kühler Witterung sollte man dem Pferd dazu eine leichte Decke überlegen (☞ **Eindecken**). Sobald wie möglich sollte man das Pferd trocken reiben bzw. die verschwitzten Stellen waschen.

Absetzen _ So nennt man es, wenn ein Fohlen von der Muttermilch entwöhnt und von der Mutterstute getrennt wird. Aus dem ☞ **Saugfohlen** wird ein ☞ **Absatzfohlen**. Im Freileben laufen die Fohlen meist so lange bei der Mutter mit, bis ein neues Geschwister geboren wird. Erst dann vertreibt die Stute ihr älteres Kind, damit es selbstständig werden kann. Das Absatzfohlen ist dann schon fast ein ☞ **Jährling**. Wenn eine Stute in einem Jahr ☞ **güst** bleibt, darf der jüngste Spross sogar bis zu etwa achtzehn Monate bei ihr trinken. So lange kann die Milchproduktion anhalten. Züchter setzen die Saugfohlen meist mit sechs Monaten ab. Die Fohlen können in diesem Alter bereits von pflanzlicher Nahrung allein leben, aber die nährstoffreiche Muttermilch fehlt ihnen anfangs doch. Absatzfohlen sind deshalb in den ersten Wochen nach dem Absetzen besonders krankheitsanfällig. Fohlen, die man noch früher von ihrer Mutter trennt, entwickeln sich häufig sehr schlecht. Abgesetzte Fohlen brauchen deshalb oft spezielles Aufzuchtfutter und Weiden mit besonders gehaltvollem Gras. Manche Fohlen überwinden die Trennung von der Mutter auch gemütsmäßig recht schnell, andere wiehern tagelang nach ihr. Absatzfohlen sind auch deshalb in einer Absetzergruppe auf einer ☞ **Fohlenweide** am besten aufgehoben. Hier können sie ausgiebig ihrem ☞ **Spielbedürfnis** nachgehen. In Österreich heißt das Absetzen Abspänen. Absetzen im reiterlichen Sinn bedeutet, dass das Pferd seinen Reiter abwirft, meist durch ☞ **Bocken**.

Absitzen _ Vom Pferd steigen. ☞ **Aufsitzen**

Absprung _ Wenn ein Pferd vor einem Hindernis vom Boden abhebt, nennt man die Stelle bzw. den Zeitpunkt des Abhebens Absprung. Beim ☞ **Freispringen** oder vor Steilhürden legt man Stangen als Absprungerleichterung vor das eigentliche Hindernis, damit das Pferd den richtigen Absprung besser abschätzen, also taxieren kann.

Abstammung _ 1. Die Herkunft eines einzelnen Pferdes nach den direkten und weiteren Vorfahren. Bei Pferden, die in einem ☞ **Zuchtbuch** eingetragen sind, sind die ersten Generationen im ☞ **Abstammungsnachweis** aufgeführt.
2. Die stammesgeschichtliche Abstammung der Tierart Pferd. ☞ **Entwicklungsgeschichte**

Abstammungsnachweis _ So heißt der Geburts- und Lebensschein eines Pferdes, das von einem staatlich zugelassenen ☞ **Zuchtverband** als rasserein betrachtet wird. Der Abstammungsnachweis ist eine richtige Urkunde, die Eintragungen dürfen nicht willkürlich verändert oder verfälscht werden. Das Dokument wird vom Zuchtverband ausgegeben. Es enthält das Geburtsdatum, das Geschlecht, ☞ **Farbe** und ☞ **Abzeichen** sowie das ☞ **Pedigree**, also die ☞ **Ahnentafel** des Pferdes. Außerdem werden der Name des Züchters und die Deckstelle (z. B. das ☞ **Gestüt** oder die ☞ **Deckstation**) vermerkt, später auch die ☞ **Lebensnummer** und eventuell der Name eines neuen Besitzers. Früher nannte man den Abstammungsnachweis auch Fohlenschein.

Abteilung _ Eine Gruppe von Reitschülern, die gemeinsam unterrichtet werden und sich in etwa auf dem gleichen Ausbildungsstand befinden. Auch andere Reitergruppen, z. B. beim ☞ **Formationsreiten** oder ☞ **Jagdreiten** (dafür gibt es auch den Begriff ☞ **Feld**), werden als Abteilungen bezeichnet.

Abteilung beim Reiten durch die Länge der Bahn

Abtrensen, Abzäumen _ Einem Pferd seinen ☞ **Zaum** abnehmen.

Abwurf _ So nennt man einen Fehler beim ☞ **Springreiten** durch das Herunterfallen eines Hindernisteils. Für jeden Abwurf gibt es Strafpunkte.

Abzeichen _ Abzeichen sind abgesetzte weiße oder farbige Bereiche im Fell eines ansonsten andersfarbigen

Abzeichen am Kopf

Abzeichen an den Beinen

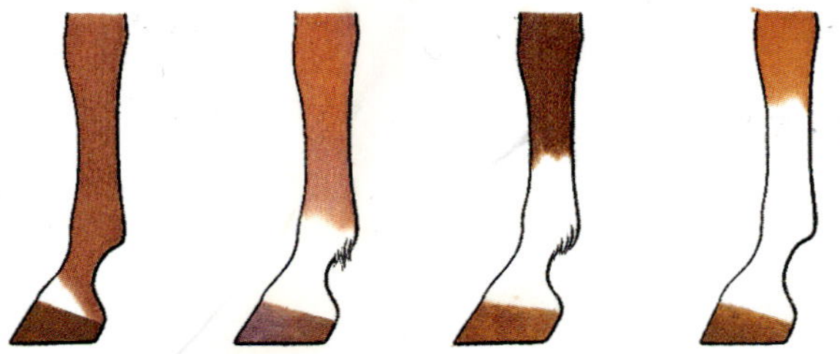

Weiße Krone — *Weiße Fessel* — *Halbweißer Fuß* — *Weißer Fuß (Stiefel)*

Pferdes, die sich nicht mehr verändern. Abzeichen können auch an haarlosen Hautstellen auftreten. Sie sind meist angeboren, können aber erst nach mehrmaligem ☞ **Haarwechsel** auftreten. Besondere Augenfärbungen wie ☞ **Birkauge** und ☞ **Glasauge** gehören ebenfalls dazu. Abzeichen am Kopf sind die verschiedenen Formen der ☞ **Blesse** sowie das ☞ **Mehlmaul**, das ☞ **Milchmaul** und das ☞ **Krötenmaul**. Weiße Abzeichen an den Beinen reichen von einer weißen Krone bis zum hochweißen Fuß, teils bezeichnet man Pferde mit solchen Fellzeichnungen auch als „halb gestiefelt" oder „gestiefelt". Beinabzeichen können an nur einer Gliedmaße auftreten oder an mehreren, und zwar auch in verschiedenen Ausdehnungen. Blessen gelten ebenso wie weiße Beinabzeichen als typisch für ☞ **Hauspferde**. Es gibt jedoch auch die Meinung, sie könnten doch schon bei ☞ **Wildpferden** vorgekommen sein, weil andere Wildtiere ebenfalls weiße Farbmarkierungen tragen. Diese sind allerdings meist eng umgrenzt und befinden sich bei allen Einzeltieren einer Art oder Rasse an derselben Stelle. Farbige Abzeichen im Pferdefell sind der ☞ **Aalstrich**, die ☞ **Wangenflecke**, die ☞ **Zebrastreifen** und das ☞ **Schulterkreuz**. Angeborene Abzeichen müssen in den ☞ **Abstammungsnachweis** eines Pferdes eingetragen werden. Abzeichen gibt es auch für Pferdesportler, siehe ☞ **Leistungsabzeichen**

Achal-Tekkiner _ Eine alte Pferderasse, die mit großer Wahrscheinlichkeit an der Entstehung des ☞ **Englischen Vollbluts** beteiligt war. Achal-Tekkiner sind etwa zwischen 150 und 160 cm groß und haben meist einen schlanken, sehnigen Körperbau. Alle ☞ **Farben** außer ☞ **Schecken** und Tigern (☞ **Tigerung**) kommen vor. Auffallend ist der Goldton im Fell vieler Pferde; oft fehlt ein ☞ **Stirnschopf**. Achal-Tekkiner sind für ihre Schnelligkeit, Ausdauer und

Flinke Achal-Tekkiner in leichter Anspannung

Umgänglichkeit berühmt. Man verwendet sie deshalb häufig für ☞ **Distanzritte**. Achal-Tekkiner zählen zu den ☞ **orientalischen Pferden**. Gezüchtet wurden sie schon vor 2500 Jahren von den Tekke, einem Nomadenstamm in Turkmenien; von ihnen bekamen sie Namen wie „die himmlischen Pferde". Heutige Hauptzuchtgebiete sind außerdem Kasachstan, Kirgisien, Usbekistan und Russland. Nachzuchten gibt es inzwischen auch in Deutschland, Österreich und den USA.

Achenbach _ Benno von Achenbach (1861–1936) war der berühmteste deutsche Fahrer (☞ **Fahren**). Er hat eine international gültige Fahrlehre aufgestellt. Wichtig war ihm zum Beispiel, dass man Wagenpferde nicht nur einfach als Lastenzieher ansieht: Man soll sie so trainieren, dass sie wie Reitpferde Schwung, Eleganz und ☞ **Gehorsam** zeigen. Dies erreicht man nur durch ☞ **Gymnastizierung**.

Acht _ Figur der höheren ☞ **Dressur**. Vom Mittelpunkt der Bahn aus wird eine ☞ **Volte** geritten, daraus sofort eine Volte auf der anderen ☞ **Hand**. Von oben gesehen bildet sich eine Acht.

a. d. _ bedeutet „aus der (Bedeckung der) Stute", deren Name darauf folgt. Das bedeutet, dass diese Stute die Mutter des betreffenden Pferdes ist. Die Abkürzung a. d. steht beispielsweise im ☞ **Abstammungsnachweis** und auf Stalltafeln.

2

Aegidienberger _ Eine der jüngsten „Kunstrassen" (☞ **Rassen**). Sie entstand aus Kreuzungen von ☞ **Isländern** mit peruanischen ☞ **Pasopferden**. Ziel war es, einen eleganten, kleinen Naturtölter zu bekommen (☞ **Tölt**). Die Rasse wurde nach dem deutschen Ort Aegidienberg benannt, in dem sich das Gestüt des Begründers befindet. Sie wurde 1995 von der ☞ **FN** anerkannt. Der Aegidienberger ist etwa 140 bis 150 cm groß, es gibt ihn in allen ☞ **Farben**.

Äpfeln _ Umgangssprachliches Wort für das Absetzen von ☞ **Kot** beim Pferd.

Ahnentafel _ Die Liste der Vorfahren eines Pferdes bezeichnet man als Ahnentafel. Die Vorfahren sind im ☞ **Abstammungsnachweis** eines Pferdes enthalten, meist bis zur vierten Generation. Die übliche Bezeichnung ist ☞ **Pedigree**, sie kommt aus der englischen Sprache und bedeutet auch Stammbaum oder reinrassig. Mit Stammbaum meint man auch die Liste der Nachkommen eines Tieres. ☞ **Blutführung**, **Blutlinie**

Aktion _ Als Aktion bezeichnet man die Art und Weise, in der sich ein Pferd in einer Gangart bewegt, vor allem im ☞ **Trab**. Erwünscht sind bei Reitpferden ein guter Schub aus der ☞ **Hinterhand**, guter ☞ **Raumgriff**, Schwung und Takt; die Hinterhufe sollen die Spur der Vorderhufe erreichen, die Vorderbeine sollen weit vorschwingen. Besonders Renntraber, aber auch andere, meist gut trainierte Reit- und Fahrpferde treten mit den Hinterhufen oft sogar weit vor die Spur der Vorderhufe (☞ **Untertreten**, ☞ **Übertreten**). Einige Rassen zeigen statt der Vorwärtsaktion im Trab eine deutliche Aufwärtsaktion der Vorderbeine mit Abknicken in der ☞ **Vorderfußwurzel**. Fälschlich wird dies auch Knieaktion genannt.

Aktionstraber _ Bei Hengstschauen (☞ **Hengstparaden**) werden manchmal Pferde von einem gerittenen Pferd aus an der Hand im Trab vorgestellt. Solche Aktionstraber können mit dem galoppierenden Reitpferd ohne weiteres „Schritt" halten.

Albino _ Albinismus bedeutet Farbmangel (Pigmentmangel), Farblosigkeit der Haut. Er ist ein „Ausrutscher" der Natur und fast immer angeboren. Bei völligem Pigmentmangel spricht man von Vollalbinismus; bei einem teilweisen Albinismus sind noch Pigmente vorhanden, die für eine schwache oder teilweise Färbung sorgen. Albinos kommen unter den Menschen genauso wie bei den verschiedensten Tierarten vor. Unter den Pferden gibt es nur selten lebensfähige Vollalbinos. Im Allgemeinen haben albinotische Pferde ein fahlweißes Fell, die Hufe sind fahlgelblich, die unbehaarte Haut erscheint rosa, weil die Blutgefäße durchschimmern, manchmal auch hellgrau, z. B. am Maul und um die Augen. Die Iris der Augen hat stets eine leichte Pigmentierung, die Augen sind deshalb hellblau, grau oder hellbraun. ☞ **Schimmel** sind keine Albinos.
In den USA gibt es eine eigene „Farb"-Zucht mit Pferde-Albinos, obwohl Albinos besonders lichtempfindlich und krankheitsanfällig sind.

Albinos haben einen angeborenen Farbstoffmangel.

Allergie _ Eine Allergie ist eine Überempfindlichkeit gegen bestimmte Bestandteile in der Umwelt, in der Nahrung, im Wasser, in Baustoffen und vielem mehr. Vor allem überwiegend im Stall gehaltene Pferde zeigen immer häufiger allergische Reaktionen, z. B. auf Staub und Schimmelbefall im Futter und im Stall. Als Reizauslöser kommen aber auch Wundsprays, Chemikalien im Belag der ☞ **Reitbahn**, Pflegestoffe in der ☞ **Ausrüstung**, Kunstdünger, Konservierungsmittel, Insektenstiche und vieles mehr in Frage. Selbst das Fell oder die Federn anderer Tiere können auch bei Pferden zu einer Allergie führen. Manchmal gibt es nur schwache Anzeichen, etwa ein paar Pusteln auf der Haut; in schweren Fällen kommt es bis zu lebensbedrohender Atemnot. Besonders bei Weidepferden treten die so genannten ☞ **Sommerekzeme** auf.

Altaipony _ Dies ist ein typisches zähes, sehr genügsames Hochgebirgspferd mit einem Stockmaß zwischen etwa 130 und 140 cm. Es gibt die Ponys in allen ☞ **Farben**, Rappen sind jedoch selten. Ihre Heimat ist das Altaigebirge, das sich in einer Länge von rund 2000 km von Russland über die Mongolische Republik bis zum mongolischen Teil Chinas hinzieht. Die höchste Erhebung, der Belucha, ist 4500 m hoch. Typisch für diese Gebirgslandschaft sind extrem kalte Winter und ein karger Pflanzenwuchs. Das Altaipony wird vorwiegend als ☞ **Packpferd** eingesetzt. Es muss häufig sehr schwere Lasten tragen, seine hauptsächliche Gangart ist deshalb der ☞ **Schritt**. Inzwischen wird es auch im Reittourismus verwendet.

Alter _ Wie alt ein Pferd genau ist, erfährt man am einfachsten durch eine gültige ☞ **Geburtsbescheinigung** oder einen ☞ **Abstammungsnachweis**. Als offizieller Geburtstag für alle gezüchteten Pferde gilt im Allgemeinen der erste Januar eines Jahres. Alle Fohlen, die bis Ende Oktober auf die Welt kommen, rechnet man zu diesem Jahrgang. Fohlen, die ausnahmsweise erst in den letzten beiden Monaten eines Jahres zur Welt kommen, werden zum nächsten Jahrgang gezählt.
Schätzen kann man das Alter von ☞ **Fohlen** und Jungpferden (bis zum ☞ **Zahnwechsel**) ganz gut anhand ihres allgemeinen Entwicklungszustands und ihres ☞ **Milchgebisses**. Die Lebensjahre eines erwachsenen Pferdes können Experten bis zu einem gewissen Grad an seinen bleibenden ☞ **Zähnen** „ablesen". Auch das äußere Erscheinungsbild lässt Schlüsse zu. Allmählich wird, auch bei trainierten Pferden, die Muskulatur und die Haut schlaffer, die Haare um Augen und Nüstern werden weiß. (Altersweißes Fell gilt jedoch nicht als ☞ **Stichelhaar**.) Einbuchtungen über den Augen und „eckig" gewordene Körperformen deuten bereits auf ein höheres Alter ab etwa 20 Jahren hin. In hohem Alter lässt die Beweglichkeit deutlich nach. Sehr alte Pferde legen sich nicht mehr so häufig zum Schlafen hin, wenn ihre Gelenke steifer geworden sind und sie nicht mehr schnell aufstehen können.
Von Natur aus können Pferde gut 30 bis etwa 40 Jahre alt werden. Vor allem in der ☞ **Robusthaltung** erreicht auch manches ☞ **Hauspferd** noch ein solches Alter. Dabei spielt wesentlich auch der Zustand und Erhalt der Zähne eine Rolle. Sensationsmeldungen von 50- bis 60-jährigen Pferden sind deshalb selten glaubhaft. Im Jahr 1994 meldete eine seriöse Tierzeitschrift, dass in Deutschland das zu diesem Zeitpunkt älteste bekannte Pferd, das Shetlandpony „Römer", im Alter von 58 Jahren gestorben sei. Womit das hohe Alter belegt wurde, war allerdings auch in dieser Nachricht nicht angegeben.
Viele Pferde sind heute bereits mit zehn bis zwölf Jahren durch Überforderung als ☞ **Sportpferde** oder als ☞ **Schulpferde** und durch nicht artgerechte Haltung so verbraucht, dass sie unheilbare Gesundheitsschäden haben. Auch unsachgemäßes „Hobbyreiten" trägt oft zum frühzeitigen Verschleiß eines Pferdes bei. Dazu kommen angeborene Gesundheitsmängel, die durch die ☞ **Zucht** verstärkt werden.
Dennoch können Leistungspferde – und dazu gehören neben den Sportpferden ☞ **Arbeitspferde** und ☞ **Dienstpferde** ebenso wie ☞ **Zuchtpferde** – bei vernünftigem Einsatz und Umgang das biologisch mögliche Alter erreichen und sind oft noch bis kurz vor ihrem ☞ **Tod** in einem guten Allgemeinzustand. Eigentlich müsste die Lebenserwartung beim Hauspferd sogar höher sein als beim ☞ **Wildpferd**, weil viele Strapazen des Wildlebens wegfallen und heute eine optimale ☞ **Fütterung** und Betreuung durch die Medizin möglich ist.

Bei guter Pflege mit ausreichend Bewegung können Pferde weit über 20 Jahre alt werden.

Altér-Pferd _ Edles Warmblutpferd Portugals, das dem ☞ **Lusitano** nahesteht. Es gibt nur eine kleine Zucht dieser Pferderasse im portugiesischen Nationalgestüt Altér Real do Chao.

Altersklassen _ ☞ **Klassen**

Amateur _ Pferdeausbilder und -sportler, die nicht hauptberuflich tätig sind, bezeichnet man als Amateure. ☞ **APO**

Amateur-Ausbilder _ Lehrkräfte mit qualifizierter Ausbildung für ehrenamtliche oder nebenberufliche Tätigkeit. Ausbildungsgänge der ☞ **FN** werden teils auch beim Deutschen Sportbund (DSB) anerkannt. Vorstufen sind u.a. der ☞ **Betreuer/ Sportassistent** im Pferdesport und der ☞ **Berittführer**. Lizenzen gibt es für den Trainer C (früher ☞ **Fachübungsleiter**), den Trainer B (☞ **Reitwart**) und für den Trainer A als oberste Stufe (☞ **Amateurreitlehrer**) in den Disziplinen Reiten, Fahren, Voltigieren, Westernreiten, Schulsport. Ab dem B-Schein gibt es spezielle Schwerpunkte wie Springen, Dressur, Vielseitigkeit, Anfänger- und Jugendausbildung, Distanzreiten, Wanderreiten, Jagdreiten; Reiten als Gesundheitssport. Natürlich können auch Frauen die Prüfungen ablegen. ☞ **APO**, ☞ **Trainer**

Amateurreitlehrer (Trainer A) _ Oberste Stufe der Amateurausbildung der ☞ **FN**, ebenso wie der Fahrlehrer und der Voltigierlehrer.

Amazone _ Eine griechische Sage erzählt von einem kriegerischen Reitervolk, das nur aus Frauen bestand. Man nannte diese Reiterinnen Amazonen. Die Reitersoldatinnen kämpften im Trojanischen Krieg, bei dem ein hölzernes Pferd eine zentrale Rolle spielte, gegen die Griechen. Der südamerikanische Riesenstrom Amazonas erhielt seinen Namen von den spanischen Eroberern. Sie hielten langhaarige männliche Ureinwohner nämlich anfangs für Frauen und dachten an die Sage von den Amazonen. Als moderne Amazonen sieht man heute die ganz unmilitärischen Springreiterinnen an. Für sie gibt es hie und da eigene Wettbewerbe, die Amazonenprüfungen.

American Saddlebred Horse _ Elegantes Reit- und Fahrpferd der USA mit hohem Vollblutanteil. Die Größe der Pferde liegt zwischen 155 und 165 cm Stockmaß, es gibt sie vorwiegend als ☞ **Fuchs** oder ☞ **Braunen** mit ☞ **Abzeichen**. Die Vorfahren dieser Rasse wurden von englischen Siedlern mitgebracht. Die Spezialität mancher Saddler sind der Rack, eine Gangart zwischen ☞ **Pass** und ☞ **Tölt**, und der Slow Gait, eine Art Paradeschritt oder langsamer Tölt; dabei hebt das Pferd jedes Bein extrem hoch an. Solche Pferde nennt man auch Fünfgänger, amerikanisch Fivegaited Horses. Aus Showgründen werden bei vielen Saddlern Muskeln an der ☞ **Schweifrübe** durchtrennt, um den Schweif in eine unnatürlich hohe Haltung zu bringen; ebenso belässt man die Hufe überlang oder trainiert sogar mit Holzpflöcken unter den Hufeisen. In Deutschland gibt es seit etwa 1990 eine Nachzucht dieser Pferderasse.

Ein American Saddlebred Hengst in der für die Rasse erwünschten, etwas sonderbar anmutenden Aufstellung

Ammenstute _ Wenn bei der ☞ **Geburt** oder kurz danach die Mutterstute stirbt oder wenn sie keine Milch (mehr) geben kann, braucht das neugeborene Fohlen dringend einen Ersatz für sie. Ideal ist immer eine Pferdestute als Amme. Die Suche danach ist jedoch schwierig und nicht immer erfolgreich - vor allem, weil meist die Zeit drängt. Manchmal findet man über einen Tierarzt oder den Zuchtverband noch rechtzeitig eine Stute, die ebenfalls gerade erst ein Fohlen bekommen hat, das aber gestorben ist. Besonders am Tag der Geburt ist die Chance am größten, dass sie das fremde Pferdekind annimmt; für das verwaiste Fohlen geht es darum, dass es möglichst noch von der ☞ **Biestmilch** etwas mitbekommt. Wenn die Amme das

Fohlen nicht trinken lässt, besteht noch die Möglichkeit, dass man sie melkt. Im günstigsten Fall wächst das Fohlen ganz bei der Ammenstute auf, sodass es einen vollwertigen Muttersatz hat. ☞ **Milch**, ☞ **Säugen**

Anatomie _ ☞ **Körperbau**

Anbinden _ Ein Pferd darf nicht an den ☞ **Zügeln** angebunden werden. Wenn es z. B. erschrickt und zurückweicht, kann es sich durch den ☞ **Zaum** üble Verletzungen am oder im Maul zufügen. Außerdem kann das Zaumzeug samt Zügeln beschädigt werden.
Zum richtigen Anbinden benutzt man einen ☞ **Führstrick**, der mit einem Haken an einem ☞ **Führhalfter** befestigt ist, eventuell auch an der Unterseite eines ☞ **Reithalfters**. Für das Anbinden an einem stabilen Balken oder einem Anbindering gibt es verschiedene Knoten; das Ende des Stricks sollte man auf jeden Fall so schlingen, dass man das Seil im Notfall durch nur einen oder zwei Handgriffe lösen kann. Bei verspielten Pferden muss man darauf achten, dass sie das Strickende nicht selbst mit den Lippen aufziehen können.

Andalusier _ (Reines Spanisches Pferd) Andalusien ist die größte Provinz Spaniens, sie erstreckt sich über den gesamten Süden des Landes. Das andalusische Pferd wird allerdings in ganz Spanien gezüchtet. Seine Zucht geht in vorchristliche Zeit zurück. In seinen Ursprüngen stammt es wohl von iberischen Wildpferden ab. (Die Iberische Halbinsel umfasst das heutige Spanien und Portugal.)

Andalusisches Pferd mit Reiter und „Dame rücklings" in landestypischer Festkleidung

Ähnliche Ursprünge vermutet man beim weniger veredelten ☞ **Sorraiapferd**. Zu Zeiten der Mauren wurde der Andalusier durch ☞ **Araber** und ☞ **Berber** geprägt. Im 16. und 17. Jahrhundert erlebte das andalusisch-spanische Pferd eine Blütezeit. Es war in ganz Europa als nobles, leichtes Reitpferd mit erhabenen Gängen und viel Ausstrahlung hoch angesehen, und man verwendete es zur Veredelung vieler Rassen, unter anderem beim ☞ **Frederiksborger**, ☞ **Lipizzaner**, ☞ **Neapolitaner** und ☞ **Oldenburger**. Aus dem Andalusier gingen auch viele der heutigen Rassen auf dem amerikanischen Doppelkontinent hervor.
Im 20. Jahrhundert wurde der Andalusier seinerseits durch Einkreuzung von ☞ **Englischem Vollblut** und ☞ **Anglo-Arabern** verändert, um ihn auch als Sportpferd verwenden zu können. Das heutige Stockmaß liegt zwischen etwa 155 und 162 cm. ☞ **Schimmel** sind am häufigsten, es kommen aber auch ☞ **Braune** und ☞ **Rappen** vor.

Anglo-Araber _ Die Ausgangsrassen für diesen Pferdetyp waren vollblütige ☞ **Araber** und das ☞ **Englische Vollblut**, das selbst unter anderem auf den Araber zurückgeht. Anglo-Araber werden vor allem in Frankreich, Großbritannien, Polen und Ungarn (☞ **Gidran**) in größerem Umfang gezüchtet, kleinere Zuchten gibt es auch in anderen Ländern. Es handelt sich um mittelgroße bis große Pferde zwischen 155 und 165 cm Stockmaß, die von schlanker Statur sind und im Sport sowie in Rennen verwendet werden. Teils werden Anglo-Araber auch als ☞ **Veredler** für andere Rassen eingesetzt. Es handelt sich fast ausschließlich um ☞ **Braune**, ☞ **Füchse** und ☞ **Schimmel**.

Angriffs- und Kampfverhalten _ Pferde sind keineswegs immer verträglich, vor allem nicht untereinander. Sie sind zwar keine Fleischfresser, die für ihre Ernährung andere Tiere jagen; doch auch Beutejäger wie der zu Unrecht als Bestie verrufene Wolf leben nicht ständig in Unfrieden mit ihrer Umwelt. Wie Wölfe sind auch Pferde von Natur aus sozial lebende Tiere (☞ **Herdentrieb**), und wie diese leben sie in ihrem Rudel vermutlich am liebsten in Frieden. Doch in jeder Gemeinschaft gibt es immer wieder Meinungsverschiedenheiten und Feindseligkeiten. Teils geht es dabei um die ☞ **Rangordnung**, teils um den ☞ **Fortpflanzungstrieb** und den Nachwuchs, manchmal auch nur um die ☞ **Individualdistanz**. Dabei geraten Stuten (und Wallache) ebenso aneinander wie Hengste. Vor einer ernsthaften Auseinandersetzung wird zwar meist

Ein ernsthafter Kampf zwischen zwei Kleinstpferdhengsten

gedroht oder imponiert, doch lässt sie sich nicht immer vermeiden. Zähne und Hufe, aber auch die gesamte Körperkraft sind die Kampfwaffen: Es wird gezwickt und gebissen, ausgekeilt und geschlagen, gerempelt und niedergerungen. Häufig genug tragen die Beteiligten Blessuren davon. In schlimmen Fällen kommt es zu Knochenbrüchen und anderen schweren Verletzungen, die das verletzte Tier zumindest in der Wildnis meist nicht überlebt. Besonders die ranghöheren Pferde stellen sich auch einem fremdartigen - echten oder vermeintlichen - Angreifer. Dies ist ein Teil des ☞ **Verteidigungstriebes**. So mancher Eindringling, etwa ein auf die Koppel gelaufener fremder Hund, wird oft ohne viel Federlesens in vollem Galopp und mit weit aufgerissenem Maul verjagt. Auch Menschen werden angegriffen, wenn sie das ☞ **Drohverhalten** nicht respektieren. Aggressives Verhalten eines Pferdes in Menschenhand kann allerdings auch dem ☞ **Fluchttrieb** entspringen.

Ankaufsuntersuchung _ auch „TÜV" genannt. Beim Kauf eines Pferdes sollte der Käufer das Pferd durch einen neutralen Tierarzt gründlich untersuchen lassen. Versteckte oder frühere Krankheiten und Verletzungen kann man dabei jedoch nicht immer feststellen. Vor allem gibt die Ankaufsuntersuchung keinen Aufschluss über das Wesen des Pferdes. Darum muss sich der Käufer selbst kümmern.

Anlehnung _ Die Verbindung zwischen der zügel- oder leinenführenden Hand des Reiters/Fahrers und dem Pferdemaul bezeichnet man als Anlehnung. Sie soll möglichst fein sein, damit das Pferd sich nicht gegen das ☞ **Gebiss** wehrt, sondern an den Zügel kommen kann (☞ **Zügelführung**, **Zügelhilfen**). Dies wird durch treibende ☞ **Hilfen** unterstützt. ☞ **Durchlässigkeit**

Annehmen _ Die Zügel durch leichtes Einwärtsdrehen der Handgelenke verkürzen. Verlängert der Reiter die Zügel wieder, so nennt man das Nachgeben. Dies ist die „feine" Art der beidhändigen ☞ **Zügelführung**. Grob und unreiterlich ist jedes Ziehen am Zügel oder gar brutales Reißen und ☞ **Riegeln**. Damit werden dem Pferd je nach Art der ☞ **Zäumung** Schmerzen im Maul oder am Kopf zugefügt.

Anpaarung _ Das Aussuchen und Zusammenbringen von Zuchthengsten und Zuchtstuten zur ☞ **Zucht**.

Anreiten _ 1. Das Pferd aus dem Stehen durch reiterliche ☞ **Hilfen** in Bewegung setzen.
2. Der erste Ausbildungsschritt bei noch rohen (nicht ausgebildeten) Pferden. Dieses Anreiten wird auch Einreiten genannt (☞ **Ausbildung des Pferdes**).
3. Zusammenstoß zweier Pferde samt Reiter beim ☞ **Jagdreiten** durch falsches Verhalten eines Teilnehmers.

Anspannen _ Anspannen, Einspannen oder Anschirren nennt man es, wenn Zug- und Wagenpferden das ☞ **Geschirr** angelegt und dieses mit dem Zuggefährt verbunden wird. Der Vorgang, bei dem das Geschirr wieder abgenommen wird, heißt entsprechend Abspannen, Ausspannen oder Abschirren.

Anspannungsarten _ 1. Der ☞ **Fahrstil** mit den passenden Gefährten und dem richtigen ☞ **Geschirr** wird als Anspannungsart bezeichnet. Für die Englische Anspannung wird das ☞ **Kumtgeschirr** verwendet; dazu gehören kräftige Pferde, häufig mit hoher ☞ **Aktion** im Trab. In der Ungarischen Anspannung gehen die Pferde, am besten so genannte ☞ **Jucker**, im ☞ **Sielengeschirr**. Die typische Altrussische Anspannung ist die ☞ **Troika**. Bei der Amerikanischen Anspannung verwendet man vor allem leichte Wagen, jedoch mit Kumtgeschirr.
2. Die Anzahl und die Stellung der Wagenpferde nennt man ebenfalls Anspannungsart.
☞ **Einhorn**, ☞ **Einspänner**, ☞ **Mehrspänner**, ☞ **Quadriga**, ☞ **Random**, ☞ **Tandem**, ☞ **Troika**, ☞ **Vierspänner**, ☞ **Zweispänner**

Anziehen _ Wenn sich ein Pferd willig und unerschrocken auf ein ☞ **Hindernis** zubewegt und die Bereitschaft zum ☞ **Springen** zeigt, dann zieht es an.

Apfelschimmel _ Meist ein noch relativ junger ☞ **Schimmel** auf dem Weg zum völligen „Ausschimmeln". Kennzeichnend für einen Apfelschimmel ist ein dunkles Ring- oder Netzmuster im bereits heller werdenden Fell. Manchmal bleibt das Muster auch lebenslang erhalten.

APO _ ist die geltende Abkürzung für die Ausbildungs- und Prüfungsordnung, die von der deutschen ☞ **FN** (und von der ☞ **FENA**, siehe ☞ **ÖTO**) erlassen wird. Inhaltliche Schwerpunkte sind ☞ **Leistungsabzeichen** sowie die Ausbildung von Lehrkräften im Reit-, Fahr- und Voltigiersport, von Richtern und Parcours-Chefs. Außerdem ist festgelegt, welche Ausbildungsstätten von der FN beziehungsweise von der FENA anerkannt werden können. Über diese Bestimmungen wirkt die FN auch an der staatlich anerkannten Ausbildung des Berufs ☞ **Pferdewirt** mit Schwerpunkt Reiten mit. Das FN-Regelwerk APO kann wie die ☞ **LPO** im Buchhandel erworben werden, die APO der FENA ist in der ebenfalls frei erwerblichen ☞ **ÖTO** enthalten. ☞ **Amateur-Ausbilder**, ☞ **Gespannführer**, ☞ **Trainer**

Appaloosa _ Dies ist eine der „buntesten" lebenden Pferderassen. Sie ist in den USA zu Hause und wird zu den ☞ **Westernpferden** gerechnet. Benannt wurde sie nach dem Palouse-Tal, in dem die Nez-Percé-Indianer lebten. Dieser friedliche Stamm züchtete nach der Besiedlung durch Europäer systematisch gefleckte Pferde, bis er und seine Pferde nach einer Flucht von den Weißen fast vollständig ausgerottet wurden.
Appaloosas haben einen kräftigen länglichen Körperbau; ihre mittlere Größe liegt bei 155 cm. Die Vielfalt der Fellzeichnungen ist fast unüberschaubar. Typisch sind auf jeden Fall Flecken verschiedener Größe – helle auf dunklem Grund sowie dunkle auf hellem Fell. Der Zuchtverband teilt die Fellzeichnungen nach fünf bis sechs Grundmustern ein – je nachdem, ob Farbe oder Weiß überwiegt und in welchen Körperbereichen die Fleckung hauptsächlich auftritt. Gezüchtet werden Appaloosas inzwischen unter anderem auch in einigen europäischen Ländern.

Bei den Appaloosas hat jedes Pferd ein anderes Fellmuster.

Araber _ Diese Rasse verkörpert den ☞ **Südtyp** schlechthin. Arabische Pferde sind in Regionen mit extremem Wüsten- und Halbwüstenklima beheimatet. Tagsüber kann es dort bis zu 50° Celsius heiß werden, nachts kühlt es sehr schnell oft bis unter die Frostgrenze ab. Wasser ist rar, und der Boden ist im Allgemeinen wenig fruchtbar; nur wo künstlich bewässert wird, wachsen nährstoffreiche Pflanzen. Pferde solcher Gegenden müssen sehr hart sein. Das heißt, dass die Araber unter den ungünstigen Bedingungen dennoch leistungsfähig und ausdauernd gesundheitlich stabil, langlebig und fruchtbar sind. Schwächliche Pferde haben keine große Überlebenschance. In ihrer Heimat wurden die Wüstenpferde jahrhundertelang zur Jagd, im Krieg und für Rennen benutzt, nie jedoch als Zug- oder Lasttiere. Für solche Zwecke benutzte man hauptsächlich Kamele oder Esel.
Das arabische Pferd ist drahtig, ☞ **trocken** und mit einer Größe von etwa 148 bis 155 cm gerade mittelgroß. Das ☞ **Fell** ist dünn und fein, das ☞ **Langhaar** seidig. Alle Grundfarben sind erlaubt, es kommen aber besonders

Westerngerittenes arabisches Pferd

viele ☞ **Schimmel** vor. Es gibt in der Araberzucht fünf Hauptlinien, die bis in die Zeit Mohammeds zurückgehen, des Begründers des Islam; er lebte von etwa 570 bis 632 nach Christus.
Araber gelten als sehr menschenbezogen. Sie werden heute weltweit gezüchtet. Es besteht eine internationale Zuchtvereinigung, die World Arabian Horse Organization, abgekürzt WAHO.
Man unterscheidet verschiedene Typen. Als Original-Araber dürfen nur Pferde bezeichnet werden, die in einem arabischen Land gezogen wurden; die meisten dieser Araber stammen aus Ägypten mit dem Staatsgestüt El Zaraah.
Als Vollblut-Araber gilt jedes arabischstämmige Pferd, das außerhalb Arabiens geboren wurde und eine ununterbrochene Vorfahrenliste zu Original-Arabern hat. Für solche Araber ist die Kennzeichnung mit den Buchstaben ☞ **ox** zugelassen. Außerdem werden teilweise auch Zuchtbücher für Araber geführt, in die Pferde mit lückenhafter oder nicht ausschließlich arabischer Abstammung eingetragen werden. Daneben gibt es das Anglo-Arabische Halbblut und den ☞ **Anglo-Araber**. Der Anteil arabischen Blutes, den solche Pferde führen, ist unterschiedlich hoch. Das reine (asile) arabische Pferd war wesentlich an der Entstehung des ☞ **Englischen Vollbluts** beteiligt und wird seit langem auch zur Verfeinerung von Ponyrassen verwendet.
Arabisierte Ponys sind im Allgemeinen rittiger als Ponys im Urtyp, aber oft auch von wechselhaftem Wesen.
☞ **Seite 24**, ☞ **Orientalische Pferde**, ☞ **Shagya-Araber**

Araberknick _ Leichte Einsenkung des Nasenrückens, kommt vor allem beim ☞ **Hechtkopf** vor.

Arabohaflinger _ ☞ **Haflinger**

Arbeit an der Hand _ Sie wird auch als Handarbeit, Bodenarbeit oder Arbeit am langen Zügel bezeichnet. Es handelt sich dabei um eine Ausbildungsform für Pferde, die an gesteigerte Aufgaben in der ☞ **Dressur**, vor allem der ☞ **Hohen Schule**, herangeführt werden sollen.
Das Pferd wird gesattelt und getrenst oder mit einem ☞ **Kappzaum** gezäumt; meist bekommt es auch ☞ **Ausbindezügel** eingeschnallt. Der Ausbilder hält die Trensenzügel oder einen speziellen so genannten Langen Zügel in der linken Hand; mit einer langen Gerte in der rechten Hand als treibende ☞ **Hilfe** und mit seiner Stimme regt er das Pferd dazu an, stärker mit der Hinterhand unterzutreten (☞ **Untertreten**), während es sich nach vorn bewegt. Dadurch soll es auch in eine höhere ☞ **Versammlung** kommen. Das Pferd kann sich ohne Reiter besser auf die Weiterschulung konzentrieren, weil es nicht gleichzeitig das Reitergewicht ausbalancieren muss. Die Arbeit an der Hand kann auch mit einer Art ☞ **Doppellonge** vorgenommen werden, wobei der Ausbilder dann hinter dem Pferd steht. Arbeit an der Hand wird z. B. manchmal in der ☞ **Spanischen Reitschule** zu Wien vorgeführt. Dabei zeigen die Hengste auch ☞ **Schulsprünge**. Parallel dazu oder vorweg gibt es auch die Arbeit in den ☞ **Pilaren**.

Arbeitspferde _ Keine andere Tierart wurde jemals so vielseitig für Arbeiten eingesetzt wie das Pferd. Man verwendet/e Pferde als ☞ **Tragtiere**, als Reittiere z. B. der ☞ **berittenen Hirten**, vor allem aber im ☞ **Zug**. Dabei können sie enorme Lasten befördern oder Werke antreiben, besonders wenn man mehrere Tiere gleichzeitig ziehen lässt. Nicht nur die massigen ☞ **Kaltblüter**, auch ☞ **Warmblutpferde**, vor allem das ☞ **Schwere Warmblut**, sowie kräftige ☞ **Ponys** waren und sind häufig immer noch unentbehrliche Helfer für den Menschen. Arbeitspferde sind geduldige, ausdauernde und umweltschonende Schwerarbeiter. So hat man festgestellt, dass sich durch den Einsatz schwerer Maschinen oft der Boden verdichtet; landwirtschaftliche Erträge können in der Folgezeit nur noch durch starke Düngung erreicht werden. Solange man Pferde verwendete, gab es diese Probleme nicht! Der heute wieder häufigere Einsatz von Arbeitspferden ist für engagierte Pferdeleute eine moderne, umweltfreundliche Alternative in bestimmten Arbeitsbereichen - beispielsweise auch

Viele Landwirte setzen heute wieder Pferde ein

dort, wo autofreie Zonen gefordert oder vorhanden sind. Einige Beispiele sollen aufzeigen, wo und wozu Pferde vielfach zu Arbeiten herangezogen wurden und werden:

Landwirtschaft, Gemüse- und Gartenbau:
Pflügen, Eggen, Säen, Furchen ziehen, Mähen, Heu wenden; Ernte einfahren, Dreschen, Mist und Gülle ausbringen.

Forstwirtschaft:
☞ **Holzreißen**, Langholzfahren, Reittier für Förster.

Schifffahrt und Fischerei:
☞ **Treideln**, Krabbenfischerei am Meeresstrand, Abtransport von Fischfang.

Rohstoffgewinnung:
Transport von Erz, Kohle und Salz in den Bergwerken und Salinen unter Tage und über Tage, Weiterbeförderung zu den Verkaufs- und Verarbeitungsstätten, Antrieb von Klär- und Schlämmanlagen und Aufzügen.

Handwerk, Produktion, Handel und Gewerbe:
Antrieb von ☞ **Göpelwerken**, Ausfahren von Lebensmitteln, Getränken, Arbeitsstoffen (z. B. Papier), Brenn- und Baustoffen, Geräten, Mobiliar und vielem mehr zum Groß- und Einzelhandel oder direkt zum Verbraucher.

Transport- und Nachrichtenwesen:
Unternehmerische und öffentliche Personen-, Fracht-, Waren- und Informationsbeförderung per Pferdewagen, Bus, Straßenbahn und Eisenbahn oder zu Pferd (☞ **Pony-Express**). Auf autofreien Inseln, etwa an der deutschen Nordseeküste, ziehen Pferde heute noch Inselbahnen und Pferdetaxis – manchmal vom Flugplatz aus, wo dann Althergebrachtes und Hochmodernes aufeinandertreffen.

Allgemeinwesen:
Krankenbeförderung und -besuche, Totentransport, Feuerwehr, Wasserwirtschaft, Abfallbeseitigung.

Reisen, Reitenlernen, Reittourismus, Fahrgewerbe:
Pferdedroschken (☞ **Fiaker**), Planwagen und Kutschen für Ausflüge, ☞ **Schulpferde** in gewerblichen Ausbildungsstätten, Reit-, Fahr- und Packpferde für Touren über Land.

Übrigens: Sogar für eine überaus beschwerliche Expedition in der Antarktis um die Wende vom 19. ins 20. Jahrhundert verschiffte man Pferde, die in der Eiswüste Proviant- und Geräteschlitten ziehen mussten – ein Albtraum für die Pferde wegen der extremen Kälte und wegen des hart gefrorenen, oft holperigen Bodens. Dagegen können sich Brautleute heute vielfach wieder den angenehmen Traum von einer weißen Hochzeitskutsche erfüllen – man kann sie nämlich vielerorts samt Kutscher mieten. Manchmal macht es allerdings Probleme, wieder Pferde zum Arbeiten einzusetzen, wo man es möchte: Es gibt fast keine Maschinen mehr, vor die man Pferde einspannen kann!

Arbeitstempo _ Das normale ☞ **Tempo** in der reiterlichen Grundausbildung.

Ardenner _ Alte Kaltblutrasse aus den französischen Ardennen mit viel Körpermasse, ausdrucksvollem Kopf, kurzen, stark bemuskelten Beinen und dichtem ☞ **Behang**. Die Größe der Pferde beträgt meist etwa 160 cm, ihr Gewicht liegt bei 800 bis 1000 kg. Ardenner sind hauptsächlich ☞ **Braune** und Rotschimmel (☞ **Farbschimmel**), manchmal auch Eisenschimmel, ☞ **Falben**, ☞ **Isabellen** und ☞ **Füchse**. Wie die meisten ☞ **Kaltblutrassen** wird auch der Ardenner heute in erster Linie als ☞ **Schlachtpferd** gezüchtet. Die Hauptzuchtgebiete liegen im Nordosten Frankreichs, in Belgien und Luxemburg.

Ariègepony _ ☞ **Mérenspferd**

Asilaraber _ ☞ **Araber**

Assateague-Pony _ Wild lebende Ponyrasse auf der menschenfreien Insel Assateague. Diese Insel liegt vor der Küste Marylands im Osten der USA. Verwalter ist die Feuerwehr von Chincoteague, einer bewohnten Nachbarinsel. Wie bei anderen ☞ **Wildgestüten** werden auch hier einmal im Jahr die Junghengste ausgesondert. Dazu lässt man die gesamte Herde durch eine schmale Bucht nach Chincoteague schwimmen und versteigert dort die Jungtiere. Am Abend kehrt die restliche Herde von rund 200 Tieren auf dem gleichen Weg in ihre kleine Wildnis zurück. In dem Buch „Misty", das die Schriftstellerin Marguerite Henry 1947 veröffentlichte, wurde den Assateague-Ponys ein erzählerisches Denkmal gesetzt.

Atlasschimmel _ Ein Atlasschimmel ist ein reinweiß geborenes Pferd mit dunkler Haut und dunkler Augenfarbe. Dadurch unterscheidet er sich vom pigmentlosen ☞ **Albino**. Atlasschimmel sind eine Seltenheit. ☞ **Schimmel**

Atmung _ Pferde können nur durch die Nase (☞ **Nüstern**) atmen. Ihr Gaumenzäpfchen ist so groß, dass es die Luftröhre zum Rachen hin abdeckt. Im Ruhezustand atmet ein

2–3

gesundes erwachsenes Pferd etwa acht- bis fünfzehnmal pro Minute ein und aus. Neugeborene Fohlen und Pferde, die ☞ **Fieber** haben oder schwer arbeiten müssen, machen in der gleichen Zeit etwa sechzig bis siebzig Atemzüge!

Aufgabenheft _ Ein Teil der ☞ **LPO** und anderer Reglements für ☞ **Dressurprüfungen**; es enthält die genaue Abfolge der einzelnen Aufgaben beziehungsweise ☞ **Lektionen**.

Aufgalopp _ Vor dem ☞ **Start** eines ☞ Galopprennens werden die Pferde im ☞ **Geläuf** den Zuschauern nochmals vorgestellt. Dazu führen Helfer sie an der Hand, während die Rennreiter bereits aufgesessen sind. In Hindernisrennen gehört ein Probesprung zum Aufgalopp. Danach werden die Pferde zur Startlinie geritten.
Die Teilnahme am Aufgalopp ist Pflicht; wenn ihn ein Rennreiter versäumt, wird er mit seinem Pferd vom Rennen ausgeschlossen.

Aufnehmen _ 1. Trächtigwerden einer Stute nach dem ☞ **Deckakt**.

2. Ein Pferd beim Reiten (oder Fahren) durch entsprechende ☞ **Hilfen** zu weniger ☞ **Tempo** oder mehr ☞ **Versammlung** bringen.

Aufrichtung _ 1. Ein Pferd ist gut aufgerichtet, wenn es unter dem Reiter bei erhobener Haltung des Halses am Zügel geht (☞ **Zügelführung**, **Zügelhilfen**). Je größer die ☞ **Versammlung**, umso mehr Aufrichtung zeigt das Pferd.

2. Das Erheben auf der Hinterhand. ☞ **Levade**

Aufsitzen _ Ein Reiter sitzt auf, wenn er sich auf den Rücken eines Pferdes schwingt bzw. setzt. Aufgesessen wird meist von der linken Seite (beim ☞ **Damensattel** ist es anders auch nicht möglich), weil dies für Rechtshänder „natürlich" ist und auch die Sattelgurte in der Regel auf dieser Seite zugeschnallt werden. Außerhalb von Wettbewerben kann man jederzeit auch von rechts aufsitzen. Es ist für Pferd und Reiter sogar günstig, auch in dieser Hinsicht etwas flexibel zu sein. Absitzen bedeutet entsprechend, dass man vom Pferd absteigt.

Aufstallen _ Aufstallen nennt man es, wenn man Pferde nach längerem Aufenthalt auf der ☞ **Weide** z. B. für die Winterzeit in einen ☞ **Stall** einstellt.

Ein Helfer hält gegen, damit der Sattel nicht ins Rutschen gerät. Einfacher wäre das Aufsitzen mit einem Hocker.

Aufstehen _ Schon wenige Minuten nach ihrer ☞ **Geburt** versuchen gesunde Fohlen, auf die Beine zu kommen. Meist haben sie anfangs Probleme damit, weil sie die vier Gliedmaßen noch nicht „sortieren" und das Gleichgewicht noch nicht halten können. Doch das Aufstehen ist lebenswichtig und wird deshalb geübt, bis es klappt. Es regt den Kreislauf und den Stoffwechsel an, macht dem Fohlen das Trinken am Euter möglich und ist die Voraussetzung zum baldigen Laufen.
Mutterstuten, die sich zum ☞ **Abfohlen** hingelegt haben, stehen in der Regel noch vor ihrem Fohlen wieder auf. Dadurch reißt die Nabelschnur meist von selbst, das Fohlen kann sich bei den eigenen Aufstehversuchen an der Stute abstützen und findet das ☞ **Gesäuge**. Auch geübte Fohlen behelfen sich beim Aufstehen häufig damit, dass sie die Vorderbeine abknicken (☞ **Vorderfußwurzel**) und sich danach zuerst mit den Hinterbeinen abstoßen, bevor sie auch die Vorderläufe auf die Hufe stellen. Erwachsene Pferde strecken dagegen meist ihre Vorderbeine ganz durch und stemmen sich dann mit einem Ruck hoch. Aus

der Seitenlage springen manche Pferde mit einem einzigen Satz auf alle vier Beine.
Pferde in höherem Alter oder mit geschädigten Gelenken haben oft Mühe mit dem Aufstehen und legen sich deshalb fast nicht mehr hin (☞ **Niederlegen**). Ein erholsamer ☞ **Schlaf** ist dadurch kaum mehr möglich.

Aufzäumen, Zäumen _ nennt man es, wenn man einem Pferd den ☞ **Zaum** anlegt. Das Abnehmen des Zaumes heißt Abzäumen.

Aufzucht _ Die Haltung von jugendlichen Pferden nach dem ☞ **Absetzen**. ☞ **Absatzfohlen**, ☞ **Jährlinge** und ☞ **Jungpferde** werden häufig nach Geschlechtern getrennt in so genannten Aufzuchtgruppen gehalten. Für Stutfohlen ist es biologisch natürlicher, wenn sie in einem Herdenverband heranwachsen, in dem alle Altersstufen und beide Geschlechter vorhanden sind.

Augen _ Wie bei allen Pflanzenfressern liegen die Augen beim Pferd seitlich am Kopf. Dadurch ist das ☞ **Sehvermögen** anders als etwa beim Menschen oder bei Raubtieren. Die meisten Pferde haben dunkelbraune Augen. Ausnahmen sind z. B. das ☞ **Birkauge** und das ☞ **Glasauge**. Vom Weiß des Augapfels sieht man meist nur wenig. Vor Lichteinwirkung, besonders beim ☞ **Schlaf**, werden die Pferdeaugen von beweglichen Lidern geschützt. Lange Wimpernhaare, meist in der Farbe des ☞ **Langhaars**, können Staub und andere Fremdkörper fernhalten. Durch Verletzungen und Krankheiten kann ein Pferd das Augenlicht verlieren und ein- oder beidseitig erblinden. Im Gegensatz zu fehlfarbenen Augen ist bei blinden Pferden nicht die Iris teilweise oder durchgehend weiß bzw. farblos, sondern die Hornhaut ist getrübt. Dadurch erscheinen auch die darunterliegende Iris und die Pupille weißlich. Eine gefährliche Augenerkrankung ist die ☞ **Periodische Augenentzündung**.

Auktion _ Eine öffentliche Verkaufsveranstaltung, bei der die Kaufinteressenten den Kaufpreis „bieten" müssen. Der Auktionator (Anbieter, meist im Auftrag der eigentlichen Besitzer) nennt ein Mindestgebot, das oft um ein Mehrfaches überboten, also „gesteigert" wird. Wer das höchste und letzte Gebot abgibt, bekommt den Zuschlag. Ihm gehört das Pferd nun. Wenn man Pferde auf einer Auktion ersteigern will, braucht man viel Sachkenntnis und Erfahrung.

Ausbilder _ Für die unterschiedlichen ☞ **Reitweisen**, fürs ☞ **Fahren** und ☞ **Voltigieren** im Freizeitbereich und im Leistungssport sowie für spezielle Bereiche wie das ☞ **Longieren** und das ☞ **Therapeutische Reiten** gibt es zahlreiche berufsmäßige, aber auch nebenberufliche Lehrkräfte (☞ **Amateur**, ☞ **Pferdewirt**) für alle Ausbildungsstufen. Wenn man als Anfänger eine Möglichkeit zur ☞ **Ausbildung** sucht, kann man sich z. B. an die ☞ **FN** oder den jeweils zuständigen Verband wenden und nach Anschriften von anerkannten ☞ **Reitschulen** fragen, in denen geprüfte Ausbilder tätig sind.
Anschriften von Vereinen findet man z. B. im Branchentelefonbuch und im Vereinsregister der Gemeinden. Kurse werden unter anderem auch von staatlichen Gestüten angeboten, von Ferienhöfen oder von privaten Pferdehaltern und -züchtern, die bekannte Ausbilder einladen.
Die Qualität eines Ausbilders drückt sich zum einen darin aus, wie gut er sein Fachwissen an die Schüler weitergeben kann; ein weiteres wichtiges Kriterium besteht darin, welche Art des Umgangs mit Pferden er seinen Schülern vermittelt.

Ausbildung des Pferdes _ Sie fängt schon bei der Erziehung der Fohlen an. Fohlen müssen z. B. an das Halfter gewöhnt werden und daran, dass sie sich an der Hand ☞ **führen** lassen. Bei Untersuchungen und Behandlungen sollen sie ruhig stehen bleiben; auch müssen sie lernen, dass ihnen nichts Schlimmes passiert, wenn man ein Bein hochhebt und am Huf hantiert. Später lernen Pferde, ☞ **Zaum** und ☞ **Geschirr** oder ☞ **Sattel** zu tragen. Damit tritt eine nachhaltige Änderung ihres bisherigen Lebens ein. Bei Rennpferden beginnt die Umstellung schon sehr früh: Sie werden bereits als ☞ **Jährlinge** trainiert und als Zweijährige in Rennen eingesetzt. Bei Fahrpferden beginnt die Ausbildung für das ☞ **Gespann** mit zweieinhalb bis drei Jahren. Reitpferde sollte man erst mit drei bis vier Jahren schonend ☞ **anreiten**. In ☞ **Hengstleistungsprüfungen** werden allerdings die Anforderungen an die jungen Hengste oft schon sehr hoch angesetzt. Für die erfolgreiche Grundausbildung von Reit- und Fahrpferden braucht man eine umfangreiche Sachkenntnis, Geduld und viel Einfühlungsvermögen in das Wesen des Pferdes. Viele Pferde werden unsachgemäß angearbeitet, und dies wirkt sich meist auf ihr ganzes weiteres Leben nachteilig aus. Stimmt die Grundausbildung, dann kann man ein Pferd auch weiterhin in seiner Veranlagung

fördern. Es wird Freude am Lernen und am Erfolg haben und den Menschen mit Vertrauen entgegenkommen.
☞ **Gymnastizierung**, ☞ **Gehorsam**

Ausbildung des Reiters, Fahrers, Voltigierers, Longenführers _ Reiten lernt man nur durch Reiten, Fahren nur durch Fahren, heißt ein Sprichwort. Das gilt für alle ☞ **Reitweisen** und ☞ **Fahrstile** gleichermaßen.
Auch wenn man seine ersten Erfahrungen auf oder an einem Übungsgerät macht, beispielsweise einem Holzpferd oder ☞ **Fahrlehrgerät**, bekommt man das richtige Gefühl doch erst im Sattel oder auf dem Bock. Wenn man die Grundausbildung hinter sich hat, gibt es viele Möglichkeiten, um sich fortzubilden und sich pferdesportlich zu betätigen.
Man kann sich ausschließlich mit (abwechslungsreichem) ☞ **Freizeit-Pferdesport**, mit ☞ **Ausritten** und ☞ **Wanderreiten** beschäftigen und gelegentlich einfache ☞ **Reiterspiele** oder ☞ **Rallyes** mitmachen; viele möchten außerdem ☞ **Leistungsabzeichen** ablegen und an kleineren offiziellen Wettbewerben teilnehmen. Für Ehrgeizige stehen höherklassige ☞ **Turniere** offen, aber auch anspruchsvolles ☞ **Jagdreiten** oder ☞ **Distanzreiten und -fahren**, die Teilnahme als ☞ **Amateur** oder Profi an ☞ **Rennen**, beim ☞ **Polo**, in ☞ **Shows** und anderen Spezialitäten des ☞ **Pferdesports**.

Ausbildungs- und Prüfungsordnung _ ☞ **APO**

Ausbindezügel (Ausbinder) _ zählen zu den ☞ **Hilfszügeln**. Es sind zwei einzelne Lederriemen, die man vorn in die Trensenringe, hinten in den Sattelgurt einschnallt. Im günstigen Fall ist jeder einzelne Zügel mit einem dicken Gummiring versehen, der ihn elastischer macht. Ein ausgebundenes Pferd kann den Kopf nur eingeschränkt bewegen. Starre und zu kurz geschnallte Ausbindezügel wirken besonders hart auf das Maul, wenn das Pferd den Kopf strecken, ihn heben oder zur Seite nehmen will. Man verwendet Ausbinder paarweise z. B. im Unterricht für Anfänger, damit die Pferde sich im Rücken besser „hergeben" und der Reitschüler gut sitzt. Einzeln beim ☞ **Longieren** eingesetzt, dient der Ausbinder dazu, das Pferd zu stellen (☞ **Stellung**). Manchmal wird ein Ausbinder auch als ☞ **Stoßzügel** eingesetzt. In keinem Fall dürfen Ausbindezügel im Gelände eingesetzt werden, da sich ein Pferd damit z. B. auf unsicherem Untergrund oder beim Springen nicht genügend ausbalancieren kann.

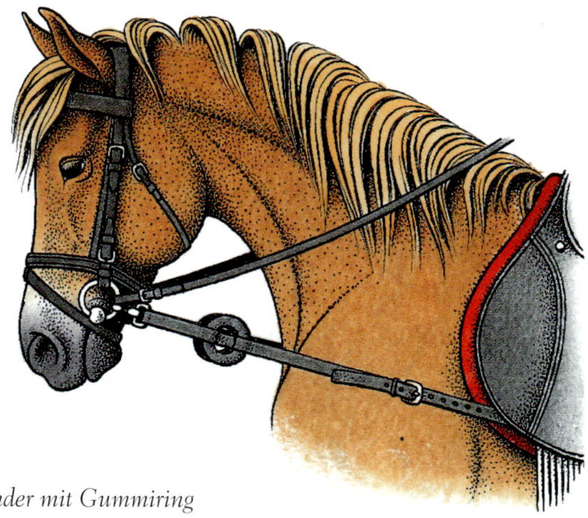

Ausbinder mit Gummiring

Ausbrechen _ 1. Das Entweichen von Pferden aus dem Stall oder von der Weide.
2. Das Zurückweichen und seitliche Weglaufen eines Pferdes vor einem ☞ **Hindernis**; es gilt als ☞ **Verweigern**.
3. Einreißen und Splittern eines ☞ **Hufes** vom ☞ **Tragrand** her. Dabei können sogar Stücke des ☞ **Horns** wegbrechen.

Ausdrucksweisen _ Die „Sprache" der Pferde besteht aus Lauten, Düften, Mimik, Körperhaltungen und Bewegungen. Damit machen sie ihre Absichten und Wünsche klar und drücken Stimmungen und Empfindungen aus. Pferde haben eine breite Skala von Ausdrucksmitteln, die meist angeboren sind.
Die typische Lautäußerung der Pferde ist das ☞ **Wiehern**, eine stimmliche Ausdrucksweise mit vielen Abstufungen und einer persönlichen Note bei jedem Pferd. Meist dient es der Kontaktaufnahme mit Artgenossen. ☞ **Saugfohlen** wiehern noch ängstlich oder übermütig mit einem dünnen „Kinderstimmchen". Mutterstuten rufen besorgt oder beruhigend, wenn sich ihr Nachwuchs zu weit entfernt hat oder sie nicht gleich wiederfindet. Ganz anders wiederum hört sich das helle, scharfe Wiehern an, mit dem ein Hengst Stuten auf sich aufmerksam machen will. Freudig, manchmal geradezu erleichtert über das Ende des Getrenntseins klingt es, wenn heimkehrende Artgenossen sich begrüßen oder ein vertrauter Mensch sich nähert. Unverwechselbar ist auch das Protestwiehern, wenn man Fohlen von ihren Müttern oder befreundete erwachsene Pferde voneinander trennt.
Pferde können sich mit ihrer Stimme auch noch anders ausdrücken. Zur Futterzeit brummeln viele Pferde erwar-

„Sprechendes" Pferdegesicht

tungsvoll; Stuten quieken und quietschen, wenn sie einen stürmischen Hengst oder einen aufmüpfigen Herdengenossen abwehren wollen. Nur stöhnen hört man Pferde kaum. Sie müssen dann, z. B. bei einer schweren Geburt oder durch eine Verletzung, schon sehr starke Schmerzen haben. Auch das Zorngeschrei von Hengsten, die sich bekriegen, hat eher Seltenheitswert; meist handelt es sich in solchen Fällen um zwei gleich starke Gegner, von denen keiner nachgeben will oder die sich nicht ausweichen können (☞ **Hengstkampf**).

Die Körpersprache fängt beim ☞ **Ohrenspiel** an und setzt sich fort bis zum ☞ **Schweifschlagen**. Solche Ausdrucksmittel sind eine Reaktion des Körpers auf innere Vorgänge, z. B. Freude, Schmerz, Aggressivität, Abwehr; sie werden nicht vom Willen beeinflusst. Die Ausdrucksweise läuft „automatisch" nach einem angeborenen Schema ab, deshalb ist sie bei jedem Pferd im Prinzip gleich.

Einige Beispiele: Ängstlichkeit äußert sich durch Zurückweichen, Hochwerfen des Kopfes, geweitete Augen, in denen das Weiße sichtbar wird, durch zurückgestellte oder unruhig hin und her bewegte Ohren und eine lang gezogene Maulpartie („Fleppe"). Aufmerksamkeit und Interesse bekundet ein Pferd, das mit leicht gespanntem Körper dasteht, Kopf und Ohren sind aufgerichtet, Augen und Nüstern weit geöffnet. Mit hoch aufgerichtetem, gerundetem Hals, nach vorn gestellten Ohren und einer Art Stechtrab versuchen Hengste, Stuten oder Gegner zu beeindrucken. Ganz anders als dieses ☞ **Imponierverhalten** äußert sich z. B. das ☞ **Drohen** und das ☞ **Unterlegenheitsverhalten**. Anhaltende Schmerzen finden ihren Ausdruck in einem angespannten Gesicht, bei dem oft die Adern hervortreten und

Ruft der kleine Hengst nach „seinen" Stuten, oder gähnt er vor Langeweile?

über dem Auge die so genannte Schmerzfalte sichtbar wird. Wichtig sind für Pferde außerdem die vielfältigen Duftsignale, die sie sowohl aussenden als auch empfangen können. Neugeborene Fohlen erkennen ihre Mütter an deren Eigengeruch; die Mutterstute beleckt ihren Nachwuchs und gibt ihm so ihren eigenen Duft, an dem sie das Fohlen jederzeit wiedererkennt. Beim gegenseitigen Beriechen an den ☞ **Nüstern** stellen fremde Pferde fest, ob sie sich im direkten Sinn des Wortes „gut riechen" können; miteinander bekannte Pferde begrüßen sich auf diese Weise und scheinen auch ihre Bindung dadurch zu festigen. Auskunft über Status und Zustand eines Artgenossen geben ☞ **Harn** und ☞ **Kot**, insbesondere der spezielle Duft einer Stute in der ☞ **Rosse**. Solche starken Signale nehmen Pferde oft durch ☞ **Flehmen** besonders intensiv auf. Sie spiegeln sich im Gesichtsausdruck wider. Unbekanntes Futter wird von Pferden ebenso berochen wie fremde Menschen, andersartige Tiere oder eine neue Unterkunft. Selbst im ☞ **Schweiß** kann sich ein Zustand ausdrücken, z. B. wenn ein Pferd vor Angst ins Schwitzen gerät. Menschliche Nasen können solche Geruchssignale nur zum Teil aufnehmen und verwerten. Alle Ausdrucksformen stehen meist im Zusammenspiel miteinander und können in vielen Abstufungen ablaufen. Selbst wenn man Pferde über lange Zeit hinweg immer wieder beobachtet, kann man immer wieder neue Varianten in den Ausdrucksweisen feststellen. Das gilt insbesondere für die vielen verschiedenen ☞ **Verhaltensweisen** von Pferden.

Auseinanderfallen _ Ein Pferd „fällt auseinander", wenn seine Bewegungen unter dem Reiter an Schwung und Elastizität verlieren und es ohne richtigen Schub aus der ☞ **Hinterhand** läuft. Es hat die Haltung verloren und „schlappt" im Ungleichgewicht vor sich hin. Die Ursache dafür kann Unwohlsein oder Ermüdung sein; häufiger sind allerdings mangelnde treibende ☞ **Hilfen** des Reiters der Auslöser für das Auseinanderfallen. Pferde, die ständig auf nachlässige Weise geritten werden, werden übermäßig auf der ☞ **Vorhand** und im Rücken belastet und zeigen deshalb oft schon früh Verschleißerscheinungen.

Auskeilen (Ausschlagen) _ Typisches Abwehrverhalten bei Pferden, die sich bedroht oder belästigt fühlen beziehungsweise starken oder plötzlichen Schmerzen ausgesetzt werden. Ein solcher Hufschlag mit den Hinterbeinen kann unter Umständen tödlich sein. Auch deshalb ist es ratsam, Pferde nicht mutwillig zu erschrecken. ☞ **Angriffs- und Kampfverhalten**

Auslauf _ So nennt man einen eingezäunten Freiplatz in der Nähe des ☞ **Stalles** oder mit direktem Zugang zu den ☞ **Boxen**; der Boden hat meist keinen oder wenig Grasbewuchs. Die Pferde sind im Auslauf oder ☞ **Paddock** an der frischen Luft, werden durch unterschiedliche Wetterlagen abgehärtet, haben Kontakt zu Nachbarpferden und zur Umwelt und können ihren Bewegungsdrang weitgehend ausleben. Gefüttert wird meist im Stall. ☞ **Weide**

Ausreiten, Ausfahren _ So nennt man das Reiten oder Gespannfahren im Freien als Freizeitbetätigung für Stunden oder über einen Tag. Auch dazu ist es erforderlich, zumindest die Grundkenntnisse im Reiten oder Fahren (eines beliebigen Stils) zu beherrschen. Das heißt, Pferd und Reiter/Fahrer müssen gelände- und verkehrssicher sein. Außerdem sind die einschlägigen Vorschriften zum Betreten der freien Natur und die ☞ **Straßenverkehrsordnung** zu beachten. Bei ausgedehnten Ausflügen zu Pferd, beispielsweise Tages- oder Halbtagesritten, muss man als Geländereiter oder -fahrer auch die Versorgung der Pferde unterwegs einplanen. Bei gut vorbereiteten und durchgeführten Ausritten können sich Mensch und Tier erholen. Umfassende Vorbereitungen benötigt man auf jeden Fall für das ☞ **Wanderreiten**.

Wassergewohnte Pferde lassen sich bei einem Ausritt problemlos durch das erfrischende Nass reiten.

Ausrüstung _ Die spezielle Kleidung, die man beispielsweise als Ausbilder, Reiter, Fahrer, Voltigierer oder Longenführer braucht. Auch das ☞ **Sattel- und Zaumzeug** oder das ☞ **Geschirr** des Pferdes, Gurte und Gerten zum ☞ **Longieren**, die Dinge zum ☞ **Putzen und Pflegen**, das Zubehör für ☞ **Transporte** usw. gehören zur Ausrüstung.

Ausschachten _ So nennt man es, wenn ein Pferd den Penis aus der Bauchhöhle schiebt. ☞ **Hengste** schachten zum ☞ **Deckakt** aus; Hengste und ☞ **Wallache** müssen auch zum ☞ **Harnen** ausschachten. Manchmal wird der Penis ohne erkennbaren Grund sichtbar, und das Tier zieht ihn nach kurzer Zeit wieder zurück. Bei bestimmten Erkrankungen kann ein Pferd das Glied nicht mehr zurückziehen; dann besteht die Gefahr, dass der Penis verletzt wird oder sich entzündet, was sehr schmerzhaft ist. Auch bösartige Geschwulste können zum ständigen Ausschachten führen.

Ausschuhen _ Ablösen der ☞ **Hornkapsel** des ☞ **Hufs**; entsteht durch gewaltsamen Abriss, wenn ein Pferd mit dem Huf festklemmt und stürzt. Auch die Überlastung des Hufs nach einem ☞ **Nervenschnitt** oder bei schlecht ernährten Pferden, die zudem viel auf feuchtem Boden stehen müssen, kann zum Ausschuhen führen. Betroffene Pferde sind nur in den seltensten Fällen zu retten; bis das Horn völlig erneuert ist, kann ein Jahr vergehen.

Außenbox _ Eine ☞ **Box** mit direktem Zugang von der Außenseite des ☞ **Stalles**. Auch eine separat gebaute Einzelbox oder Boxenreihe, meist mit geteilter Tür, bezeichnet man als Außenbox. Die Pferde bekommen bei geöffneter Obertür frische Luft, Licht und Sicht; bei im Stallinneren liegenden Boxen ist dies nur möglich, wenn große Fenster vorhanden sind und diese regelmäßig offen gehalten werden. Vor Außenboxen kann man meist auch einen ☞ **Auslauf** anlegen.

Außengalopp _ Wird auch als Kontergalopp bezeichnet. Das Pferd galoppiert dabei auf der äußeren statt auf der inneren ☞ **Hand**. Das ist am deutlichsten zu sehen, wenn das äußere Vorderbein statt dem inneren vorspringt. Zum Außengalopp kommt es ungewollt durch falsche ☞ **Hilfen**. Er kann aber auch als Aufgabe in höheren Dressurprüfungen eigens verlangt werden.

Außenbox mit Ausguck und Zugang von draußen

Aussitzen _ Ein Reiter, der aussitzt, bleibt beim ☞ **Trab** im Sattel sitzen. Er muss die Bewegung des Pferdes mit Knöchel, Knie und Hüfte abfangen und im Zweitakt mitschwingen. Anfängern fällt es meist schwer, den Trab auszusitzen, besonders wenn die Schulpferde nicht genügend gelöst sind (☞ **Lösen**) und verspannt gehen. Ungeübte Reiter werden im ausgesessenen Trab deshalb oft arg „geworfen". Eine Form des ☞ **leichten Sitzes** beim Traben ist das ☞ **Leichttraben**.

Australian Stockhorse _ Arbeitspferd der ☞ **berittenen Hirten** (Stockmen) Australiens: Die Pferde sind etwa 150 bis 160 cm groß, meist sind es ☞ **Braune** oder ☞ **Füchse**. Die Rasse wurde hauptsächlich aus dem ☞ **Waler** entwickelt. Sie wird vorwiegend in den Bundesländern Neusüdwales sowie Queensland gezüchtet. Australian Stockhorses werden auch im Sport eingesetzt.

Azteca _ Jüngere Pferderasse, die erst seit etwa 1970 in Mexiko gezüchtet wird. Sie entstand aus einheimischen Gebrauchspferden (☞ **Criollo**), nordamerikanischen ☞ **Westernpferden** und ☞ **Andalusiern**. Ziel war ein mittelgroßes, leichteres Reitpferd mit eleganten Bewegungen, das vielseitig verwendbar ist. Die Pferde sind 150 bis 155 cm groß. Es kommen alle ☞ **Farben** mit Ausnahme von ☞ **Schecken** und Tigern (☞ **Tigerung**) vor.

„Dein Name sei arabisch"

Der Ursprung des arabischen Pferdes liegt im geheimnisvollen Dunkel. Es gibt zwei ganz unterschiedliche Ansichten über die Entstehung dieser Pferde.

Auf der einen Seite stehen Wissenschaftler und Forscher mit ihrer Theorie vom Wildpferd auf der Halbinsel, das von den Nomaden gezähmt wurde. Sie dürfte auch der Wirklichkeit am nächsten kommen.

Doch viel romantischer sind die Legenden, die sich um das arabische Pferd und seine Herkunft ranken. Sie sind im islamischen Glauben begründet, der sich wiederum an das Alte Testament anlehnt. Über viele Jahrhunderte hinweg wurden solche Geschichten in den Zeiten der Beduinen von Generation zu Generation weitergegeben. Eine davon ist diese: Stammvater Ismael, der Sohn Abrahams, war der Erste, der ein Pferd bestieg, um es zu reiten. Daraufhin erschien ihm der Erzengel Gabriel und verkündete ihm: „Der lebende Gott schenkt dir dieses edle Wesen als treuen Gefährten in der Wüste. Gott will dich belohnen, weil du dem Glauben deines Vaters treu geblieben bist und keine heidnischen Götter verehrst." Die Stute, die Ismael ritt, brachte ein Hengstfüllen zur Welt, und von diesen beiden Geschöpfen stammen alle arabischen Pferde ab.

Nach einer anderen Überlieferung schenkte Gott Ismael hundert Pferde aus dem Meer, die zu Mekka weideten. Ein Stallknecht gab den Tieren mehrere Tage nichts zu trinken, dann ließ er sie hinaus zum Meer. Die durstigen Pferde stürzten sich auf das Salzwasser und tranken es gierig. Nur eine alte Stute mit dem Namen **Adjuze** *blieb am Meeresrand stehen und schaute über das Wasser, als wäre sie nicht durstig. Und während sie am Strande verweilte, tauchte ein prachtvoller Hengst aus den Fluten hervor und gesellte sich zu Adjuze. Als dann ihre Zeit kam, gebar sie einen Sohn. Man nannte ihn* **Kuhaylan el Adjuze**, *und er wurde Stammvater der Pferde Arabiens. Später entstanden aus dem Stamm der Kuhaylan oder Koheilan, was so viel wie Stärke bedeutet, vier weitere Typen: Siqlawi = Schönheit, Obayan (O'Bayan) = Ausdauer, Muniqui = Schnelligkeit und Hamdani = Jäger. In manchen Beschreibungen werden statt der dritten und vierten Linie manchmal auch zusätzlich noch Hadban und Dahman als Familien erwähnt. Für die heutige Zucht spielen die Linien jedoch kaum noch eine Rolle, es wird nicht mehr nach Familienzugehörigkeit gezüchtet.*

Eine dritte Legende greift auf die Schöpfungsgeschichte der Bibel zurück. Diese Legende gilt allgemein als die schönste, und sie ist am weitesten verbreitet: „Als Gott das Pferd schaffen wollte, sprach er zum Südwind: ‚Verdichte dich, ich will aus dir ein neues Wesen schaffen, zur Ehre meiner Heiligen, zur Erniedrigung meiner Feinde, aus Huld für die, die mir gehorsam sind.' Der Südwind erwiderte: ‚Erschaffe es, o Herr!' Da nahm Gott eine Handvoll vom Südwind, hauchte darüber und schuf das Pferd. Er sagte zu ihm: ‚Dein Name sei arabisch, das Gute sei gebunden an deine Stirnhaare, die Beute an deinen Rücken. Ich habe dich begünstigt vor allen Lasttieren, ich habe deinen Besitzer zu deinem Freund gemacht. Ich habe dir die Kraft zum Fliegen verliehen ohne Flügel, sei es im Angriff, sei es im Rückzug. In die Strähne deiner Mähne über der Stirn flechte ich das Gute und das Glück, auf deinen Rücken will ich Reiter setzen, die mich preisen und loben und mir Halleluja singen!'"

Und der Prophet Mohammed versprach den Gläubigen: „So viel Gerstenkörner du deinem Pferd gibst, so viel Sünden werden dir vergeben." Er bestimmte die Zucht edler Pferde sogar zur religiösen Pflicht und gab damit dem Pferd ein Ansehen, das im Islam kein anderes Tier auch nur annähernd genießt.

B

Backenbart _ Dichte längere Behaarung an den Kinnbacken des Pferdes. Der Backenbart setzt sich im ☞ **Kinnbart** fort.

Backenstück _ Teil des ☞ **Kopfstücks** der Zäumung.

Bahnpeitsche _ Lange Peitsche mit Schlag z. B. für die ☞ **Arbeit** an der Hand und das ☞ **Longieren**. Wie die ☞ **Fahrpeitsche** wird sie als treibende ☞ **Hilfe** eingesetzt.

Bahnpunkte _ Die mit Buchstaben gekennzeichneten Stellen, an denen beim Reiten von ☞ **Hufschlagfiguren** in der ☞ **Reitbahn** abgewendet wird (in alphabetischer Reihenfolge: A, B, C, E, F, H, K, M)

Balance _ oder Gleichgewicht ist beim Reiten der Kernpunkt. Trainieren müssen sie sowohl Reitanfänger als auch Reitpferde. Der Reiter muss so sitzen, dass er in allen ☞ **Gangarten** des Pferdes im Gleichgewicht bleibt und dem Pferd weder dauernd in den Rücken plumpst noch sich an den ☞ **Zügeln** festhält. Um einen solchen „unabhängigen“ ☞ **Sitz** zu bekommen, sollten Anfänger das Reiten zuerst an der ☞ **Longe** üben.
Pferde müssen in der Bewegung ihr eigenes Gewicht und das Gewicht des Reiters ausbalancieren können, damit sie sich nicht ständig verspannen und vorzeitig abnutzen. Erst wenn junge Pferde beim ☞ **Anreiten** gelernt haben, im Gleichgewicht zu gehen, kann man die Ausbildung fortsetzen.

Balanciergurt _ Ein breiter Gurt mit Griffen zum ☞ **Voltigieren**.

Ballen _ Der hintere, weiche Teil des ☞ **Hufs**. Darunter sitzt der Hufknorpel. Manchmal verletzen sich Pferde selber am Ballen eines Vorderhufs, wenn sie mit einem Hinterhuf hineintreten. Man nennt dies Ballentritt. An den Hinterhufen entstehen Ballentritte z. B. durch scharfe Kanten im Stall oder durch den Schlag eines anderen Pferdes. ☞ **Verletzungen**

Ballotade _ ☞ **Kruppade**

Bandagen _ Etwa fünf bis acht Zentimeter breite, mehrere Meter lange Binden aus elastischem, reißfestem Material. Es gibt sie außer in Weiß in vielen modischen Farben und Mustern. Man kann Pferdebeine damit umwickeln, um sie gegen äußere Verletzungen zu schützen; für Transporte legt man zusätzlich eine dicke Watteschicht unter. Zur Schonung der Sehnen tragen Bandagen allerdings meist wenig bei. Eine zu fest sitzende Bandage kann sogar das Bein so einschnüren, dass ein gefährlicher Blutstau entsteht. Das passiert vor allem bei Material, das einlaufen kann; wenn es nass wird, zieht es sich zusammen. Lose sitzende Bandagen verrutschen leicht, schlecht gemachte Knoten oder nachlässig verklebte Enden (auch solche mit Klettverschluss) können sich öffnen. Wenn das Pferd auf eine lose am Bein hängende Bandage tritt, kommt es meist zu einem Sturz, manchmal sogar mit Überschlagen. In manchen Fällen sind deshalb ☞ **Gamaschen** günstiger.

Bande _ Die innere Umrandung der Reitbahn in einer Reithalle. Sie ist meist aus Holz und wird nach unten schmaler, damit die Reiter nicht mit dem Fuß dagegen stoßen.

Bandmaß _ Die Größenmessung mit einem Band. Es wird am ☞ **Widerrist** des Pferdes angelegt und verläuft über die Schulter bis zum Boden. Diese Art des ☞ **Messens** ergibt mehr Zentimeter als das ☞ **Stockmaß**. Doch sie ist ungenauer, weil die Muskulatur der einzelnen Pferde unterschiedlich stark ist.

Barockpferde _ Als Barockpferde bezeichnet man Pferderassen, die im 17. und 18. Jahrhundert, in der Kulturepoche von Barock und Rokoko, an den europäischen Fürstenhöfen besonders beliebt waren. In dieser Zeit größter Prachtentfaltung mit ihrem verschnörkelten, oft

Reitvorführung im barocken Stil auf einem Lusitano

überladenen Baustil, den glanzvollen Festen und prächtigen Aufzügen, den langlockigen Perücken und Reifröcken wurden auch Pferde bevorzugt, die durch erhabene Gänge und attraktives Aussehen auffielen. Dazu gehörte unter anderem der ☞ **Neapolitaner**, aber auch Rassen, die es heute noch gibt wie ☞ **Andalusier**, ☞ **Lusitano**, ☞ **Lipizzaner**, ☞ **Frederiksborger** und ☞ **Friese**.
Seit einigen Jahren versucht man, durch Showauftritte - teils mit verschiedenen Barockpferderassen - etwas vom früheren Glanz dieser Pferde in die heutige Zeit zu vermitteln.

Barrel Race _ Tonnenrennen, eine Disziplin im ☞ **Westernreiten**.

Barren _ Verbotene Methode, um ein Pferd zum höheren oder besseren ☞ **Springen** zu veranlassen. Im Moment des Absprungs vor einem Hindernis wird eine Holz- oder Eisenstange ruckartig angehoben, sodass sich das Pferd daran die Beine anschlägt. Der schmerzhafte Anprall soll es dazu bringen, die Beine stärker anzuziehen. Das Pferd kann sich auf diese plötzlich veränderte Höhe nicht einstellen; es wird in Zukunft aus Angst, nicht aus eigenem Antrieb höher springen und sich dabei unter Umständen selbst überfordern und verausgaben. Das Barren wurde von der ☞ **FN** in ☞ **Touchieren** umbenannt. Besonders bösartig sind auch Nägel oder Kronkorken auf festliegenden Stangen oder Metalltonnen unter Stangenhindernissen. Außer diesen auffälligen Zwangs- und Schindmethoden gibt es leider noch unendlich viele weitere, um Pferde - für welche Zwecke auch immer - gefügig zu machen. ☞ **Tierschutz**

Bastard _ Allgemeiner Ausdruck für Kreuzungen, vor allem zwischen verschiedenen Arten, z. B. Pferd X Esel (☞ **Maulesel**, ☞ **Maultier**) oder Zebra X Pferd bzw. Zebra X Esel oder Zebra X Halbesel (☞ **Zebroid**). Bastardierungen sind jedoch nur zwischen Tierarten möglich, die nahe miteinander verwandt sind. Versuche, beispielsweise andere Huftierarten mit Pferden zu kreuzen, sind bisher immer misslungen.

Basutopony _ Dieses kleine, harte Arbeitspferd entstand in Südafrika nach der Besiedlung durch die Holländer aus verschiedenen orientalischen und asiatischen Pferdeschlägen, vor allem aus Javaponys. Außerdem gab es dort das Kap-Pferd und das Burenpony; beide Typen bestehen nicht mehr. Inzwischen wurden in das Basutopony auch britische Ponyrassen eingekreuzt. Die Größe der Ponys liegt bei etwa 140 bis 150 cm, als Farben kommen hauptsächlich ☞ **Braune**, ☞ **Füchse** und ☞ **Schimmel** vor.

Bauernrennen _ stammen aus der Zeit des 19. Jahrhunderts, als die Pferde für ☞ **Galopprennen** noch bei Bauern in der Umgebung einer Rennbahn untergestellt werden mussten. (Heute haben die großen Bahnen eigene

Das Rennfieber kann schon ganz junge Reiter packen.

„Boxendörfer", in denen die teilnehmenden Pferde während der Renntage untergebracht werden können.) Als Dank durften die Pensionswirte nach Ende der Rennsaison zu ihrem Privatvergnügen Rennen mit ihren eigenen Pferden austragen; hauptsächlich waren das schwere Warmblüter, aber auch kräftige Ponys und sogar Kaltblüter. Dieser Brauch hat sich in gewandelter Form bis heute erhalten. Bei Bauernrennen darf nun jeder beliebige Reiter - egal, ob Landwirt oder nicht - mitmachen, sofern sein Pferd gesund ist, beide ein bestimmtes Alter haben und zu einer der Gruppen passen, für die solche Rennen ausgeschrieben werden. Manchmal werden außerdem auch ☞ **Trabrennen** abgehalten. Dass man inzwischen auch bei Bauernrennen Wetten abschließen und Geldpreise gewinnen kann, halten manche Pferdeleute für bedenklich.

Bayerisches Warmblut _ Pferderasse, die im Typ ☞ **Deutsches Reitpferd** steht. Die ersten leichteren Warmblutpferde Bayerns entstanden im 19. Jahrhundert. Damals kreuzte man schwere Landstuten aus dem niederbayrischen Rottal mit noblen englischen, ungarischen und französischen Rassen. Später setzte man auch

☞ **Oldenburger** als Veredler ein. Heute steht die bayerische Landeszucht überwiegend auf der Grundlage des ☞ **Hannoveraners**.

Behaarung _ Ein Haarkleid ist typisch für Säugetiere. Beim Pferd gibt es verschiedene ☞ **Haararten**. Das ☞ **Fell** dient durch seine Struktur dem Temperaturausgleich und durch Fettsubstanzen als Schutz vor Nässe, die die Haut aufweichen und anfällig für Ekzeme, Pilze und Parasiten machen könnte. Es bietet Schutz vor mechanischer Beschädigung z. B. durch Dornen, Stacheln, Baumrinde und Zweige. Ursprüngliche ☞ **Naturrassen** haben ein vergleichsweise dichteres Fell als Kunstrassen (☞ **Rassen**). Denn im Zuge der ☞ **Domestikation** wird das Haarkleid reduziert, die einzelnen Haare werden dünner, und die Haarmenge wird geringer. Der ☞ **Behang** beispielsweise fehlt bei vielen Rassen am Kopf und an den Beinen fast ganz. Dafür verhornt die Oberhaut stärker, um Schutz vor Wasserverlust und Austrocknung zu bieten. Nach menschlichen Gesichtspunkten gilt eine Rasse auch hinsichtlich der Behaarung für umso „edler", je weniger naturbelassen diese ist. Denn viele Haare bedeuten „Primitivität". Deshalb werden auch die wenigen noch auftretenden ☞ **Schutzhaare** am Schweif und an den ☞ **Köten** oft entfernt. Die ☞ **Farben** der Haare waren ursprünglich ein Mittel der Tarnung.

Behang _ Längere Fellhaare, vor allem der ☞ **Fesselbehang** und der Bart (☞ **Backenbart**, ☞ **Kinnbart**). Auch das ☞ **Langhaar** des Pferdes kann damit gemeint sein.

Behindertenreitsport _ Auch Menschen mit Behinderungen können das Reiten erlernen. In den letzten Jahren sind viele Hilfsmittel entworfen und verbessert worden, mit denen reitinteressierte Behinderte ihr Handicap überbrücken können. Die ☞ **LPO** enthält inzwischen sogar einen eigenen Zusatz für diesen Bereich, denn immer mehr behinderte Reiter möchten auch an Wettkämpfen teilnehmen. Grundsätzlich gilt die Leistungsprüfungsordnung in vollem Umfang auch für behinderte Turnierteilnehmer. Zugelassen sind nur solche Hilfsmittel, die nicht die Einwirkung des Reiters unterstützen; sie dürfen also nur die Fehl- oder Mangelfunktionen ausgleichen. Genehmigt werden unter diesen Voraussetzungen z. B. Spezialzügel, Spezialsättel und -bügel sowie besondere Reithandschuhe. Sehbehinderten und blinden Reitern wird als Orientierungshilfe eine Einweisung in das ☞ **Dressurviereck** oder in den ☞ **Parcours** durch ihre Betreuer zugestanden. Hörbehinderten und gehörlosen Turnierteilnehmern ist es erlaubt, die Dressuraufgaben auswendig zu reiten, während andere Reiter sie nach Ansage zu reiten haben. Für behinderte Reiter gibt es auch spezielle Wettbewerbe bis hin zu Weltmeisterschaften.
☞ **Therapeutisches Reiten** und **Voltigieren**

Beine _ Das Pferd ist ein Vierbeiner und ☞ **Einhufer**. Der Bau seiner Beine einschließlich der ☞ **Hufe** ist auf einen kräftigen Körper und auf regelmäßige Bewegung mit zeitweiligem sehr schnellem Lauf ausgerichtet. Der Hauptantrieb kommt dabei natürlicherweise aus den Hinterbeinen. Durch das Reiten wird der Bewegungsablauf und die Belastung der Beine (wie des gesamten Körpers) verändert. Seitwärtsbewegungen der Beine sind dem Pferd aufgrund seines ☞ **Körperbaus** lediglich sehr begrenzt möglich (☞ **Schlüsselbein**). Wenn ein Bein verletzt oder gar gebrochen ist, kann sich ein Pferd nicht mehr richtig oder gar nicht mehr fortbewegen (im Gegensatz zu manchen Hunden, die auch auf drei Beinen noch einigermaßen geschickt laufen können). Ein Bruch kann unter bestimmten Voraussetzungen ausgeheilt werden; in den meisten Fällen bedeutet eine solche schwere ☞ **Verletzung** jedoch, dass das Pferd nicht überleben kann.

Beißen _ ist ebenso wie das Zwicken ein typisches ☞ **Angriffs- und Kampfverhalten** bei Pferden. Mit ihren kräftigen Schneidezähnen können sie dem Angegriffenen erhebliche Verletzungen zufügen. ☞ **Pferdekuss**

Beizäumen _ So nennt man es, wenn ein Pferd korrekt geritten wird, sodass es von selbst die ☞ **Anlehnung** sucht und an den Zügel kommt (☞ **Zügelführung**, **Zügelhilfen**). Bei echter Beizäumung ist das Pferd durchlässig (☞ **Durchlässigkeit**) und tritt gut unter (☞ **Untertreten**). Sie wird nicht durch bloßes Zügelziehen oder den Einsatz von ☞ **Hilfszügeln** erreicht.

Beknabbern _ Die meisten ☞ **Fohlen** beknabbern alle möglichen Dinge in ihrer Umgebung und lernen auf diese Weise deren Beschaffenheit kennen. Manchmal versucht auch ein erwachsenes Pferd, etwas (vermeintlich) Schmackhaftes von einem größeren Stück abzulösen. Dazu setzt es die Schneidezähne auf den Gegenstand auf und „rupft“ die obere Schicht ähnlich wie beim Grasen ab. Häufig werden z. B. Dinge aus Holz wie Boxentüren oder Koppelstangen angeknabbert. Pferde ergänzen damit vermutlich ihr zugeteiltes Futter. Auch große Äpfel oder ähnliche Dinge werden oft nicht auf einmal gefressen, sondern gemächlich klein geknabbert. Manchmal handelt es sich allerdings wohl um einen Ausdruck der Langeweile oder Einsamkeit, etwa wenn das Metallgitter einer Box beknabbert wird. Gute Dienste leisten die Schneidezähne als Knabbergeräte bei der ☞ **Fellpflege**.

Belegen _ Anderer Ausdruck für ☞ **Decken**.

Belgisches Kaltblut _ Diese bedeutende Kaltblutrasse der schwersten Form bezeichnet man auch kurz als Belgier oder als Brabanter. Die Größe der Pferde reicht von 160 bis etwa 175 cm. Sie haben einen tonnigen Körper, einen verhältnismäßig kleinen Kopf und eine tief gespaltene ☞ **Kruppe**, starke, nicht zu kurze Beine, große flache Hufe und mäßigen ☞ **Behang**. Das Gewicht reicht bis zu 1200 kg. Belgier sind vorwiegend Rot- oder Braunschimmel (☞ **Farbschimmel**), seltener ☞ **Braune**, ☞ **Füchse** oder ☞ Rappen. Die Rasse wird seit Jahrhunderten vor allem in der belgischen Provinz Brabant gezüchtet; Nachzuchten gibt es inzwischen weltweit. Das gewaltige Belgische Kaltblut hat fast alle anderen Kaltblutrassen mit beeinflusst.

Belgier, auch Brabanter genannt, können bis zu 1200 Kilogramm wiegen.

Berber _ Die Heimat dieser Pferderasse ist die nordafrikanische Küstenregion von Marokko, Algerien und Tunesien, die frühere Berberküste.
Der Berber ist ein leichtes, kleineres ☞ **Quadratpferd** mit einem kurzen, kräftigen Rücken und viel ☞ **Langhaar**.
Zu den Merkmalen des reingezogenen Berbers gehört ein gerades oder leicht nach außen gebogenes (konvexes) Nasenprofil; keinesfalls hat er einen ☞ **Araberknick**. Diesen trifft man nur bei arabisierten Berbern an, die es inzwischen fast häufiger gibt als das echte Berberpferd. Die Größe liegt bei etwa 150 cm, bei Araber-Berbern zwischen circa 145 und 160 cm. Berber sind großenteils ☞ **Schimmel**, aber es kommen auch viele ☞ **Braune** und ☞ **Füchse** vor. Die Pferde sind zäh, ausdauernd, unempfindlich und mit einem guten Bewegungsdrang ausgestattet, ohne stürmisch zu sein. Die Mauren brachten außer arabischen Pferden auch viele Berberpferde mit, als sie im 8. Jahrhundert nach Spanien vordrangen, wo sie bis zum 15. Jahrhundert herrschten. Heute werden Berber und von Berbern beeinflusste Pferde weltweit gezüchtet, allerdings nicht annähernd in dem Ausmaß wie der ☞ **Araber** und seine Untertypen.

Nur die Pferde auf diesem Bild sind echte Berber.

Bereiter _ Frühere Bezeichnung für den ☞ **Pferdewirt** mit Schwerpunkt Reiten. Bereiter ist auch ein Dienstgrad in der ☞ **Spanischen Reitschule**.

Berittene Hirten _ gibt es seit den Anfängen des Reitens. Manche Forscher meinen, dass die Hirten überhaupt die ersten Reiter waren. Schon die Skythen und andere Volksstämme der asiatischen Steppen haben ihre Haustierherden vom Pferd aus bewacht und geleitet. So konnten sie auch lange Wanderungen zu verschiedenen Weidegebieten unternehmen. Trotz der Technisierung gibt es noch heute auf allen Kontinenten Viehhüter und -treiber zu Pferd. Sie schützen Vieh- und Pferdeherden vor Ausbrechen und Diebstahl, treiben sie auf die Weidegründe, fangen junge oder kranke Tiere heraus, suchen verloren gegangene Herdenmitglieder, versehen Kälber oder Fohlen mit ☞ **Brandzeichen** oder anderen Kennzeichnungen, setzen Zäune instand und vieles mehr. Oft hausen sie ohne ihre Familien monatelang in Biwaks im Freien oder in primitiven Hütten und müssen sich jeder Witterung aussetzen. Es ist harte, oft eintönige und vielfach schlecht entlohnte Arbeit, und der Umgang mit den Pferden ist manchmal mehr als rau (☞ **Einbrechen**).

In den USA sind es die Cowboys und die Vaqueros (in den spanischsprachigen Gebieten des Südwestens, vom lateinischen Wort vacca = Kuh; sie waren die ersten Viehtreiber in Nordamerika). In südamerikanischen Ländern nennt man die von Indianern abstammenden Viehhirten zu Pferd Gauchos. Australische Reiterhirten heißen Stockmen: stock bedeutet unter anderem (Herden-)Vieh.

Die Vorgänger und heutigen Kollegen der Reiterhirten in der Neuen Welt sind z. B. die Gardians in Frankreich, die auf den berühmten weißen Pferden der Camargue die ebenso berühmten schwarzen Camarguerinder hüten. In der italienischen Toskana arbeiten die Butteri; sie bewachen im Gebiet der Maremma Rinder und halbwilde Pferde. In der Puszta, der steppenartigen Ebene Mittel- und Ostungarns, hüten Csikós Pferdeherden und graue Großhornrinder immer noch vom Pferd aus. Auch z. B. in Österreich und Norditalien, auf Korsika und den Britischen Inseln kann man bisweilen auf Hirten zu Pferd treffen. Und in den Steppen der Mongolei leben weiterhin viele Stämme als wandernde Nomaden und berittene Hirten.

Berittene Polizei _ Polizisten und Polizistinnen, die zu Pferd ihren Dienst versehen, gibt es noch in vielen Ländern. Sie sind auf Streife und bei Einsätzen hauptsächlich dort unterwegs, wo Fahrzeuge oder Hubschrauber wegen des Geländes oder der Wetterlage schlecht hinkommen. Außerdem unterstützen sie ihre motorisierten Kollegen z. B. bei Großveranstaltungen. Polizeipferde werden so geschult, dass sie sich weder von großen Menschenmengen noch von Feuer, von flatternden Fahnen oder Geräuschen aller Art aus der Ruhe bringen lassen. ☞ **Seite 36**

Berittführer _ Er muss eine Reitergruppe im Straßenverkehr und im Gelände selbstständig und sicher führen können. Dazu sind nicht nur sehr gute eigene Reitfähigkeiten und sachgemäßer Umgang mit Pferden erforderlich, sondern auch umfassende Kenntnisse der einschlägigen Gesetze und Verordnungen über Straßenverkehrs- und Reitrecht, über Umweltschutz und Unfallverhütung. Die ☞ **FN** bietet dazu einen Kurs mit Abschlussprüfung nach der ☞ **APO** an. Auf dem Berittführer baut der ☞ **Fachübungsleiter** (Reiten) = Trainer C auf.

Berufe _ Rund ums Pferd gibt es eine Reihe von anerkannten Berufen wie den ☞ **Pferdewirt** oder den ☞ **Hufschmied** sowie die Profis im Turniersport. Um medizinische Probleme kümmert sich der Fachtierarzt für Pferde (☞ **Tierarzt**). Eine lange Tradition hat der Beruf der ☞ **berittenen Hirten**. Die ☞ **berittene Polizei** steht in Staatsdiensten; außerdem bestehen noch militärische Einheiten, in denen die Soldaten dienstlich mit Pferden umgehen (☞ **Militärpferde**). Einige Berufe kann man auch ohne staatliche Prüfung ausüben, z. B. den des Pferdepflegers. Gelegentlich wird eine Amateurtätigkeit auch als berufliche Arbeit weitergeführt (☞ **APO**). Zu den Tätigkeiten rund ums Pferd zählen außerdem Berufszweige wie Wagenbauer und Sattler.

Besamung _ ☞ **Künstliche Besamung**

Hier sind gute Nerven gefragt: Polizisten zu Pferd im Einsatz bei einer Fußballveranstaltung

Besamungsstation _ Eine züchterische Einrichtung zur ☞ **künstlichen Besamung** von Rindern oder Pferden. Bullen und Zuchthengste werden an eine Attrappe, Phantom genannt, herangeführt. Sie weckt durch ihre Form und einen Geruchsreiz den Fortpflanzungstrieb des männlichen Tieres. Der Hengst „paart" sich aber statt mit einer lebenden Stute lediglich mit einem Gestell, das seinen Samen aufnimmt.

Beschäler _ Anderer Begriff für ☞ **Deckhengst**; er ist abgeleitet von dem althochdeutschen Wort „scelo" für Zuchthengst. Hauptbeschäler nennt man besonders herausragende Zuchthengste auf großen Gestüten, vor allem solchen in Staatsbesitz. ☞ **Hauptgestüt**, ☞ **Landgestüt**

Beschlagschmied _ ☞ **Hufschmied**

Bestzeit _ Kürzeste Zeit, die man bei ☞ **Geländeritten und -fahrten** erreichen sollte. Bei noch schnellerem Reiten/Fahren wird eine Überforderung der Pferde angenommen. ☞ **Erlaubte Zeit**, ☞ **Höchstzeit**

Betreuer im Pferdesport/Sportassistent _ So nennt sich eine Basisausbildung der ☞ **FN** für Hilfskräfte in der Ausbildung von Pferdesportlern. Betreuer im Pferdesport, seit Januar 2000 auch Sportassistenten genannt, sollen die Ausbildungsarbeit der Berufs- und Amateurlehrkräfte unterstützen, besonders in der Arbeit mit Kindern und Jugendlichen. Um Betreuer bzw. Assistent zu werden, muss man mindestens 16 Jahre alt sein.

Biegung _ Geschmeidiges Mitgehen des Pferdekörpers auf gebogenen Linien; dabei bleibt das Pferd mit Vorder- und Hinterbeinen auf dem gleichen ☞ **Hufschlag**. Je besser die ☞ **Gymnastizierung** eines Pferdes ist, umso besser kann es sich biegen. Eine Rolle spielt jedoch auch der persönliche ☞ **Körperbau**.

Biestmilch _ Die erste ☞ **Milch** einer Mutterstute; sie entsteht meist bereits in den letzten Tagen der ☞ **Trächtigkeit**, wird aber nur bis etwa 48 Stunden nach der ☞ **Geburt** produziert. Dieses Sekret ist noch nicht weiß und dünnflüssig wie die spätere Milch, sondern gelblich schleimig. Es ist reich an Eiweißen und vor allem an so genannten Antikörpern, die dem Fohlen noch fehlen; dies sind Abwehrstoffe gegen eine Reihe von Krankheitserregern. Im Körper des Fohlens werden sie erst nach und nach gebildet. Die Biestmilch ist deshalb für das neugeborene Fohlen überlebenswichtig und unersetzlich. Wenn die Mutterstute bei der Geburt stirbt, muss schnellstens eine ☞ **Ammenstute** oder ein geeigneter Milchersatz zur Verfügung stehen. Sonst sind die Lebensaussichten für das Pferdekind nicht besonders gut. Auf manchen Gestüten melkt man den Mutterstuten etwas Biestmilch ab und friert sie für Notfälle ein. Die Biestmilch wird auch als Erst-, Kolostral- oder Vormilch beziehungsweise als Kolostrum bezeichnet.

Birkauge _ Eine Fehlfärbung auf der Regenbogenhaut (Iris) der ☞ **Augen**: Die farbige Augenhaut ist weiß umrandet. Es können beide Augen oder nur ein Auge betroffen sein. Das ☞ **Sehvermögen** ist dadurch nicht geschwächt. Wenn die Iris überwiegend oder ganz milchigweiß ist, spricht man auch von einem Fischauge oder Milchauge.

Blanke Kandare _ Diese Zäumung mit ☞ **Gebiss** gibt es in zwei Ausführungen:
1. Europäische ☞ **Kandare** ohne Unterlegtrense; sie ist beim offiziellen Dressurreiten verboten.
2. Amerikanisches ☞ **Pelham**.

Blesse _ Eine weiße, meist längliche Felzeichnung im Gesicht eines Pferdes, die von der Stirn bis zur Oberlippe reichen kann. Kleinere Stirnblessen nennt man nach ihrer

Leichte Biegung beim Durchreiten einer Ecke

Größe und Form z. B. Stern, Flocke oder Blume; Nasenblessen bezeichnet man beispielsweise als Schnippe. Ein genaues Schema lässt sich nicht erstellen, da solche ☞ **Abzeichen** bei jedem Pferd anders ausfallen.

Blinddarm _ Während er bei uns Menschen keine Funktion mehr hat, ist er für das Pferd lebenswichtig. Es besitzt nicht wie andere Pflanzenfresser mehrere Mägen, in denen die schwer verdauliche Nahrung aufgeschlossen und verwertbar gemacht wird. Ein wesentlicher Teil der Verdauung beim Pferd geht daher in seinem Blinddarm vor sich. Nachdem die Nahrung mit den Zähnen zerkleinert wurde, wandert sie in den Magen. Dort wird sie von Magensäften aufgeschlossen und vorverdaut. Danach werden im Blinddarm die an sich unverdaulichen und wertlosen Faserteile (Zellulose) durch Gärung in hochwertige Energieträger umgewandelt. Dies bewerkstelligen spezielle Kleinstlebewesen. Sie sind in großer Zahl vorhanden, können aber durch plötzlichen Futterwechsel, Stress oder gar schlechtes, schimmeliges Futter absterben. Die Folge ist dann häufig eine ☞ **Kolik**.

Blitzen _ Spezielles Verhalten bei Stuten, die in der ☞ **Rosse** sind. Wenn eine rossige Stute Brunstschleim ausscheidet, stellt sie den Schweif beiseite und zieht ein paarmal ruckartig den unteren Scheidenwinkel hoch. Durch dieses Blitzen wird die Absonderung ganz aus dem Scheidengang herausgepresst und der Schweif nicht beschmutzt.

Blut _ Als Faustregel für die Blutmenge eines Pferdes gilt: pro 100 Kilogramm Körpergewicht (☞ **Gewicht**) rund zehn Liter Blut. Abweichungen sind möglich. Bei Leistungspferden, tragenden und säugenden Stuten bildet sich mehr Blut im Verhältnis zu ihrem Körpergewicht. Pferde mit viel Fettgewebe haben verhältnismäßig weniger Blut. Ebenso ist die Menge der roten Blutkörperchen bei trainierten Pferden größer als bei Müßiggängern; damit ist eine höhere Sauerstoffzufuhr verbunden. Davon leiten sich teils auch Begriffe wie „hoch im Blut stehend", „wenig" oder „viel Blut" ab (☞ **Pferdetypen**, ☞ **Kaltblut**, ☞ **Vollblut**, ☞ **Warmblut**). Beim Pferd unterscheidet man dreizehn Blutgruppen; Pferde können untereinander als Blutspender dienen. Blutproben können Klarheit über bestimmte ☞ **Krankheiten** verschaffen, aber auch zur Kontrolle von ☞ **Doping** verwendet werden.

Blutführung, Blutlinie _ Die durchgängige (gerade) ☞ **Abstammung** von einem Hengst, der bestimmte Rassemerkmale oder Eigenschaften besonders stark vererbt. Das heißt, dass diese Merkmale bei vielen Nachkommen und über mehrere Generationen hinweg auftreten. Zwei Linienbegründer, die weltweit bekannt wurden, sind der Trakehner Tempelhüter und der Englische Vollblüter Eclipse. Der Name des betreffenden Hengstes ist oft nicht mehr im ☞ **Pedigree** enthalten, aber die Blutführung lässt sich anhand der ☞ **Zuchtbücher** nachweisen. ☞ **Stempelhengst**, ☞ **Stutenfamilie**

Bock _ Der Sitz des Fahrers/Kutschers auf dem ☞ **Wagen** eines ☞ **Gespanns**. Falls ein Bock nicht vorhanden ist, wird das ☞ **Sattelpferd** geritten. Bei manchen ☞ **Fuhrwerken** geht der Kutscher mit den ☞ **Leinen** in der Hand neben den Pferden her.

Bocken _ Ein Pferd bockt oder buckelt, wenn es mit allen vier Beinen gleichzeitig oder abwechselnd mit den Hinter- und Vorderbeinen „in die Luft geht". Zum Abstoßen wölbt das Pferd den Rücken und steckt oft auch den Kopf zwischen die Vorderbeine. Für das Buckeln gibt es unterschiedliche Ursachen. Zum Beispiel reagieren Pferde, die frisch auf die Weide kommen, dadurch ihren angestauten Bewegungsdrang ab; zu gut mit Kraftfutter versorgte Pferde bauen auf diese Weise ihren Energieüberschuss ab. Das kann auch unter dem Reiter passieren. Manche Pferde buckeln beim Reiten, weil sie Schmerzen im Rücken haben; Bocken bereits beim Satteln deutet auf ☞ **Sattelzwang**

Das Pferd bockt übermütig beim ersten Weidegang.

hin. Beim ☞ **Rodeo** wird das Buckeln durch plötzlichen Schmerz herausgefordert, den man dem Pferd durch Bauchgurte zufügt.

Bockhuf _ Eine fehlerhafte, stumpfe Form des ☞ **Hufs**, die bei manchen neugeborenen ☞ **Fohlen** vorkommt. Sie beeinträchtigt das Pferd beim Laufen, kann aber durch tierärztliche Maßnahmen oder die Arbeit des ☞ **Hufschmieds** meist korrigiert werden.

Bocksattel _ ☞ **Sattel**

Bodenarbeit _ Anderer Ausdruck für ☞ **Arbeit an der Hand**.

Bodenrick _ ☞ **Cavaletti**

Bosal _ Teil der manuellen ☞ **Hackamore**, einer gebisslosen Zäumung.

Bosnisches Gebirgspferd _ Dieses bodenständige ☞ **Kleinpferd** aus Bosnien und Herzegowina wird auch als Bosniake oder Bosnienpony bezeichnet. In seiner Heimat wird es besonders in der Landwirtschaft eingesetzt und hat dort keinen einheitlichen Typ. Vor allem in Deutschland wird es seit einiger Zeit nachgezüchtet und im Freizeitbereich eingesetzt. Der ☞ **Standard** der deutschen Interessengemeinschaft beschreibt das Bosnische Gebirgspferd

Ein Ausritt mit Bosnischen Gebirgsponys

als ein extrem leistungsfähiges kleines Pferd von großer Ausdauer und Genügsamkeit, das eine hervorragende Eignung in schwierigem Gelände aufweist, die mit gutem Orientierungssinn und absoluter Trittsicherheit verbunden ist. Der Interessenverband fügt hinzu, dass die Pferde aufgrund ihres starken Charakters und ihrer Intelligenz nicht immer einfach im Umgang seien. Die Widerristhöhe liegt zwischen 128 und 148 cm. Erlaubt sind alle ☞ **Farben**, dunkle Färbungen überwiegen jedoch. ☞ **Abzeichen** kommen selten vor, ☞ **Schecken** überhaupt nicht.

Boulonnaiser Kaltblut _ Stattlicher ☞ **Kaltblüter** von nobler Erscheinung, die auf eine frühere Einkreuzung von Arabern und Andalusiern zurückzuführen ist. Typisch für die Pferde sind verhältnismäßig kleine, feste Hufe. Bei den Farben überwiegen ☞ **Schimmel**, daneben gibt es auch ☞ **Füchse** und ☞ **Braune**. Das mittlere Stockmaß liegt bei etwa 160 cm, das Gewicht reicht bis 900 kg. Ein kleinerer Schlag der Rasse ist heute ausgestorben.

Box _ Abgegrenzter Raum zur Unterbringung einzelner Pferde in einem größeren ☞ **Stall** oder als Einzelstall. In großen Boxen werden gelegentlich auch zwei oder mehrere Pferde untergebracht. Spezielle Abfohlboxen sind für Stuten zum ☞ **Abfohlen** beziehungsweise für sie und ihre Fohlen vorgesehen. Boxen sollten mindestens so groß sein, dass sich das Pferd darin um die eigene Achse drehen bzw. sich ☞ **niederlegen** und ausstrecken kann, ohne irgendwo anzustoßen. Außerdem müssen sie so hoch sein, dass sich die Pferde nicht den Kopf anschlagen können. Die Trennwände zwischen den Boxen bestehen meist aus Holz und/oder Gitterstäben, sodass sich die Nachbarpferde sehen und riechen, aber nicht beißen können. Für den Zugang zu den Boxen sind Schiebetüren günstig; sie versperren beim Öffnen nicht wie Angeltüren die Stallgasse. ☞ **Außenbox**

Brandenburger _ Deutsche Warmblutrasse aus der früheren preußischen Provinz Brandenburg. Der Brandenburger gehörte später zum ☞ **Edlen Warmblut** der DDR. Heute ist er die Landeszucht im Typ ☞ **Deutsches Reitpferd** des gleichnamigen Bundeslandes. Das traditionelle ☞ **Brandzeichen** ist ein Pfeil, um den sich eine Schlange windet. Dieses Zeichen steht als Sinnbild für Schnelligkeit und Wendigkeit. Das staatliche Gestüt Brandenburgs befindet sich in Neustadt/Dosse.

Brandmauke _ Fortgeschrittene Form der ☞ **Mauke** mit Gewebezersetzung.

Brandzeichen _ Kennzeichen im Fell eines Pferdes, die durch ☞ **Heißbrand** oder ☞ **Kaltbrand** zustande kommen. Brandzeichen werden schon bei ☞ **Saugfohlen** angebracht. Zusätzliche Brände gibt es z. B. für Zuchtpferde bei ihrer Eintragung ins ☞ **Zuchtbuch**. Gebrannt wird hauptsächlich am Hals, auf dem Rücken oder am Oberschenkel eines Pferdes.
Als es noch keine schriftlichen Dokumente wie ☞ **Abstammungsnachweise** und ☞ **Zuchtbücher** gab, war das Brandzeichen der einzige Besitznachweis für den Eigentümer eines Pferdes, wenn man keine Schnittmarkierungen anbringen wollte (☞ **Ohrmarkierung**). Kennzeichnungen waren nicht nur als Schutz gegen Pferdediebe notwendig; oft lebten Pferde verschiedener Besitzer zusammen auf einer Weide oder in einem ☞ **Wildgestüt**. Häufig wurden die Anfangsbuchstaben des Besitzers verwendet, manchmal auch Symbole, z. B. ein Stern oder eine Schlange oder in vornehmen Familien sogar das Hauswappen. Später wurden auf Gestüten die gezüchteten Pferde mit einem Herkunfts-Brandzeichen versehen. Daraus entstanden allmählich die Brände für die verschiedenen Rassen und Schläge beziehungsweise für bestimmte Zuchtgebiete.
Brandzeichen gelten heute längst nicht mehr allein als Herkunfts- und Besitznachweis. Sie sind im ☞ **Winterfell** oft schlecht zu erkennen, und manchmal verwachsen sie auch wieder. Außerdem sind Züchter ausländischer Rassen mit dem Brand, den ihre Pferde vom Zuchtverband verpasst bekommen, oft nicht einverstanden. Gebrannt wird häufig nicht das Zeichen der Rasse im Mutterland, sondern z. B. ein allgemeines Brandzeichen für Kleinpferde oder das der am Geburtsort des Pferdes heimischen Warmblutrasse. Auf diese Weise verlieren Brandzeichen immer mehr von ihrem ursprünglichen Sinn; sie besagen in solchen Fällen nur noch, dass das gebrannte Pferd in irgendeinem Zuchtbuch eingetragen ist.
Moderne Kennzeichnungen sind ☞ **Chips** (Transponder) und ☞ **Tätowierung**.

Brandzeichen

Württemberger

Brandenburger

Hannoveraner

Holsteiner

Mecklenburger

Westfale

Brauner _ Pferd mit bräunlichem oder rötlichem ☞ **Fell**, häufig mit ☞ **Schwärzung** der Beine. Das ☞ **Langhaar** ist ausnahmslos schwarz! Dies ist der wesentliche Unterschied zum ☞ **Fuchs**. Anhand der verschiedenen Brauntöne im Fell unterscheidet man Braune vor allem in Hellbraune, Braune, Dunkelbraune und Schwarzbraune. Besonders auffällig und glänzend ist meist der Goldbraune. Als Vorstufe zum Braunen gilt der ☞ **Falbe**. ☞ **Farben**

Bred, Breed _ Stammt aus der englischen Sprache und bedeutet Rasse, Zucht, Reinzucht. Thoroughbred steht beispielsweise für reinrassig, vollblütig beziehungsweise Vollblutpferd und ist die internationale Bezeichnung für das ☞ **Englische Vollblut**. Halfbreed heißt Rassenkreuzung, gekreuzt, ☞ **Halbblut**.

Breitensport _ Im Pferdesport bezeichnet man nach dem Verständnis der ☞ **FN** sportliche Wettbewerbe für Reiter und Fahrer, die nicht an richtigen ☞ **Turnieren** teilnehmen wollen, als Breitensport. Vereine bieten für Breitensportler unter anderem einfache ☞ **Reiterspiele** und ☞ **Rallyes** an.

Bremse _ 1. Wichtiges Teil zum Abbremsen eines ☞ **Wagens**.
2. Blutsaugendes Fluginsekt (Pferdebremse), das im Sommer Reitern und Pferden zusetzt und Pferde sogar zum ☞ **Scheuen** bringen kann.
3. ☞ **Nasenbremse**

Brennen _ 1. Das Anbringen eines ☞ **Brandzeichens** am Pferdekörper (☞ **Chips**, ☞ **Heißbrand**, ☞ **Kaltbrand**, ☞ **Tätowierung**).
2. Ein tiermedizinischer Eingriff. Damit sollen bestimmte Schädigungen an Pferdebeinen geheilt oder zumindest gebessert werden. Mit einem erhitzten Gerät werden an

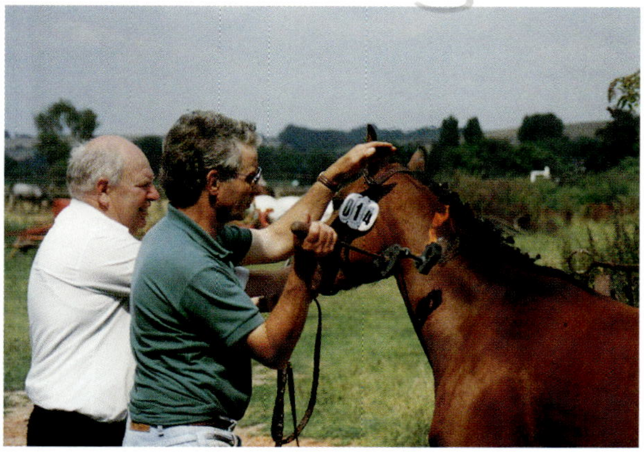

Beim sachgemäß durchgeführten Heißbrand wird das Pferd nicht verletzt.

der Stelle der Erkrankung Punkte oder Striche eingeritzt. Dadurch wird die Haut absichtlich verletzt, es entsteht eine akute Entzündung. Während sie abheilt, kann auch die ursprüngliche chronische Entzündung abklingen. Eine ähnliche Wirkung hat das Blistern, das Einreiben mit stark hautreizenden Salben oder Tinkturen. Diese älteren Verfahren werden heute jedoch häufig durch moderne Heiltechniken ersetzt.

Bretone _ Ein französisches ☞ **Kaltblut** mit Ursprung in der Bretagne. Es gibt zwei Typen, den leichteren Postier (ehemaliges Postkutschenpferd) und den massigeren Trait (für schwere Zugarbeiten). Meist Braune, Füchse, Braun- und Rotschimmel.

Brettprobe _ Medizinische Methode zur Prüfung des Hufes auf ein bestimmtes Krankheitsbild. Der betreffende Huf wird auf ein kleines Brett gestellt und dieses vorn etwas angehoben, sodass der Huf für kurze Zeit mit der Zehenspitze etwas höher steht. Danach wird das Pferd an der Hand vorgetrabt. Lahmt es anhaltend, so besteht Verdacht auf ☞ **Hufrollenentzündung**.

Brevet _ Dieser Begriff kommt aus dem Französischen und bedeutet Diplom oder Patent. Brevets oder Reiterbrevets sind Grund- und Aufbaukurse des ☞ **SVP** (Schweizerischer Verband für Pferdesport) für Reiter und Fahrer, eingeteilt in Test I Bronze, Test II Silber und Test III Gold mit Prüfung. Sie sind in etwa vergleichbar mit den Basisprüfungen der ☞ **FN** (☞ **Leistungsabzeichen**) und meist Voraussetzung für die Teilnahme an einfacheren ☞ **Turnieren**.

Bronchitis _ Erkrankung der Luftröhrenverästelungen (Bronchien) in der Lunge. Im Anfangsstadium meist Fieber, Nasenausfluss und bei Anstrengung des Pferdes starker ☞ **Husten**, später Husten auch im Ruhezustand. Nicht ausgeheilt, besteht Gefahr der ☞ **Dämpfigkeit**. Bronchialerkrankungen entstehen bzw. verschlimmern sich häufig bei überwiegender Haltung im Stall, der vielleicht auch noch schlecht gereinigt und gelüftet wird. Vorbeugung: viel Aufenthalt und Bewegung an der frischen Luft (nicht nur in der Reithalle!). Siehe auch z. B. ☞ **Auslauf**, ☞ **Ausreiten**, ☞ **Weide**

Brumby _ ☞ **Wildling** in Australien.

Brustblattgeschirr _ ☞ **Sielengeschirr**

Budjonny _ Leichter, schnittiger Halbblüter aus Russland. Die noch verhältnismäßig junge Rasse entstand vor allem aus dem ☞ **Donpferd** und eingekreuzten Vollblütern. Sie wird auch in anderen GUS-Staaten gezüchtet. Der Budjonny ist ein schnelles, ausdauerndes Sport- und Rennpferd, das besonders für Hindernisrennen, Springen und Vielseitigkeit eingesetzt wird. Er ist bis zu 162 cm groß. Häufig sind ☞ **Füchse** und verschiedene Braunfärbungen (☞ **Brauner**), teils mit Goldschimmer – ähnlich wie beim ☞ **Achal-Tekkiner**. Budjonnys gibt es auch in Westeuropa und den USA.

Bügel _ ☞ **Steigbügel**

Bügeln _ Auswärtsschlenkern der Vorderbeine im ☞ **Trab**. Das Bügeln gilt bei europäischen Rassen meist als Fehler; bei anderen Pferden, z. B. in Südamerika, ist es sogar erwünscht.

Bundesfachverband für Reiten und Fahren in Österreich _ ☞ **FENA**

Buschreiter _ Salopper Ausdruck für die Reiter im ☞ **Vielseitigkeitssport**

Berufe rund ums Pferd

Viele junge Pferdefans haben nur einen Berufswunsch: „Etwas mit Pferden" soll es sein, ein Traumberuf, in dem sich alles um die geliebten Vierbeiner dreht. Aber nur, wer genau weiß, was auf ihn/sie zukommt, wird später nicht vom Arbeitsalltag enttäuscht sein und vielleicht sogar aufgeben, weil Wunsch und Wirklichkeit weit auseinanderklaffen. Das gilt insbesondere für den staatlich anerkannten Ausbildungsberuf ☞ **Pferdewirt**. *Es gibt ihn in vier Ausrichtungen. Hauptziele im* **Schwerpunkt Reiten (Bereiter)** *sind die Ausbildung von Pferden, das Erteilen von Reitunterricht und die Teilnahme an Turnieren. Dafür bekommt man ein umfangreiches Wissen über Haltung, Versorgung und Züchtung von Pferden, über den Einsatz von Geräten und Maschinen bis zu Arbeits- und Umweltschutz vermittelt. Genommen werden vorzugsweise reiterfahrene junge Leute, die mindestens 18 Jahre alt sind, bereits den Pkw-Führerschein besitzen und Turniererfolge bis zur Leistungsklasse A/L vorweisen können. Die Grundausbildung im* **Schwerpunkt Zucht und Haltung** *ist ähnlich, hier liegt das Haupt-Aufgabengebiet jedoch auf der Betreuung trächtiger Stuten, Hilfeleistung bei Geburten und die weitere Versorgung der Fohlen. Reitkenntnisse sind nicht unbedingt Voraussetzung. Sehr empfehlenswert: Test-Tage an einer Landesreitschule oder ein mehrwöchiges Berufspraktikum in einem Betrieb. Anwärter für den* **Schwerpunkt Galopprennsport** *lernen vor allem die besondere Art des Reitens in der Renntechnik kennen. Wichtig: Man darf nicht mehr als höchstens 50 kg wiegen! Zuständig: das Direktorium für Vollblutzucht und -rennen in Köln. Im* **Schwerpunkt Trabrennsport** *geht es im Besonderen darum, das Fahren mit dem Sulky zu erlernen. Daneben ist auch hier alles rund um die Pferdeversorgung im Programm. Nähere Infos: der Hauptverband für Traberzucht und -rennen in Kaarst.*

Außer der Leidenschaft für Pferde sind in allen vier Sparten körperliche Fitness, Ausdauer und Einsatzbereitschaft (Wochenenden!) gefragt. Allgemeine Voraussetzungen für eine Lehrstelle: mindestens sehr guter Hauptschulabschluss bzw. Mittlere Reife. Dauer der Lehrzeit: drei Jahre. **Pferdepfleger/in** *ist kein Ausbildungsberuf, aber eine sehr vielseitige und verantwortungsvolle Tätigkeit, bei der man fast ständig „hautnah" mit Pferden umgeht. Die Palette reicht vom täglichen Füttern und Putzen der Vierbeiner über Longieren, Pflege kranker oder verletzter Tiere bis hin zur Turnierbegleitung. Der Arbeitstag ist meist lang, die Bezahlung mager. Aufstiegschancen sind selten, etwa zum Stallmanager oder Futtermeister. Gute Chancen dafür haben aber z. B. gelernte* **Tierpfleger/innen**, *die sich auf Pferdehaltung spezialisiert haben.*

Als ausgebildete/r **Tierarzthelfer/in** *kann man sich, um mit Pferden umzugehen, eine Tätigkeit bei einem Fachtierarzt für Pferde suchen. Wer gerne* ☞ **Tierheilpraktiker** *(mit Spezialrichtung Pferde) werden möchte, hat mit diesem Beruf eine gute Ausgangsbasis geschaffen.*

Huf(beschlag)schmiede *lernen Metallbauer mit dem Kernbereich Hufbeschlag oder sind mindestens zwei Jahre lang bei einem anerkannten Hufschmied als Angestellter beschäftigt, bevor sie die staatliche Prüfung ablegen können.*

Polizeireiter/in *kann man nur werden, wenn man bereits die Ausbildung für den Polizeidienst absolviert und einige Jahre in anderen Bereichen eingesetzt war. Auch für Tätigkeiten im Bereich* ☞ **Therapeutisches Reiten** *braucht man eine abgeschlossene Berufausbildung beziehungsweise einen Studienabschluss (Pädagogik, Sozialpädagogik, Psychologie). Erst dann beginnt die Weiterbildung, z. B. zum reittherapeutischen Assistenten. Nähere Auskünfte gibt es bei: Deutsches Kuratorium für therapeutisches Reiten, Warendorf.*

Als studierter Tierarzt kann man sich durch ein Aufbaustudium zum **Fachtierarzt für Pferde** *spezialisieren; für Tiermediziner und für andere Studienrichtungen wie Biologie gibt es nun auch noch den Studiengang Pferdewissenschaften, siehe auch: Wie wird man Hippologe/Hippologin.*

C

Cadre Noir _ Aus zwölf Reitern bestehende Eliteabteilung der ehemaligen französischen Heeresreitschule in Saumur. Diese besteht heute als Staatsreitschule weiter. Mitglieder des Cadre Noir (französisch = schwarze Truppe) gehen regelmäßig mit Showprogrammen der ☞ **Hohen Schule** auf Tourneen.

Camarguepferd _ Bodenständiges Kleinpferd aus Frankreich. Seine Heimat ist das Stromdelta der Rhone, die Camargue. In den nicht kultivierten, unwirtlichen Sumpf- und Ödflächen leben die Zuchtpferde halbwild; die Gebrauchstiere werden von den Gardians, den ☞ **berittenen Hirten** dieser Region, traditionell zum Hüten der schwarzen Camarguerinder verwendet. In jüngerer Zeit setzt man Camarguepferde auch im Reittourismus ein. Nachzuchten gibt es unter anderem in Deutschland. Camarguepferde sind kräftige, sehr wendige und trittsichere Pferde im Ponytyp mit typischen breiten „Moorhufen". Es gibt sie ausschließlich als ☞ **Schimmel**. Die Größe liegt zwischen 135 und 146 cm.

Hochträchtige Camaguestute auf einer schilfumsäumten Koppel – der Stacheldraht ist für Pferde aber sehr gefährlich.

Canadian Cutting Horse _ Das ☞ **Westernpferd** Kanadas. Die Rasse wurde mit Hilfe des ☞ **Quarter Horse** begründet, das Canadian Cutting Horse hat jedoch einen etwas gestreckteren Körperbau. Die Größe liegt zwischen 150 und 160 cm, es kommen alle ☞ **Farben** vor. Die Rasse ist über ganz Kanada verbreitet.

Cavaletti _ Holzstangen von zwei bis drei Metern Länge und etwa 10 bis 15 cm Durchmesser. Einzeln bezeichnet man sie als Bodenrick. Zum Cavaletti werden sie, wenn sie an den Enden auf je einem Ständerkreuz aufliegen. Je nachdem, wie die Kreuze gestellt werden, berühren die Stangen den Boden oder befinden sich etwa 30 bis 40 beziehungsweise 50 bis 60 cm über der Erde. Zur Cavalettiarbeit (Bodenarbeit) werden meist mehrere Cavaletti hintereinander auf gerader oder gebogener Linie aufgestellt. Das Pferd muss ohne Zwischentritte darüber gehen oder springen können. Regelmäßige Cavalettiarbeit fördert die ☞ **Gymnastizierung**.

Chambon _ Ein ☞ **Hilfszügel**, der vor allem beim ☞ **Longieren** verwendet wird.

Chaps _ Überhosen aus Leder oder anderem strapazierfähigen Material ohne oberes Hosen- beziehungsweise Gesäßteil. Sie schützen beim Reiten die Kleidung und die Beine vor Schmutz, Nässe, Dornen und Ähnlichem. Sie stammen aus der Arbeitsreiterei (☞ **Westernreiten**) und eignen sich besonders für das ☞ **Geländereiten**. Es gibt inzwischen auch Nachahmungen mit einem geschlossenen Hosenbereich aus Stoff, die man als ☞ **Jodhpurs** verwenden kann.

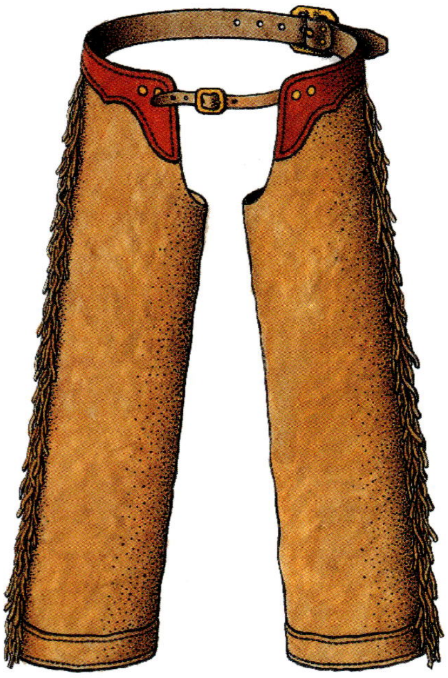

Lederne Chaps mit Fransen

Chips _ Winzige programmierte Marken, wie sie z. B. in Computern verwendet werden. Bei Pferden gebraucht man Chips anstelle eines ☞ **Brandzeichens** oder als zusätzliche Kennzeichnung. Ein solcher Chip oder Transponder wird durch einen kleinen tierärztlichen Eingriff unter der Haut des Pferdes angebracht. Die Daten, die sich darauf befinden, können allerdings nur von speziellen Geräten gelesen werden.

Chiron, Cheiron _ 1. Der einzige ☞ **Kentaur**, der den Menschen freundlich gesinnt war. Er galt als Meister der Heilkunde und der Jagdkunst.
2. Heute wird unter der Bezeichnung Chiron eine Reit- und Springausbildung für Pferde angeboten, die als besonders pferdeschonend dargestellt wird.

Chukker _ Spielabschnitt beim ☞ **Polo**.

Cimarron _ Pferdewildling in Südamerika. ☞ **Wildlinge**

Cleveland Bay _ Diese englische Warmblutrasse stammt aus dem Norden der Grafschaft Yorkshire, aus Cleveland. Der alte derbe ☞ **Landschlag** wurde vor allem im 19. Jahrhundert stark mit Englischen und orientalischen Vollblütern verfeinert. Der heutige Cleveland Bay hat einen sehnigen Körperbau und ein kräftiges ☞ **Fundament**; die Größe reicht bis 170 cm. Die Pferde sind ausschließlich ☞ **Braune** ohne ☞ **Abzeichen**. („Bay" ist der englische Ausdruck für ein braunes Pferd.) Sie wurden unter anderem in der Zucht des ☞ **Hannoveraners** und des ☞ **Oldenburgers** eingesetzt.

Clydesdale _ Diese schottische Kaltblutrasse stammt aus der gleichnamigen Region am Clyde, dem längsten Fluss Schottlands. Durch Einkreuzung des ☞ **Shire Horses** weist das Clydesdale im Körperbau und in der Behaarung Ähnlichkeiten mit dieser Rasse auf. Die Größe reicht von etwa 165 bis 170 cm. Clydesdales sind vorwiegend ☞ **Braune** mit weißer Stiefelung (☞ **Abzeichen**) und reichlichem ☞ **Behang**. Ein ☞ **Stutbuch** gibt es seit 1877. Nachzuchten existieren z. B. in Nordamerika und in Australien.

Cobtyp _ Kräftige, stämmige Pferde, die zwischen dem Typ des ☞ **Ponys** und dem des ☞ **Kaltbluts** stehen. Manchmal werden damit auch kleine Kaltblüter wie der Französische Cob oder größere, stämmige Ponys bezeichnet. Gelegentlich bilden die Cobs innerhalb einer Rasse einen ☞ **Schlag** wie der Welsh-Cob. Cobs werden meist als ☞ **Wirtschaftspferde** verwendet.

Ein Cob aus Wales (Welsh Cob)

Comtois _ Kleinere, massige Kaltblutrasse Frankreichs aus der Franche Comté. Die Größe liegt zwischen 150 und 160 cm, das Gewicht zwischen 600 und 800 kg. Der Comtois ist ein kurzbeiniges Pferd mit quadratischem Kopf und kräftiger Bemuskelung: Er hat eine abgeschlagene, gespaltene ☞ **Kruppe**, breite, starke Gelenke und mittelgroße Hufe. Es kommen nur ☞ **Füchse** häufig mit heller Mähne, und ☞ **Braune** vor. Der Comtois wird seit 1925 reingezüchtet (☞ **Reinzucht**). Wie in seiner Heimat, wird er auch in anderen Gebirgsregionen - vor allem im Jura - zu schweren Arbeiten in unwegsamem Gelände herangezogen. ☞ **Hengstdepot** in Frankreich ist das Nationalgestüt Besançon. ☞ **Ardenner**

Connemarapony _ Dies ist die einzige heimische Ponyrasse in Irland. Ursprünglicher Lebensraum des Connemaraponys ist die Landschaft Connemara an der Westküste der Insel mit Erhebungen bis über 700 m. Die

Arabisch geprägtes Connemarapony

Zuchtpferde leben teilweise noch frei in der bergigen Wildnis und ernähren sich von Schilf, Gras, Tang, Kräutern, Wurzeln und Moosen. Die Ponys sind durch verschiedenartigste Einkreuzungen nicht einheitlich in der Erscheinung: Es gibt zierliche Pferde mit stark arabisiertem Körperbau und Verhalten, daneben Ponys mit hoher ☞ **Aktion** im Trab und solche mit derbem Äußerem. Der noch halbwegs rein erhaltene Schlag im ursprünglichen Ponytyp hat noch häufig die Falbenfarbe (☞ **Falbe**), wegen der man die Connemaras früher auch „yellow old ponies" („gelbe altbekannte Ponys") nannte. Der schnittigere Typ kommt hauptsächlich als ☞ **Schimmel** vor, außerdem gibt es ☞ **Braune** und ☞ **Rappen**, ☞ **Füchse** und ☞ **Isabellen**. Die Widerristhöhe liegt zwischen 135 und 148 cm. Connemaraponys werden auch in England, in Westeuropa und in den USA gezüchtet.

Cowboy _ ☞ **Berittene Hirten**

Cremello _ Bezeichnung in Lateinamerika für cremeweiße Pferde (Weißisabellen). ☞ **Isabelle**

Criollo _ Südamerikanisches Kleinpferd, das vor allem von den Gauchos, den ☞ **berittenen Hirten** Argentiniens, auf den meist riesigen Schaf- und Rinderfarmen bei der Arbeit verwendet wird. Criollos sind genügsam, ausdauernd und zäh. Ihre Vorfahren waren Pferde, die die spanischen Eroberer im 16. und 17. Jahrhundert mitbrachten und die teilweise verwilderten (☞ **Cimarron**). Das Stockmaß von Original-Criollos geht nicht über 148 cm hinaus. Es gibt die Pferde in einer großen Farbenvielfalt, da sie nicht nach Aussehen, sondern nach Tauglichkeit gezüchtet werden. Bei Pferden, die als angebliche Criollos nach Europa verschifft werden, handelt es sich häufig um Mischlinge unbekannter Abstammung. Criollos werden beim Transport oft erheblichen Strapazen ausgesetzt, die sich auf die Gesundheit und auf das Wesen der Pferde nachteilig auswirken. Das führte dazu, dass man den Criollo in Europa zu Unrecht als unberechenbar darstellt.

Criollo auf einer verwilderten Weide in Argentinien

Csikós _ ☞ **Berittene Hirten**

Cutting _ Dieser Begriff kommt vom englischen Wort to cut = abschneiden. Cutting ist eine Disziplin im ☞ **Westernreiten**, bei der ein Tier von einer Rinderherde abgesondert werden muss.

D

Dämpfigkeit _ oder Dampf nennt man das chronische, unheilbare Stadium einer Erkrankung der Atemwege oder des Herzens bei einem Pferd. Stark dämpfige Pferde leiden unter dauernder Atemnot, oft verbunden mit Husten, und können nicht mehr geritten oder gefahren werden. Wenn man sie nicht schmerzlos töten lässt, sterben sie meist qualvoll durch Ersticken. Die Dämpfigkeit zählt zu den ☞ **Hauptmängeln**.

Dalespony _ Dieses stämmige Kleinpferd stammt aus den Hochlandtälern im Nordosten Englands. Die Größe reicht von etwa 140 bis 150 cm, als Farben kommen ☞ **Rappen**, Schwarzbraune (☞ **Brauner**) und ☞ **Schimmel** vor. Solche Ponys wurden früher vor allem in Bleibergwerken zum Tragen schwerer und schwerster Lasten eingesetzt. Man verwendete sie außerdem auf Farmen, zur Jagd und als Packtiere bei der Armee. Inzwischen ist die Rasse selten geworden. Es gibt eine kleine Nachzucht in Deutschland.

Damensattel _ Ein ☞ **Sattel** für seitliches Sitzen. Er wurde im Mittelalter erfunden, nachdem Moralisten den normalen Reitsitz bei Frauen als „anstößig" empfanden. Für den linken Fuß ist ein Steigbügel vorhanden, das rechte Bein wird zum Abstützen über ein Horn gelegt, gegen das die Reiterin zusätzlich das linke Knie stützen kann. Auf der rechten Körperseite sind keine ☞ **Hilfen** mit dem Schenkel möglich, sie müssen durch eine ☞ **Gerte** ersetzt werden. Reiten im Damensattel erfordert deshalb besonders einfühlsame Pferde. Es wird heute von Liebhabern und Liebhaberinnen dieser Sitzart freiwillig ausgeübt und ist z. B. auf ☞ **Shows** zu sehen.

Elegante Damensattel-Reiterinnen in Begleitung von Reitern und Reiterinnen im heute üblichen Herrensitz

Dampfrinne _ Erscheinung bei Pferden, die an ☞ **Dämpfigkeit** leiden. Bei jedem Ausatmen muss das Pferd die Bauchmuskulatur stark zusammenpressen, damit die verbrauchte Luft entweicht. Dabei entsteht unterhalb des Rippenbogens eine längliche Vertiefung, die beim Einatmen wieder zurückgeht.

Darmpech _ So nennt man die Stoffwechselschlacken des ungeborenen Fohlens, die erst nach der Geburt ausgeschieden werden. Sie stammen aus der Ernährung im Mutterleib durch die Plazenta, dem so genannten Mutterkuchen (☞ **Nachgeburt**). Normalerweise geht dieser dunkle, feste ☞ **Kot** von selber ab, bald nachdem das neugeborene Fohlen die ersten Male bei der Mutter am Gesäuge getrunken hat; denn die Erst- oder ☞ **Biestmilch** wirkt abführend. Manchmal ballt sich aber das Darmpech so dick zusammen, dass es als harte Masse vor dem Darmausgang stecken bleibt. Wenn dieses so genannte Darmpechverhalten nicht bemerkt und der Kot nicht von Hand entfernt wird, kann das Fohlen daran zugrunde gehen.

Darmverschlingung _ Lebensbedrohliches Verlagern oder Einklemmen eines Darmabschnittes, der dadurch nicht mehr durchblutet wird und absterben kann. Die Futterschlacken können dann nicht mehr weiterbefördert werden. Manchmal hilft eine Operation, oft geht ein Pferd daran jedoch unter großen Schmerzen ein. ☞ **Kolik**

Dartmoorpony _ Ein ursprüngliches Pony, das zwischen 115 und 128 cm groß sein kann. Früher wurden gelegentliche Einkreuzungen von kleinen Vollblütern sowie ☞ **Shetland-**

Typischer Dartmoorhengst mit viel Ausstrahlung

ponys vorgenommen. Die Heimat der Dartmoorponys ist der Südwesten Englands mit seinen ausgedehnten Moor- und Heideflächen. Dort leben Zuchtherden noch heute weitgehend frei. Übliche Färbungen sind ☞ **Braune**, ☞ **Rappen** und ☞ **Schimmel**; größere ☞ **Abzeichen**, ☞ **Schecken** und ☞ **Tigerung** sind nicht erwünscht. Eines der größten Gestüte außerhalb Englands befindet sich in Südwestdeutschland.

Deckakt _ Die geschlechtliche Paarung bei Pferden. ☞ **Sprung**

Decke _ 1. So nennt man beim Pferd und bei anderen Huftieren das Fellkleid. Eine „schöne Decke" ist ein gut gepflegtes ☞ **Fell** oder eine Fellfärbung, die einem besonders gut gefällt.
2. Decke zum Auflegen ☞ **Eindecken**

Decken _ Die Paarung des Hengstes mit der Stute zum Zwecke der ☞ **Fortpflanzung**. Das männliche Pferd deckt (oder belegt, beschält, bespringt, begattet), das weibliche Pferd wird gedeckt. ☞ **Sprung**

Deckerlaubnis _ Die Zulassung eines gekörten Hengstes im Bereich eines bestimmten ☞ **Zuchtverbandes** beziehungsweise für eine andere Rasse, z. B. als ☞ **Veredler** oder für ☞ **Kreuzungen**. ☞ **Körung**

Deckgeld, Decktaxe _ Gebühr für das ☞ **Decken**, die der Besitzer einer Stute an den Hengstbesitzer zahlt.

Deckhaar _ Das ☞ **Fell** des Pferdes. Als Deckhaar bezeichnet man manchmal auch nur das längere Haar des ☞ **Winterfelles**.

Deckhengst _ oder Zuchthengst nennt man einen Hengst, der regelmäßig zur ☞ **Zucht** eingesetzt wird. ☞ **Beschäler**, ☞ **Decken**, ☞ **Fortpflanzung**

Decksaison _ So nennt man die Zeit, in der hauptsächlich die ☞ **Fortpflanzung** der Pferde stattfindet. Sie setzt etwa zur gleichen Zeit ein wie die Zeit des ☞ **Abfohlens** (☞ **Tragzeit**), nämlich im Vorfrühling, und dauert bis in den Frühsommer, bis etwa Mitte/Ende Juni. In dieser Zeit befinden sich viele Deckhengste nicht in ihrem Heimatgestüt (☞ **Hengstdepot**), sondern auf einer ☞ **Deckstation**.

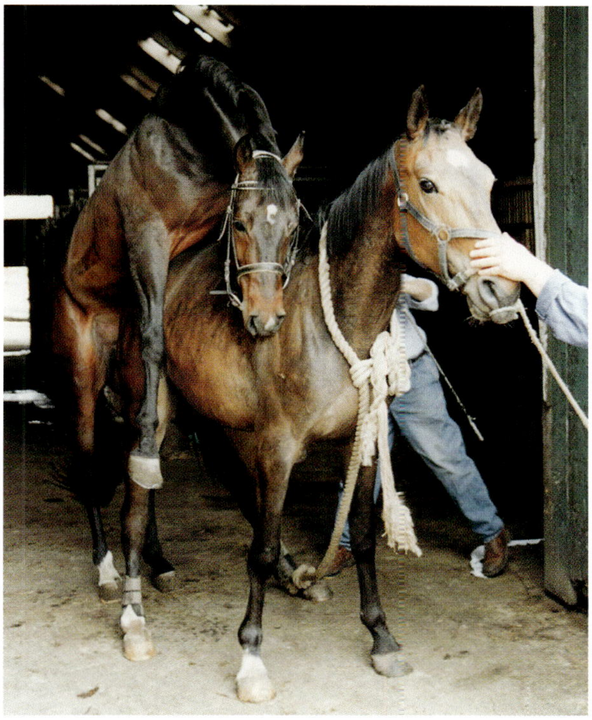

Der Deckvorgang wird heute in vielen Gestüten im Schnellverfahren durchgeführt.

Deckstation _ Ein privater oder staatlicher Stall, in dem ein oder mehrere ☞ **Deckhengste** untergebracht sind, ist eine Deckstation. Meist stehen die Tiere dort nur während der ☞ **Decksaison**. Zuchtstuten werden zum ☞ **Decken** auf die Station gebracht, oft schon kurz nach der Geburt ihres gleichjährigen Fohlens (☞ **Fohlenrosse**) und in Begleitung des Fohlens. Natürlich kann auch ein ☞ **Gestüt** gleichzeitig Deckstation sein.

Derby _ Ursprünglich ein Begriff nur im Galopprennsport. Das erste Derby wurde nach dem britischen Grafen Edward Derby benannt, es fand auf seine Anregung hin 1780 in Epsom statt. Derbys sind zu den wichtigsten Zuchtrennen in allen Ländern geworden, in denen Galopp-Vollblüter gezüchtet werden (☞ **Rennsport**). Das Deutsche Derby wird seit 1869 auf der Hamburger Galopprennbahn im Horner Moor abgehalten. Auch der Trabrennsport sowie der Reit- und der Fahrsport veranstalten inzwischen Derbys. Sie gehören zu den bedeutendsten und schwersten Prüfungen in den jeweiligen Sparten.

Deutsche Reiterliche Vereinigung _ ☞ **FN**

Deutsche Reitschule _ Zentrale deutsche Fortbildungs- und Prüfungseinrichtung für Berufsreiter (☞ **Pferdewirt**), höher qualifizierte Turnierreiter, Richter und andere Fachleute im herkömmlichen Turniersport. Auch begabte Pferde können dort gefördert werden. Das Institut ist dem nordrhein-westfälischen Landgestüt in Warendorf angegliedert und arbeitet eng mit der ☞ **FN** zusammen.

Deutsches Fahrerabzeichen _ ☞ **Leistungsabzeichen**

Deutsches Pferdemuseum _ Das erste Pferdemuseum in Deutschland befindet sich in der „Reiterstadt" Verden/Aller. Ursprünglich war der Schwerpunkt auf die Zucht hannoverscher Pferde ausgerichtet. Längst wird aber die Geschichte des Pferdes, der Pferdezucht und des Pferdesports dort auch allgemein dargestellt. Modelle von Urpferdchen gehören ebenso zur Dauerausstellung wie reich verzierte Geschirre, Sättel und Zaumzeuge, eine Hufeisensammlung, Reiteruniformen und alte Grafiken. Dem Museum ist ein hippologisches Forschungsinstitut mit einer umfangreichen Bibliothek angeschlossen. ☞ **Museen**

Deutsches Reiterabzeichen _ ☞ **Leistungsabzeichen**

Deutsches Reitpferd, Deutsches Warmblut _ Typ der deutschen Warmblutpferde, wie er heute für den herkömmlichen Leistungssport gewünscht wird. Er wurde in den einzelnen ☞ **Landeszuchten** aus den früheren Wirtschafts- und Militärpferden entwickelt, indem man vor allem ☞ **Englisches Vollblut** und ☞ **Trakehner** mit hohem Vollblutanteil einkreuzte. Erwünscht ist das ☞ **Rechteckformat**, ein ☞ **Stockmaß** zwischen etwa 163 und 175 cm und eine besondere Begabung für ☞ **Dressur** und/oder ☞ **Springen**. Ähnlich hat man auch in anderen Ländern einheimische Warmblutrassen veredelt oder z. B. auf der Grundlage des ☞ **Hannoveraners** den Typ des modernen Sportpferdes geschaffen, so etwa das Österreichische und das Schweizer Warmblut-Sportpferd.

Deutsches Reitpony _ Diese anerkannte „Kunstrasse" wurde eigens für den Jugend-Turniersport geschaffen. Sie entstand, wie andere ☞ **Reitponys** auch, aus Kreuzungen verschiedener Ponyrassen und Einkreuzung von Arabern und Vollblütern. Deutsche Reitponys stehen meist

Ein edles Reitpony für den Turniersport

nicht mehr im ursprünglichen Ponytyp, sondern sind Warm-, Halb- oder Vollblüter im Kleinformat. Als Deutsche Reitponys werden hin und wieder auch ausländische Ponys eingetragen – ebenso wie Kreuzungen zwischen dem Deutschen Reitpony und anderen Rassen sowie Zuchtversuche wie der des ☞ **Tarpans**.

Deutsches Voltigierabzeichen _ ☞ **Leistungsabzeichen**

Deutschtraben _ Dies ist eine ältere Bezeichnung für das ☞ **Aussitzen** im ☞ **Trab**. Das Gegenstück ist das ☞ **Leichttraben**.

Dienstpferde _ So nennt man Pferde, die beim Militär, bei der Polizei, der Feuerwehr, im öffentlichen Verkehrswesen und anderen staatlichen, halbstaatlichen und kommunalen Einrichtungen verwendet werden und damit „im öffentlichen Dienst" stehen.
☞ **Berittene Polizei**, ☞ **Kavallerie**, ☞ **Militärpferde**, ☞ **Pferdebahnen**, ☞ **Pony-Express**

Direktorium für Vollblutzucht und -rennen _ Dies ist der Dachverband des Galoppsports in Deutschland mit Sitz in Köln.

Distanzreiten, Distanzfahren _ Distanz- oder Streckenwettbewerbe werden im Gelände abgehalten; sie sind Ausdauerprüfungen mit einem festen Reglement und nicht zu verwechseln mit dem ☞ **Wanderreiten** oder -fahren. Der Distanzsport unterscheidet sich in einigen Punkten wesentlich vom Renn- und Turnierwesen. So sind grundsätzlich alle gesunden und nicht trächtigen oder säugenden Pferde und alle Reiter/Fahrer von einem Mindestalter an zugelassen. Ansonsten gibt es Eingrenzungen im Allgemeinen weder in Bezug auf die Herkunft der Pferde noch auf frühere Erfolge der Pferde und Reiter oder Fahrer. Ausnahmen sind bei der Teilnahme an Meisterschafts- oder Championatswettbewerben möglich. Ebenso ist die Art der Ausrüstung im Wesentlichen freigestellt, sie muss jedoch verkehrssicher sein. Verzichtet werden muss allerdings auf bestimmte Hilfszügel und Zäumungen, die das Pferd beim Atmen behindern. Außerdem können nicht nur Vereine, sondern auch Privatleute als Veranstalter auftreten. Es dürfen einfache Sach- und Ehrenpreise vergeben werden, gesonderte Geldpreise jedoch nur mit einer speziellen Genehmigung durch das Präsidium des VDD = Verein Deutscher Distanzreiter und -Fahrer e.V., dessen Reglement allen Distanzwettbewerben in Deutschland zugrunde liegt. Er ist der ☞ **FN** angeschlossen.
Distanzritte und -fahrten können für einen oder mehrere Tage ausgeschrieben sein; sie verlaufen über Strecken ab etwa 25 Kilometer und können auch für Eintageswettbewerbe über mehr als 80 Kilometer gehen. Für Mehrtagesritte gibt es Mindestetappen. Es sind keine künstlichen ☞ **Hindernisse** erlaubt, alle Hindernisse müssen umritten oder umfahren werden können. Je nach Geländeschwierigkeit wird meist das erforderliche bzw. erlaubte Tempo vorgegeben; es gibt jedoch auch Wettbewerbe mit freier Tempowahl.
Die Pferde werden während des Wettbewerbs, aber auch davor und danach, von eigens geschulten Tierärzten auf ihre Einsatzfähigkeit hin kontrolliert. So sind gründliche Untersuchungen der Pferde ohne Ausrüstung vor dem Start und nach Ende des Rittes ebenso vorgeschrieben wie ☞ **Verfassungsprüfungen** auf der Strecke, im Ziel und teils auch noch einen Tag nach Abschluss eines Wettbewerbs. Notfalls wird ein Pferd sofort aus dem Wettbewerb genommen bzw. mindestens zehn Tage für weitere Wettbewerbe gesperrt. Distanzreiten und -fahren ist kein gemütliches Ausreiten oder Ausfahren, sondern ein ausgesprochener Leistungssport! Er erfordert ein gründliches Aufbautraining für Reiter und Pferde. Distanzritte können als ☞ **Hengstleistungsprüfungen** zugelassen sein. Eine Sonderform ist das „Ride and tie“, bei dem sich zwei Personen mit Reiten und Laufen abwechseln. 1986 wurde bei Rom die erste Weltmeisterschaft für Distanzreiter ausgerichtet.

Bei Distanzritten reitet man oft die gesamte Strecke oder Teilstücke zu zweit.

Doelepferd _ Dieses mittelgroße Pferd aus Norwegen kann man ebenso als schweres kleines Warmblut wie als leichtes Kaltblut bezeichnen. Es wird nach einem Hauptzuchtgebiet auch Gudbrandsdalpferd genannt. Das Erscheinungsbild der Doelepferde ist nicht einheitlich. In den früheren ☞ **Landschlag** wurden verschiedenste Rassen eingekreuzt - von ☞ **Arabern**, ☞ **Englischen Vollblütern** und ☞ **Trabern** über das ☞ **Fjordpferd** bis zu dänischen ☞ **Kaltblütern**. Unterschieden werden heute zwei Typen: der schwerere Arbeitsschlag und der flinke Traber. Die Größe beträgt 150 bis 155 cm. Doelepferde sind vorwiegend Dunkel- bis Schwarzbraune (☞ **Braune**) und ☞ **Rappen**.

Domestikation _ kommt vom lateinischen Wort domesticus = zum Haus gehörend. Ins Deutsche übertragen heißt es Haustierwerdung. Es ist die allmähliche Umwandlung einer wilden Tierart unter dem Einfluss des Menschen in Nutz- beziehungsweise Haustiere. Haustiere ersparten den Steinzeitmenschen die anstrengende und oft gefährliche Jagd auf wilde Tiere. Sie lieferten unter anderem Fleisch, Milch, Wolle, Eier, Horn und Knochen „frei Haus". Manche Tiere wie das ☞ **Hauspferd** konnten mit der Zeit zu bestimmten Arbeiten oder Tätigkeiten herangezogen werden, die dem Menschen den Alltag erleichterten und sogar ganz neue Zeiten heranbrechen ließen (☞ **Entwicklungsgeschichte**). Manchmal überlebt die Wildtierart, häufig wird sie jedoch ausgerottet. Auch beim Pferd ist das Letztere der Fall.

Begonnen hat die Domestikation nach heutigen Erkenntnissen in der Jungsteinzeit, etwa vor 12000 bis 15000 Jahren, mit Schafen, Ziegen und dem Wolf. Der erste Schritt war wohl meist, dass junge Tiere eingefangen und an den Menschen gewöhnt wurden, nachdem man ihre Eltern erlegt hatte. Wenn diese Jungtiere überlebten und sich später paaren konnten, war der nächste Schritt getan. Durch die veränderten Lebensbedingungen wie die stark eingeschränkte Bewegungsfreiheit, die Mastnahrung und der Wegfall der Bejagung gehen oft schon bei den ersten Nachkommen Wildtiermerkmale verloren. Es treten Änderungen im Körperbau, im äußeren Erscheinungsbild und in den Verhaltensweisen auf. So kann z. B. ein Instinkt verkümmern, oder es kann die Schärfe der Sinne abnehmen, weil sie nicht mehr gebraucht werden. Es kann eine Gewöhnung an den Menschen und an Tiere, die in der Wildnis eine Bedrohung wären, erfolgen. Manchmal steigt aber auch die Anfälligkeit gegenüber bestimmten Krankheiten. Durch die ☞ **Zucht** versucht man gezielt, bestimmte Merkmale in der Leistung, im Aussehen und im Verhalten zu bekommen oder verschwinden zu lassen. Die Änderungen sind irgendwann genetisch fixiert und vererben sich weiter.

Die Domestikation bringt es auch mit sich, dass Anlagen zum Vorschein kommen, die beim Wildtier nicht aufgetreten sind, weil sie in der Wildnis nicht gebraucht werden oder sogar schädlich wären. So gibt es in der Regel bei den Haustieren mehr ☞ **Farben** und wesentlich mehr ☞ **Rassen** als bei den Wildformen. Durch die Zucht kann man auch immer wieder neue Rassen entstehen lassen. Haustiere werden allerdings meist abhängig vom Menschen und können teilweise nur mit seiner Hilfe überleben. Das gilt auch für das ☞ **Hauspferd**.

Don-Pferd _ Diese vielseitig verwendbare Pferderasse ist aus den harten, kleinen Militärpferden der Donkosaken und aus verschiedenen orientalischen Schlägen entstanden. Im 19. Jahrhundert fand dann eine systematische Einkreuzung von ☞ **Englischem Vollblut** statt. Obwohl es in der Bewegung etwas eckig ist, ist das Don-Pferd doch von großer Ausdauer im Galopp. Es gilt als robust, genügsam und langlebig. Die Größe reicht von 155 bis 160 cm. Don-Pferde sind hauptsächlich ☞ **Füchse**, oft mit Goldton, ähnlich dem ☞ **Achal-Tekkiner**. Seit längerem gibt es auch Einfuhren nach Westeuropa.

Doping _ Dieser Begriff stammt aus dem allgemeinen Leistungssport. Er kommt aus der englischen Sprache: to dope = aufreizen, aufputschen. Bestimmte chemische Bestandteile, die z. B. in Medikamenten, aber auch in Futterzusätzen enthalten sein können, können die Leistungsfähigkeit eines Pferdes oder eines Pferdesportlers unnatürlich steigern oder auch herabsetzen. Damit Wettbewerbe unverfälscht ablaufen, in zweiter Linie auch aus Gründen des ☞ **Tierschutzes**, hat z. B. die Internationale Reiterliche Vereinigung (☞ **FEI**) festgelegt, dass alle Stoffe unerlaubt sind, die stimulierend (anregend), beruhigend, lokal betäubend oder schmerzstillend wirken. Auch jede andere Substanz, die die Leistung eines Teilnehmers beeinflussen kann, zählt dazu.

Die Gabe solcher Mittel ist deshalb besonders direkt vor einem Turnier oder einem Rennen absolut verboten. Dopingkontrollen werden stichprobenweise durchgeführt, bei Vergehen gegen die Dopingverordnung kann ein Sieg abgesprochen und der Sportler mit einer Wettbewerbssperre belegt werden, die unter Umständen sogar lebenslänglich gilt.

Doppellonge _ Eine zweiteilige, längere ☞ **Longe** für die ☞ **Ausbildung** vor allem von Fahrpferden. Damit sollen junge Pferde an die ☞ **Leinen** und die Stränge des ☞ **Geschirrs** gewöhnt werden.

Ein Mangalarga Marchador, an der Doppellonge vorgestellt

Doppelmähne _ Eine ☞ **Fallmähne** oder ☞ **Kippmähne**, die sich im Ansatz teilt und nach beiden Seiten des Halses abfällt oder kippt.

Doppelpony _ Früher allgemein gültiger, heute gelegentlich noch verwendeter Begriff für ☞ **Ponys** mit einem ☞ **Stockmaß** über 135 cm bis zur Obergrenze von 147 cm. ☞ **Kleinpferd**

Dreischlag _ Fehlerhafte Gangweise; das Pferd bewegt sich z. B. mit den Hinterbeinen im Trab, während es vorn galoppiert.

Dressur _ Die Grundlage der ☞ **Ausbildung** von Pferden für alle Sparten des Reit- und Fahrsports. Wichtige Ziele der Dressur sind die ☞ **Gymnastizierung** und der ☞ **Gehorsam** des Pferdes. Im Dressursport hat sie sich verselbstständigt und zu einer eigenen Turniersparte herausgebildet.
Das Abrichten oder Dressieren eines Pferdes zu einzelnen Kunststückchen ist keine Dressur in diesem Sinne. Oft werden dabei Verhaltensweisen aus dem natürlichen Zusammenhang genommen und durch Hilfsmethoden ausgelöst, zu denen auch die Unterdrückung anderer Verhaltensmuster gehört. Häufig werden solche Dressuren in Shows und im Zirkus dargeboten.

Dressurprüfungen _ werden für Reiter und Fahrer veranstaltet. Es gibt sie nicht nur im herkömmlichen Dressursport, sondern auch im ☞ **Westernreiten** und in anderen ☞ **Reitweisen**. Ebenso sind sie fester Bestandteil in Wettbewerben der ☞ **Vielseitigkeit** und beim Ablegen von ☞ **Leistungsabzeichen** der ☞ **FN** und anderer Verbände. Beim Reiten bekommt man die Aufgaben (☞ **Lektionen**) meistens angesagt, nur bei Prüfungen nach den Regeln der ☞ **FEI** sowie im Fahrsport müssen sie auswendig ausgeführt werden. Seit einiger Zeit gibt es im internationalen Dressursport auch Prüfungen, die der Reiter nach eigenen Vorstellungen gestalten kann: die so genannte Kür. Die Lektionen werden nach einem Notenbeziehungsweise Punktesystem bewertet.

Dressurprüfungen sehen oft leicht aus, doch sie verlangen von Pferd und Reiter viel Können.

Dressurviereck _ So nennt man die Reitbahn bei ☞ **Dressurprüfungen**; sie ist in der Regel mit niedrigen weißen Stangen umgrenzt. ☞ **Reitbahn**

Drohverhalten _ Durch Drohen versuchen Pferde, einen Artgenossen, fremde Tiere oder Menschen einzuschüchtern. Der Angedrohte soll sich dem drohenden Pferd nicht weiter nähern oder sich ihm unterlegen zeigen.
Das Drohverhalten ist für beide Seiten ein biologischer Schutzmechanismus, damit es nicht bei jeder Unstimmigkeit gleich zu einer tätlichen Auseinandersetzung kommt, die mit ☞ **Verletzungen** oder im schlimmsten Fall sogar mit dem ☞ **Tod** verbunden sein kann. Eine Drohung kann nur angedeutet werden, aber auch sehr massiv ausfallen. Bei einer deutlichen Warnung streckt das Pferd den Hals

und den Kopf meist ruckartig vorwärts-abwärts in die Richtung des Bedrohten, die Ohren liegen flach an, die Augen „rollen", die Nase ist gekräuselt, sodass die Nüstern nur noch Schlitze bilden, und die Maulspalten sind zusammengekniffen. Zieht das Pferd die Lippen zurück und fletscht es die Zähne, so bedeutet das „Alarmstufe eins". Drohungen erfolgen oft blitzschnell; der Bedrohte muss dann ebenso rasch reagieren und sich aus der Reichweite des betreffenden Pferdes entfernen. Manchmal verfolgen drohende Pferde einen Artgenossen oder z. B. einen Hund auch noch ein Stück, um sicherzugehen, dass er sich auch weit genug entfernt. Junge bzw. rangniedere Pferde können eine Drohung häufig durch ☞ **Unterlegenheitsverhalten** abwenden.
Im Freileben drohen die Stuten übrigens viel häufiger als der Leithengst, da sie sich meist näher beieinander

Die weit zurückgelegten Ohren sind eine deutliche Drohgebärde.

aufhalten und dadurch eher Meinungsverschiedenheiten entstehen. Der Hengst wird von den Stuten höchstens dann bedroht, wenn er sich einem ☞ **Fohlen** zu aggressiv nähert. In gemischten Hauspferdherden drohen natürlich auch die ☞ **Wallache**. Besonders deutlich kann man das Drohverhalten bei Tieren beiderlei Geschlechts beobachten, wenn ein neues Pferd in die Herde kommt.
Wenn eine ernsthafte Drohung nicht beachtet wird, kommt es fast unweigerlich zum Angriff oder zur Abwehr.
☞ **Angriffs- und Kampfverhalten**, ☞ **Verteidigungstrieb**

Droschke _ Ursprünglich war dies die Bezeichnung für einen Pferdemietwagen mit Kutscher. Als die Pferdewagen immer mehr von Autos verdrängt wurden, nannte man auch die Auto-Taxis so. ☞ **Fiaker**

Druckstellen _ können z. B. entstehen, wenn das ☞ **Sattel- und Zaumzeug** oder das ☞ **Geschirr** dem Pferd nicht richtig passt und deshalb drückt, aber auch, wenn es falsch angelegt oder zu eng verschnallt wird. Man bezeichnet solche Druckstellen als Gurtendruck, Satteldruck usw. Die betroffene Stelle schwillt an, häufig fallen die Fellhaare aus. Wenn die Haare wieder nachwachsen, bleiben sie bei farbigen Pferden meist weiß, weil die Haut geschädigt wurde. Bis zur Abheilung darf dem Pferd an der Druckstelle nichts angelegt werden. ☞ **Scheuerwunden**

Druse _ Ansteckende bakterielle Erkrankung bei Pferden, häufig infolge einer vorangegangenen ☞ **Grippe**. Die Anzeichen sind hohes ☞ **Fieber**, trockener Husten und eitriger Nasenausfluss. In den Lymphknoten am Kehlgang bilden sich eitrige Abszesse. Die erkrankten Pferde haben meist starke Schluck- und oft auch Atembeschwerden, weil die Geschwülste auf die Speise- und die Luftröhre drücken. Die Abszesse müssen meist vom Tierarzt geöffnet werden. Nach einer Druse-Erkrankung sind die Pferde oft noch lange Zeit sehr geschwächt. Oftmals treten nach dem Abklingen der Druse andere schwere bis tödliche Krankheiten auf, besonders wenn die Pferde zu früh wieder belastet werden.

Dschiggetai _ ☞ **Kulan**

Dülmener _ Diese alte, ursprüngliche Ponyrasse stammt aus der Gegend von Dülmen, einer Stadt im westfälischen Münsterland. Ihr Zuhause ist der Merfelder Bruch, ein Moor- und Heidegebiet. Etwa 250 Tiere leben auf einer eingezäunten Fläche mit einer Größe von rund 250 Hektar. Ihr Besitzer, das Herzoghaus Croy in Dülmen, hat sich die Bezeichnung „Dülmener Wildpferd" rechtlich

Dülmener Wildpferde leben im Merfelder Bruch das ganze Jahr über draußen.

sichern lassen. Um echte ☞ **Wildpferde** handelt es sich bei den Dülmenern allerdings schon seit Jahrhunderten nicht mehr. Es wurden andere Rassen eingekreuzt, und wie in anderen ☞ **Wildgestüten** werden jährlich die Junghengste aus der Herde herausgefangen. Man verwendet sie später zum Reiten und Fahren. Die Zuchthengste kommen nur für die ☞ **Decksaison** zur Herde. Wanderungen außerhalb ihres Areals sind den Pferden nicht möglich. Zumindest ein Teil der Pferde erhält zusätzliches Futter, und Stuten mit unerwünschter Färbung werden aussortiert. Man will weitgehend Naturfarben erhalten, vor allem ☞ **Falben** und Graubraune mit ☞ **Aalstrich** und ☞ **Zebrastreifen**. Weiße ☞ **Abzeichen** kommen jedoch des Öfteren vor. Die Größe der Dülmener liegt zwischen 125 und 140 cm. Seit 1988 gibt es in Deutschland eine Interessengemeinschaft für das „Dülmener Pony", deren Ziel die Zucht der Dülmener außerhalb der Wildbahn ist. Die Bezeichnung Wildpferd ist für Ponys, die außerhalb des Merfelder Bruchs gezüchtet werden, nicht zulässig.

Duftsprache _ ☞ **Ausdrucksweisen**

Dummkoller _ Der Dummkoller ist das unheilbare Stadium einer Gehirnhöhlenwassersucht, die wahrscheinlich von Viren ausgelöst wird. Symptome sind z. B. Taumeln, Tobsuchtsanfälle und Teilnahmslosigkeit; oft schlucken erkrankte Pferde aufgenommenes Futter nicht herunter oder stecken das Maul in die Tränke, ohne Wasser zu schlürfen. Solche Anzeichen kommen jedoch auch bei anderen Erkrankungen vor. Der Dummkoller zählt zu den ☞ **Hauptmängeln**.

Durchgang _ Ein vollständiger Abschritt bei mehrteiligen Prüfungen. In internationalen Spring- und Dressurprüfungen sowie bei den Olympischen Spielen sind mehrere Durchgänge oder Umläufe vorgeschrieben. Jeder Durchgang wird einzeln gewertet. Die Platzierung ergibt sich dann aus der Gesamtsumme der Wertnoten beziehungsweise Fehlerpunkte. Auch bei nationalen Prüfungen kann es zu mehreren Durchgängen kommen, wenn ☞ **Stechen** vorgesehen sind.

Durchgehen _ Panikreaktion eines Pferdes, z. B. auf eine beängstigende oder schmerzauslösende Situation. Das Pferd rennt blindlings davon - egal, ob es auf der Weide ist, einen Reiter trägt oder vor einen Wagen gespannt ist. Oft galoppieren durchgehende Pferde sogar in Hindernisse hinein und kommen dabei zu Schaden. Je ausgeglichener ein Pferd von Natur aus ist, umso geringer ist die Gefahr, dass es schon bei geringen Anlässen durchgeht. Außerdem kann man Pferde durch Gewöhnung mit Dingen vertraut machen, vor denen sie eigentlich Angst haben. Vor allem ein ruhiger Umgang und eine sachverständige Nutzung tragen dazu bei, dass der natürliche ☞ **Fluchttrieb** gedämpft wird.

Durchgeritten _ 1. So nennt man ein gut ☞ **gymnastiziertes**, durchlässiges Pferd (☞ **Durchlässigkeit**).
2. Wundsein des Reiters an der Sitzfläche. ☞ **Wolf**

Durchlässigkeit _ Die Fähigkeit des Pferdes, im reiterlichen ☞ **Gehorsam** zu stehen, die ☞ **Hilfen** „durchzulassen". Das kann es nur, wenn seine ☞ **Gymnastizierung** ausreichend ist. Ein durchlässiges Pferd nimmt feinste Hilfen an, alle Bewegungen wirken schwungvoll und harmonisch. Je weniger durchlässig ein Pferd ist, umso eckiger wirken seine Gänge; ein völlig verspanntes, ermüdetes, verängstigtes und/oder überfordertes Pferd ist total undurchlässig.

Durchparieren _ So nennt man es, wenn man ein Pferd durch ☞ **Paraden** zum Wechseln in eine niedrigere ☞ **Gangart**, ein langsameres ☞ **Tempo** oder zum Halten bringt.

Durst _ Den ersten Durst und gleichzeitig den ersten Hunger löscht ein neugeborenes Pferd bei seiner Mutter. Muttermilch ist Flüssigkeit und Nahrung zugleich. Später

Pferde müssen mehrmals täglich ihren Durst löschen.

lernt das Fohlen, auch Wasser zu trinken. Der durchschnittliche Tagesbedarf an Flüssigkeit liegt bei ausgewachsenen Pferden zwischen etwa 20 und 50 Litern; das sind zwei bis fünf große Eimer voll. Wie durstig ein Pferd ist, hängt von der Jahreszeit und der Wetterlage ab, außerdem von seiner Körpergröße, vom jeweiligen Futter, vom Gesundheitszustand, ebenso von der Arbeitsleistung.

In jedem Fall brauchen Pferde mehrmals täglich, mindestens jedoch zweimal ausgiebig Flüssigkeit zum Trinken. Sie bevorzugen natürlich sauberes, kühles Wasser, trinken aber auch aus Pfützen und Schlammlöchern. Im Freileben ist Wasser häufig knapp; die Pferde müssen dann oft weite Wanderungen zu Bächen oder Wasserstellen unternehmen. Häufig nehmen sie dann in einer Wasserkuhle auch ein Bad; offenbar schadet ihnen die Verunreinigung des Wassers nicht. In Mündungsgebieten von Flüssen trinken Pferde in der Not auch Brackwasser, ein Gemisch aus Süß- und Salzwasser. Auf einigen südlichen Inseln mit langen Trockenzeiten sind Pferde sogar dabei beobachtet worden, dass sie salzhaltiges Brandungswasser zu sich nehmen.

☞ **Wildlinge** und ☞ **Wildpferde** sollen in wasserarmen Zeiten schon Löcher gescharrt haben, um an das Grundwasser heranzukommen. Viele Wildlinge in extremen Hitzeregionen müssen verdursten, weil sie nicht genügend oder gar nichts mehr zu trinken finden. Wassernot kann es jedoch auch in nördlichen Regionen geben, z. B. in wasserarmen Kaltsteppen. In Gegenden mit harten Wintern brechen Pferde das Eis auf zugefrorenen Wasserläufen auf oder fressen sogar Schnee, um ihren Flüssigkeitsbedarf zu stillen.

Manche ☞ **Hauspferde** trinken außer Wasser auch gern etwas Bier! Kleine Mengen schaden ihnen auch nicht, man muss sie aber nicht extra auf den Geschmack bringen. Pferde schlabbern das Wasser nicht auf, sondern saugen es ein. Fohlen müssen dieses Saugschlürfen erst üben, oft beißen sie bei den ersten Versuchen in das Wasser oder tauchen das Mäulchen zu tief ein. Milchtrinken am Euter funktioniert ja anders. ☞ **Tränken**

E

Edles Warmblut _ Bezeichnung, die während des Bestehens der DDR für deutsche Warmblutrassen wie den ☞ **Brandenburger** und den ☞ **Mecklenburger** verwendet wurde.

Eignungsprüfungen _ ☞ **Reitpferdeprüfungen**

Einbiss _ Haken an den oberen Eckzähnen (den äußeren Schneidezähnen), die etwa zwischen dem 9. und 12. Lebensjahr eines Pferdes auftreten. Sie entstehen, weil sich die Kiefer ungleichmäßig verändern und diese Zähne nicht mehr genau auf die unteren Eckzähne treffen. Der Einbiss verschwindet später wieder, wenn der Oberkiefer nachgewachsen ist. ☞ **Zähne**

Einbrechen _ Schnelles Gefügigmachen von jungen bzw. wild lebenden Pferden durch rohe Gewalt. Die Tiere werden beispielsweise so gefesselt, dass sie bei jedem Versuch des ☞ **Bockens** zu Boden stürzen, oder man legt ihnen so scharfe ☞ **Gebisse** ins Maul und stramme Gurte um den Leib, dass allein das Tragen starke Schmerzen verursacht, die bei jeder Bewegung noch verstärkt werden. Dazu wird das Pferd oft systematisch geschlagen, bis sein Wille gebrochen ist. Einbrechen ist z. B. bei manchen ☞ **berittenen Hirten** auch in heutiger Zeit noch üblich. Ein Vertrauensverhältnis zwischen Reiter und Pferd wird dabei nicht aufgebaut.

Eindecken _ Dem Pferd eine (textile) Decke auflegen. Im Allgemeinen brauchen Pferde keinen solchen Schutz am Körper. Ausnahmen können beispielsweise sein: Krankheit; Transporte; Abschwitzen bzw. Nachschwitzen nach anstrengender Tätigkeit (um Verkühlung zu vermeiden); Weidegang für geschorene Pferde bei starker Kälte; Weidegang bei starker Sonne (Gefahr von Sonnenbrand!); Insektenplage; Dauerregen bei langen Ausritten bzw. Wanderritten. Manche Pferdebesitzer decken ihre Vierbeiner auch im Stall zum Winter hin ein, damit das Winterfell nicht zu dicht und lang wird und das Pferd reitfähig bleibt.
Es gibt eine Vielzahl an Decken in unterschiedlichen Zuschnitten und Materialien für die verschiedenen Verwendungsbereiche.
Ständiges Eindecken, besonders im Stall, ist für Pferde nur in Ausnahmefällen erforderlich, unnötiges Eindecken kann einem Pferd sogar schaden, da es die natürliche Hautregulation einschränkt.

Einfahren _ ☞ **Ausbildung des Pferdes**

Einhorn _ 1. Ein pferdeähnliches, meist in weißem Fell dargestelltes Fabeltier, das auf der Stirn ein langes, spitz zulaufendes Horn trägt. Das Einhorn gilt als Symbol für Reinheit, Liebe und Kraft.
2. Eine schwierig zu fahrende ☞ **Anspannungsart**, bei der zwei Pferde direkt vor dem Wagen gehen, ein drittes ist in der Mitte vor sie gespannt. (Andere Dreiergespanne sind das ☞ **Random** und die ☞ **Troika**.)

Das Einhorn ist ein Fabelwesen.

Einhufer _ oder Einzeher sind während der ☞ **Entwicklungsgeschichte** von mehrzehigen Tieren zu einzehigen Huftieren geworden. Eine Zehe an jedem Bein hat sich allmählich verstärkt und wird an ihrer Spitze von einem starken ☞ **Huf** geschützt. Die anderen Zehen haben sich zurückgebildet. Einhufer sind ausschließlich die Pferde und ihre Verwandten. ☞ **Equiden**, ☞ **Unpaarhufer**

Einreiten _ ☞ **Ausbildung des Pferdes**

Einschuss _ Entzündung von Zellgewebe, die vor allem an den Hinterbeinen eines Pferdes vorkommt. Sie zeigt sich durch eine deutliche Schwellung der betroffenen Stelle. Meist hat das Pferd auch Fieber und lahmt. Einschuss entsteht oft, wenn ein Pferd nach einer großen Anstrengung abrupt nicht mehr geritten oder sonstwie bewegt wird (☞ **Kreuzverschlag**).

Einspänner _ Ein ☞ **Gespann** mit einem Pferd. Das Pferd geht dabei nicht, wie bei ☞ **Zweispännern** und

☞ **Mehrspännern** üblich, an einer Mitteldeichsel, sondern zwischen zwei Lenkstangen, der ☞ **Schere**. Bei manchen Einspännern ist die Schere mit der Federung des Wagens verbunden. Dadurch kommt es zu einem ständigen Wippen, das für das Pferd das Ausbalancieren des Gespanns erschwert. ☞ **Sulky**

Einstreu _ Der lose „eingestreute" Bodenbelag im ☞ **Stall**. Er muss den ☞ **Harn** aufsaugen können und den Geruch der Ausscheidungen binden. Das übliche Material ist ☞ **Stroh**; früher benutzte man auch Nadelbaumzweige. Beides können Pferde auch als ☞ **Raufutter** fressen. Auch Torfmull, Sägespäne und in neuerer Zeit sogar Kunststoffflocken werden als Einstreu verwendet. Solches Material darf aber keine schädlichen Chemikalien enthalten. Außerdem müssen die Pferde Raufutter z. B. in Form von Heu erhalten. Die verschmutzte Einstreu muss aus Hygienegründen täglich gewechselt werden, fester ☞ **Kot** wird möglichst mehrmals am Tag entfernt. Unter bestimmten Umständen kann man eine „Matratze" entstehen lassen: Auf einer Nässe aufsaugenden Unterlage, z. B. Torfmull, lässt man die feuchte Streu liegen und bedeckt sie immer wieder mit frischer Einstreu; der Kot muss auch in diesem Fall täglich weggenommen werden. Eine Matratze hat den Vorteil, dass das Pferd weicher und wärmer steht als auf einem Holz- oder Mauerboden. Eine Matratzenstreu eignet sich besonders für die kalte Jahreszeit; ein- bis zweimal im Jahr muss sie allerdings vollständig entfernt und erneuert werden.

Einwirkung _ Das Maß und die Wirksamkeit der ☞ **Hilfen**.

Einzeher _ ☞ **Einhufer**

Embryotransfer _ Verpflanzung von befruchteten Eizellen von einer Stute zur anderen durch einen tierärztlichen Eingriff; die „Leihmutter" trägt das Fohlen aus und bringt es zur Welt. Die eigentliche Mutterstute kann währenddessen z. B. weiterhin im Sport eingesetzt oder lange vor Ablauf einer natürlichen Trächtigkeit durch ☞ **künstliche Besamung** erneut befruchtet werden.

Englische Anspannung _ ☞ **Anspannungsarten**

Englisches Reithalfter _ ☞ **Reithalfter**

Englisches Vollblut _ Diese Pferderasse verdankt ihr Bestehen der Rennleidenschaft der Briten. Im 17. Jahrhundert wollte Karl II. von England eine eigene „Wettläuferrasse" schaffen. Dazu wurden englische Landstuten mit orientalischen Vatertieren gekreuzt. Diese Kreuzungen paarte man anschließend untereinander oder wieder mit Orienthengsten. Als besonders durchschlagende ☞ **Vererber** stellten sich drei Hengste heraus, die erst später, zwischen 1690 und 1730, auf die Insel kamen. Sie wurden dort nach ihren jeweiligen Besitzern und nach ihrem vermuteten Herkunftsgebiet benannt. Ihre Namen waren The Byerley's Turk, The Darley's Arabian und The Godolphin's Barb (ihn nannte man auch Arabian). Der erstgenannte Hengst kam angeblich aus der Türkei oder Turkmenien, der zweite soll ein echter Araber, der dritte ein Berber - eventuell ein arabisierter Berber - gewesen sein. Die tatsächliche Herkunft wurde nie geklärt. Die drei Hengste wurden jedoch zu Linienbegründern des Englischen Vollbluts, dessen Zucht erst 1793 ihren offiziellen Anfang nahm. In diesem Jahr eröffneten die Gebrüder Weatherby das General Stud Book, das Allgemeine Stutbuch für das Englische Vollblut. In der ersten Ausgabe waren 5500 Pferde eingetragen, darunter viele Nachkommen der drei Stammväter, außerdem an Hengsten 80 Araber, 41 Berber, 28 Turkpferde und sieben Perser. Seitdem erfolgt innerhalb der Rasse absolute ☞ **Reinzucht**.
Englische Vollblüter werden im Renn- und Reitsport eingesetzt und dienen seit langem bei zahlreichen Rassen als ☞ **Veredler**. Man züchtet sie allerdings in erster Linie auf Rennleistung, nicht auf Schönheit. An fremde Rassen sollen vor allem Temperament, Bewegungsfreude und Leistungsfähigkeit vererbt werden. Man findet neben eleganten, aparten Pferden auch gröbere Typen mit ☞ **Ramskopf** oder unauffällige kleine Exemplare. Insgesamt ist der Englische Vollblüter ein schnittiges Pferd mit langen, ☞ **trockenen** Gliedmaßen und kräftiger ☞ **Kruppe**. Englische Vollblüter sind vorwiegend ☞ **Braune** oder ☞ **Füchse**, sehr viel seltener kommen ☞ **Rappen** und ☞ **Schimmel** vor, ausgefallene Farben fast gar nicht. Die übliche Größe liegt bei 160 bis 165 cm, es gibt jedoch auch kleinere und größere Tiere. Die Zucht erfolgt weltweit, das Kennzeichen eines reinen Englischen Vollblüters ist ein ☞ **xx** hinter dem Namen, anerkannte Anglo-Halbblüter tragen ein ☞ **x**. ☞ **Anglo-Araber**, ☞ **Halbblut**

Englischtraben _ ☞ **Leichttraben**

Entwicklungsgeschichte _ Die Entwicklungsgeschichte wird auch als Evolution, Stammesentwicklung oder Stammesgeschichte bezeichnet.
Allgemein versteht man unter Evolution die Entwicklung des Lebens auf der Erde von den allerersten Anfängen bis in die Gegenwart. Ihr Anfang liegt etwa fünf Milliarden Jahre zurück. Aus sehr einfach gebauten Einzellern hat sich eine millionenfache Tier- und Pflanzenwelt entwickelt. Viele Arten sind schon lange wieder ausgestorben, wie etwa die Saurier. Das am höchsten entwickelte Wesen, der Mensch, ist erst wenige Millionen Jahre alt.

60 Millionen Jahre Entwicklung

Die spezielle Entwicklungs- und Stammesgeschichte der Pferde konnte man durch Knochenfunde in verschiedenen Erdschichten fast durchgehend klären.

Die ersten Tiere, die als nähere Vorfahren unserer heutigen Pferde gelten, kamen im Eozän vor, am Anfang der Erdneuzeit. Man nennt sie deshalb auch „Pferdchen der Morgenröte" oder wissenschaftlich Eohippus. Sie lebten vor etwa 40 bis 60 Millionen Jahren in Teilen Europas und Amerikas; hervorgegangen waren sie – wie andere Säugetiere auch – aus fleischfressenden Kriechtieren.

Solche Urpferdchen waren ausgewachsen etwa fuchs-groß; sie liefen auf jeweils vier Zehen an jedem Vorderbein und drei Zehen an jedem Hinterbein. Der Kopf war schmal und länglich, die Zähne waren anfangs noch klein und spitz wie bei Raubtieren. Mit der Zeit flachten die Backenzähne ab, sodass die Urpferdchen ihre Nahrung besser zermahlen konnten. Sie waren nämlich bereits Pflanzenfresser und ernährten sich von Laub, Kräutern und Beeren. Mit der langen Oberlippe konnten sie Pflanzenteile gut abzupfen. Ihr Lebensraum waren dichte feuchte Urwälder. Dort lebten die Tiere wahrscheinlich pärchenweise oder in kleinen Familien mit ihrem Nachwuchs zusammen.

Das Fell der Morgenröte-Pferdchen war vermutlich gestreift oder auf andere Weise gemustert, sodass sie von Fressfeinden nicht leicht ausgemacht werden konnten. Sie waren noch nicht auf schnellen Lauf ausgerichtet, sondern auf möglichst geräuschloses Huschen über weichen Untergrund.

Mesohippus & Co.

So, wie sich im Laufe der Zeit das Klima auf der Erde immer wieder veränderte, mussten sich auch stets Tiere und Pflanzen ändern, um mit den jeweiligen Lebensbedingungen fertig zu werden. Wenn sie sich nicht anpassen konnten, starben sie aus. So überlebten am Ende des Eozäns die Urpferdchen in Europa nicht. Auf dem amerikanischen Kontinent jedoch gelang den Pferdevorfahren die Anpassung. Sie wurden allmählich größer, und es entstanden verschiedene Unterarten. Die Tiere hatten nun eine Schulterhöhe zwischen 50 und 70 cm. Das Hauptgewicht verlagerte sich an allen vier Beinen auf die mittlere Zehe. Diese Tiere gab es bis vor etwa 25 Millionen Jahren. Sie lebten in Wäldern und Buschlandschaften. Man bezeichnet diesen Pferdevorfahren als Mesohippus.

Ihm folgte der Miohippus, den es bis vor rund zehn Millionen Jahren gab. Diese Tiere traten meist nur noch mit den Mittelzehen auf, waren um die 90 cm groß und lebten in Savannen und Niederungen. Sie mussten vor Feinden schnell fliehen können, denn diese Lebensräume boten wenig Möglichkeiten, sich zu verstecken. Die Nahrung bestand überwiegend aus harten Gräsern. Das Gebiss der Tiere wies bereits eine Besonderheit auf, die auch unsere heutigen Pferde haben, nämlich Vertiefungen in den Kauflächen der Schneidezähne. Es sind die so genannten ☞ **Kunden**.

Schließlich entwickelte sich der Pliohippus. Die ältesten Funde dieses Pferdevorfahren sind etwa zehn Millionen Jahre alt. Der Pliohippus hatte eine Schulterhöhe zwischen 90 und 110 cm, die Laufzehe war von einem festen Hufhorn umgeben. Der Körperbau war feingliedrig, aber stabil. Der Pliohippus gilt als die unmittelbare, voreiszeitliche Stammform der Pferde. Das Zahnmuster entsprach ziemlich genau dem der heutigen Pferde. Eine Seitenlinie, die so genannten Hipparions (griechisch = Pferdchen), fanden sich auch in Europa. Sie waren etwa zebragroß, starben jedoch aus.

Die Pferde der Eiszeiten und die heutigen Pferde

Bald nachdem die erste Eiszeit angebrochen war, also vor etwa zwei Millionen Jahren, und wohl auch in den Zwischeneiszeiten wanderten immer wieder Pferdevorfahren über damals noch bestehende Landbrücken nach Eurasien ein. Die Nachkommen rückten von dort aus weiter vor. Die Eiszeitpferde Europas und

Asiens werden grob in zwei Hauptgruppen aufgeteilt, in die ☞ **Nordpferde** *und die* ☞ **Südpferde**. *Teils sind die Unterschiede wohl erst nach der Einwanderung als Anpassung an den neuen Lebensraum entstanden, teils haben sich diese Urpferdtypen bereits in Amerika entwickelt. In Asien und Europa suchten die Tiere sich dann die für sie geeigneten Lebensräume aus. Auf dem amerikanischen Doppelkontinent aber gab es am Ende der Eiszeiten vor rund 10 000 Jahren keine Urpferde mehr! Alle heutigen Typen und Rassen des Pferdes bilden eine einzige Tierart. Als echtes* ☞ **Wildpferd** *hat das Pferd allerdings in der Freiheit nicht überlebt. Das Pferd ist ein typisches Haustier geworden.* ☞ **Domestikation**, ☞ **Hauspferd**

EPC _ ☞ **Euro-Pony-Club**

Epona _ Eine wichtige keltische Göttin. Sie galt als Schutzherrin der Pferde, der Esel und der Maultiere. Die Römer waren vom Eponakult so beeindruckt, dass sie ihn von den Kelten übernahmen.

Die keltische Pferdegöttin Epona, hier in einen römischen Götterstein gemeißelt

Equiden _ Dieser Begriff kommt aus dem Lateinischen und heißt auf Deutsch die Pferdeartigen oder ☞ **Einhufer**. Damit bezeichnen die Zoologen eine Gruppe (Familie) von Säugetieren, die nahe miteinander verwandt sind. Zur gesamten Familie der Pferde (Equidae) rechnet man alle Formen, die es in der ☞ **Entwicklungsgeschichte** jemals gab, also auch die vielen ausgestorbenen mehrzehigen Arten. Seit dem Ende der Eiszeiten gibt es nur noch vier rezente, das heißt gegenwärtig lebende Arten, die die Gattung Pferd bilden. Es sind dies die Pferde („Echte Pferde"), die ☞ **Esel**, die ☞ **Halbesel** oder Pferdeesel und die ☞ **Zebras**. Die lateinischen Namen lauten z. B. equus caballus (Pferd), equus asinus (Esel), equus hemionus (Halbesel), equus quagga (Zebra). Mit zusätzlichen Bezeichnungen werden die Unterarten bezeichnet, z. B. equus caballus przewalski oder nur equus przewalski. Die Namensgebung ist nicht einheitlich, es existieren meist mehrere Kombinationen nebeneinander.
Durch die ☞ **Domestikation** wurden Pferde und Esel auch zu Haustieren, die es in vielen ☞ **Rassen** gibt. Durch die ☞ **Zucht** kommen außerdem Kreuzungen zwischen den einzelnen Arten zustande, die in der Natur nicht bekannt sind, nämlich die ☞ **Maulesel**, die ☞ **Maultiere** und die ☞ **Zebroiden**. Alle Equiden sind Pflanzenfresser.

Erlaubte Zeit _ Die Zeitspanne, in der der einzelne Teilnehmer in Spring- und Dressurprüfungen, bei ☞ **Distanzritten** und ☞ **Geländeritten** die gestellte Aufgabe bewältigen sollte. Eine Überschreitung der erlaubten Zeit bringt Strafpunkte, während die Überschreitung der ☞ **Höchstzeit** den Ausschluss von der Prüfung zur Folge hat.

Ernährung _ Zwischen dem, was Pferde von Natur aus fressen, und dem, was sie gefüttert bekommen, besteht teils ein recht nennenswerter Unterschied. Das Hauptfutter im Freiland besteht aus frischen und vertrockneten Gräsern und Kräutern, wie sie im jeweiligen Lebensraum wachsen. Pferde fressen außerdem auch Blüten und Grassamen, Wildgetreide wie Hirse, Hafer und Gerste, Heidekraut, Blattlaub und Baumnadeln, Zweige, Wurzeln und Rinde. Darüber hinaus wird der Speiseplan gern mit Wurzel- und Blattgemüse sowie mit Baum- und Strauchfrüchten angereichert, z. B. mit Karotten, Kraut, Äpfeln, Bucheckern und Waldbeeren. Manche Pferde nehmen sogar etwas tierische Kost dazu wie Eier oder Fisch. Zu den Futterarten, die man ihnen vorsetzt und die sie in der Natur so nicht vorfinden, zählen unter anderem frischer Grasschnitt, Heu, Zuchthafer und Zuchtgerste, alle Formen von gepresstem Trockenfutter wie Pellets und Briketts sowie Mash. Weil Pferde auch in dieser Hinsicht anpassungsfähig sind, waren sie für die ☞ **Domestikation** zu gebrauchen. ☞ **Fütterung**

Esel _ Der Esel ist der bekannteste Verwandte der Pferde und der anderen ☞ **Equiden**. Seine Stammform ist der Afrikanische Wild- oder Steppenesel. Die Naturfarben sind grau bis braun. Alle Esel haben lange, bewegliche Steh-

ohren und eine kurze dünne Stehmähne ohne Stirnschopf. Typisch ist das oft markerschütternde Eselsgeschrei: ein lang gezogenes Iaah, dem ein tieferes, abgehacktes Onk-Onk folgt – oft mehrfach hintereinander.
Eine Unterart, der Nordafrikanische Wildesel, ist bereits ausgestorben. Von den beiden anderen Unterarten soll es noch einige hundert Tiere geben: Der Nubische Wildesel wird etwa 120 cm groß und trägt ein ☞ **Schulterkreuz**; der Somali-Wildesel kann bis zu 140 cm groß werden. Er ist meist rötlichgrau gefärbt und trägt dunkle Ringe (☞ **Zebrastreifen**) an den Beinen, aber kein Schulterkreuz. Die Lebensräume der Wildesel sind karge Wüstenrandgebiete in Nord- und Nordostafrika, ihre Nahrung besteht vorwiegend aus mageren Gräsern und Kräutern. Beide Arten sind fast ausgerottet; man hat sie vor allem wegen ihres Fleisches gejagt und weil man sie als Futterkonkurrenten für Haustiere angesehen hat. Außerdem wurden Wildgebiete besiedelt oder zu landwirtschaftlichen Nutzflächen umgewandelt. Auch in zoologischen Gärten kann man afrikanische Wildesel nur selten antreffen. Bei den meisten „Grauen" in Tierparks und in privater Haltung handelt es sich um ☞ **Hausesel**.

Eselmischling _ Eine Kreuzung aus einem ☞ **Hausesel** und einem persischen Halbesel (☞ **Onager**, ☞ **Pferdeesel**).

Eselzebra _ ist eine ältere Bezeichnung für die Zebraarten mit langen Ohren. Es handelt sich um richtige ☞ **Zebras**, nicht um Kreuzungen, wie es die ☞ **Zebroide** sind.

Euro-Pony-Club (EPC) _ Diese Vereinigung besteht seit 1988. Ihr Ziel ist laut den Vereinsstatuten die „Förderung des Reitens und der Reitsport- und Freizeitaktivitäten mit Ponys in Europa"; ferner soll ein Beitrag geleistet werden „zum sprachlichen und kulturellen Austausch (von Ponyreitern) in Europa". Dazu sollen vor allem Euro-Ponycamps organisiert werden. Turniersport und Meisterschaften sind nicht vorgesehen. Mitgliedsländer sind unter anderem Deutschland, Österreich und die Schweiz.

Euter _ Eines der äußeren Geschlechtsmerkmale der ☞ **Stute**. Es liegt kaum sichtbar zwischen den Hinterbeinen und hat nur zwei Zitzen. Erst wenn ein ☞ **Fohlen** geboren wird, füllt sich das Euter mit Milch. Man nennt es dann auch Gesäuge.

Exmoorpony _ Dies ist eine der urtümlichsten Ponyrassen. Ihre Heimat ist das Exmoor, eine Heide- und Moorlandschaft im Südwesten Englands. Knochenfunde haben ergeben, dass solche Pferdchen schon vor mindestens 130 000 Jahren dort lebten. Die heutigen Exmoorponys sind damit wohl die letzten reinen Nachfahren von Wildpferden aus der Eiszeit. Ihr Aussehen ist sehr einheitlich: Das Stockmaß beträgt um die 120 cm, die Ponys haben eine breite Stirn und weite Nüstern, kleine Ohren, eine kräftige Schulter und Hinterhand, einen stabilen Rücken und kurze Beine. Sie sind torfbraun mit ☞ **Mehlmaul** und Aufhellungen um die Augen sowie an den Flanken und haben keine sonstigen ☞ **Abzeichen**. Ponys aus diesem Gebiet, die ein anderes Aussehen haben, sind meist nicht rasserein. Diese ☞ **Naturrasse** war Mitte des 20. Jahrhunderts fast ausgestorben. Inzwischen gibt es insgesamt wieder um die 1000 Exmoorponys; die Zahl steigt jährlich leicht an. Kleine Zuchtherden leben noch das ganze Jahr über im Moor, wandern oft weite Strecken zur Nahrungsaufnahme und müssen auch harte Winter ohne Zufütterung überstehen. Eine kleine Zuchtgruppe besteht auch in Deutschland.

Ponys aus dem englischen Exmoor

Exterieur _ Das äußere Erscheinungsbild, der persönliche ☞ **Körperbau** eines Pferdes. Das Exterieur wird vor allem von den Züchtern und Nutzern der Pferde beachtet. ☞ **Interieur**

F

Fachübungsleiter (Trainer C) _ Eine Amateur-Ausbildung der ☞ **FN**, niedergelegt in der ☞ **APO**, für die Bereiche Reiten, Fahren und Voltigieren. Sie baut auf dem ☞ **Berittführer** oder ☞ **Gespannführer** beziehungsweise auf dem ☞ **Betreuer** im Voltigiersport auf. Das Mindestalter für die Prüfung beträgt 18 Jahre. Nächste Stufe kann der ☞ **Reitwart** beziehungsweise Fahr- oder Voltigierwart sein.

Fahren _ So nennt man das Lenken eines ☞ **Gespanns** mit Wagen, Renngefährt oder Schlitten. Gefahren wird einerseits gewerblich und beruflich, z. B. in der Land-, Forst- und Transportwirtschaft und im Tourismus. Andererseits kann das Fahren ein Freizeitvergnügen sein oder als Leistungssport betrieben werden. ☞ **Anspannungsarten**, ☞ **Fahrsport**, ☞ **Trabrennen**

Jahrhundertelang war die Postkutsche das wichtigste Verkehrsmittel für Reisende.

Fahrerabzeichen _ ☞ **Leistungsabzeichen**

Fahrerausweis _ Ein Dokument für Turnierteilnehmer im ☞ **Fahrsport**, entsprechend dem ☞ **Reiterausweis**.

Fahrlehrer _ ☞ **Amateurreitlehrer**

Fahrlehrgerät _ Eine Vorrichtung, an der Neulinge - meist mehrere gleichzeitig - die Handgriffe für das ☞ **Fahren** üben können. Je zwei Schnüre laufen über Rollen, an ihrem einen Ende sind kurze ☞ **Leinen** befestigt, das andere Ende ist mit einem Gewicht beschwert. Die Schüler trainieren so gefahrlos die Handhabung der Leinen, bevor sie sich auf den Kutschbock wagen dürfen.

Fahrmeister _ Sehr seltener Titel, den die ☞ **FN** an Fahrer mit überragender Fahrpraxis, Ausbildertätigkeit im Spitzensport und sonstigem Einsatz für den Fahrsport verleiht oder nach einer Spezialprüfung (erstmals 1983) vergibt.

Fahrpeitsche _ Während man beim Reiten meist auf eine Gerte oder Peitsche verzichten kann, ist sie beim ☞ **Fahren** unentbehrlich. Der Fahrer kann nicht wie ein Reiter körperliche ☞ **Hilfen** einsetzen, um sich mit den Pferden zu verständigen. So bleibt ihm außer den ☞ **Leinen** nur der „verlängerte Arm", die Fahrpeitsche, um z. B. das Tempo zu beschleunigen, in eine schnellere Gangart zu wechseln oder die Richtung zu ändern.
Der Einsatz der Peitsche erfolgt stets zusammen mit entsprechenden Leinenhilfen. Je nach ☞ **Anspannungsart** benutzt man verschieden lange Peitschen mit oder ohne Schnur und mit unterschiedlich langem Schlag (so nennt man das verdünnte Ende einer Peitsche).

Fahrsattel _ Spezieller Sattel zum Reiten eines ☞ **Sattelpferdes** beim ☞ **Fahren**. ☞ **Gespann**

Fahrschule vom Sattel _ Schwierige Darbietung, bei der ein Reiter von seinem Pferd aus ein vor ihm gehendes, ungerittenes Pferd am ☞ **langen Zügel** lenkt.

Ein Gespann ohne Gefährt ist die Fahrschule vom Sattel aus.

Fahrsport _ wird national mit Ein-, Zwei- und Vierspännern betrieben, bei internationalen Wettbewerben starten ausschließlich Vierspänner. Nach den Regeln der ☞ **FN** wird dabei wie im Reitsport irreführend zwischen Pferden und ☞ **Ponys** unterschieden. Es gibt verschiedene Prüfungsbereiche: einfache Gebrauchsprüfungen; Dressurprüfungen mit Gespannkontrollen, bei denen Einzelheiten und der Gesamteindruck des Gespanns beurteilt werden; Hindernisfahren; Gelände-, Streckenfahrten und Marathonfahrten, teils mit Hindernissen; Vielseitigkeitsprüfungen und Kombinierte Prüfungen, die aus Dressur-, Hindernis- und Streckenfahren bestehen.

Fahrstil _ Ähnlich den verschiedenen ☞ **Reitweisen** gibt es auch beim Fahren verschiedene Formen der Einwirkung auf die Pferde (☞ **Hilfen**), verbunden mit einer entsprechenden Ausbildung und Ausrüstung der Fahrer und der Pferde. Als Fahrstil oder Fahrsystem bezeichnet man auch die ☞ **Anspannungsart**. ☞ **Achenbach**

Fahrwart _ ☞ **Reitwart**

Falabella _ Ein ☞ **Miniaturpferd** aus Südamerika, das unter anderem auch in Deutschland gezüchtet wird. ☞ **Shetlandpony**

Falbe _ Pferd mit weißlichgelbem bis bräunlichgrauem Deckhaar und schwarzem Langhaar, das bei einer ☞ **Stehmähne** eine weiße Hülse haben darf. Häufig treten ☞ **Aalstrich**, ☞ **Wangenfleck** und ☞ **Zebrastreifung** auf. Die Falbfarbe gilt als ☞ **Wildfärbung** und als Vorstufe zum ☞ **Braunen**. ☞ **Farben**

Fallmähne _ Eine ☞ **Mähne**, bei der das Haar im Gegensatz zur ☞ **Stehmähne** lang am Hals herunterhängt. Zweigeteilt nennt man sie auch ☞ **Doppelmähne**.

Falsche Bahn _ reitet oder fährt ein Pferdesportler, wenn er im ☞ **Parcours** ein Hindernis von der verkehrten Seite angeht oder auf ein Hindernis zusteuert, das für diesen ☞ **Durchgang** gar nicht vorgesehen ist. Für das Verreiten oder Verfahren gibt es Strafpunkte; wird das Hindernis überwunden, führt das Einschlagen der falschen Bahn zum Ausschluss.

Falscher Fuß _ Man reitet auf dem falschen Fuß, wenn man ungewollt sein Pferd in den ☞ **Außengalopp** bringt oder beim ☞ **Leichttraben** beim Vorschwingen des äußeren Hinterbeines aufsteht.

Fantasia _ Fest mit waghalsigen ☞ **Reiterspielen** in Arabien.

Prächtig geschmücktes Pferd auf einer Fantasia

Farben _ Wenn man von der Farbe eines Pferdes spricht, meint man in der Regel die Farbe beziehungsweise die Farbkombination von ☞ **Fell** und ☞ **Langhaar**. Aber auch die Haut der Pferde weist eine Färbung auf; gut zu sehen ist sie an den unbehaarten Bereichen, also am Maul, an den Innenseiten der Hinterschenkel und an den Geschlechtsteilen. Gefärbt ist außerdem die Regenbogenhaut der ☞ **Augen** und das ☞ **Horn** der ☞ **Hufe**.
Man nimmt an, dass ☞ **Wildpferde** ein unauffälliges Haarkleid trugen, das ihrem Lebensraum angepasst war (☞ **Wildfärbung**). Durch ☞ **Domestikation** und ☞ **Zucht** entstanden aus den vorhandenen Anlagen zusätzliche Farbtöne, Farbmuster und ☞ **Abzeichen**. Angeborene Färbungen wandeln sich oft mehr und mehr bei jedem ☞ **Haarwechsel**. Häufig tauchen Flecken, Tupfen und

Brauner

Fuchs

Falbe

Isabelle

☞ **Talerung**, ☞ **Streifung** und ☞ **Scheckung** erst mit zunehmendem Alter auf; ☞ **Glanzfarben** und Schimmertöne treten oft nur zu bestimmten Jahreszeiten auf, eine ☞ **Stichelung** kann sich mit der Zeit ausdehnen. Besonders auffällig ist die Farbänderung beim ☞ **Schimmel**. Die Fellfarbe kann am Bauch, an den Innenseiten der Beine und am Kopf aufhellen oder, besonders an den Beinen, nach unten hin dunkler werden.
Biologisch dienen Farben den Pferden selbst wohl vor allem zur Tarnung, möglicherweise aber auch zum gegenseitigen Erkennen aus einiger Entfernung, wenn der ☞ **Geruchssinn** noch nicht voll eingesetzt werden kann. Häufig freunden sich in größeren Herden auf der Weide vor allem gleichfarbige Pferde eng an. Auch aus diesem Grund werden auf Gestüten die Stuten und die Jungpferde oft nach Farben getrennt in Herden eingeteilt.
Es gibt allgemein gültige Bezeichnungen für die Färbungen bei Pferden. Diese Farben und die Abzeichen werden in die Zuchtpapiere (☞ **Abstammungsnachweis**) eingetragen. Als Grundfarben gelten im deutschsprachigen Raum: ☞ **Brauner**, ☞ **Fuchs**, ☞ **Rappe**, Schimmel und ihre Abtönungen; dazu kommen ☞ **Isabelle** (Palomino), ☞ **Falbe** und ☞ **Schecke** sowie einige Spezialfärbungen, vor allem bei amerikanischen Rassen. Manche Pferderassen werden auf bestimmte Farben hin gezüchtet. Bei einer solchen ☞ **Farbzucht** werden nur Pferde, die rassetypisch gefärbt sind, ins ☞ **Zuchtbuch** eingetragen. Andere Tiere nennt man dann ☞ **fehlfarben**.

Farbschimmel _ nennt man solche Pferde, bei denen die Grundfarbe (schwarz, braun oder fuchsfarben und deren Varianten) gleichmäßig mit ☞ **Stichelhaar** gemischt ist. Je nach Farbanteil und Farbton bezeichnet man sie mit der Ausgangsfarbe Schwarz als Schwarz- oder Rappschimmel, Grau-, Eisen-, Silber- oder sogar als Blauschimmel. Das ☞ **Langhaar** kann weiß sein oder schwarzweiß gemischt. Braunschimmel besitzen braunes Deckhaar und meist schwarzweiß gemischtes, aber selten ganz weißes Langhaar. Beim Fuchs- oder Rotschimmel sind Mähne und Schweif einfarbig bräunlich bzw. rötlich oder mit Weiß, jedoch nicht mit Schwarz gemischt.
Farbschimmel können gemischtfarbig bleiben oder im Laufe von Jahren allmählich zu reinweißen ☞ **Schimmeln** ausfärben. ☞ **Schecke**

Farbsehen _ ☞ **Sehvermögen**

Farbzucht _ Davon spricht man, wenn eine Rasse nur auf eine bestimmte ☞ **Farbe** oder ein Farbmuster hin gezüchtet wird; mit der Zeit kommen dann z. B. (fast) nur noch Schimmel vor wie bei den ☞ **Lipizzanern** oder nur noch Rappen wie bei den ☞ **Friesen**. Andersfarbige Pferde, auch wenn sie in Körperbau, Bewegung und Charakter dem Rasseziel entsprechen, gelten dann als ☞ **fehlfarben**. Farbzucht in vollem Sinne liegt vor, wenn mit Tieren verschiedener Rassen gezüchtet wird, um eine Färbung zu erhalten. Dies ist z. B. beim amerikanischen Albino und beim Palomino der Fall.

Fasanenschweif _ Ein naturbelassener Schweif mit verschieden langen Haaren.

Fassbeinig _ ist ein Pferd mit o-förmig gestellten Hinterbeinen.

Fehlfarben _ Ein Farbmangel (☞ **Albinismus**) oder eine „falsche" bzw. für eine Tierart ungewöhnliche und eventuell auch gefährdende ☞ **Farbe**. Bei Wildtieren spricht man davon, wenn z. B. die Färbung so auffällig ist, dass sie Feinde viel schneller aufmerksam macht als die gewöhnlichen Farben. In der ☞ **Zucht** gilt eine Färbung als Fehlfarbe, wenn sie bei der jeweiligen Rasse nicht erwünscht ist. Dazu zählt besonders auch die ☞ **Wildfärbung**.

FEI _ ist die Abkürzung für Fédération Equestre Internationale, zu Deutsch Internationale Reiterliche Vereinigung oder Weltreiterverband. Dieser Dachorganisation sind rund 100 Nationen angeschlossen. Bei internationalen ☞ **Turnieren** der herkömmlichen Sparten Dressur, Springen und Vielseitigkeit/Military sowie Fahren und Voltigieren gelten die Regeln und Vorschriften der FEI. ☞ **FENA**, ☞ **FN**, ☞ **SVP**

Feld _ Die gesamte Teilnehmergruppe in einem Rennen (☞ **Rennsport**); bei Reitjagden bezeichnet man auch die einzelnen Abteilungen als Felder. „Das Feld liegt eng zusammen" bedeutet, dass die Pferde nahe neben- und hintereinander laufen.

Fell _ Das Fellkleid, auch als Deckhaar bezeichnet, soll das Pferd vor Auskühlung durch Frost, Wind und Nässe ebenso wie vor starker Sonneneinstrahlung schützen. Außerdem bietet es einen begrenzten Hautschutz vor Verletzungen,

z. B. durch Bisse, Dornen oder wehenden Sand. Durch Talgdrüsen bekommen die Fellhaare einen wasserabweisenden Überzug; im Innern des einzelnen Haares und zwischen den Haaren wird Luft eingeschlossen, die eine Isolierschicht zwischen Körpertemperatur und Außentemperatur bildet. Außerdem hat das Fell einen bestimmten ☞ **Haarstrich**. An manchen Körperstellen wächst es als ☞ **Behang** länger als die übrigen Fellhaare.
Damit das Fell seine Aufgaben bestens erfüllen kann, unterliegt es in den Klimazonen mit sehr unterschiedlichen Jahreszeiten einem zweimaligen ☞ **Haarwechsel** im Jahr. Fohlen haben in den ersten Monaten als Wetterschutz stets ein besonders wolliges Fell. Das Fell wird ergänzt vom ☞ **Langhaar**. Beides gibt es in unterschiedlichen ☞ **Farben**. Pferde betreiben von Natur aus eigene ☞ **Fell- und Hautpflege**. Wo das aufgrund ihrer ☞ **Haltung** nicht möglich oder erwünscht ist, übernimmt der Mensch einen Teil davon durch ☞ **Putzen** und Pflegen.

Gegenseitige Fellpflege

Fell- und Hautpflege _ Für Pferde ist es sehr wichtig, dass ihr Fell regelmäßig gepflegt wird. Das gilt für jedes Pferd, besonders für jene, die ständig im Freien leben. Das Fell ist ein natürlicher Schutzmantel, der wesentlich zur Temperaturregulierung des Körpers beiträgt; es schützt außerdem vor mechanischen Verletzungen der Haut. Gleichzeitig wird bei der Körperpflege die Haut massiert und zu einer guten Durchblutung angeregt. Das ☞ **Putzen** und Pflegen durch den Menschen ist bei Freilandpferden nur vor und nach dem Reiten notwendig; ansonsten sorgen die Pferde selbst für ihre Körperpflege.
Dafür haben sie zwei Methoden: die so genannte solitäre Pflege, also die Eigenpflege, und die soziale Fellpflege, das gegenseitige Putzen.
Juckt es hinter einem Ohr, dann kratzen sich schon Fohlen mit einem Hinterhuf oft recht gekonnt an der betreffenden Stelle. Kruppe und Beine werden meist beknabbert, und wenn dies nicht hilft, scheuert sich das Pferd an einem möglichst widerstandsfähigen Gegenstand. Eine Rundum-Eigenpflege ist das ☞ **Wälzen**. Pferde im Freiland pflegen sich täglich auf diese Weise, sofern es der Untergrund zulässt. Gut gepflegten Pferden macht es nichts aus, im Regen zu stehen, manche scheinen es sogar als eine zusätzliche passive Körperpflege zu genießen!
Gegenseitige Körperpflege betreiben nur Pferde, die miteinander vertraut sind und sich in der ☞ **Rangordnung** nahe stehen. Oftmals nähert sich ein Pferd wie beiläufig einem Artgenossen und beginnt ihn am Hals zu beknabbern. Manchmal signalisiert ein Pferd auch mit einem „Putzgesicht", was es möchte: Der Hals wird waagrecht gehalten, die Oberlippe ist rüsselartig vorgeschoben, die Unterlippe hängt herunter, sodass die unteren Schneidezähne zu sehen sind. So geht das einladende Pferd auf den „Freund" zu. Hat sich ein Pferd den falschen Artgenossen ausgesucht, so wird es angedroht, oder das putzunwillige Pferd geht weg. Meist nimmt jedoch der Partner das Angebot zur gegenseitigen Pflege an. Dann stellen sich die beiden Pferde schräg zueinander auf und beginnen sich von vorn nach hinten zu beknabbern. Sie „kämmen" mit den Schneidezähnen gründlich den Hals, den Mähnenkamm, den Widerrist, den Rücken und die Schweifrübe des Putzpartners, jene Stellen also, die ein Pferd selbst schlecht erreichen kann. Dabei wird das Fell gereinigt und gelüftet sowie die Haut massiert.
Besonders das Nackenkraulen hat übrigens noch einen weiteren Effekt: Es wirkt beruhigend auf das gekraulte Pferd. In der Nackenwurzel sitzt nämlich ein großer Nervenknoten, der den Herzschlag mit beeinflusst. Wenn auf die betreffende Stelle leichter Druck ausgeübt wird, senkt sich der Puls des Pferdes. So werden Spannungen abgebaut, und der Zusammenhalt zwischen den Pferden wird gefestigt.
Die gegenseitige Fellpflege ist sehr wichtig für das Wohlbefinden von Pferden. Auch aus diesem Grund sollte man ein Pferd nicht über längere Zeit allein halten.

Beim Putzen und Pflegen kann sich die Verbindung zwischen Mensch und Pferd vertiefen, allerdings ist diese Pflege immer einseitig. Direkte Knabberpflege durch Pferdezähne verträgt die menschliche Haut nicht!

Fellpony _ Dieses stämmige Bergpony stammt aus einem Hochmoorgebiet im Norden Englands, aus den so genannten Fells. Es wird seit Langem weitgehend rein gezüchtet (☞ **Reinzucht**), gelegentlich wurden auch Einkreuzungen mit Welsh-Cobs (☞ **Welsh-Pony**) vorgenommen. Fellponys sind 125 bis 142 cm groß, als Farben kommen ☞ **Rappen**, ☞ **Braune** und Graubraune ohne größere ☞ **Abzeichen** vor. Mähne und Schweif sind dicht und lang. Eine Besonderheit des Fellponys ist die deutliche ☞ **Aktion** der Vorderbeine im Trab. Die Rasse wird auch in Frankreich, der Schweiz, Holland und Deutschland gezüchtet.

Eine dunkle Färbung und viel Langhaar sind typisch für die englischen Fellponys.

FENA _ ist die Abkürzung für Fédération Equestre Nationale d'Autriche. Das heißt auf Deutsch Nationale Reiterliche Vereinigung Österreichs und ist die internationale Bezeichnung für den Bundesfachverband für Reiten und Fahren in Österreich mit Sitz in Wien. ☞ **FEI**, ☞ **FN**, ☞ **SVP**

Fessel _ So heißt der kurze Teil des Pferdebeins zwischen ☞ **Huf** und ☞ **Röhrbein**. Die Rückseite der Fessel nennt man auch Köte. ☞ **Körperbau**

Fesselbehang _ Die ☞ **Schutzhaare** an der hinteren Seite der Fessel. Sie halten ablaufende Nässe und Schmutz von der empfindlichen Fesselbeuge fern. Bei manchen Rassen ist der Fessel- oder Kötenbehang besonders dicht und lang, bei so genannten Edelrassen wird er aus „Schönheitsgründen" oft entfernt.

Festlegen _ Durch ☞ **Wälzen** oder Veränderung der Position im Liegen kann ein Pferd mit angewinkelten Beinen zu nah an die Boxenwand kommen, sodass es zum Aufstehen nicht mehr das nötige Gleichgewicht findet. Häufig gerät es dadurch in Panik und verletzt sich bei Aufstehversuchen oder klemmt sich vollends fest. Hilfe kann nur durch ruhiges, sachkundiges Vorgehen erfolgen. Manchmal muss das Pferd über den Rücken umgedreht werden, oder man muss eine Boxenwand entfernen, damit es wieder auf die Beine kommt.
Bei Saugfohlen ist ständiges Liegen (Festliegen) häufig ein Anzeichen für ☞ **Fohlenlähme**.

Fiaker _ Dies ist wohl die berühmteste Art der ☞ **Droschke** in Europa. Man meint damit vor allem die ein- oder zweispännigen Pferdetaxis in Wien, die meist mit Schimmeln bespannt sind und schon seit Langem als Touristenattraktion gelten. Das Wort stammt aus der französischen Sprache und wird auch im übrigen Österreich häufig für Mietgespanne gebraucht.

Fieber _ beginnt beim Pferd bei etwa 39° Celsius. Man misst die ☞ **Körpertemperatur** mit einem Thermometer im After des Pferdes. Mit einer am Thermometer befestigten Schnur kann man verhindern, dass es versehentlich in den Darm rutscht.

Filmpferde _ In vielen Spiel- und Fernsehfilmen wirken Pferde als Statisten oder sogar als Hauptdarsteller mit. Die unzähligen Westernfilme etwa wären ohne Beteiligung von Pferden gar nicht denkbar. Auch durch geschichtliche Filme, die von vergangenen Zeiten handeln, wird immer wieder deutlich, dass Pferde die Entwicklung der Menschheit wesentlich mitgeprägt haben. Andererseits werden Pferde oft unrealistisch als „Helden" dargestellt, die (fast) menschlich denken und handeln. Ein allseits bekanntes Beispiel dafür ist die Gestalt des schwarzen Hengstes Fury. Durch andressiertes Verhalten und das technische Zusammenfügen von einzelnen Szenen zu einem ganzen Handlungsablauf werden oft falsche Vorstellungen vom Wesen und von den Bedürfnissen der Pferde vermittelt. Tierschutzorganisationen beklagen außerdem, dass viele Filmpferde sowohl in der Ausbildung, z. B. bei Stunt-Trupps, als auch bei den Filmarbeiten selbst starkem Stress ausgesetzt sind und oft nur unzureichend versorgt werden. Dass Pferde tatsächlich getötet werden, wie es in früheren Filmen der Fall war, soll heute jedoch nicht mehr vorkommen.

Fischauge _ ☞ **Birkauge**

FITE _ ist die Abkürzung für Fédération Internationale de Tourisme Equestre, zu Deutsch Internationaler Freizeitreiterverband. Ihm gehören rund ein Dutzend nationaler reiterlicher Vereinigungen an, darunter auch die ☞ **FENA**, die ☞ **FN** und der ☞ **SVP**.

Fjordpferd (Norweger) _ In seiner norwegischen Heimat nennt man das Fjordpferd Fjording oder Vestlandhest. Diese Namen leiten sich von den Regionen im Süd-westen ab, in denen es seine „Urheimat" hat. Es unterscheidet sich im Typ und in der Farbe unverwechselbar von anderen Rassen. Norwegerponys sind kompakte, kräftig bemuskelte Pferde mit gut abgerundeten, geschwungenen Linien, einem elastischen Rücken, einem starken Hals und kräftigen Gliedmaßen. Sie werden etwa 138 bis 148 cm groß. Stuten dürfen allerdings nur bis zu 144 cm Stockmaß haben, damit sie als reinrassig anerkannt werden. Fjordpferde sind einheitlich ☞ **Falben**. Die Farbabstufungen im Fell reichen von hellem Braun über sattes Gelbbraun bis zu lichtem Fahlgelb. Die Beine werden nach unten hin meist dunkler. Mähne, Stirnschopf und Schweif weisen helle und dunkle Haare auf. Außerdem sind alle Fjordpferde mit ☞ **Aalstrich** und ☞ **Zebrastreifen** sowie ☞ **Mehlmaul** oder ☞ **Milchmaul** mit dunkel abgesetzten Lippen ausgestattet. Weiße ☞ **Abzeichen** sind nicht erwünscht. Die Mähne wird meist bogenförmig geschnitten und betont dann als ☞ **Stehmähne** noch den kräftigen Hals, der Stirnschopf bleibt naturbelassen. Zeitweise wurde in das bodenständige Fjordpony leichtes Kaltblut eingekreuzt, damit die Nachkommen etwas größer und schwerer wurden. Doch seit 1871 wird ☞ **Reinzucht** betrieben; erwünscht war damals ein gängiges Gebirgspony, das als Zugpferd in der Landwirtschaft ebenso wie als Tragtier für die Gebirgsinfanterie verwendet werden konnte. Darüber hinaus ritt man mit Fjordpferden über Land oder spannte sie vor den Skyss, einen hochrädrigen, einachsigen Karren. Ihn ziehen die Norwegerponys in ihrer Heimat heute noch. Sie haben aber auch längst den Weg vom hohen Norden nach Mitteleuropa gefunden und werden ebenso in außereuropäischen Ländern gehalten. So diente der Norweger z. B. in Deutschland in den fünfziger Jahren anfangs als Arbeitskleinpferd im Wein-, Obst- und Gemüsebau. Bald wusste man das robuste, umgängliche und leistungsbereite Pony aber auch als Reit-, Fahr- und Voltigierpferd zu schätzen.

Ein Fjordpferd vor dem traditionellen norwegischen Skyss

Flachrennen _ ☞ **Galopprennen**

Flankierbaum _ Runde Holzstange, die an den Enden mit Ketten zum Aufhängen versehen ist. Flankierbäume werden als Abgrenzung in offenen Ställen verwendet, vor allem dort, wo Pferde nur vorübergehend untergebracht werden. Sie werden beispielsweise auf ☞ **Turnieren** oder Reitertreffs eingesetzt, bei denen oft so genannte Stallzelte für die Teilnehmerpferde zur Verfügung stehen.

Fleckenschecke _ Ungebräuchliche, aber zutreffende Bezeichnung für ☞ **Schecken** mit ☞ **Tigerung** und ähnlichen Mustern.

Fleckschimmel _ Andere Bezeichnung für ☞ **Apfelschimmel** und ☞ **Fliegenschimmel**, auch für Pferde mit ☞ **Tigerung**.

Flehmen _ Im vorderen Teil des Gaumens sitzt bei Pferden (wie bei etlichen anderen Säugetieren und bei Reptilien) ein zusätzliches Organ für den ☞ **Geruchssinn**, das so genannte Jacobson'sche Organ. Sehr starke und interessante, vor allem sexuell anregende Gerüche leitet ein Pferd nicht in die Nase, sondern in die Maulhöhle. Diesen Vorgang nennt man Flehmen. Dazu stülpt ein Pferd die Oberlippe hoch und verschließt damit die Nüstern. Meist streckt es dabei den Kopf vor oder hoch. So saugt es die Luft durch die fast geschlossenen Zähne an (im Unterschied zum ☞ **Gähnen**) und drückt sie mit der Zunge gegen den Gaumen.
Schon ☞ **Fohlen** flehmen, insbesondere jedoch geschlechtsreife ☞ **Hengste**, aber auch ☞ **Stuten** und ☞ **Wallache**. Häufig wird Flehmen durch den ☞ **Kot** und den Harn (☞ **Harnen**) anderer Pferde, besonders von Stuten in der ☞ **Rosse** ausgelöst.

Intensive Geruchsaufnahme durch Flehmen

Fliegender Start _ ☞ **Trabrennen**

Fliegenschimmel _ Ein ☞ **Schimmel** mit braunen, grauen oder schwarzen Punkten im gestichelten oder bereits ganz weiß gewordenen Fell.

Fluchttrieb _ Pferde werden häufig als Fluchttiere bezeichnet. Damit will man vor allem ausdrücken, dass es sich bei ihnen um pflanzenfressende Tiere handelt, die das Opfer von Beute jagenden Tieren werden können. Jedoch hat fast jede Tierart irgendwelche Fressfeinde, und Pferde sind in der Natur auch nicht ständig auf der Flucht. Allerdings ist ihre Bereitschaft, vor einer echten oder vermeintlichen Gefahr wegzulaufen, allgemein größer als bei manchen anderen Tieren. Der Fluchttrieb kann sich jedoch ganz unterschiedlich auswirken – vom kurzen Satz, den ein einzelnes Pferd zur Seite macht, bis zur Flucht der ganzen Herde im gestreckten Galopp über eine weitere Strecke. Wann Pferde die Flucht ergreifen, hängt davon ab, wie stark sie sich bedroht fühlen. Furcht einflößend können Tiere sein, aber auch Menschen oder Dinge, die sich bewegen und Lärm machen, z. B. Autos und Landmaschinen. Wie schnell und wie weit Pferde fliehen, ist außerdem vom Abstand zu dem bedrohlichen Objekt und von der Geschwindigkeit abhängig, mit der dieses sich nähert. Man nennt dies auch Fluchtdistanz. Sie ist umso größer, je gefährlicher der vermutete Feind wirkt. Erschrecken sich Pferde plötzlich – vor allem auch bei knallenden Geräuschen –, so geraten sie oft in Panik und rennen wild durcheinander davon. Wird ein sich nähernder Feind rechtzeitig bemerkt, dann geht die Flucht meist in geordneten Bahnen vor sich. In einer natürlichen Herde läuft die Leitstute (mit ihrem Fohlen) voraus, der Leithengst sichert nach hinten ab. Natürlicherweise fliehen Pferde auch nur so weit wie nötig, um keine Energien zu verschwenden. Ist z. B. in einer Naturherde ein Herdenmitglied von einem Raubtier erlegt worden, so wird die Flucht beendet; die Pferde scheinen zu wissen, dass die Gefahr für die übrigen Tiere erst einmal vorbei ist. Vor menschlichen Verfolgern in Fahrzeugen oder zu Pferde flüchten wild lebende Pferde jedoch bis zur totalen Erschöpfung – genauso wie vor Motorflugzeugen und Hubschraubern: Sie setzen ihre Flucht auch dann fort, wenn bereits Herdenmitglieder zu Tode gekommen sind. Im Stall oder beim Fahren und Reiten äußert sich der Fluchttrieb oft in ☞ **Scheuen**, ☞ **Steigen** und ☞ **Durchgehen**. Dabei spielt das persönliche Wesen eines Pferdes ebenso eine Rolle wie die Erfahrungen, die es bereits gemacht hat. Durch Gewöhnung an bestimmte Furcht auslösende Dinge kann bei jungen und ängstlichen Pferden manche Überreaktion abgebaut werden.

FN _ bedeutet Fédération Equestre Nationale, auf Deutsch Nationale Reiterliche Vereinigung. Damit werden allgemein nationale Dachverbände bezeichnet, die der ☞ **FEI** angeschlossen sind. In Deutschland heißt dieser Verband mit ganzem Namen Deutsche Reiterliche Vereinigung – Bundesverband für Pferdesport und Pferdezucht – FN. Sitz der FN ist Warendorf in Westfalen. Die FN verfasst die ☞ **APO**, in der auch die Regeln für die ☞ **Leistungsabzeichen** enthalten sind, und die ☞ **LPO**. Zu ihr gehören als Unterorganisationen 17 Landesverbände und 16 Landeskommissionen. Anschlussverbände sind unter anderem die Erste Westernreiter Union Deutschland (EWU), der Islandpferde-Reiter- und Züchterverband (IPZV) sowie der Verein Deutscher Distanzreiter und -fahrer (VDD). Die FN ist ihrerseits Mitglied in mehreren internationalen Vereinigungen, außer in der FEI z. B. auch in der ☞ **FITE**. Im Gegensatz zu ☞ **FENA** und ☞ **SVP** besteht bei der FN auch eine Abteilung Zucht, der die deutschen Landeszuchtverbände (☞ **Landeszuchten**) sowie eine Reihe weiterer Zuchtorganisationen in Deutschland angehören. In Österreich und in der Schweiz gibt es eigenständige Dachverbände für die Pferdezucht ☞ **Seite 253**.

Fohlen _ Die Jungtiere bei den ☞ **Equiden** bezeichnet man bis zum Eintritt der ☞ **Geschlechtsreife** als Fohlen. ☞ **Seite 72**, ☞ **Saugfohlen**, ☞ **Absatzfohlen**, ☞ **Jährling**, ☞ **Jungpferd**

Warten aufs Erwachsenwerden

Fohlenlähme _ kann sich durch Husten, Schweratmigkeit, Augen- oder Nasenausfluss, Durchfall, geschwollene Gelenke und andere Symptome bemerkbar machen. Es handelt sich jedoch nicht um eine bestimmte Krankheit. Man bezeichnet damit eine Reihe von Virusinfektionen, die verschiedene Organe von Fohlen befallen und durch einen Mangel an Abwehrstoffen entstehen können. Die Bezeichnung rührt von dem auffälligen Verhalten der erkrankten Fohlen her. Sie laufen und spielen nicht wie gesunde Pferdekinder, sondern liegen die meiste Zeit und erheben sich oft nur mühsam, um ein wenig zu trinken. Durch die Virusschädigung fallen, ähnlich wie bei der ☞ **Druse**, oft Bakterien in die geschwächten Bereiche ein und vermehren sich schlagartig.
Besonders gefährdet sind schwächlich geborene Fohlen und solche, die keine ☞ **Biestmilch** bekommen konnten. Weitere Risiken entstehen z. B. durch Unsauberkeit im Stall und im Umgang sowie durch den Aufenthalt des Saugfohlens mit der Mutterstute auf einer fremden ☞ **Deckstation**. Fohlenlähme hat oft den Tod des Fohlens zur Folge.

Fohlenrosse _ Die erste ☞ **Rosse** der Mutterstute nach der ☞ **Geburt** eines ☞ **Fohlens** nennt man Fohlenrosse. Sie tritt meist am achten bis zehnten Tag nach dem Abfohlen ein. Viele Züchter lassen ihre Zuchtstuten dann bereits wieder ☞ **decken**.

Fohlenschein _ Frühere Bezeichnung für den ☞ **Abstammungsnachweis**, der für Fohlen im ersten Lebensjahr ausgestellt wird. Da er aber ein Leben lang gilt, hat man ihn umbenannt.

Fohlentrog _ Ein spezielles Futtergefäß für Fohlen. Man füttert daraus z. B. besonderes Nährfutter oder Futtermittel, die ein Medikament enthalten. Damit die Mutterstute das für das Fohlen bestimmte Futter nicht frisst, wird der Trog mit Streben so verengt, dass nur das Saugfohlen mit seinem kleineren Mäulchen daraus fressen kann.

Fohlenweide _ Grünland, auf dem heranwachsende Pferde gemeinsam mit Gleichaltrigen untergebracht sind (☞ **Absatzfohlen**, ☞ **Aufzucht**, ☞ **Jährlinge**). Eine Fohlenweide soll möglichst groß sein, damit die jugendlichen Pferde ihrem Laufdrang und ihrem ☞ **Spielbedürfnis** ausgiebig nachkommen und sich jeden Tag richtig „austoben" können.

Format _ Die Rumpflänge des Pferdes im Verhältnis zu seiner ☞ **Größe** bezeichnet man als Format. ☞ **Quadratpferd**, ☞ **Rechteckpferd**

Formationsreiten und -fahren _ Reit- und Fahrvorführungen, meist mit Musik, bei denen zwei oder mehr Reiter/Fahrer aus einer bestimmten Aufstellung heraus Wege und Figuren ausführen, die insgesamt ein attraktives Bild ergeben. Formationsreiten kann man schon zu zweit (Paarreiten) oder zu dritt (Dreierklasse, Familienklasse); am häufigsten sind jedoch die so genannten ☞ **Quadrillen**

Gemischte Quadrille des französischen Cadre Noir

mit vier Teilnehmern oder einer größeren Anzahl, die sich durch vier teilen lässt. Eine Abwandlung ist das Synchronreiten oder -voltigieren, bei dem zwei Sportler gleichzeitig die gleiche Übung in derselben Richtung ausführen.

Fortpflanzungstrieb _ Er ist allen Lebewesen angeboren. Neben dem Selbsterhaltungstrieb, der das einzelne Lebewesen z. B. zur Ernährung und zum Selbstschutz anregt, ist der Fortpflanzungstrieb der stärkste Instinkt. Die Natur sieht vor, dass möglichst viele Arten möglichst lange erhalten bleiben, sich eventuell an neue Lebensbedingungen anpassen, oder dass sich aus den vorhandenen Lebewesen neue Formen bilden. Dies geht nur, wenn eine Art immer wieder lebens- und überlebensfähige Nachkommen hervorbringt, die sich ebenfalls ausreichend fortpflanzen können. Wenn diese Kette unterbrochen wird und dadurch die Fortpflanzungsfähigkeit eingeschränkt wird, ist eine Art vom Aussterben bedroht. Das kann durch wahllose Bejagung ebenso passieren wie durch schnelle Veränderungen des Lebensraums.
☞ **Entwicklungsgeschichte**, ☞ **Paarung**, ☞ **Przewalski-pferd**

Foxtrott _ ☞ **Spezialgangarten**

Frederiksborger _ Dies ist die älteste Warmblutrasse Dänemarks. Frederiksborger sind von mittlerer Größe, haben vielfach eine Ramsnase (☞ **Ramskopf**), einen ausgeprägten Brustumfang, wenig ☞ **Widerrist** und einen kurzen Rücken. Das Stockmaß beträgt 155 bis 160 cm. Frederiksborger sind überwiegend ☞ **Füchse**. Benannt wurde die Rasse nach dem Hofgestüt Frederiksborg, das im 16. Jahrhundert mit ☞ **Andalusiern** und ☞ **Neapolitanern** eingerichtet wurde und bis 1862 bestand. Die Frederiksborger begründeten auch eine Linie der ☞ **Lipizzaner**, den so genannten Plutostamm. Im 19. und 20. Jahrhundert fanden häufig Einkreuzungen von ☞ **orientalischen Pferden** und ☞ **Englischem Vollblut** statt. Der Frederiksborger zählt zum Typ „Dänisches Sportpferd", ähnlich dem ☞ **Deutschen Reitpferd**.

Freiberger _ Der Freiberger ist ein bodenständiges mittelschweres Zug- und Reitpferd der Schweiz mit ansprechenden Linien. Seine Wiege befindet sich auf der Hochebene der Freiberge (Schweizer Jura) im Nordwesten des Landes. Die Rasse entstand um 1880 durch die Anpaarung von mittelgroßen Landstuten mit kompakten Warmbluthengsten englischer und französischer Herkunft. Später wurden zeitweilig verschiedene Kaltblutrassen eingekreuzt, durch die die Rasse sehr uneinheitlich wurde. Erst durch die konsequente Zucht mit ☞ **Normännern** wurde das Erscheinungsbild wieder klarer. In jüngerer Zeit fanden auch gelegentliche Einkreuzungen von schwedischen und französischen leichteren Warmblütern statt, um die Reiteigenschaften der Freiberger zu fördern. Das Stockmaß liegt zwischen 150 und 160 cm, das Gewicht zwischen 550 und 650 kg. Freiberger sind hauptsächlich ☞ **Braune**, teils mit Abzeichen. Das ☞ **Hengstdepot** befindet sich im (noch) staatlichen Gestüt Avenches.

Freier Sprung _ ☞ **Sprung**

Freiheitsdressur _ ☞ **Zirkuspferde**

Freispringen _ zeigt die Springveranlagung eines Pferdes und kann zu seiner ☞ **Gymnastizierung** beitragen. Das Pferd springt ohne Sattel und Reiter in einem ☞ **Springgarten**, den man auch in einer ☞ **Reitbahn** anlegen kann. Es kann mit einer Bahnpeitsche und der Stimme des Ausbilders oder Trainers zum Springen ermuntert werden. Völlig unqualifiziert und ohne Sinn ist es, ein Pferd mit Gebrüll und Peitschenknallen durch einen Springgarten zu jagen.

Freizeit-Pferdesport _ Darunter fällt im Grunde jede private sportliche Nutzung des Pferdes ohne Wettbewerbsabsicht. Ein Großteil aller Reiter, Fahrer und Voltigierer (beiderlei Geschlechts) im deutschsprachigen Raum widmet sich ausschließlich dem Freizeitsport. Aber auch Leistungssportler und Menschen, die im Dienst oder bei der Arbeit mit Pferden umgehen, unternehmen ☞ **Ausritte**, beteiligen sich an zwanglosen ☞ **Reiterspielen** oder

machen im Urlaub ☞ **Wanderritte**. Umgekehrt nehmen viele Reiter, die vorwiegend Freizeitsportler sind, hin und wieder auch an öffentlichen Wettbewerben teil.
Auch wenn man sich „nur" in der Freizeit mit Pferden beschäftigen möchte, sind Grundkenntnisse in einer Reitweise, Sicherheit beim Ausreiten und vor allem zumindest ein Basiswissen über die Bedürfnisse der Pferde unerlässlich. Manche Freizeitsportler versorgen ihre Pferde selbst und achten besonders auf eine möglichst artgerechte Haltung. Das gibt es allerdings in anderen Bereichen ebenfalls, auch wenn ☞ **Robusthaltung** manchmal als eine Art „Erfindung" der Freizeitreiter dargestellt wird.
Den Ausdruck Hobbyreiter lehnen viele Freizeitreiter ab, weil sie darin eine Abwertung des Freizeit-Pferdesports sehen. Wer sich allerdings ohne jegliche Vorkenntnisse z. B. ein Pferd aus einem Mietstall leiht, um sich damit den Traum vom „endlosen Galopp in der Prärie" zu erfüllen, der ist noch nicht einmal ein Hobbyreiter, sondern einfach unbedarft. Ein besonderer, teils eher elitärer Freizeitsport für Reiter ist das ☞ **Jagdreiten**.

Friese (Westfriese) _ Fahr- und Reitpferdrasse aus dem nördlichen Teil der Niederlande, nicht zu verwechseln mit dem ☞ **Ostfriesen**. Der Friese ist ein kraftvolles Pferd mit hoch aufgesetztem Hals, länglichem Kopf, breiter Brust und leicht gespaltener ☞ **Kruppe**. Auffallend ist das meist überaus üppige ☞ **Langhaar**: eine lange, oft stark gewellte Mähne, ein dichter Schweif und ein besonders dichter Fesselbehang. Typisch ist der hohe, „steppende" Trab der Friesen. Der schwerere Schlag dieser Rasse wird vorwiegend als Zugpferd eingesetzt; leichtere Friesen verwendet man als elegante Fahrpferde und zum Reiten sowie als Show- und Zirkuspferde. Die Größe liegt zwischen 150 und 165 cm. Friesen sind ausnahmslos ☞ **Rappen**, sie dürfen keine weißen Abzeichen haben. Eine bedeutende Nachzucht besteht in Deutschland.
☞ **Niederländisches Warmblut**

Frisieren _ So nennt man das mehr oder weniger kunstvolle Bürsten, Kämmen und Einflechten des ☞ **Langhaars**. Es dient in erster Linie nicht der Pflege – die vor dem Frisieren erfolgt sein sollte –, sondern der Verschönerung. Es gibt viele verschiedene Möglichkeiten, Mähne und Schweif einzuflechten. Pferde werden z. B. für ☞ **Dressurprüfungen**, für festliche ☞ **Umritte** oder für ☞ **Shows** frisiert. Durch Bürsten kann man auch im Fell, vor allem auf der ☞ **Kruppe**, Muster anbringen, z. B. ein Schachbrettmuster. Hierfür werden im Reitsportfachhandel spezielle Schablonen angeboten.

Fuchs _ Pferd mit hellrotbraunem bis schwarzbraunem ☞ **Fell** und gleichfarbenem oder hellerem ☞ **Langhaar**. Selten ist das Langhaar etwas dunkler als das übrige Fell, niemals aber schwarz! Dadurch unterscheidet sich der Fuchs grundsätzlich vom ☞ **Braunen**. Füchse gibt es z. B. als gelblichen Hell- oder Lichtfuchs und als gelbbraunen Fuchs, als sattgelben Goldfuchs, als rötlichen Schweiß- oder Rotfuchs, als Dunkelfuchs mit dunkelbraunem und als Kohlfuchs mit schwarzbraunem Fell. Die Vorstufe ist der ☞ **Isabelle** oder Palomino.

Die hohe Aktion der Vorderbeine ist typisch für die Friesenpferde.

Schön geflochtener Schweif

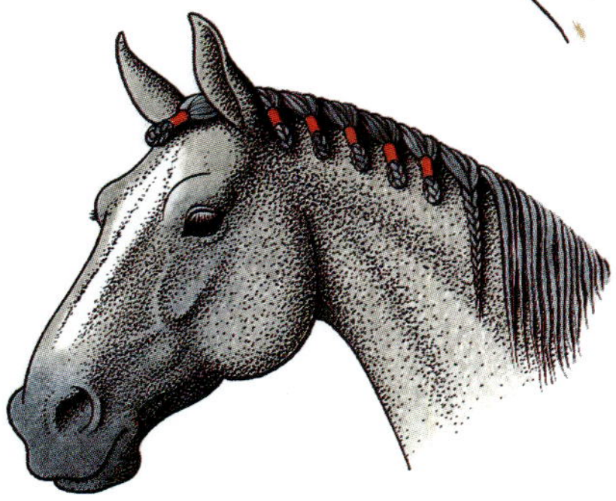

Zöpfchen in der Mähne

Fuchsjagd _ 1. Die Jagd zu Pferde hinter einem lebenden Fuchs mit einer Hundemeute.
2. Unblutige Reitjagd nach einem „Ersatzfuchs" als ☞ **Schleppjagd** oder als Fuchsschwanzjagd: Ein Reiter trägt einen Fuchsschwanz am Jackett, der am Ende der Jagd von einem der Jagdteilnehmer „gegriffen" werden muss. Manchmal wird ein (echter oder künstlicher) Fuchsschwanz auch an einer Stange befestigt. Er soll ebenfalls zum Abschluss, nach dem „Freigeben" der Jagd, ergattert werden. Wer es schafft, ist der Held des Tages. Für die Pferde bedeutet das Fuchsschwanzgreifen jedoch zusätzlichen Stress nach einem bereits sehr anstrengenden Ritt. Da es dabei außerdem häufig zu schweren Zusammenstößen und Stürzen kommt, verzichten manche Jagdveranstalter oder Jagdreiter darauf.

Führen an der Hand _ Üblicherweise führt man ein Pferd an der linken Seite, in Höhe der Schulter. Man kann jedoch auch rechts führen, um das Pferd beidseitig geschmeidig und folgsam zu machen. Rechtshänder tun sich damit aber oft schwer. Bei offiziellen Wettbewerben ist das Führen von rechts außerdem meist nicht gestattet. Trägt ein Pferd einen ☞ **Zaum**, dann nimmt man bei längeren Führstrecken die Zügel vom Hals, legt eine Handbreit unter dem Kinn einen oder zwei Finger der führenden Hand zwischen die beiden Zügel und umfasst mit den anderen Fingern beide Zügel. Das Zügelende kommt in die andere Hand. Um eine Hand frei zu haben, kann man das Ende auch in die Führhand legen. Für einen kurzen Weg lässt man das Zügelende auf dem Hals liegen. Man hat das Pferd dann jedoch nicht so gut im Griff. Ein Pferd mit ☞ **Führhalfter** wird mit Hilfe des ☞ **Führstricks** gelenkt.
☞ **Vorführen**

Zum Führen am Stallhalfter verwendet man sicherheitshalber einen Führstrick.

Führgerät _ Eine Rundbahn zum Bewegen von Pferden. Die Pferde werden an motorgetriebenen Streben angebunden, die sich im Kreis bewegen, oder laufen in einer Art Box. Das Tempo wird vorgegeben, es sind mehrere Stufen möglich. Durch das gleichmäßige Laufen lässt sich z. B. der Takt der Bewegungen eines Pferdes verbessern. Auch können mehrere Pferde gleichzeitig bewegt werden. Eine gefühlvolle Einwirkung wie beim ☞ **Longieren** ist jedoch nicht möglich. Führgeräte sind auch kein Ersatz für Weidegang.

Führhalfter _ Wird auch als Anbinde- oder Stallhalfter bezeichnet. Wie der Name besagt, gebraucht man solche Halfter nicht zum Reiten (☞ **Reithalfter**), sondern zum Anbinden und Führen von Pferden; man kann sie den Pferden außer im Stall auch auf der Weide oder im Transporter anlassen. Meist setzt sich ein solches Halfter aus dem Genickstück, den beiden Backenstücken und einem

Motorisierte Führanlage, mit der mehrere Pferde gleichzeitig im Kreis bewegt werden können.

Nasen-Kinn-Riemen zusammen. Häufig gehört auch noch ein Kehlriemen dazu; er ist dann durch einen Steg mit dem Kinnteil verbunden. Als Materialien verwendet man Leder, kräftige Woll- oder Hanfkordel, Gurtstoff oder Kunstfaser. Meist sind die einzelnen Teile des Halfters durch Metallstücke miteinander verbunden; ein oder mehrere Teile sind verstellbar oder zu öffnen. Zum Führen und Anbinden benutzt man einen einhakbaren ☞ **Führstrick**.

Führstrick _ Strick oder Leine aus Leder, geflochtener beziehungsweise gedrehter Kunst- oder Naturfaser. Es gibt auch Führketten aus Metall oder Kombinationen aus Kette und Leine. Sie sind zum Führen eines Pferdes am ☞ **Führhalfter** gedacht, nicht zum Führen am Reitzaum (dazu gibt es ☞ **Führzügel**). Zum Einschnallen ins Halfter sind so genannte Panikhaken günstig, die man im Notfall meist schneller öffnen kann als Karabinerhaken. Panikhaken klinken von selber aus, wenn man mit einem Finger einen Schiebemechanismus betätigt. Allerdings öffnen sie sich dadurch auch eher einmal ungewollt.
Den Führstrick darf man sich auf keinen Fall um die Hand wickeln! Wenn ein Pferd scheut oder steigt, kann man mitgeschleift und schlimm verletzt werden; bei einer Kette kann man sogar Finger einbüßen. Lässt man den Strick zu lang herunterhängen, besteht die Gefahr, dass man darauf tritt und fällt.

Führzügel _ Spezieller Einhandzügel, der z. B. zum Führen eines ☞ **Handpferdes** vom Sattel aus verwendet wird. Er hat für eine Zäumung auf ☞ **Trense** an einem Ende einen kurzen Ledersteg, der in beide Trensenringe eingeschnallt wird, damit kein einseitiger Zug entsteht. Danach folgt eine kurze Kette mit drehbaren Wirbeln, dann erst das längere Lederteil, dessen Ende der Reiter in der Hand hält.

Führzügelklasse _ Ein Wettbewerb der ☞ **FN**, an dem bereits Kinder im Vorschulalter teilnehmen können. Auf einem gesattelten und gezäumten Pferd sitzt der junge Reiter und hält die Zügel in der Hand; gelenkt wird das Pferd allerdings von einer zweiten Person durch einen speziellen Führzügel. Pferd und Reiter werden im Schritt und im Trab vorgestellt. Beurteilt werden der ☞ **Sitz** des Reiters und der Gesamteindruck einschließlich der Führperson. Es scheint jedoch oft so, dass vorrangig bewertet

Ein hübsch zurechtgemachtes Trio

wird, wie originell oder attraktiv die Kleidung von Reiter und Führer ist und wie passend sie aufeinander abgestimmt ist. Zusätzlich sind auch ☞ **Hilfszügel** erlaubt, und so sieht man häufig unnötig scharf gezäumte Pferde. Außerdem erscheint es fragwürdig, ob an Wettbewerben, die auf „Leistung" ausgerichtet sind, tatsächlich auch schon zwei- und dreijährige Kleinkinder teilnehmen sollen.

Fütterung _ Frei lebende Pferde verbringen etwa die Hälfte eines Tages mit der Nahrungsaufnahme, allerdings nicht an einem Stück. Beim Grasen nehmen sie das Futter in kleinen Mengen nach und nach zu sich und zerkauen es gut, damit es leichter verdaulich wird und die Nährstoffe aufgeschlossen werden. Darauf ist das ganze Verdauungssystem ausgerichtet. Pferde sollten deshalb auch im Stall so gefüttert werden, dass sie gründlich kauen können. Eine Faustregel besagt, dass man pro Zentner Körpergewicht (50 kg) ein Kilogramm Gras oder Heu rechnet. Die tatsächliche Futtermenge hängt wesentlich vom Alter und der Art der Nutzung eines Pferdes ab, von der ☞ **Futterart** und den darin enthaltenen Nährstoffen. Die Futterzeiten im Stall (auch bei Zufütterung auf der ☞ **Weide**) sollten über den ganzen Tag verteilt werden, um sie einigermaßen dem natürlichen Fressrhythmus anzupassen. Stallfutter muss so aufbewahrt werden, dass es nicht verderben kann und dass die Pferde nicht unkontrolliert davon fressen können, vor allem vom ☞ **Kraftfutter**. Zur richtigen Fütterung gehört auch das korrekte ☞ **Tränken**.

Fuhrwerk _ Landwirtschaftliche oder gewerbliche von Pferden gezogene ☞ **Wagen**, auf denen z. B. Gras und Heu, Getreide und Getreideprodukte, Bier und Brennstoffe, Geräte, aber auch Mist und vieles mehr befördert wurde. Oft waren die ☞ **Gespanne** nur mit großer Mühe und Erfahrung sicher zu lenken, etwa wenn die Fracht aus langen Baumstämmen bestand. Pferdefuhrwerke sind heute im Gegensatz zu anderen Wagen mit vorgespannten Pferden selten.

Fundament _ Fachbezeichnung für die Stärke, das Gewicht und die Tragfähigkeit des Knochenbaus eines Pferdes.

Furioso-Northstar _ Diese vielseitige Halbblutrasse aus Ungarn wurde nach zwei englischen Vollbluthengsten benannt. Furioso wurde 1836 in Ungarn, North Star 1844 in England geboren. Mit ihnen begründete man die gleichnamige Rasse im Staatsgestüt Mezöhegyes, um harte, ausdauernde ☞ **Militärpferde** zu bekommen. Heute werden die Pferde mit viel Vollblutanteil vorzugsweise zum Reiten in verschiedenen Bereichen verwendet. Die weniger vollblütigen Tiere setzt man vor allem als Wagenpferde ein. Die Größe liegt zwischen 155 und 160 cm, als Farbe herrscht Braun (☞ **Brauner**) in allen Abstufungen vor. Zuchten des Furioso-Northstars gibt es auch in Tschechien und Österreich. In Bayern wurde ein Schlag mit deutschen Hengsten begründet, der Sarvar genannt wird.

Futterarten _ Der Speisezettel der Pferde und der anderen ☞ **Equiden** ist fast ausschließlich vegetarisch. Das heißt, Pferde sind von Natur aus reine Pflanzenfresser. Außer ☞ **Gras** und Kräutern fressen frei lebende Pferde auch Blätter, Zweige, Nadeln, Baumrinde, Früchte, Beeren, Wurzeln und Körner. ☞ **Hauspferde**, die auf die ☞ **Weide** kommen, können sich ebenfalls damit sättigen. Ansonsten werden die meisten Pferde vor allem mit ☞ **Heu**, ☞ **Silage** oder ☞ **Pellets** gefüttert. Als Beifutter eignet sich z. B. auch getrocknetes, aber schimmelfreies Brot in Maßen sowie Obst und Gemüse (☞ **Saftfutter**).
Ein ☞ **Leckstein** ergänzt das Futter. ☞ **Fütterung**, ☞ **Holznagen**, ☞ **Kraftfutter**, ☞ **Raufutter**

Futterneid _ entsteht unter Pferden meist, wenn man auf der Weide oder im Stall nur einzelne Pferde mit Leckerbissen, z. B. Möhren oder Äpfeln, von Hand füttert. Die benachteiligten Pferde versuchen dann häufig, durch Wegbeißen ihrer Artgenossen bei weiteren Fütterungen ebenfalls an die Reihe zu kommen. Ebenso betonen ranghohe Tiere oft durch Zwicken und Beißen beim Füttern ihre Vorrangstellung.

Fohlen sind Nestflüchter

Wenn man verschiedene Tierarten miteinander vergleicht, stößt man nicht nur auf Unterschiede im Aussehen, in der Größe und in der Art der Fortbewegung. Die Natur hat sich auch verschiedene Fortpflanzungssysteme einfallen lassen – und unterschiedliche Überlebensstrategien für die neugeborenen Tierkinder. Die Biologen unterscheiden sie danach in Nesthocker und Nestflüchter.

Nesthocker sind in den ersten Lebenstagen oder gar -wochen völlig von den Eltern oder von einem Elternteil abhängig. Das kommt bei Vögeln ebenso vor wie bei Säugetieren. Die Jungen besitzen oft noch kein Fell- oder Federkleid und müssen deshalb ständig gewärmt werden; sie müssen mit Nahrung gefüttert werden, oder die Mutter muss sich zu ihnen begeben, um sie zu säugen. Säugetierkinder sind außerdem anfangs oft noch blind und taub und können nicht richtig laufen, Vogelkinder nicht fliegen. Das Nest oder die Höhle bietet nicht immer genügend Schutz gegen Räuber, denen die Jungen hilflos ausgeliefert sind, wenn die Eltern gerade zur Futterbeschaffung unterwegs sind.

Ganz anders geht es dagegen bei den Pferden und ihren Verwandten zu. Ihr Nachwuchs kommt in ziemlich „fertigem" Zustand zur Welt: Fohlen von Pferden, Eseln, Pferdeeseln und Zebras besitzen bereits bei der Geburt ein rundum schützendes Fell, Ohren und Augen sind einsatzfähig. Und die neugeborenen Tierkinder bemühen sich schon in der ersten Lebensstunde instinktiv, auf die Beine zu kommen. Das ist anfangs mit einiger Mühe verbunden. Doch oft steht so ein kleiner Vierbeiner schon wenige Minuten nach dem Verlassen des schützenden Mutterleibs und dem Abstreifen der Eihülle auf seinen Hüfchen – zwar noch etwas wackelig, aber entschlossen. Schließlich drängt es ihn zur Milchquelle, und die muss er von sich aus finden.

Pferdemütter säugen nicht im Liegen, sondern ausschließlich im Stehen, und sie können von sich aus wenig tun, um ihren Kindern die erste Nahrung anzubieten. Vom ersten Schluck an weiß das Pferdekind dann aber ein für alle Mal, wo das Euter zu finden ist, und wird es während der gesamten Säugezeit immer von sich aus aufsuchen – besonders häufig in den ersten Lebenstagen, in denen sich ein Fohlen mehrmals in der Stunde an der Muttermilch labt.

Dass Fohlen schon so früh auf die Beine kommen, hat noch weitere Gründe. Pferde und ihre Verwandten müssen im Wildleben zur Nahrungssuche häufig wandern. Wenn ein Fohlen seine Mutter bei den Wanderungen nicht begleiten könnte, wäre es bald verhungert. Zwar fangen Pferdekinder meist schon im Alter von etwa einer Woche damit an, auch an Gras, Wurzeln und Zweigen herumzuknabbern. Allein von Pflanzenfutter könnten sie aber in den ersten Lebensmonaten nicht leben. Auch wenn sie mit zunehmendem Alter nicht mehr so häufig trinken, muss doch die Mutter in ihrer Nähe bleiben.

Pferde gehören außerdem von Natur aus zur Beute von großen fleischfressenden Tieren, aber sie verstecken sich meist nicht vor Feinden. Zum einen sind offene Landschaften dazu nicht geeignet, und zum anderen wäre es für so große Tiere im Herdenverband schwierig, Verstecke zu finden. Deshalb suchen Pferde bei einem vermeintlichen oder tatsächlichen Angriff ihr Heil meist in der Flucht. Dann müssen auch die jüngsten Fohlen blitzschnell mit der Herde mitgaloppieren können. Zurückbleibende und abgedrängte Fohlen sind eine sichere Beute für die jagenden Tiere. Nur vor dem Menschen können sich Pferde auch durch Weglaufen nicht in Sicherheit bringen. Vor Fallen und Pfeilen, Autos, Hubschraubern und Gewehren können sich Fohlen und ihre Eltern nicht schützen.

G

Gähnen _ Pferde „gähnen" mit hochgezogener Oberlippe und weit geöffnetem Maul. Dabei atmen sie jedoch nicht durch das Maul ein und aus. ☞ **Atmung**, ☞ **Flehmen**

Gallen _ 1. Gelenksgallen: Verdickungen an Gelenken, die durch Überproduktion von Schleimbeutelflüssigkeit („Gelenkschmiere") entstehen. Mögliche Ursachen sind z. B. Überanstrengung, ☞ **Verletzungen** oder ☞ **Wurmbefall**. Die Gallen werden nach ihrer jeweiligen Lage benannt oder haben spezielle Namen. So sitzt die Hasenhacke rückseitig unterhalb des Sprunggelenks, die Piephacke oder Kreuzgalle über dem Sprunggelenkhöcker und die Stollbeule an der Spitze des Ellbogengelenks.
2. Steingalle (Steindruck) nennt man rötliche bis dunkle Flecken an der Sohle des ☞ **Hufs**. Sie sind die äußeren Anzeichen für eine Entzündung und Blutung der Huflederhaut, die z. B. durch Treten auf spitze Steine entstehen kann.

Galopp _ Dies ist die schnellste und kraftvollste ☞ **Grundgangart**. Es ist eine Bewegung im Dreitakt mit der Fußfolge: erstes Hinterbein - zweites Hinterbein und erstes Vorderbein - zweites Vorderbein. Das zweite Vorderbein greift am weitesten vor. Vor der nächsten Fußfolge kommt meist eine Schwebephase; dabei berührt das Pferd etwa eine Sekunde lang mit keinem Huf den Boden. Das Angaloppieren nennt man auch Anspringen, eine ganze Fußfolge bezeichnet man als Sprung. Bei ☞ **Galopprennen** kann aus dem Dreitakt annähernd ein Zweitakt werden, wenn nämlich das Pferd die Hinterbeine bzw. die Vorderbeine fast gleichzeitig vorsetzt. Ein ruhiger Galopp heißt auch ☞ **Kanter**. Einen forschen Galopp im Gelände nennt man Jagdgalopp, auf Rennen geht es im Renngalopp vorwärts. In der ☞ **Dressur** kann im Arbeitsgalopp, im Mittelgalopp, im starken Galopp oder im versammelten Galopp geritten werden. Beim Galoppieren im Gelände sollen sich Reiter möglichst im ☞ **leichten Sitz** halten. Renntrabern gewöhnt man den Galopp als natürliche Gangart weitgehend ab.
Fohlen galoppieren - in meist kurzen Spurts - recht häufig auf der Weide herum. Erwachsene Pferde halten sich im Freileben damit zurück; sie gebrauchen die schnelle Gangart vor allem, wenn sie plötzlich flüchten müssen oder wenn ein Leittier seine Herde eilends zusammentreibt. Da der Galopp kräftezehrend ist, fallen sie baldmöglichst wieder in den ☞ **Trab** oder in eine andere weniger anstrengende ☞ **Gangart**.

Galopprennen _ gab es schon in ganz alten Zeiten (☞ **Rennsport**). Dennoch verbindet man diese Rennen heute fast ausschließlich mit dem ☞ **Englischen Vollblut**, das erst vor rund 200 Jahren als Rasse entstand. Galopprennen finden in der Regel vom Frühjahr bis zum Herbst statt. Es sind überwiegend Flachrennen; sie werden auf ebenen, meist ellipsenförmigen Bahnen ohne Hindernisse gelaufen. Die nicht so häufigen Hindernisrennen gibt es in zwei Ausführungen: Hürdenrennen führen auf einer Flachbahn über Hecken oder Holzgestelle, die mit Reisig und Buschwerk abgedeckt sind. Die Hindernisse haben eine Höhe zwischen etwa 80 und 110 cm. In jedem einzelnen Rennen sind alle Hürden gleich hoch. Die schwerere Form sind Jagdrennen (☞ **Steeplechase**) über feste Wälle, Mauern und Gräben. Jedes Hindernis ist anders, Hoch- und Weitsprünge wechseln einander ab. Jagdrennen haben sich aus dem britischen Jagdreiten entwickelt.
Die Rennstrecken sind bis zu 7500 m lang. Die schwersten Hindernisrennen der Welt werden in England und in Tschechien ausgetragen.

Auf der Galopprennbahn

Galoppwechsel _ Anders als im ☞ **Schritt** und im ☞ **Trab** ändert sich im ☞ **Galopp** beim ☞ **Handwechsel** auch die Fußfolge. Aus dem Galopp auf der rechten ☞ **Hand** (Rechtsgalopp) muss das Pferd in den Galopp auf der linken Hand (Linksgalopp) wechseln und umgekehrt. Im Reitunterricht werden in der Regel nur einfache Galoppwechsel ausgeführt: Am ☞ **Wechselpunkt** wird das Pferd in den Schritt ☞ **durchpariert**; nach etwa einer ☞ **Pferdelänge** galoppiert der Reiter sein Pferd jetzt auf der anderen Hand an.

Geburtswiehern spricht die Mutterstute ihr Pferdekind an, und das Kleine antwortet mit einem leisen, ganz zarten Wiehern. Man nennt dies auch Stimmfühlungskontakt. Er verstärkt die Bindung zwischen Mutter und Kind.
Oft unternimmt ein Pferdekind schon wenige Minuten, nachdem es das Licht der Welt erblickt hat, seine ersten Aufstehversuche. Dies ist wichtig, damit es bald die lebensnotwendige ☞ **Biestmilch** zu trinken bekommt; die Aktion dient aber auch dazu, dass es dem Fohlen warm wird, denn die Außentemperatur ist meist um einiges niedriger als die Temperatur im Mutterleib. Hat das Fohlen es geschafft, auf seinen vier staksigen Beinen zu stehen, beginnt es sofort nach dem Euter zu suchen. Manchmal stößt es mit seinem Mäulchen erst an der falschen Stelle, z. B. an den Vorderbeinen der Stute, herum. Die Stute versucht dann oft, ihrem Fohlen die Suche zu erleichtern, indem sie sich so dreht oder wendet, dass es schneller zur Milchquelle gelangt. Nach dem ersten Trinken lässt sich das neugeborene Pferdekind meist einfach wieder auf die Erde plumpsen und schläft für ein paar Minuten tief und fest, zum ersten Mal außerhalb des Mutterleibs. Einige Zeit nach der Geburt des Fohlens geht die ☞ **Nachgeburt** ab.
Bei der Geburt und kurz danach kann es zu verschiedenen Problemen kommen, die die Gesundheit oder gar das Leben der Stute und/oder ihres Fohlens gefährden. Dazu gehören z. B. eine falsche Lage des ungeborenen Fohlens im Mutterleib, Euterentzündungen oder ☞ **Fohlenlähme**.

Geburtsbescheinigung _ Lebensnachweis für ein inländisches Pferd, das keinen ☞ **Abstammungsnachweis** erhält.

Gedächtnis _ Das ☞ **Gehirn** eines jeden Pferdes ist fähig, in einem gewissen Umfang Erfahrungen zu speichern und sich unter bestimmten Umständen daran zu erinnern. Zu den allgemeinen Dingen, die Pferde sich merken, gehören im Freileben z. B. Wasserstellen oder Orte, an denen sich häufig bedrohliche Tiere aufhalten. Individuelle (persönliche) Erfahrungen können einmalige oder wiederholte Erlebnisse sein wie stimmliche Kommandos und körperliche ☞ **Hilfen**, Lob und Bestrafung in der Ausbildung, bei der Pflege usw., ein Sturz, Futterzeiten bei Stallpferden, Reitvorbereitungen und vieles mehr. Sie prägen sich in das Gedächtnis des betreffenden Pferdes oft für sein ganzes Leben ein. Meist werden auch die Umgebung, bestimmte Dinge, Tiere und Menschen, mit denen das Erlebnis zusammenhängt, mit in die Erinnerung verwoben. Das wirkt sich dann oft auch bei ähnlichen Begebenheiten oder an vergleichbaren Örtlichkeiten aus: Das Pferd reagiert z. B. mit besonderer Ängstlichkeit, mit Munterkeit oder mit einer offensichtlichen Erwartungshaltung. Weniger nachhaltige Vorgänge kann ein Pferd auch wieder vergessen.

Gehirn _ Die Gehirnfunktion des Pferdes mit allen ☞ **Sinnen** und Lebensvorgängen ist auf seine spezielle Natur ausgerichtet. Pferde haben ein leichteres und kleineres Gehirn als der Mensch. Das mittlere Gewicht des menschlichen Gehirns liegt bei rund 1300 Gramm; das Gehirn von Pferden wiegt weniger als die Hälfte davon, bei Großpferden zwischen 500 und 600 Gramm. Für die ☞ **Intelligenz** ist jedoch nicht das Gewicht dieses Lebenszentrums entscheidend, sondern seine Struktur. Direkte Vergleiche kann man schlecht anstellen, gestalterische und andere intellektuelle Fähigkeiten des Menschen sind mit Tieren nicht vergleichbar.

Gehirnwassersucht _ ☞ **Dummkoller**

Gehörsinn _ An der Bewegung seiner Ohrmuscheln (☞ **Ohren**) ist leicht abzusehen, in welche Richtung(en) sich ein Pferd im Augenblick mit seinem Gehör zu orientieren versucht. Pferde können sehr leise Geräusche wahrnehmen, aber nicht immer einordnen. Deshalb reagieren sie oft ängstlich darauf, auch wenn die Geräuschquelle harmlos ist. Bei unvermitteltem Krach und schrillem Lärm erschrecken sich Pferde nicht anders als Menschen auch, ebenso ist Dauerlärm Stress für sie. Über gewohnte, aber für sie bedeutungslose Geräusche hören Pferde meist bald hinweg. Dafür ist ihre Reaktion auf Vorgänge, die z. B. Angenehmes verheißen wie das Öffnen der Futterkiste, umso nachhaltiger: Dann wird gegrummelt, in der Box herumgelaufen oder gar gegen die Boxentür geschlagen. Pferde können nicht nur das Wiehern von Artgenossen unterscheiden, sondern auch menschliche Stimmen und deren Tonfall. Auch einzelne, häufig wiederholte Wörter wie der eigene Name oder Kommandos beim Reiten prägen sich über den Gehörsinn dem ☞ **Gedächtnis** eines Pferdes ein.

Gehorsam _ Pferde sind dem Menschen von der körperlichen Kraft her weit überlegen. Damit man sie nutzen kann, wird von ihnen verlangt, dass sie sich dem Menschen fügen. Um dies zu erreichen, gibt es zwei Grundkonzepte.

Eines davon ist die Methode der Gewalt, bei der man den Willen des Pferdes bricht (☞ **Einbrechen**) oder ständig unterdrückt. Sie ist mehr als fragwürdig. Die zweite und einzig kultivierte Art hat drei Säulen: Vertrauen, Geduld und Konsequenz. Sie erfordert weit mehr Einsatz vom Menschen und Einfühlungsvermögen in das Wesen der Pferde im Allgemeinen und in das einzelne Pferd im Besonderen. Dazu gehört auch die Disziplin, dass man dem Pferd nicht heute etwas erlaubt, was man ihm morgen verbietet. Gehorsam dem Reiter oder Fahrer gegenüber kann ein Pferd nur zeigen, wenn es sorgsam ausgebildet und gymnastiziert wird (☞ **Ausbildung des Pferdes**, ☞ **Gymnastizierung**) und wenn die ☞ **Hilfen** richtig gegeben werden. Vermeintliche Widersetzlichkeiten haben ihre Ursachen häufig in falscher Hilfengebung und in unnötigem Einsatz von Gerte und Sporen, in schlecht sitzendem Sattel- und Zaumzeug oder in einem Gesundheitsproblem des Pferdes, das der Reiter nicht wahrnimmt.

Das ruhige Hochheben der Beine gehört zur Grunderziehung eines jeden Pferdes.

Gehorsamssprung _ Niedriges Hindernis bis etwa 80 cm, das man zum Abschluss einer Reitstunde oder bei einfachen Dressurprüfungen überwinden muss.

Geländereiten _ Überbegriff für das zwanglose ☞ **Ausreiten**, das ☞ **Wanderreiten** und ☞ **Rallyes**. Mit Pferden im Gelände bewegen kann man sich auch beim ☞ **Fahren**.

Geländeritt _ Prüfungsart z. B. für die ☞ **Jagdpferdeprüfung** und für den ☞ **Reiterpass**. Im Leistungssport zählen das ☞ **Distanzreiten**, die Geländeprüfung im ☞ **Vielseitigkeitssport** sowie das ☞ **Jagdreiten** zu den Geländeritten. Für Fahrer gibt es Prüfungen als Geländefahrten.

Mit voller Konzentration geht's auf das nächste Hindernis der Geländestrecke zu.

Geläuf _ Im ☞ **Rennsport** bezeichnet man die Rennbahn oder Rennstrecke als Geläuf. Der Ausdruck wird manchmal auch für den Boden im ☞ **Parcours** bei Springwettbewerben benutzt. Bei nassem Boden spricht man z. B. von schwerem Geläuf; trockener, rutschfester Untergrund ist gutes oder leichtes Geläuf.

Generalausgleich _ Der Generalausgleich (GAG) ist die Leistungseinstufung der Rennpferde für ☞ **Galopprennen**. Jedem siegreichen Pferd wird nach einem komplizierten System ein theoretischer ☞ **Gewichtsausgleich** zugerechnet, sodass alle „ausgeglichenen" Pferde eines Landes bei einem gemeinsamen Start ein ☞ **Totes Rennen** liefern müssten. Die untere Grenze liegt bei 40 kg, Spitzenpferde können einen GAG von über 100 kg erreichen. Hengste, die als ☞ **Beschäler** eingesetzt werden sollen, müssen einen bestimmten Mindestausgleich besitzen (☞ **Hengstleistungsprüfung**). Der GAG kann sich nach jeder Rennsaison verändern – je nachdem, wie oft und in welchen Rennen ein Pferd gesiegt hat oder platziert wurde. Pferde, die (noch) nicht gewonnen haben, müssen mindestens dreimal gestartet sein, damit sie in die Einstufung einbezogen werden. Je schneller und siegreicher ein Pferd ist, desto höher ist sein GAG-Wert. Er gibt also Auskunft über die Leistungen eines Rennpferdes und über die Eignung des Pferdes für die Zucht.

Genickstück _ Teil des ☞ **Kopfstücks**.

Geraderichten _ Pferde haben in ihrer Längsachse meist eine angeborene Schiefe. Durch richtige ☞ **Ausbildung** kann ein Pferd gerade gerichtet und nach beiden Seiten gleichermaßen biegsam gemacht werden.

Gerte _ Eine biegsame Peitsche ohne lange Schnur und ohne Schlag am dünnen Ende; als Material wird vielfach Fiberglas oder Kunstfaser verwendet. Das Hauptgewicht der Gerte muss in dem Teil liegen, den der Reiter in der Hand hält. Der Einsatz der Gerte zählt zu den künstlichen ☞ **Hilfen**. Springgerten sind um die 60 bis 80 cm lang und haben meist ein verbreitertes Ansatzstück, eine so genannte Klatsche; Dressurgerten sind zwischen 80 und 120 cm lang. Zum „normalen" Reiten verwendet man Gerten um die 80 bis 100 cm; Anfänger sollten allerdings die Finger davon lassen, bis sie treibende Hilfen und Zügelhilfen so beherrschen, dass sie die Gerte nicht als Ersatz dafür verwenden. Leider sieht man in vielen Reitschulen gerade solche Reitschüler mit Gerten herumhantieren, bei denen diese Hilfsmittel am falschen Platz sind. Oft wird beim Einsatz der Gerte zum „Antreiben" dem Pferd auch noch im Maul gerissen. Reiter brauchen Gerten nicht so unbedingt wie Fahrer die ☞ **Fahrpeitsche**.

Geruchssinn _ Er spielt beim Pferd eine sehr wichtige Rolle. Im Freileben ist er überlebenswichtig für das Auffinden von Futter und Trinkwasser und zum Erkennen von Herdenmitgliedern und fremden Artgenossen. Unentbehrlich ist der Geruchssinn insbesondere auch in der Beziehung der Pferdemütter zu ihren Fohlen. Winzige Duftdrüsen über der Pferdenase geben jedem Pferd seinen

Der Kot von Artgenossen wird oft eingehend berochen.

unverwechselbaren Eigengeruch. Vor allem die ☞ **Fortpflanzung** läuft im Wesentlichen über die „Duftsprache". Auch fremdartige Tiere, Menschen, eine neue Unterkunft, unbekanntes Futter und Trinkwasser usw. werden oft ausgiebig beschnuppert, damit das Pferd sich ein Bild davon machen und sich orientieren kann. Eine intensive Geruchsaufnahme zeigt sich durch das ☞ **Flehmen**.

Gesäuge _ Das ☞ **Euter** der ☞ **Stute** in seiner Funktion als Milchquelle bezeichnet man als Gesäuge.

Geschirr _ Die Ausrüstung für Pferde im ☞ **Gespann**. Ein Geschirr besteht aus einer Reihe von Einzelteilen, die miteinander und mit Pferd und Gefährt verbunden werden. Es gibt viele verschiedene Arten und Ausstattungen. Grundsätzlich unterscheidet man zwischen ☞ **Kumtgeschirr** und ☞ **Sielengeschirr**.
Jedes Geschirr besitzt Stränge. Das sind Seile oder Riemen, mit denen das Pferd direkt mit dem Zuggefährt beziehungsweise mit der Lenkvorrichtung des Wagens sicher verbunden ist. Beim ☞ **Einspänner** sind dies z. B. die so genannten Scherbäume, zwischen denen das Pferd geht. Bei ☞ **Zweispännern** läuft meist eine Deichsel von der Mitte des Gefährts aus zwischen den beiden Pferden durch. Als ☞ **Zäumung** wird eine spezielle Fahrtrense oder Fahrkandare verwendet, die Fahrzügel heißen Leinen. Manche Pferde tragen außerdem ☞ **Scheuklappen**. Aufbewahrt wird das Geschirr in der Geschirrkammer.

Geschlechtsreife _ Die Fähigkeit zur ☞ **Fortpflanzung** bezeichnet man als Geschlechtsreife. Sie beginnt damit, dass im Körper bestimmte Hormone freigesetzt werden. Vom Beginn der Geschlechtsreife an entstehen dann bei einem männlichen Lebewesen meist kontinuierlich Samen; im weiblichen Körper werden Eier produziert, die zu einem bestimmten Zeitpunkt befruchtungsfähig sind. Bei der ☞ **Stute** nennt man die Zeit, in der eine Befruchtung möglich ist, ☞ **Rosse**. ☞ **Przewalskipferde**, aber auch sehr urtümliche Ponyrassen werden mit etwa dreieinhalb bis vier Jahren geschlechtsreif. Die meisten ☞ **Hauspferde** sind jedoch unnatürlicherweise bereits im Alter von einem bis zwei Jahren fortpflanzungsfähig. Dies ist eine Folge der ☞ **Domestikation**. Gezüchtet wird meist frühestens, wenn die Pferde zweieinhalb bis drei Jahre alt sind. Nimmt man jüngere, körperlich noch „unfertige" Tiere, so kann man dadurch Klein- und Zwergwüchsigkeit fördern. Rassen, bei denen die geschlechtliche Entwicklung langsamer vor sich geht, nennt man spätreif. Sie werden nicht nur später zur ☞ **Zucht** eingesetzt, sondern auch erst im Alter von vier bis fünf Jahren zum Reiten ausgebildet.

Geschmackssinn _ Wie stark er beim Pferd entwickelt ist, weiß man nicht genau, denn meist spielt bei der Futteraufnahme auch der ☞ **Geruchssinn** eine wesentliche Rolle. Bereiche, in denen Geschmacksnerven sitzen, sind die Lippen, die Maulhöhle und die Zunge. Vermutlich kommt es vor, dass die Riechzellen etwas als angenehm und brauchbar empfinden, was dann aber von den Geschmacksnerven als ungenießbar abgelehnt wird. Teilweise wirkt dabei aber auch noch der ☞ **Tastsinn** mit.

Gespaltene Kruppe _ Eine häufige Form der ☞ **Kruppe** bei kaltblütigen und den Kaltblütern nahe stehenden ☞ **Rassen**.

Gespann _ 1. Pferde, die (gemeinsam) etwas ziehen, bezeichnet man als Gespann.
2. Die Einheit von Zugpferd/en und dem gezogenen Gefährt (☞ **Wagen**, ☞ **Fuhrwerk**), Gerät (z. B. Egge und Pflug) oder Schleifgerüsten, auf denen sich Menschen oder Gegenstände befinden. Solche einfachen Gespanne wurden wahrscheinlich schon benutzt, als das Rad noch nicht erfunden war. ☞ **Seite 86**, ☞ **Fahren**, ☞ **Zug**

Gespannführer _ So nennt man allgemein den Lenker eines ☞ **Gespanns**; es ist aber auch eine Bezeichnung für Fahrer, die einen Lehrgang mit Abschlussprüfung nach den Regeln der ☞ **APO** erfolgreich abgelegt haben. Voraussetzung ist der Besitz des Deutschen Fahrerabzeichens DFA IV (☞ **Leistungsabzeichen**). Auf den Gespannführer baut der ☞ **Fachübungsleiter** (Fahren) auf.

Eine seltene Schlittenanspannung beim Durchqueren einer Wasserstelle

Gestiefelt _ nennt man ein farbiges Pferd, das an einem Bein oder auch an mehreren Gliedmaßen ein weißes ☞ **Abzeichen** trägt, das nach oben hin über die ☞ **Fessel** hinausreicht.

Gestüt _ Eine Pferdehaltung, in der man sich vorwiegend mit der ☞ **Zucht** beschäftigt. Ein Gestüt kann in privatem Besitz sein oder dem Staat beziehungsweise einem Landesteil gehören (☞ **Landgestüt**, ☞ **Staatsgestüt**). Grundlage der Zucht sind entweder mehrere Stuten, die jährlich Fohlen bekommen, oder eine größere ☞ **Hengsthaltung** wie auf einem Landgestüt. Ein privates Gestüt kann außer Zuchtstuten auch eigene Hengste, ein Landgestüt auch Stuten besitzen (☞ **Hauptgestüt**). Häufig kümmert man sich auch um die ☞ **Aufzucht** von eigenen und manchmal zusätzlich von fremden Fohlen und Jungpferden. Zum Teil wird nur eine einzige Rasse gezüchtet, zum Teil sind verschiedene ☞ **Rassen** vorhanden. Die älteste Form der Gestüte sind die ☞ **Wildgestüte**.

Gestütbuch _ Ursprünglich war dies die Bezeichnung für das ☞ **Zuchtbuch**, das direkt auf großen, meist staatlichen Gestüten geführt wurde. Man verwendet den Begriff gelegentlich auch für das ☞ **Stutbuch** eines Verbandes.

Gewährsmängel _ So nennt man alle ☞ **Hauptmängel** sowie schwerwiegende andere Fehler (Gesundheitsmängel, Wesensmängel), die der Verkäufer eines Pferdes ausdrücklich beim ☞ **Kauf** ausschließt. Stellt sich später heraus, dass die Angaben des Verkäufers falsch waren, kann der Käufer eventuell eine Preisminderung oder Rücknahme des Pferdes verlangen.

Gewicht _ 1. Das Eigengewicht von Pferden beträgt im Durchschnitt bei kleineren Ponys zwischen 100 und 350 kg, bei Großponys und Cobs zwischen 400 und 500 kg, bei Großpferden zwischen 500 und 700 kg und bei Kaltblütern zwischen 650 und 1200 kg.
2. Wie viel Gewicht ein Pferd auf seinem Rücken tragen kann, hängt von verschiedenen Faktoren ab. Der ☞ **Körperbau** eines Pferdes spielt dabei ebenso eine Rolle wie die Art der Last und die eingeschlagene ☞ **Gangart**. Ein Reiter etwa kann in der Bewegung des Pferdes auch im Galopp mitgehen, tote Last wie Gepäck oder lose Materialien nicht. Deshalb gehen schwer beladene ☞ **Tragtiere** fast nur im Schritt. Bei der Ladung kommt es jedoch auch auf das spezifische Gewicht der Last und auf die Verteilung über den Pferderücken an. Kräftige und günstig gebaute Pferde, Esel und Maultiere können um die 100 kg Gewicht tragen und mit dieser Last weite Strecken zurücklegen; dazu ist kein vergleichbares Tier fähig.
3. Das Gewicht, das ein Pferd hinter sich herziehen kann, ist noch weitaus größer. Es kann bei Kaltblütern um die 1000 kg erreichen, durchschnittlich liegt das Zuggewicht je nach Größe und Körperbau eines einzelnen Pferdes bei 300 bis 700 kg. Bei einem Zweiergespann rechnet man für schwere Zugpferde zwischen 1500 und 1800 kg, bei einem Vierergespann zwischen 1800 und 3200 kg. Wie hoch das Zuggewicht im Einzelnen sein kann, hängt jedoch nicht nur von der Kraft der Pferde ab. Auch die Art des Gefährts wirkt sich darauf aus, ebenso der Untergrund, das Gefälle der Strecke und natürlich die Gangart.
☞ **Zugleistung**

Gewichtsausgleich _ Damit ein echter Wettbewerb stattfinden kann, muss bei Flachrennen (☞ **Galopprennen**) jedes Pferd ein bestimmtes Gewicht tragen. Es setzt sich zusammen aus dem Reiter, seiner Rennkleidung und dem Sattelzeug. Ist das Gewicht zu gering, so muss es durch Bleigewichte ergänzt werden. Vor und nach jedem Rennen findet eine strenge Gewichtskontrolle auf einer speziellen Waage statt, die Ergebnisse werden in ein eigenes Waagebuch eingetragen. Für bestimmte Reiter, z. B. Auszubildende, kann es eine so genannte Gewichtserlaubnis geben. Das ist ein Gewichtsnachlass von einem oder mehreren Kilogramm. Es gibt die Gewichtserlaubnis auch für Pferde, z. B. für Stuten und für Wallache.
☞ **Generalausgleich**

Gewichtsträger _ Ein Pferd, das auch schwergewichtige Reiter tragen kann, ohne Schaden zu nehmen, bezeichnet man als Gewichtsträger. Dabei spielt nicht so sehr die ☞ **Größe** oder die Bemuskelung eine Rolle, sondern vor allem die Tragfähigkeit und Belastbarkeit der Wirbelsäule und der Gelenke.

Hier passen Pferd und Reiterin prima zusammen.

Gidran _ Bei Pferden dieser Rasse handelt es sich um ungarische ☞ **Anglo-Araber**. Die Zucht der Gidrans wurde 1816 mit dem Vollblutaraber Gidran Senior aus der ägyptischen Wüste Nedjd und seinem Sohn Gidran II. begründet. Zuchtziel war ein elegantes Husarenpferd; die heutige Verwendung liegt im reiterlichen Sport- und Freizeitbereich. Die Größe beträgt 155 bis 160 cm. Im Ursprungsland kommen nur ☞ **Füchse** vor. Bei Nachzuchten in anderen Donaustaaten gibt es Gidrans auch als ☞ **Braune** und ☞ **Schimmel**.

Giftpflanzen _ Es gibt eine ganze Reihe von Pflanzen oder Pflanzenteilen wie Blüten, Blätter, Nadeln, Früchte, Wurzeln oder Rinde, die (auch) für Pferde gefährlich sind. Zu den bekannteren Arten gehören Tollkirsche, Frühlingsadonisröschen, Herbstzeitlose und alle staudigen Fingerhutarten.
Die meisten Giftpflanzen verlieren ihre Wirkung auch im getrockneten Zustand nicht. Deshalb sind sie auf Mähwiesen genauso gefährlich wie auf Weiden oder an Wegrändern. So weit möglich, sollte man sie entfernen. Pferde haben zwar im Allgemeinen einen Instinkt für unbekömmliche Pflanzen, dennoch kommt es vor, dass sie sie aus Versehen oder in aufgeregtem Zustand fressen. Man sollte Pferde daher nur bei genauester Kenntnis der Giftpflanzen in unbekanntem Gelände grasen lassen. Unter anderem können Taumeln, Atemnot und starker Speichelfluss bei einem Pferd Symptome für eine Vergiftung durch Pflanzen sein. Viele Pflanzengifte sind tödlich, deshalb muss man schon bei einem Verdacht sofort einen Tierarzt rufen.

Glasauge _ Es entsteht durch einen Farbstoffmangel (Pigmentmangel) in den ☞ **Augen** und ist meist angeboren. Die Iris erscheint hellblau oder hellbernsteinfarbig und wirkt gläsern. (Sehen die Augen rot aus, so ist die Iris völlig farblos, und die Blutgefäße schimmern rötlich durch; rote Augen kommen bei Pferden jedoch kaum vor.) Glasaugen sind meist lichtempfindlicher als normal gefärbte Augen, weil die Iris einfallendes Licht nicht so gut absorbieren kann. Die Sehkraft ist jedoch nicht beeinträchtigt. Die Pigmentarmut tritt meist bei beiden Augen auf und ist bei ☞ **Albinos** die Regel.

Gleichgewicht _ ☞ **Balance**

Gliedmaßen _ ☞ **Beine**

Giftpflanzen

Herbstzeitlose

Wacholder

Adonisröschen

Eibe

Akazie

Schöllkraut

Schierling

Tollkirsche

Roter Fingerhut

Bilsenkraut

Geschecktes Fohlen mit Glasaugen

Glücksritter _ Bei Ritterturnieren gab es wie im heutigen Turniersport vielfach Geldpreise zu gewinnen, oder die Teilnehmer setzten ihre eigene Rüstung und das eigene Pferd „aufs Spiel“. Wer gut ritt und auch Glück hatte, konnte bald zu Wohlstand kommen: Er wurde zum Glücksritter.

Gnadenhof _ Eine Art Pferde-Altersheim. Es werden vor allem ältere Pferde aufgenommen, die durch Arbeit oder Sport verbraucht, aber nicht todkrank oder leidend sind. Der Besitzer eines solchen Pferdes zahlt die Unterhaltskosten; manchmal übernimmt auch ein Tierschutzverein die laufenden Kosten. Überwiegend werden die Höfe seriös geführt und die Pferde gut versorgt; die Adressen sind meist bei großen Tierschutzorganisationen zu bekommen. Leider versuchen einige Privatpersonen und auch fragwürdige Vereine, mit der Aufnahme von geschwächten Pferden ein Geschäft zu machen, indem sie sie im eigenen Reitbetrieb einsetzen oder sogar weiterverkaufen. ☞ **Alter**

Göpelwerk _ Altes Antriebswerk für Mühlen, Maschinen, Lastenaufzüge und viele andere technische Einrichtungen, das meist von Pferden, Eseln oder Maultieren bewegt wurde. Die Arbeit war eintönig und ungesund, denn die Tiere mussten schwer ziehen und dabei ständig in derselben Richtung im Kreis gehen, oft in Staub, Lärm und Zugluft. In einigen wenigen Freilichtmuseen kann man solche pferdebetriebenen Göpelwerke besichtigen. ☞ **Arbeitspferde**, ☞ **Rossmühle**

Gotlandpony _ Diese urwüchsige schwedische Ponyrasse ist auf der Insel Gotland zu Hause. Halb wild lebende Zuchtgruppen gibt es in der dortigen Lojsta, einer Sand- und Wacholderheide. Schwedische Bezeichnungen für das Gotlandpony sind auch „russ“ (kleines Pferd) oder „skogsruss“ (Waldpferdchen).
Das Pony findet vielseitige Verwendung im Kinderreitsport. Die Größe beträgt 115 bis 125 cm, als Farben kommen vor allem Dunkelbraune (☞ **Brauner**), ☞ **Falben** und ☞ **Isabellen** vor, aber auch ☞ **Rappen** und ☞ **Füchse**.

Gras _ Die natürliche Hauptnahrung für Pferde. Allerdings fressen Pferde nicht wahllos alles Grün; sie bevorzugen bestimmte Gräser und Kräuter, die z. B. Rinder nicht so gern mögen. Deshalb kann man beide Tierarten gut zusammen oder nacheinander gemeinsame Weiden abgrasen lassen. Besonders nährstoffreiches Gras auf so genannten Fettweiden ist für Pferde im Allgemeinen weniger bekömmlich als Gras von Magerböden. Vor allem Ponys können durch ihren starken Kauapparat auch starke Gräser gründlich zerkauen; dabei wird das Gras gut eingespeichelt und schon im Maul vorverdaut. Pferde, die nicht ganzjährig robust gehalten werden, müssen im Frühjahr besonders vorsichtig an das neue, sehr eiweißreiche Grün gewöhnt werden, damit sie nicht an ☞ **Hufrehe** erkranken. Aus diesem Grund werden Pferde manchmal auf einer Wiese angepflockt; so kann man ihren Graskonsum kontrollieren. Den nötigen ☞ **Auslauf** kann man ihnen in einem ☞ **Paddock** geben. Man kann Pferde auch mit frisch gemähtem Gras füttern; es muss jedoch sofort nach dem Mähen verfüttert werden und darf nicht warm werden; dies passiert sehr schnell, wenn man Grashaufen bildet. Von warm gewordenem Gras bekommen fast alle Pferde Blähungen, oft sogar eine ☞ **Kolik**. Gras wird auch als Grünfutter oder ☞ **Saftfutter** bezeichnet; getrocknetes Gras ist ☞ **Heu**, vergärtes Gras ist ☞ **Silage**. Außerdem gibt es davon Presslinge wie die ☞ **Pellets**.

Greifen _ nennt man es, wenn ein Pferd in der Bewegung mit einem Hinterhuf gegen ein Vorderbein tritt. Dabei fügt sich das Pferd selbst oft schmerzhafte Verletzungen z. B. am ☞ Ballen zu (Ballentritt). Ein solcher fehlerhafter Bewegungsablauf kann durch eine falsche Stellung der Beine entstehen, aber auch bei ermüdeten oder nicht korrekt beschlagenen Pferden. ☞ **Streichen**

Griffe _ Zubehör zu ☞ **Hufeisen**

Griffelbeine _ Dünne kurze Knochen auf der Rückseite der ☞ **Röhrbeine**. Sie sind die Überreste der nicht mehr benutzten zweiten und vierten Zehen der Pferdevorfahren. ☞ **Entwicklungsgeschichte**

Grippe (Influenza) _ Infektion, die durch verschiedene Viren entstehen kann und je nach Erreger vom Pferd auf den Menschen und umgekehrt übertragbar ist. Allgemeine Anzeichen sind Nasenausfluss, Husten, Mattigkeit und erhöhte Temperatur bis zu hohem Fieber. Wenn eine Grippe bei Pferden nicht auskuriert wird, kann als gefährliche Folgekrankheit ☞ **Druse** auftreten.

Größe _ Bei allen größeren Säugetieren, so auch beim Pferd, wird als Größe die Schulterhöhe angegeben. Bei Pferden spricht man auch von der Widerristhöhe (☞ **Widerrist**). Die genaue Angabe muss in landesüblichen Längenmaßen angegeben werden, also z. B. in Zentimetern, und zwar als ☞ **Stockmaß** oder als ☞ **Bandmaß**. Eventuell kann man die Messung auch mit einem modernen Echolotgerät vornehmen (☞ **Messen**). Pferde erreichen je nach ☞ **Rasse** eine Schulterhöhe zwischen etwa 80 und 180 cm. Beim ☞ **Führen** eines Pferdes merkt man meist sehr schnell, dass Pferde noch ein ganzes Stück größer sind: Die höchste Stelle ihres Körpers liegt bei den Spitzen der ☞ **Ohren**! Daran muss man z. B. auch beim Bau eines ☞ **Stalles** oder vor einem ☞ **Transport** denken.

Groninger _ Diese niederländische Pferderasse zählt zum Typ ☞ **Schweres Warmblut**. Sie zeichnet sich durch eine hohe ☞ **Aktion** im Trab aus und stammt aus der Provinz Groningen. Im Süden Hollands gibt es den etwas leichteren Gelderländer. Beide Schläge stehen dem ☞ **Oldenburger** bzw. dem ☞ **Ostfriesen** des alten Typs nahe und sind Basisrassen für das ☞ **Niederländische Warmblut**. Die Größe beträgt etwa 160 bis 165 cm, als Farben kommen hauptsächlich ☞ **Braune** und ☞ **Füchse** vor.

Großes Hufeisen _ Basisprüfung der ☞ **FN** und der ☞ **VFD** für Kinder und Jugendliche mit Grundkenntnissen im Dressur- und Springreiten.
☞ **Leistungsabzeichen**

Grüne Saison _ So nennt man die Zeit, in der ☞ **Turniere** überwiegend im Freien abgehalten werden können, also Frühjahr bis Herbst.
☞ **Hallensaison**

Grünfutter _ ☞ **Gras**

Grundgangarten (GGA) _ Ein Begriff der europäischen ☞ **Reitweisen**. Gemeint sind damit der ☞ **Schritt**, der ☞ **Trab** und der ☞ **Galopp**. Diese ☞ **Gangarten** werden natürlicherweise von fast allen Pferden angewendet. Man kann sie in unterschiedlichem ☞ **Tempo** reiten und fahren. Bei Prüfungen im ☞ **Westernreiten** werden sie in besonderer „Ausführung" geritten, als Walk, Jog-Trot und Lope.
So genannte ☞ **Gangpferde** beherrschen teils zusätzlich, teils anstelle einer Grundgangart eine oder mehrere ☞ **Spezialgangarten**, die sich für andere Reitweisen eignen, in der herkömmlichen europäischen Reiterei aber unerwünscht sind.

Grundsitz _ Die Ausgangshaltung beim Reiten in einer bestimmten ☞ **Reitweise** und/oder ☞ **Sattelung**. Als Grundsitz bezeichnet man auch eine Pflichtfigur beim ☞ **Voltigieren**. ☞ **Sitz**

Güst _ nennt man eine Stute, die nach dem ☞ **Decken** nicht trächtig wird. Manchmal liegt anfangs sogar eine ☞ **Trächtigkeit** vor. Doch das befruchtete Ei bzw. der Embryo löst sich auf, die gelösten Bestandteile werden vom Körper der Stute aufgenommen (resorbiert). Man nennt dies auch eine Fruchtresorption. ☞ **Rosse**

Gurt _ ☞ **Geschirr**, ☞ **Longieren**, ☞ **Sattel**, ☞ **Voltigieren**

Gurtzwang _ ☞ **Sattelzwang**

Die Grundgangarten in ihrer Abfolge

Schritt

Trab

Galopp

Gymkhana _ Ein Begriff, der von den Briten aus Indien mitgebracht und dann auch von anderen Sprachen übernommen wurde. Er bezeichnet allgemein Geschicklichkeitsspiele, im Pferdesport verwendet man ihn für ein- bis mehrtägige Reiterwettbewerbe, die vor allem für Jugendliche veranstaltet werden. ☞ **Mounted Games**, ☞ **Reiterspiele**

Gymnastizierung _ 1. Körperliches Training, damit ein Pferd sich selbst im Gleichgewicht halten und unter einem Reiter schwungvoll und elastisch gehen kann, ohne dass es vorzeitig verbraucht wird (☞ **Durchlässigkeit**). Dies erreicht man z. B. durch regelmäßige Arbeit an der ☞ **Longe** und über ☞ **Cavaletti**, durch ☞ **Freispringen** und durch verschiedene reiterliche Lektionen.
2. Das gemütsmäßige Fitmachen eines Pferdes. Ein Pferd muss nicht nur körperlich fit sein, sondern auch die Bereitschaft und die Nervenstärke für seine Aufgaben mitbringen. Zur mentalen Gymnastizierung gehört z. B., dass man bei der ☞ **Ausbildung des Pferdes** auf seine Persönlichkeit eingeht und nicht nach einem Einheitsschema verfährt. Nur wenn Körper und Geist gut trainiert sind und der Einsatz der ☞ **Hilfen** stimmt, kann das Pferd auch im ☞ **Gehorsam** stehen.

Eroberungen mit Gespannen

Seit Langem streiten sich die Fachleute darüber, ob Pferde vom Menschen zuerst geritten oder eingespannt wurden. Die verschiedenen Ausgrabungen und Theorien haben bis jetzt kein eindeutiges Ergebnis gebracht. Wahrscheinlich gab es räumlich und zeitlich unterschiedliche Entwicklungen der Pferdenutzung, so wie auch menschliche Kulturen in den unterschiedlichen Regionen der Erde in verschiedenen Zeiträumen entstanden. Das Gespannfahren setzte allerdings voraus, dass die Menschen sich nicht nur auf den Wildpferdefang oder die Pferdezucht verstanden und Zäumungen kannten. Sie mussten auch Wagen konstruieren und bauen können, die von Pferden gezogen werden konnten. Außerdem benötigten sie Geschirre, um Pferd und Gefährt aneinanderzukoppeln.

Im asiatischen Tell Agrab fand man die Nachbildung einer Quadriga aus Kupfer mit einem stehenden Wagenlenker, die rund 4500 Jahre alt ist. Ob es sich dabei um einen Jagd- oder Kampfwagen handelt, steht nicht eindeutig fest. Als gesichert gilt, dass schon vor mindestens 3800 Jahren Pferde vor Kriegswagen gespannt wurden. Als Völkergruppen aus den weiten Steppen Asiens nach Westen und Süden wanderten, brachten sie Pferde mit, die sie bei ihren Eroberungskämpfen vor zweirädrige offene Wagen spannten. Damit waren sie den zu Fuß kämpfenden Kriegern der überfallenen Völker weit überlegen und konnten sie niederzwingen.

Die ersten Angreifer waren vermutlich die Churitten, die im nördlichen Teil Mesopotamiens, dem Gebiet zwischen Euphrat und Tigris, den Staat Mitanni gegründet hatten. Von dort aus drangen sie nach Kleinasien, nach Syrien und Palästina vor. Dann fielen, ebenfalls mit pferdebespannten Wagen, von denen aus Bogenschützen angriffen, die Hyksos in Ägypten und die Meder und Perser im Iran ein. In China hat man Gräber aus der Schang-Zeit gefunden, die wahrscheinlich aus dem 18. bis 16. Jahrhundert v.Chr. stammen. In diesen Gräbern liegt der Tote quer hinter seinem zweirädrigen, zweispännigen Wagen. Die Skelette der Pferde liegen neben der Deichsel. Die Wagenfahrer sind etwa zur Zeit der Hyksosüberfälle nach China gelangt. Auch sie waren mit dem Bogen bewaffnet. Bald fing man im fernen Osten an, die Staaten nach der Zahl ihrer Streitwagen zu klassifizieren – man sprach geringschätzig von 100-Wagen-Ländern, achtungsvoll von 1000-Wagen-Staaten.

Inzwischen raubten die Hethiter das reiche Babylon aus. Ihre Beute transportierten sie auf den zweispännigen Wagen ab, mit denen sie die Babylonier überfallen hatten. In Chattusa-Hattusil, der hethitischen Hauptstadt im heutigen Antalien in der Türkei, hat man übrigens die älteste erhaltene Fahrlehre gefunden; sie stammt von dem Churriter Kikkuli. Und die Ägypter wurden nach der Vertreibung der Hyksos selbst zu Wagenfahrern. Auf einer Tafel im Grabmal des Menna zu Theben aus dem 16. Jahrhundert v.Chr. ist ein ägyptisches Gespann abgebildet.

Viele Jahrhunderte lang bestimmten die Streitwagenkämpfer den Ausgang einer Schlacht. Vom 11. Jahrhundert v. Chr. an wurden im Vorderen und Mittleren Orient auch Reitertruppen eingesetzt. Aber nur im Verbund mit den Kampfwagen konnte der Assyrerkönig Assurnasirpal im 9. Jahrhundert v. Chr. ein riesiges Reich erobern. Kampfwagen, vor allem die Quadrigen, haben sich über die Römer bis zu uns erhalten – als Denkmäler und zu Showzwecken.

H

Haararten _ Die ☞ **Behaarung** des Pferdes wird unterteilt in das Deckhaar oder ☞ **Fell**, das ☞ **Langhaar**, das ☞ **Schutzhaar** und die ☞ **Tasthaare**. Jede Haarart hat ihre besonderen Aufgaben.

Haarfarben _ ☞ **Farben**

Haarstrich _ Die einzelnen Haare des ☞ **Fells** kommen schräg aus der Haarwurzel. Sie wachsen beim Pferd aber nicht wild durcheinander. Über größere Bereiche des Pferdekörpers haben sie alle denselben Strich, das heißt die gleiche Richtung: Vom Kopf aus verläuft der Haarstrich von vorn nach hinten, von der Wirbelsäule weg und an den Beinen nach unten. An den Flanken ist der Strich jedoch gegenläufig. Das heißt, das Fell wächst hier nach vorn und oben. An einigen Stellen, z. B. an der Stirn und an den Flanken, bildet das Haar Wirbel: Hier wachsen die Haare von einem Punkt aus strahlenförmig in verschiedene Richtungen. Durch den Haarstrich wird z. B. Regenwasser so abgeleitet, dass es sich nicht staut und von empfindlichen Körperteilen ferngehalten wird. Außerdem bleiben Kletten, Dornen und Zweige nicht so leicht im Fell hängen. Nicht zuletzt trägt der Haarstrich zur optimalen Temperaturregelung des Fells bei.

Haarwechsel _ In den Regionen, in denen es sehr unterschiedliche Jahreszeiten gibt, wechselt jeweils zu Beginn der kalten und der wärmeren Phase (auch) bei Pferden das ☞ **Fell**. Das ☞ **Langhaar** wird normalerweise nur in geringem Umfang gewechselt; beim ☞ **Przewalskipferd** hat man allerdings festgestellt, dass auch das Langhaar regelmäßig voll erneuert wird. Für die kalten Monate wächst den Pferden meist ein raues, längeres Oberhaar und dazwischen die feine, kurze und dichte Unterwolle. Zum Frühjahr hin fällt das ☞ **Winterfell** nach und nach aus, währenddessen bildet sich kürzeres, feines Deckhaar ohne Unterwolle. Das neue Haar hat oft auch eine andere Färbung oder andere Farbmuster als das Fell, das sich ablöst. Der Haarwechsel zehrt an den Kräften der Pferde und macht sie anfälliger für Krankheiten, denn für den neuen Haarwuchs werden zusätzliche Energien gebraucht. Pferde in ☞ **Robusthaltung** haaren stärker um als Stallpferde. Vor allem bei Sport- und Showpferden versucht man häufig, den natürlichen Haarwechsel im Herbst zu vermeiden, sodass sie kein Winterfell bekommen.

Beim ersten Haarwechsel dieses Araberfohlens ändert sich auch die Fellfarbe: Aus einem Braunen wird ein Schimmel.

Hack _ Der Hack ist ähnlich wie der ☞ **Hunter** keine eigentliche Pferderasse, sondern ein eleganter Reitpferdtyp für den privaten Gebrauch. Er wird in England und Irland auf der Grundlage von ☞ **Englischem Vollblut**, ☞ **Arabern** und ☞ **Anglo-Arabern** gezüchtet. Die Größe liegt bei etwa 155 bis 165 cm, es kommen alle Grundfarben vor (☞ **Farben**).

Hackamore _ 1. Die manuelle Hackamore ist eine gebisslose ☞ **Zäumung**. Sie besteht aus einem ledernen oder gekordelten Nasen- und Kinnstück, das unter dem Kinn verknotet wird und Bosal heißt, einem Kopfstück aus schmalen Lederstreifen und der oft aus Pferdehaaren geflochtenen Mecate. Die Mecate setzt sich zusammen aus den Zügeln und einem Seil, das als Führ- und Anbindestrick verwendet wird. Beides wird in den Kinnknoten eingearbeitet. Die manuelle Hackamore kommt aus dem ☞ **Westernreiten** und eignet sich vor allem für erfahrene Reiter.
2. Die mechanische Hackamore ist ebenfalls gebisslos, hat aber eine schärfere und gefährlichere Wirkung. Sie setzt sich zusammen aus einem meist metallenen Nasenbügel, einem ledernen Kinnstück oder einer Kinnkette und zwei gebogenen Hebelstangen sowie dem Kopfstück, meist mit Stirn- und Kehlriemen. Sie wird nur einhändig geführt und erlaubt keine laterale Signalgebung. Schon bei geringem Zügelannehmen erfolgt ein harter Druck gegen das Kinn und das Nasenbein des Pferdes. Bei gefühllosem Gebrauch der mechanischen Hackamore wird nicht selten das Nasenbein oder der Unterkiefer des Pferdes gebrochen.

Manuelle Hackamore mit Bosal und Mecate

Die sehr scharfe mechanische Hackamore mit langen Hebeln/Anzügen

Hackney _ Dieses leichte, elegante Wagen- und Showpferd aus England zeichnet sich durch eine auffällige ☞ **Aktion** im ☞ **Trab** aus: Die Vorderbeine werden extrem hoch genommen, die Schwebephase ist stark ausgeprägt. Das Stockmaß liegt um 155 bis 160 cm, es gibt hauptsächlich ☞ **Füchse** in allen Schattierungen mit weißen ☞ **Abzeichen** an Kopf und Gliedmaßen. Gestüte gibt es außerhalb Großbritanniens vor allem in den USA und in den Niederlanden. Seit Mitte des 19. Jahrhunderts gibt es auch eine Kleinrasse, das Hackneypony oder Zwerghackney. Es hat ein Stockmaß um die 130 cm die Hauptfarben sind ☞ **Braune** und ☞ **Rappen**.

Hafer _ kann von Pferden vollständig verwertet werden: das ☞ **Stroh** dient als ☞ **Einstreu** und ☞ **Raufutter**, die Körner als ☞ **Kraftfutter**. Hafer wird vor allem in Europa (auch) als Pferdenahrung angebaut und verwertet. Man lagert ihn vollkörnig, zum Verfüttern wird er geschrotet oder gequetscht. Haferflocken eignen sich nicht für Pferde, sie können ihnen im Maul oder im Schlund festkleben. Die unverdaulichen Teile der Haferkörner sind beliebte „Fundstücke" für Vögel und Mäuse, die sie aus den ☞ **Rossäpfeln** herausholen.

Haflinger (Avelengesi) _ Dies ist die zahlenmäßig stärkste Kleinpferdrasse Europas und die einzige Ponyrasse, die über alle Erdteile verbreitet ist. Ihr Herkunftsgebiet liegt in Südtirol, im heutigen italienischen Landesteil Bozen. Auf einem Bergplateau hoch über Meran befinden sich mehrere Ortschaften, zu denen auch die Gemeinde Hafling (italienisch Avelengo) gehört. Nach dieser Gegend ist das ehemalige reine Gebirgspferd benannt, das erstmals im 14. Jahrhundert urkundlich erwähnt wurde. Eine systematische Zucht begann jedoch erst um 1880 mit dem Hengst Folie, Sohn des Halbblutarabers El' Bedavi, und einer bereits arabisierten Landstute. Auf Folies Söhne Folie I und Hafling gehen alle heutigen Hengstlinien des Haflingers zurück. Längst ist aus dem ☞ **Wirtschaftspferd** der Bergbauern ein Universalpferd geworden. Haflinger werden nach wie vor in der Landwirtschaft eingesetzt, ebenso zur Holzarbeit und im Gartenbau. Auch das Militär greift in einigen Ländern auf sie zurück. Man verwendet sie als Tragtiere ebenso wie als Reit- und Fahrpferde. Ein großes Einsatzgebiet ist der Freizeitbereich geworden, und auch im Leistungssport werden Haflinger gefahren und geritten. Außerdem setzt man sie zum ☞ **Voltigieren** und beim ☞ **Therapeutischen Reiten** und Voltigieren ein. Es gibt heute zwei wesentliche Zuchtrichtungen: Die eine ist der herkömmliche, kompakte Typ, der auch als original Tiroler Haflinger bezeichnet wird, die andere der mehr oder weniger veredelte Haflinger. Inzwischen ist in Deutschland der Arabohaflinger, eine Kreuzung aus ☞ **Arabern** und Haflingern, als eigenständige Zuchtrichtung anerkannt. Haflinger werden zwischen

135 und 148 cm groß und sind durchweg ☞ **Füchse** mit hellem, cremefarbenem oder weißem ☞ **Behang**. Die Fellfärbungen reichen von dunklem Schokoladenbraun (Kohlfuchs) über leuchtendes Fuchsrot bis zu Goldtönen und fahlem Gelb. Weiße ☞ **Abzeichen** sind am Kopf häufig, scharf abgegrenzte weiße Beinabzeichen dagegen unerwünscht.

Ein Haflinger als „Bergsteiger" in seiner südtirolischen Urheimat

Haftpflicht _ Vom Gesetz vorgeschriebene Verpflichtung, für Schäden aufzukommen, die Dritten durch eigenes Verschulden entstehen. Diese Verpflichtung gilt auch für ein Tier, das man besitzt oder hält.
Damit man die Kosten nicht allein tragen muss, die in einem Schadensfall entstehen und enorm hoch sein können, kann man (als Erwachsener) bei Versicherungsunternehmen Verträge abschließen. Dafür zahlt man eine monatliche oder jährliche Gebühr, eine so genannte Prämie. Wichtige Versicherungen, die man beim Umgang mit Pferden und bei der Pferdehaltung unter Umständen brauchen kann, sind die Privat-Haftpflichtversicherung und die Tierhalter-Haftpflichtversicherung. Außerdem gibt es auch Kranken- und Lebensversicherungen für Pferde. Für Schäden durch Pferde, die gewerblich oder dienstlich eingesetzt werden, braucht der Eigentümer in der Regel nicht aufzukommen, wenn er nicht „grob fahrlässig" gehandelt hat. Das gilt z. B. für private ☞ **Reitschulen** und Ferienreitbetriebe sowie für ☞ **berittene Hirten** und die ☞ **berittene Polizei**.

Hahnentritt _ Starkes Hochziehen eines Hinterbeines in der Bewegung. Manchmal ist dieser Bewegungsfehler angeboren; er kann aber ebenso z. B. auf eine Verletzung des ☞ **Hufs** oder auf einen Gelenkschaden hinweisen. Auch ein fehlerhafter ☞ **Sitz** des Reiters kann die Ursache sein, wenn sich der Hahnentritt vor allem beim Reiten zeigt.

Hakenzahn _ Ein kleiner spitzer Zahn beiderseits der Schneidezähne im Ober- und Unterkiefer eines Pferdes. Er kommt fast nur bei den männlichen Tieren vor und heißt deshalb auch Hengstzahn.
☞ **Wolfszahn**, ☞ **Zähne**

Halbblut _ Im deutschsprachigen Raum gelten ausschließlich Kreuzungen aus einem ☞ **Warmblut** mit ☞ **Englischem Vollblut** oder mit einem Vollblutaraber (☞ **Araber**) als Halbblüter. Deren Nachkommen dürfen als Halbblüter bezeichnet werden, wenn sie einen bestimmten Mindestanteil Vollblut im ☞ **Pedigree** aufweisen. Halbblüter werden wie Vollblutpferde für Rennen und als ☞ **Veredler** eingesetzt, aber auch als Reit- und Springpferde verwendet. In anderen Ländern nennt man alle beliebigen Kreuzungen Halbblut (halfbred).

Halbesel _ ist eine andere allgemeine Bezeichnung für die ☞ **Pferdeesel**.

Halfter _ Ein gebissloser ☞ **Zaum** zum Anbinden und Führen oder als Teil der Reitzäumung.
☞ **Führhalfter**, ☞ **Reithalfter**

Hallensaison _ Zeit, in der ☞ **Turniere** fast nur in Reithallen stattfinden, also etwa vom Spätherbst bis zum Spätwinter. ☞ **Grüne Saison**

Halsriemen _ Teil des ☞ **Martingals**; es gibt spezielle Halsriemen auch als Ersatz für ☞ **Führhalfter** oder um das ☞ **Koppen** einzuschränken. Besonders geübte Reiter auf gut trainierten Pferden verwenden Halsriemen sogar anstelle eines ☞ **Zaums** (☞ **Halsring**).

Halsring _ Ersatz für einen ☞ **Zaum** in der Hand von Könnern. Das Pferd trägt statt ☞ **Zügeln** einen weiten Ring aus Kunststoff oder Leder um den Hals; der Reiter dirigiert das Pferd außer mit Gewichts- und Schenkelhilfen (☞ **Hilfen**) durch Anlegen oder Druck des Halsringes an die betreffende Seite des Pferdehalses. Mit Halsring sollte man nicht ständig, sondern nur zur Abwechslung reiten.

Haltung _ Als Haltung bezeichnet man den Besitz und die Bestimmung über Unterbringung, Versorgung und Nutzung von Tieren. Die Pferdehaltung begann mit dem Übergang vom ☞ **Wildpferd** zum ☞ **Hauspferd**. Wandernde Viehzüchter (Nomaden) brachten Pferde überwiegend im Freien, allenfalls in einfachen Zelten unter. Die Herden wurden von Hirten auf Pferden bewacht. Vor allem die Leittiere (☞ **Leithengst**, ☞ **Leitstute**) wurden oftmals angepflockt oder mit Fußfesseln versehen. Dadurch blieb die ganze Herde eher beieinander. Dennoch entliefen immer wieder Pferde; auch kamen bei extremer Witterung, z. B. durch Gewitter oder anhaltend nasskaltes Wetter, Pferde um. Außerdem wurden oftmals einzelne Tiere oder ganze Herden gestohlen. Erst sesshaft gewordene bäuerliche Züchter und später das Militär errichteten für Zucht- und Nutzpferde feste Stallungen (☞ **Stall**), zu denen im günstigen Fall nicht nur ein ☞ **Auslauf**, sondern auch ☞ **Weiden** gehören. Die ☞ **Robusthaltung** blieb vor allem Zuchtstuten und Jungtieren urtümlicher ☞ **Rassen** vorbehalten. Heute werden auch viele Gebrauchspferde wieder überwiegend robust gehalten, besonders solche, die hauptsächlich im Freizeitbereich genutzt werden.

Hand _ In der ☞ **Reitbahn** reitet man auf der linken oder der rechten Hand. Dies besagt, dass die entsprechende Körperseite von Reiter und Pferd beim Geradeausreiten zum Bahninneren zeigt. Sie ist dann gleichzeitig die innere Hand, zu der das Pferd gestellt wird (☞ **Stellung**); die äußere Hand ist der Bahnumgrenzung (☞ **Bande**) zugewendet. Bei ☞ **Seitengängen** kann die äußere Hand vorübergehend zur inneren Hand werden und umgekehrt. Während einer Übungsstunde wird regelmäßig die Hand gewechselt, also abwechselnd links- und rechtsherum geritten, damit die Pferde nicht einseitig belastet werden. Im Gelände sollte man aus den gleichen Gründen im ☞ **Galopp** ebenfalls öfters vom Links- zum Rechtsgalopp und umgekehrt wechseln. ☞ **Handwechsel**

Handpferd _ 1. Ein ☞ **Packpferd**, ein ☞ **lediges Pferd** oder ein (meist von einem Anfänger) gerittenes Pferd, das vom Reiter eines anderen Pferdes mitgeführt wird (☞ **Führzügel**).
2. Pferd, das im ☞ **Gespann** rechts geht (links geht das ☞ **Sattelpferd**). ☞ **Stangenpferd**

Unsichere Reitanfänger können auf einem Handpferd erste Erfahrungen sammeln.

Handwechsel _ Wenn die ☞ **Hand** gewechselt werden soll, kann man zwar an beliebiger Stelle einfach umdrehen, tut es aber zumindest im Reitunterricht nicht. Handwechsel werden durch bestimmte ☞ **Hufschlagfiguren** eingeleitet. Das sind Bahnwechsel, Zirkelwechsel und ☞ **Wendungen**, in der höheren ☞ **Dressur** auch halbe ☞ **Pirouetten** im Schritt oder Galopp. Handwechsel in der Vorwärtsbewegung beginnen und enden an den ☞ **Wechselpunkten**.

Hanken _ So nennt man den Bereich von Hüfte, Knie- und Sprunggelenk des Pferdes. Ein Pferd, das z. B. beim Aufrichten auf der ☞ **Hinterhand** diese Gelenke stark abwinkelt, zeigt eine starke Hankenbiegung oder -beugung. Dies erfordert jedoch wesentlich mehr Kraft als das schnelle, steile ☞ **Steigen** auf fast gestreckten Hinterbeinen.
☞ **Freiheitsdressur**, ☞ **Hengstkampf**, ☞ **Schulsprünge**, ☞ **Versammlung**

Hannoveraner _ Pferd aus dem Zuchtgebiet Hannover, das sich im 18. Jahrhundert bis Lüneburg und Bremen erstreckte und heute wie das angestammte Zuchtgebiet des ☞ **Oldenburgers** und des ☞ **Ostfriesen** zum Bundesland Niedersachsen gehört. Der Grundstein für die Hannoveranerzucht wurde 1735 mit dem Bau des ☞ **Landgestüts** in Celle gelegt. Die bäuerlichen Züchter sollten rittige Pferde für das Militär liefern. Dafür wurden als Zuchthengste unter anderem ☞ **Andalusier**, ☞ **Holsteiner** und Rennpferde aus England eingesetzt, noch bevor das ☞ **Englische Vollblut** offiziell als Rasse bekannt wurde. Nach dem Zweiten Weltkrieg kamen viele ☞ **Trakehner** nach Celle. Am Hannoveraner ist weitgehend die Zuchtrichtung ☞ **Deutsches Reitpferd** ausgerichtet; er hat starken Einfluss auf fast alle anderen deutschen Landeszuchten. Hannoveraner werden längst auch außerhalb Deutschlands gezüchtet und weltweit im Hochleistungs-Pferdesport eingesetzt.

Hannoveraner sind typische Vertreter der deutschen Reitpferdezucht.

Hannoversches Reithalfter _ ☞ **Reithalfter**

Harnen _ Wird auch als Strahlen oder Urinieren bezeichnet. Im Gegensatz zum Absetzen von ☞ **Kot** entleeren Pferde ihre Blase nie im Laufen, sondern nur im Stehen und möglichst nur auf Untergrund, von dem der Harn nicht hochspritzt. Bei Pferden, die längere Zeit auf hartem Boden stehen müssen (z. B. Kutschpferde für Touristenfahrten), kann sich deshalb schädliches Harnverhalten einstellen. Wenn man sich über das Geschlecht eines Pferdes nicht im Klaren ist, braucht man es nur beim Harnen zu beobachten. Der Blasenausgang bei Stuten liegt an der Scheide unter dem After, Hengste und Wallache harnen dagegen aus dem ☞ **Schlauch**. Der Urin ist wie der Kot eine Basis für die Duftsprache (☞ **Ausdrucksweisen**).

Harztropfen _ Milch, die vor der ☞ **Geburt** eines Fohlens meist nur tropfenweise aus dem Euter der Stute sickert oder rinnt (☞ **Biestmilch**). Wegen ihres gelblichen bis bernsteinfarbenen Aussehens erinnert sie an Baumharz. Harztropfen sind ein Hinweis darauf, dass die Geburt des Fohlens nicht mehr fern ist.

Hasenhacke _ ☞ **Gallen**

Hauptbeschäler _ Bevorzugter ☞ **Deckhengst** auf einem großen ☞ **Gestüt** beziehungsweise auf ☞ **Hauptgestüten** und ☞ **Landgestüten**.
☞ **Beschäler**

Hauptgestüt _ Ein staatliches ☞ **Gestüt** mit eigenen Zuchtstuten und Fohlen-Aufzuchtgruppen.

Hauptmängel _ Alle ☞ **Gewährsmängel**, die beim ☞ **Kauf** eines Pferdes automatisch vom Verkäufer angegeben beziehungsweise ausdrücklich ausgeschlossen werden müssen. Sie sind von Staat zu Staat verschieden. In der Regel handelt es sich bei den Hauptmängeln um unheilbare oder ansteckende Krankheiten und um dauerhafte ☞ **Verhaltensstörungen**. Hat ein Pferd einen solchen Hauptmangel, der vom Verkäufer nicht angegeben wird, so kann der Käufer das Pferd innerhalb einer festgelegten Frist zurückgeben.

Hauptstammbuch _ Die Abteilung des ☞ **Stutbuchs** mit der höchsten Wertstufe.

Hauptverband für Traber-Zucht und -Rennen (HTV) _ Das ist der deutsche Dachverband für den Trabersport mit Sitz in Kaarst.

Hausesel _ Lange vor dem Pferd, vor etwa 12 000 bis 15 000 Jahren, sollen die ersten ☞ **Esel** von Menschen gezähmt worden sein. Sicher ist, dass man Hausesel schon im alten Ägypten kannte. Heute noch sind Esel in südlichen Ländern als Trag- und Zugtiere weitverbreitet, denen man oft unglaubliche Lasten aufbürdet. In Mitteleuropa werden sie häufig aus reiner Liebhaberei gehalten, teils zusammen mit Pferden. Nur gelegentlich sieht man Esel hier unter dem Sattel oder im Gespann.
Esel sind anspruchslos in Futter und Pflege. Ihr ☞ **Herdentrieb** ist meist nicht so ausgeprägt wie bei Pferden, ebenso ihre Anhänglichkeit an Menschen. Wegen ihrer Abstammung von Wüstentieren brauchen sie Wärme und Trockenheit; in Gegenden mit viel Niederschlag werden sie vergleichsweise häufiger krank. Esel sind sehr geduldig und natürlich von Haus aus weder dumm noch stur und bockig. Sie sind jedoch empfindsamer als die meisten Pferde, und sie nehmen schlechte Behandlung länger krumm. Da sie einen sehr feinen Geruchs- und Gehörsinn haben und ausgezeichnet sehen, nehmen sie oft Dinge wahr, die der Mensch nicht bemerkt. Wenn ihnen z. B. etwas bedrohlich erscheint – wie etwa Wasserläufe oder fremde Tiere –, weigern sie sich sehr energisch, weiterzugehen. Dumm ist dann der Mensch, der nicht versteht, was in dem Esel vorgeht.
Hausesel gibt es von Zwergrassen bis zur Riesenform und mit grauem, weißem oder schwarzem, manchmal sogar geflecktem Fell. Zwergesel haben oft nur eine Schulterhöhe von 90 cm. Die größte Eselrasse ist der 140 bis 150 cm große Poitou-Esel, der in Frankreich gezüchtet wird. Er wird hauptsächlich zur Zucht von ☞ **Maultieren** verwendet.

Hauspferd _ Es ist ebenso durch ☞ **Domestikation** entstanden wie andere Haustierarten (z. B. Schafe, Ziegen, Schweine, ☞ **Hausesel**, Geflügel, Kamele, Lamas und Rentiere sowie Hunde und Katzen). Ausgangsform für das Hauspferd war die Wildform, das ☞ **Wildpferd**. Vermutlich dienten die ersten Hauspferde vor allem dazu, dass die Menschen nicht mehr so viel auf Jagd gehen mussten, wenn sie Pferdefleisch zur Ernährung und Felle als wärmende Kleidung haben wollten. Bei den ältesten Darstellungen von Pferden, die etwa 35 000 Jahre alt sind, handelt es sich wahrscheinlich aber noch um Wildpferde. Später fand man bei menschlichen Ansiedlungen Überreste sowohl von Wildpferden als auch von Hauspferden. Nutzungsformen wie das Reiten und Einspannen kamen aber erst viel später auf. Die ältesten Belege dafür, die man bis jetzt gefunden hat, sind um die 5000 Jahre alt. ☞ **Entwicklungsgeschichte**, ☞ **Przewalskipferd**

Hechtgebiss _ Diese Missbildung der Kiefer ist meist angeboren. Man nennt sie auch Unterbiss oder Vorbiss. Der Unterkiefer ist beim Hechtgebiss länger als der Oberkiefer, die Schneidezähne treffen nicht aufeinander. Dadurch kann das Pferd nur mühsam Gras rupfen. Pferde mit starkem Unterbiss haben meist keine hohe Lebenserwartung. Das Gegenteil ist das ☞ **Karpfengebiss**.

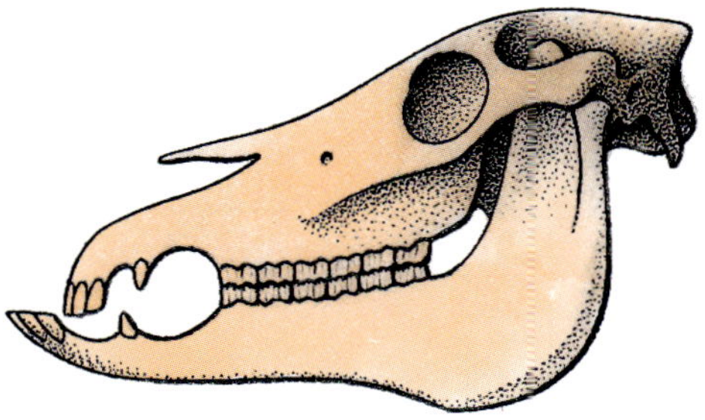

Ausgeprägter Vorbiss (Hechtgebiss)

Hechtkopf _ Keilähnliche Kopfform, oft mit eingesenktem Nasenrücken. Sie kommt vor allem als eine Art Modeerscheinung bei ☞ **Arabern** vor, die außerhalb ihrer Heimat gezüchtet worden sind. Extreme Hechtköpfe schränken die Atmung ein. Im Stammgebiet des Arabers ist ein Hechtkopf daher eher unerwünscht.

Heilpädagogisches Reiten und Voltigieren
☞ **Therapeutisches Reiten** und Voltigieren

Heißbrand _ Die ursprüngliche Technik, mit der Pferde auch heute noch vielfach gekennzeichnet werden, wenn sie ein ☞ **Brandzeichen** bekommen. Mit einem erhitzten Eisenstempel werden die Haare an einer bestimmten Körperstelle ausgesengt. Dabei ist nicht immer zu vermeiden, dass auch die darunter liegende Haut in Mitleidenschaft gezogen wird. Dadurch entsteht häufig eine leichte bis mittlere Brandverletzung, die manchmal behandelt werden muss, in der Regel aber ohne Probleme wieder abheilt. Schmerzhaft ist sie für das Pferd dennoch. Oft haben die Pferde auch Angst vor dem Zischen und dem Rauch, der beim Brennen entsteht. Eine andere Methode ist der ☞ **Kaltbrand**.

Hengst _ Das männliche Tier bei den ☞ **Equiden**. Seine äußeren Geschlechtsorgane sind der ☞ **Schlauch** und die Hoden. Wenn die Hoden durch ☞ **Kastration** entfernt werden, wird aus dem Hengst ein ☞ **Wallach**. Ein geschlechtsreifer Hengst ist im Gegensatz zu einer ☞ **Stute** ständig für die ☞ **Fortpflanzung** einsatzfähig. Er kann in einer ☞ **Decksaison** alle Stuten seines Verbandes beziehungsweise als ☞ **Zuchthengst** bis zu mehreren Dutzend zugeführter Stuten decken. Für die Arterhaltung sind deshalb eigentlich weniger Hengste als Stuten erforderlich.

Hengstdepot _ So nennt man den Heimatstall einer meist größeren Anzahl von ☞ **Deckhengsten**, beispielsweise ein ☞ **Landgestüt**. Von dort aus wird ein Teil der Tiere während der ☞ **Decksaison** auf ☞ **Deckstationen** verteilt. Manchmal gibt es Zuchthengste einer Rasse nur in einem staatlichen Depot.

Hengsthaltung _ Im Gegensatz zur Haltung von ☞ **Stuten** und ☞ **Wallachen** gibt es bei der Hengsthaltung eine Reihe von Problemen - vor allem für die Pferde selbst. In der natürlichen Pferdefamilie im Freileben hält sich ein Hengst ständig bei seiner Familie auf, die aus Stuten und Jungtieren besteht. In menschlicher Hand wird ihm dies in der Regel verwehrt. Er kann so seine ☞ **Instinkte**, beispielsweise den Schutz- und Leitinstinkt, nicht ausleben. Wenn er sich in der Nähe von Stuten befindet, die in der ☞ **Rosse** sind, wird sein ☞ **Fortpflanzungstrieb** geweckt; nachgeben kann er ihm aber nur, wenn man ihn zum ☞ **Decken** zulässt, und auch dann meist nur in eingeengter Form. Hengste müssen sich fast immer entgegen ihrem ☞ **Herdentrieb** sowohl im Stall als auch auf der Weide allein aufhalten. Viele werden für einen Großteil des Jahres in engen, dumpfen, lichtarmen Behausungen weggesperrt, um ihre „Hengstigkeit" zu dämpfen. Auch die Gesellschaft von Wallachen ist oft nicht möglich, weil nicht nur die Hengste, sondern oft auch die kastrierten Tiere zu Hengstkämpfen neigen.
Die andere Seite ist die Massenhaltung von männlichen Pferden. Auf großen Gestüten und auf ☞ **Deckstationen** werden oft Dutzende von Hengsten nebeneinander aufgestellt. Eine ähnliche Situation kommt im Wildleben überhaupt nicht vor. Die so gehaltenen Hengste neigen zu vermehrtem ☞ **Imponierverhalten** und sind oft schwierig zu handhaben. Gemeinsame Weidegänge sind Hengsten meist nur gestattet, solange sie sich noch in der ☞ **Aufzucht** befinden. Viele kommen danach nie mehr auf die Weide. Es ist ein Zeichen der ☞ **Domestikation**, dass es trotz des speziellen Hengstcharakters zum Beispiel gelingt, mehrere Hengste gemeinsam vor Kutschen zu spannen oder nebeneinander zu reiten. In die Nähe von paarungsbereiten Stuten sollte man sie dann allerdings nicht bringen.

Hengstkampf _ In Auseinandersetzungen zwischen Hengsten geht es fast ausnahmslos um die ☞ **Fortpflanzung** oder um die Stellung als ☞ **Leithengst**. Rivalisierende Hengste gehen nach vergeblichem Imponieren bzw. Drohen oft recht heftig aufeinander los. Meist steigt das aggressivere Tier zuerst und schlägt mit den Vorderhufen auf den Gegner ein. Der Gegner tut nun das Gleiche oder versucht, den Angreifer irgendwohin zu beißen. Manchmal klemmt der eine sogar den Hals des anderen zwischen die Vorderbeine, oder die Hengste stemmen sich gegeneinander und versuchen sich niederzuringen. Kämpfende Hengste beißen heftig und fügen sich oft tiefe, blutende Wunden zu. Fühlt einer der Hengste, dass er schwächer wird, so bricht er den Kampf ab, indem er flüchtet.
☞ **Angriffs- und Kampfverhalten**

Hengstleistungsprüfung _ Nach dem Tierzuchtgesetz müssen Hengste, die zur ☞ **Zucht** eingesetzt werden sollen, einen bestimmten Leistungsstand nachweisen. Bei Rennpferden erfolgt die Bewertung der Leistungen anhand der Ergebnisse in Galopp- oder Trabrennen. Warmblut- und Araberhengste werden einer mehrmonatigen Ausbildung mit Abschlussprüfung (100-Tage-Test) unterzogen, bei der z. B. die ☞ **Grundgangarten**, die ☞ **Rittigkeit** und die Springveranlagung beurteilt werden. Ponyhengste müssen meist nur einen 30-Tage-Test ablegen. Von Kaltbluthengsten wird eine bestimmte ☞ **Zugleistung** gefordert. Hauptsächlich für Reitpferde gibt es eigene Einrichtungen, die Hengstprüfungsanstalten, in denen die Prüflinge die Testzeit verbringen.
☞ **Körung**

Hengstmanieren _ So nennt man das typische Verhalten von Hengsten, z. B. ☞ **Steigen**, schrilles Wiehern im Umfeld von Stuten und Bedrängen von Stuten. Die meisten dieser Verhaltensweisen entspringen dem ☞ **Fortpflanzungstrieb**. Beim Reiten, Fahren und Führen kann solches

Verhalten gefährlich sein und ist deshalb unerwünscht. Starke Hengstmanieren treten häufig bei Tieren auf, die nie oder selten ☞ **decken** können. Bei Prüfungen ziehen derartige Verhaltensweisen den Ausschluss nach sich. Um Unfälle zu vermeiden, werden Hengste, die nicht zur ☞ **Zucht** eingesetzt werden, meist kastriert. ☞ **Kastration**, ☞ **Wallach**

Hengstparaden _ Hengstparaden sind Pferdeschauen, die auf Gestüten abgehalten werden. Ursprünglich handelte es sich um reine Züchtertreffen: Privaten Stutenhaltern wurden die neu gekörten (☞ **Körung**) staatlichen Hengste vorgestellt, die im darauffolgenden Frühjahr erstmalig zur ☞ **Zucht** eingesetzt wurden. Im Laufe der Zeit wurden daraus öffentliche Veranstaltungen mit einem abwechslungsreichen Schauprogramm, das mit den gestütseigenen Pferden gestaltet wird. Hengstparaden finden in der Regel in den Herbstmonaten (September bis November) statt.

Die Vorstellung der Hengste ist der Kern aller Hengstparaden.

Hengstzahn _ ☞ **Hakenzahn**

Herde _ Die natürliche Gruppierung von Pferden und anderen großen Tieren bezeichnet man als Herde. Besteht eine solche Gemeinschaft aus nur wenigen Tieren, nennt man sie auch Familie. Manchmal schließen sich mehrere Familien zu einer Großherde zusammen, vor allem auf Wanderungen. In der Regel besteht eine Herde oder Familie aus einem ☞ **Leithengst** und einer ☞ **Leitstute** sowie weiteren erwachsenen ☞ **Stuten** und den noch nicht geschlechtsreifen Jungtieren.
Geschlechtsreif gewordene Junghengste werden vom Leithengst aus dem Herdenverband vertrieben. Meist suchen sie sich gleichaltrige Schicksalsgenossen und bilden für eine Weile einen Junggesellen-Clan, bis einer nach dem andern mit eroberten Jungstuten eine eigene Familie gründet.
Eine Zuchtherde in einem ☞ **Wildgestüt** setzt sich aus Mutterstuten, Stutfohlen, Jungstuten sowie Hengstfohlen bis zu einem Jahr zusammen. Jedes Jahr werden die Junghengste sowie Stuten, die man nicht (mehr) zur Zucht verwenden will, herausgenommen. Erwachsene Hengste kommen lediglich für einige Monate im Jahr zum ☞ **Decken** in die Herde.
In den meisten ☞ **Gestüten** bilden nur tragende Stuten (☞ **Trächtigkeit**) beziehungsweise Stuten mit ☞ **Saugfohlen** eine Herde. Nach dem ☞ **Absetzen** trennt man die Jungtiere meist nach Geschlechtern in so genannte Aufzuchtgruppen. Erwachsene Hengste leben nur noch selten im Herdenverband (☞ **Hengsthaltung**). Fortpflanzungsfähige Stuten kommen deshalb mit ihren männlichen Geschlechtspartnern meist nur noch beim ☞ **Deckakt** zusammen; bei der ☞ **Künstlichen Besamung** ist die unnatürliche Geschlechtertrennung perfekt. Nur bei besonders pferdeverständigen Züchtern kann auch der Hengst ganzjährig bei der Herde bleiben und im „Herdensprung" oder „freien Sprung" für Nachwuchs sorgen.
In der allgemeinen Pferdehaltung teilen sich meist Stuten und ☞ **Wallache** das Herdenleben, und oft sind die unterschiedlichsten ☞ **Rassen** beieinander. In einer bunt gemischten Herde mit verschieden großen erwachsenen Tieren gibt es allerdings manchmal Probleme, z. B. bei der gegenseitigen ☞ **Fellpflege**. Trotzdem ist jede Art von Herde, solange sie nicht auf engstem Raum zusammengepfercht wird, immer besser als die Einzelhaltung von Pferden oder die ausschließliche ☞ **Haltung** im Stall. Nur in der Herde können Pferde ihre ☞ **Instinkte** ausleben. Ein wichtiger Faktor für das Gemeinschaftsleben ist die ☞ **Rangordnung**.

Herdensprung _ ☞ **Sprung**

Herdentrieb _ Als Herdentrieb bezeichnet man den angeborenen Instinkt, in Gemeinschaft von Artgenossen zu leben. Bei Pferden ist der Herdentrieb (Rudeltrieb, Gruppentrieb) im Allgemeinen sehr ausgeprägt. Pferde, die einzeln gehalten werden, leben deshalb auch bei Weidehaltung sehr unnatürlich, besonders wenn sie zudem wenig Kontakt zu Menschen haben. Dies gilt insbesondere für die ☞ **Hengsthaltung**. Dennoch kommen auch unter Pferden ausgesprochene Einzelgänger vor. ☞ **Herde**, ☞ **Instinkte**, ☞ **Ausdrucksweisen**

Herz _ Das durchschnittliche Gewicht des Herzens von erwachsenen Großpferden liegt zwischen 2,5 und 3,5 kg. Bei Leistungspferden kann es ein Gewicht bis zu etwa 6 kg erreichen.

Hesse _ Warmblutpferd aus dem Zuchtgebiet Hessen. Die heutige Zucht der Hessen ist stark vom ☞ **Hannoveraner** beeinflusst. Das Landgestüt befindet sich in Dillenburg. Der Hesse steht im Typ ☞ **Deutsches Reitpferd**.

Heu _ Getrocknetes ☞ **Gras**. Durch die Trocknung wird es für längere Zeit haltbar. Heu vom ersten Grasschnitt enthält die meisten und besten Nährstoffe. Der zweite Schnitt, das Grummet, ist in seiner Zusammensetzung weniger ergiebig und oft nicht einmal zuträglich, weil z. B. unbekömmliche Pflanzen enthalten sein können. Auch das beste Heu darf man jedoch nicht gleich nach dem Durchtrocknen verfüttern, es muss erst einige Wochen lagern. Lange gelagertes oder gar überlagertes Heu (über die nächste Ernte hinaus) hat jedoch viele seiner Nährstoffe verloren. Deshalb ist der Übergang zu frischem, sehr nährstoffreichem Gras gerade nach der Winterfütterung mit Heu meist ein Problem. Heu ist jedoch wichtiges ☞ **Raufutter**.

Pferde als Erntehelfer für das eigene Winterfutter

Highlandpony _ Schottlands ureigenste Pferderasse ist in den Highlands, dem kargen schottischen Bergland zu Hause. Seit jeher werden die vielseitigen Ponys als Reit-, Zug- und Tragpferde im militärischen, landwirtschaftlichen und bürgerlichen Bereich verwendet. Eine moderne ☞ **Reinzucht** gibt es seit 1889. Highlandponys haben eine kräftige Statur, stark knochige Gliedmaßen und einen typischen Ponykopf mit kleinen Ohren. Die Größe liegt bei 132 bis 148 cm. Es kommen alle ☞ **Farben** außer ☞ **Schecken** vor, möglichst ohne weiße ☞ **Abzeichen**. ☞ **Aalstrich**, ☞ **Schulterkreuz** und ☞ **Zebrastreifen** treten bei einigen Tieren auf. In Deutschland gibt es seit etwa 1990 eine Nachzucht.

Ein Highlandpony aus Schottland. Die Reiterin trägt den landestypischen „Kilt".

Hilfen _ sind Signale (Einwirkungen, Befehle) des Reiters, Fahrers oder Longenführers an das Pferd. Mit der Hilfengebung „sagt" man einem Pferd, in welcher ☞ **Gangart**, in welchem ☞ **Tempo** und in welche Richtung es sich bewegen soll, ob es anhalten beziehungsweise stehen bleiben oder welche ☞ **Hufschlagfigur** es ausführen soll. ☞ **Sitz**, ☞ **Zügelführung** und Hilfen sind in jeder ☞ **Reitweise**

aufeinander abgestimmt. Hilfen bestehen im Wesentlichen aus körperlichen Einwirkungen. So genannte natürliche Hilfen gibt es beim Reiten in Form von Gewichts-, Schenkel- und Zügelhilfen, beim Fahren und beim Longieren wirkt man über die Leinen oder über die Longe auf die Pferde ein; dazu kommen spezielle Fahr-, Longier- oder Bahnpeitschen. Diese zählt man zu den künstlichen Hilfen (Hilfsmitteln), ebenso wie Reitgerten und Sporen. Stimmliche Hilfen sind Schnalzer, Zurufe, Pfiffe und andere Laute, die menschliche Kehlen von sich geben können.
Nach der Wirkung teilt man Hilfen ein in treibende und verwahrende (verhaltende, zurückhaltende), annehmende und nachgebende oder lenkende Hilfen. Die Hilfengebung ist stets ein Zusammenspiel von verschiedenen Einzelhilfen. Außerdem können Hilfen einseitig oder beidseitig gegeben werden. Ohne Hilfen ist eine feine Einwirkung auf ein Pferd nicht möglich. Alle Hilfen sollten jedoch so sparsam wie möglich eingesetzt werden, damit die Pferde nicht abstumpfen. Deshalb muss schon bei der ☞ **Ausbildung des Pferdes** darauf geachtet werden, dass die Pferde sensibel bleiben können, indem man sie nicht mit ständiger Hilfengebung überfordert.

Hilfsmittel _ unterstützen den Reiter oder Fahrer in seiner Hilfengebung (☞ **Hilfen**). Zu den Hilfsmitteln zählt man z. B. ☞ **Gerte** und ☞ **Sporen** sowie die Stimme des Reiters oder Fahrers.

Hilfszügel _ werden einem Pferd zusätzlich zur normalen ☞ **Zäumung** angelegt. Sie sollen eine zeitweilige Hilfe bei der Ausbildung von Pferden, beim Anfängerunterricht und beim Reiten im Gelände oder beim Springen sein. Sie bringen ein Pferd in eine bestimmte Haltung, die es ihm z. B. leichter machen soll, sich zu biegen, oder die dem Reiter das Sitzen erleichtert. In jedem Fall wird die Bewegungsfreiheit des Pferdes durch Hilfszügel stark eingeschränkt.
Hilfszügel wirken wie die normalen Reitzügel auf das Mundstück des Zaums ein. Die gebräuchlichen Hilfszügel werden deshalb fast ausschließlich bei Zäumungen mit ☞ **Gebiss** verwendet. Durch falsche Handhabung und zu lange dauernden Einsatz wird mit Hilfszügeln oft mehr Schaden als Nutzen angerichtet. Außer den ☞ **Ausbindezügeln**, dem ☞ **Martingal** und dem ☞ **Stoßzügel** gibt es z. B. Schlaufzügel, Halsverlängerer und andere zusätzliche Zwangsgebilde, ohne die manche Ausbilder gar nicht mehr auszukommen scheinen. Der Preis ist manchmal schneller Erfolg, aber häufig auch der rasche Verschleiß der Pferde.

Hindernisrennen _ ☞ **Galopprennen**

Hindernisse _ gibt es für Reiter und ihre Pferde zum Überspringen und zum Durchreiten, für Gespannfahrer meist zum Durchfahren; manchmal müssen sie auch umfahren (nicht umgefahren!) werden. Natürliche Hindernisse sind z. B. Wasserläufe, umgefallene Baumstämme, Hecken, Erdbuckel, Sandwälle, Felshaufen und andere Gegebenheiten, die in der Natur vorkommen. Auf sie kann man z. B. beim ☞ **Ausreiten** treffen; aber auch die Strecken bei ☞ **Rallyes** oder beim ☞ **Distanzreiten und -fahren** weisen häufig solche naturgegebenen Hindernisse auf.
Als Naturhindernisse (feste Hindernisse) bezeichnet man von Menschenhand aufgebaute Hindernisse, die teilweise natürlichen Gegebenheiten nachempfunden sind. Ihr Merkmal ist in jedem Fall, dass sie keine Teile haben, die abgeworfen oder umgestoßen werden können. Es gibt sie bei ☞ **Galopprennen** sowie bei Prüfungen für den ☞ **Reiterpass** und bei anderen Basis-Geländeprüfungen, beim ☞ **Jagdreiten**, bei der Rennbahnstrecke und vor allem bei den Querfeldeinstrecken im ☞ **Vielseitigkeitssport**. Zu den Naturhindernissen gehören angehäufte Wälle, feste ☞ **Oxer**, angelegte Wassergräben und Teiche, Bänke, Tische, Holzstapel, geschichtete Stroh- und Heuballen, Gatter und vieles mehr. Beim Fahren gibt es Tore, scharfe Wendungen um feste Gegenstände, Brücken, Tunnels, Wasserdurchläufe und steile Hänge. Im Fahrsport sind auch Geländehindernisse mit abwerfbaren Teilen erlaubt. Naturhindernisse werden meist auf einem ☞ **Naturkurs** aufgebaut, können vereinzelt aber auch in einem ☞ **Parcours** vorkommen.
In einem Parcours findet man in erster Linie künstliche Hindernisse mit abwerfbaren oder umstoßbaren Teilen (beim Fahren z. B. Kegel); sie werden im Vergleich zu festen Hindernissen höher gebaut oder stehen näher beieinander. Die Bahn ist im Parcours eben. Vereinzelt gibt es dort Mischhürden, z. B. einen Erdwall, auf dem ein abwerfbares Rick steht.
Hindernisse zum Überspringen werden eingeteilt in Hochsprünge, Weitsprünge, Hochweitsprünge sowie Auf- und Absprünge (Tiefsprünge). Die Hindernisse sind überwiegend als Einzelsprünge angelegt. Es gibt aber auch Kom-

Hindernisse

Festes Naturhindernis (Wall)

Künstliches Hindernis (lose Stangen)

Gatter zum Durchreiten

Kegel zum Durchfahren (Dressur)

binationen, die aus mehreren Hürden zusammengestellt sind. Für Gespanne können auch Mehrfachhindernisse angelegt werden, z. B. mit mehreren Ecken oder Kurven oder als Slalomstrecke zum Zickzackfahren. Besonderheiten sind beispielsweise der offene flache Wassergraben im Parcours, der übersprungen werden soll, und der Geländetiefsprung in eine Kuhle mit etwa schulterhoch stehendem Wasser. Zusätzlich gibt es bei schweren Prüfungen wie den ☞ **Derbys** beispielsweise meterhohe Hänge, die die Pferde hinauf- oder hinabklettern müssen.

Hinterhand _ Der hintere Bereich des Pferdekörpers mit Kruppe, Hüfte und Hinterbeinen (☞ **Körperbau**). Reiterlich sind mit Hinterhand alle Körperteile gemeint, die hinter dem Schwerpunkt im ☞ **Sattel** liegen.

Hinterhandwendung _ Dies ist eine ☞ **Wendung**, bei der sich das Pferd um die eigene Längsachse dreht. Aus dem Halten tritt es mit der Vorhand seitlich weg und beschreibt so in einem gleichmäßigen Takt einen Halbkreis oder Kreis „um die Hinterhand". Die Hinterhufe sollen auf der Stelle mittreten. Wenn das Pferd sie nur mitdreht, ist dies ein Fehler - ebenso, wie wenn es nach hinten wegtritt oder der Takt ungleichmäßig ist. Wendungen um die Hinterhand können die ☞ **Versammlung** fördern; sie eignen sich nur für gut ausgebildete Pferde und Reiter. ☞ **Pirouette**

Hippodrom _ Im Altertum hießen die Pferderennbahnen der Griechen Hippodrome. Später nannte man so jede ☞ **Reitbahn**, auf der öffentliche Wettbewerbe ausgetragen wurden. Inzwischen gebraucht man den Begriff nur noch für die Schausteller-Anlagen, in denen Kinder auf Ponys im Kreis herumgeführt werden. Auf Hippodrom-Ponys lernt niemand das Reiten, die Pferde selbst sind oft in einem bemitleidenswerten Zustand.

Hippologie _ bedeutet Pferdekunde. Der Begriff kommt aus der griechischen Sprache; er setzt sich zusammen aus hippos = Pferd und logos = Lehre, Wissenschaft. Hippologie ist also die Wissenschaft vom Pferd. Im Gegensatz dazu ist die Hippiatrie die Lehre von den ☞ **Krankheiten** der Pferde. ☞ **Seite 106**

Hippotherapie _ ☞ **Therapeutisches Reiten und Voltigieren**

Höchstzeit _ Sie beträgt etwa das Doppelte der ☞ **Erlaubten Zeit**. Das Überschreiten der Höchstzeit führt in der Regel zum Ausschluss. Im ☞ **Rennsport** wird eine solche Zeitvorgabe für einzelne Abschnitte des ☞ **Geläufs** festgelegt, damit ein gleichmäßiger Ablauf des Rennens gewährleistet ist. ☞ **Bestzeit**

Hohe Gänge _ Bezeichnung für eine hohe ☞ **Aktion** der Vorderbeine bei geringem ☞ **Untertreten** der Hinterbeine, hauptsächlich im ☞ **Trab**. Befürworter halten hohe Gänge für besonders attraktiv; bei einigen Rassen sind sie auch ausdrücklich erwünscht. Für Reitpferde der hierzulande üblichen europäischen ☞ **Reitweise** gelten sie jedoch als Fehler, hier legt man mehr Wert auf die Vorwärtsaktion. ☞ **Spanischer Schritt**

Hohe Schule _ Allgemein ist das die Bezeichnung für den höchstmöglichen Ausbildungsstand in jeder ☞ **Reitweise**. In der europäischen Reitweise wird die Hohe Schule auch als klassische Reitkunst bezeichnet. Dazu gehören ☞ **Lektionen** wie ☞ **Piaffe** und ☞ **Passage**, die auch im modernen Dressursport der höchsten Stufe (Klasse S) verlangt werden, sowie die ☞ **Schulsprünge**, die man jedoch fast nur noch in altehrwürdigen Einrichtungen wie der ☞ **Spanischen Reitschule** in Wien trainiert und vorführt. Was als „Hohe Schule" im Zirkus gezeigt wird, ist oft nichts anderes als vereinzelte Showelemente oder Teile des Spanischen Reitstils, bei denen die typische ☞ **Versammlung** der Pferde jedoch fehlt.

Holsteiner _ Deutsches Warmblutpferd aus dem Zuchtgebiet Schleswig-Holstein. Der Holsteiner steht heute im Typ ☞ **Deutsches Reitpferd**. Die Zucht wird nur privat betrieben, es gibt kein Staatsgestüt mehr. Auktionen finden in Neumünster statt, ☞ **Hengstleistungsprüfungen** werden in einer niedersächsischen Einrichtung abgenommen.

Holznagen _ Viele Pferde nagen mit Hingabe an Zaunpfosten und -stangen oder an den oberen Brettern der Boxen. Holznagen kann ein Anzeichen für Langeweile sein; oft reagieren Pferde wohl auch ihren natürlichen Bedarf an harten Futteranteilen damit ab. Sie unterlassen das Nagen meist, wenn Bäume und Sträucher auf der Weide vorhanden sind oder wenn man ihnen Zweige und Hölzer zum Beknabbern vorlegt. ☞ **Ernährung**, ☞ **Futterarten**

Holzreißen _ Beim Holzreißen, Holzrücken oder Holzschleifen werden schwere Baumstämme im Wald vom Einschlagplatz zu einem Sammelplatz befördert, von wo sie dann weitertransportiert werden. Diese harte und oft gefährliche Arbeit wird seit Längerem wieder häufig mit Pferden durchgeführt. Pferde sind weniger als Traktoren, und sie können auch noch in schwer zugänglichen Hanglagen oder Waldstücken zwischen Felsen arbeiten, die

Holzreißen als Wettbewerb vor Publikum

man mit Maschinen nicht erreicht. Außerdem schonen ihre Hufe im Gegensatz zu den breiten Reifen schwerer Geräte den Waldboden. ☞ **Zugpferde**

Horn _ bildet sich in den äußeren Hautschichten, der so genannten Lederhaut. Dort entstehen auch Haare sowie Finger- und Zehennägel, Federn und Schuppen. Alle diese so genannten Hautanhanggebilde sind hauptsächlich aus Eiweißen zusammengesetzt. Nicht nur der Kopfschmuck - Hörner oder Geweihe - z. B. bei Rindern und Hirschen besteht aus stabilem, widerstandsfähigem Hornmaterial, sondern auch der ☞ **Huf** des Pferdes und der anderen Huftiere.

Wenn Pferdehufe vernachlässigt werden, können schlimme tiefe Hornspalten entstehen.

Hornkapsel _ Der aus Horn bestehende Teil des ☞ **Hufs** wird als Hornkapsel oder Hufkapsel bezeichnet.

Horseball (Pferdeball) _ 1. Ballspiel zu Pferde. Zwei Teams, bestehend aus je sechs Reitern, spielen zwei Halbzeiten von je zehn Minuten um Punkte. Um Punkte zu bekommen, muss ein Ball, der mit sechs Lederschlaufen versehen ist, in den gegnerischen Korb eingeworfen werden. Dieser Korb hat einen Durchmesser von einem Meter und ist in einer Höhe von 3,50 m angebracht. Benötigt werden für dieses Spiel schnelle, wendige Pferde - ähnlich wie beim ☞ **Polo**. Die erste Europameisterschaft fand 1992 in Deutschland statt.
2. Ein spezieller Kunststoffball, meist mit Griffen, als „Spielzeug" für Pferde z. B. im ☞ **Paddock**. Der Ball muss sehr stabil und verletzungssicher gefertigt sein, sodass ein Pferd sich nicht in den Schlaufen verfangen kann. Außerdem darf der Ball keinesfalls platzen, wenn der Vierbeiner ihn herumschubst, darauftritt oder hineinzubeißen versucht.

Hosen _ Bezeichnung für die Muskelpartien an der ☞ **Hinterhand** von der ☞ **Kruppe** bis zum Sprunggelenk. Bei jungen Pferden sind die Hosen noch nicht stark ausgebildet; auch Pferde, die nicht regelmäßig und gut geritten werden, haben schwache oder schlechte Hosen. Kräftige, gleichmäßige Hosen entstehen durch ☞ **Gymnastizierung**.

Hubertusjagd _ Eine ☞ **Reitjagd** zu Ehren des Jägerpatrons Hubertus.

Hürdenrennen _ ☞ **Galopprennen**

Huf _ So heißt der untere Abschluss der ☞ **Beine** bei Pferden und ihren Verwandten. Der Huf ist nicht der gesamte Fuß wie bei uns Menschen, sondern nur der vorderste Abschnitt davon, also die Zehenspitze. Solche Hufe sind einzigartig in der Tierwelt. Nur die ☞ **Equiden** sind ☞ **Einhufer** und Zehenspitzengänger.
Der Kern eines Pferdehufs sind mehrere Knochenteile. Man zählt dazu das Hufbein, das Strahlbein und das Kronbein. Das Hufbein stellt die eigentliche Zehenspitze dar, also das vorderste Glied der erhaltenen mittleren Zehe. Hinter den Knochen liegen Hufknorpel, sie schließen in den ☞ **Ballen** ab.
Von den Hufknochen verlaufen mehrere wichtige Sehnen und Bänder zu anderen Knochen der Gliedmaßen; an ihnen liegt außerdem die Huflederhaut an. Der gesamte Innenbereich des Hufs ist von zahlreichen Adern und Venen durchzogen. Auch Nerven sind im Innenhuf vorhanden, er ist also schmerzempfindlich.
In der kräftig durchbluteten Lederhaut entstehen die verschiedenen Horngebilde der Hornkapsel, die den Hufkern schützen. Nur Hufbein und Strahlbein sind übrigens völlig von Horn umschlossen. Das Kronbein ist nur im unteren Bereich in Horn eingebettet, der größere Teil des Kronbeins sitzt bereits in der ☞ **Fessel**. Die Hufkapsel besteht teils aus festem Harthorn, teils aus elastischem Weichhorn. Man teilt sie in fünf Bereiche ein: Saum, Krone, Wand, Sohle und Strahl.
Der Saum (das Saumband) ist der Übergang von der Fessel zum Huf. Er sieht wie eine schmale Rinne aus und ist meist von kurzen Haaren verdeckt. Im Saumband bildet sich die so genannte Glasurschicht der Hornkapsel. Sie liegt auf der Hufwand und soll diese gegen Austrocknen und Beschädigungen schützen. Häufig ist die Glasur-

Huf

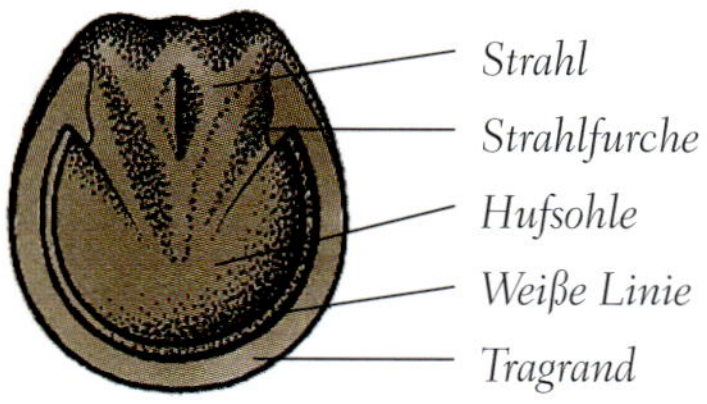

Der Huf von unten

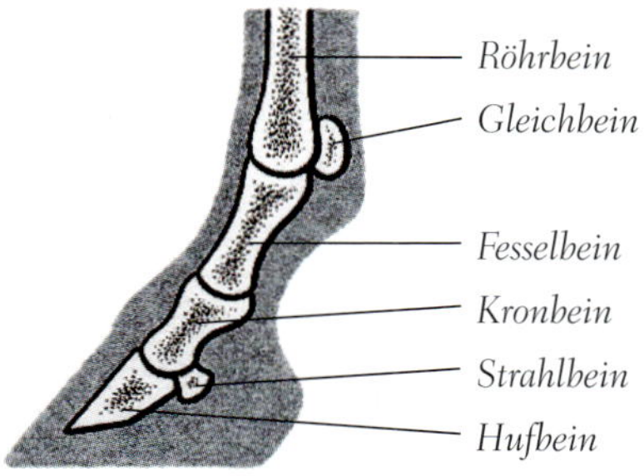

Die Hufknochen

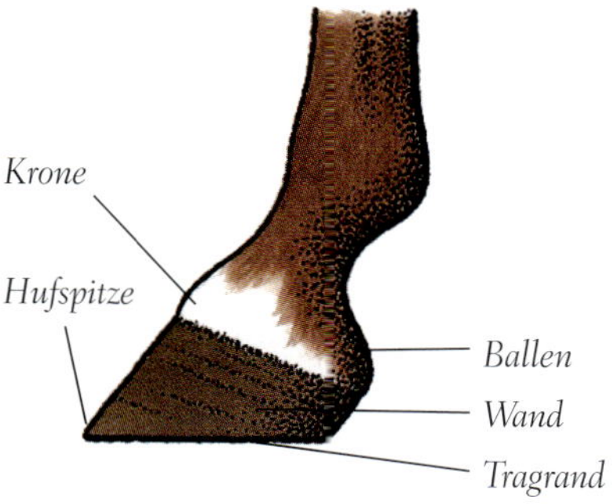

Der äußere Huf

schicht jedoch teilweise oder ganz abgeschmirgelt. Die Krone (Kronrand) ist ein etwa fingerdickes, ringförmiges Gebilde. Sie schließt nach unten an den Saum an. Aus der Krone wächst das harte Horn der Wand nach unten heraus, pro Monat etwa einen halben bis einen Zentimeter. Der leicht schräge, senkrechte Teil der Hornkapsel heißt Wand (Hornwand, Hufwand). An der Hinterseite des Hufs biegt die Wand an beiden Seiten spitzwinkelig ab und verläuft dann zum Strahl. Diese Ausläufe nennt man Eckstreben.

Der sichtbare Teil der Hornwand ist die harte Hauptschicht. Sie kann grauschwarz, bräunlich bis gelblich gefärbt, aber auch farblos sein. Oft ist ein Huf mehrfarbig, und die Färbung der einzelnen Hufe eines Pferdes kann unterschiedlich sein. An die äußere Wand schließt innen eine dünne Schicht aus weichem Horn an. An der Auftrittsfläche der Wand, dem Tragrand, ist diese weiche Hornschicht als so genannte Weiße Linie zu sehen. Die Hornwand besitzt weder Blutgefäße noch Nerven. Man teilt sie ein in den Zehenbereich (vorn), den Seitenbereich (links und rechts) und den Trachtenbereich (hinten).

Die Sohle (Hornsohle, Hufsohle) ist eine leicht nach oben gewölbte Platte aus hartem Horn. Sie schließt den Huf zum Boden hin ab und verbindet sich durch die Weiße Linie mit der Hornwand.

Von hinten schiebt sich der Strahl in den Sohlenbereich. Dies ist ein elastischer Hornkeil. Er setzt im Bereich des Ballens an das Saumband an und läuft bis etwa zur Mitte der Sohle. Beim Aufsetzen des Hufs wirkt er als Stoßdämpfer und unterstützt den Hufmechanismus.

Das Horn der Hufkapsel ist verhältnismäßig leicht und behindert das Pferd deshalb beim Laufen nicht. Außerdem hat es die Eigenschaft, Wärme und Kälte von außen abzuhalten. Deshalb zieht sich kein Pferd mit gesundem Hufhorn jemals Erfrierungen in diesem Bereich zu. Beim ☞ **Hufbeschlag** kann das Eisen auf den Tragrand „aufgebrannt“ werden, ohne dass das Pferd Schmerzen hat.

Aus gutem Grund sagt man, dass ein Pferd nur so „gut“ sei wie der Zustand seiner Hufe. Auf geschädigten Hufen kann ein Pferd nicht mehr richtig laufen; oft ist dann schon das Stehen eine Qual. Eine häufige Erkrankung der Hufe ist die ☞ **Hufrehe**. Die Weichhornteile können Feuchtigkeit aufnehmen, speichern und sogar zu faulen beginnen (☞ **Strahlfäule**). Durch häufige Witterungswechsel, aber z. B. auch durch Überlastung, schlechtes Futter oder häufiges Anschlagen an der Boxenwand entstehen oft Risse in der Hornwand. Manchmal besteht die Gefahr, dass sich das Horn der äußeren von dem der inneren Wand löst (so genannte Hohle Wand). In besonders schlimmen Fällen kommt es zum ☞ **Ausschuhen**. Das heißt, dass sich die Hornkapsel vom Hufkern ablöst. Hier ist Heilung kaum noch möglich.

Hufbeschlag, Hufbeschnitt _ Wild lebende Pferde brauchen keinen Hufbeschlag. Ihr Hufhorn nutzt sich meist im gleichen Maß ab, in dem es nachwächst. Allerdings sind die Hufe manchmal ausgebrochen oder schief abgelaufen. Bei Weidepferden, die „barfuß“, also ohne Hufeisen laufen, werden die Hufe deshalb hin und wieder ausgeschnitten. Beim Ausschneiden oder Beschnitt wird an der Hufunterseite überschüssiges Horn mit einem Spezialmesser ent-

fernt, die äußere Hufkante wird mit einer Raspel geglättet (berundet).
Beim Reiten und Fahren, besonders auf harten Böden, wird der Huf jedoch schneller abgerieben, als er nachwachsen kann. Die Pferde fangen dann an zu lahmen und können schließlich nicht mehr eingesetzt werden. Schon im Altertum suchten die Menschen deshalb nach einem Hufschutz. Geflochtene Sandalen aus Reisstroh und Bast waren jedoch wenig haltbar, ebenso Lederschuhe; außerdem scheuerten die Haltebänder die Pferdebeine auf. Die Römer fertigten bereits Hufschuhe aus Eisen und Bronze, doch das Problem der Bindestricke blieb. Bei schnellem Tempo flog außerdem der Hufschutz oft in hohem Bogen davon, und die Pferde gerieten ins Stolpern. Erst als man Hufnägel verwendete, hielten die Eisen besser an den Hufen. Die ältesten gefundenen Eisen mit Nagellöchern stammen aus dem 5. Jahrhundert nach Christus. Wie damals werden auch heute die Nägel durch die Nagellöcher im Hufeisen in den toten Hornteil des Pferdehufs getrieben. Dem Pferd entstehen dabei nur dann Schmerzen, wenn die Nägel zu nahe an den schmerzempfindlichen Teil des Hufes geraten.
Da die Pferdehufe ständig nachwachsen, sollen die ☞ **Hufeisen** alle sechs bis acht Wochen abgenommen und die Hufe beschnitten werden. Die Eisen lassen sich meist zwei- bis dreimal verwenden. Damit das Hufeisen gut am Huf anliegt, wird es vor dem Aufnageln oft erhitzt und heiß aufgelegt (aufgebrannt). Auch dies ist für das Pferd schmerzlos; man riecht jedoch das angesengte Horn, und es entsteht Rauch. Nervöse Pferde, vor allem Rennpferde, werden kalt beschlagen; dabei muss jedoch der Huf dem Eisen angepasst werden. Viele Pferde brauchen nicht unbedingt ständig Hufeisen. Oft werden sie für die Sommerzeit beschlagen, weil sie dann am meisten eingesetzt werden, und im Winter laufen sie „barfuß". Bei Hufkrankheiten und Stellungsfehlern kann ein besonderer Krankheits- oder Korrekturbeschlag (orthopädischer Beschlag) erforderlich werden. In Deutschland darf der Hufbeschlag nur von einem staatlich anerkannten ☞ **Hufschmied** ausgeführt werden.

Hufeisen _ gab und gibt es in zahllosen Größen und Formen. Noch vor wenigen Jahrzehnten musste der ☞ **Hufschmied** seine Eisen selbst von Hand schmieden. Heute gibt es vorgefertigte Fabrikeisen, die man vor dem Beschlag nur noch für das jeweilige Pferd zurichten muss. Die Vordereisen haben eine andere Form als die Hintereisen, da auch die Hufe vorn und hinten unterschiedlich geformt sind. Viele Hufeisen haben an den Seiten oder vorn kleine Kappen oder Aufzüge; sie sollen verhindern, dass sich das Eisen verschiebt, wenn die Nägel nach einiger Zeit etwas locker geworden sind. Für rutschige Böden verwendet man oft Stollen. Das sind Metallstücke, die an den Enden der Eisen eingeschraubt werden und das Wegrutschen verhindern. Bei Fahrpferden gebraucht man breitere Metallstücke, die so genannten Griffe, im Zehenteil des Eisens. Rennpferde bekommen meist leichte Eisen aus Aluminium. Bei Hufkrankheiten und Hufdeformationen, aber auch bei bestimmten Gelenkschäden müssen oft Spezialeisen angefertigt werden (sog. „orthopädischer Beschlag"). Zum Befestigen der Eisen am Huf verwendet man speziell geformte Hufnägel. Inzwischen gibt es auch „Hufeisen" aus Kunststoff (Plastik) oder Hartgummi sowie aus Mischungen dieser Materialien mit Metall. Sie werden teils genagelt, teils geklebt. Ein weiterer Hufschutz sind ☞ **Hufschuhe**.

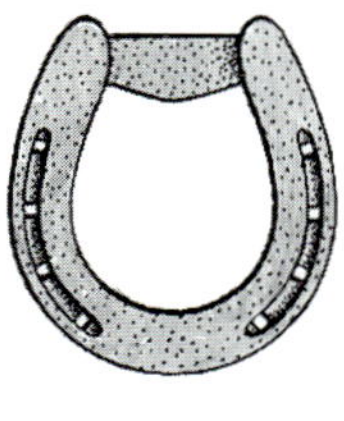
Krankheitseisen mit Steg

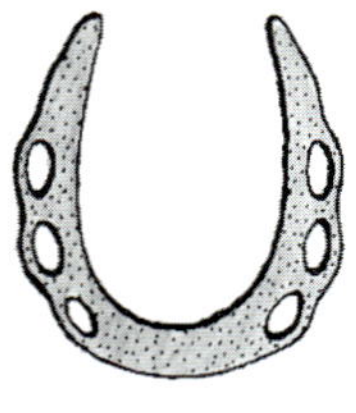
Römisches Eisen

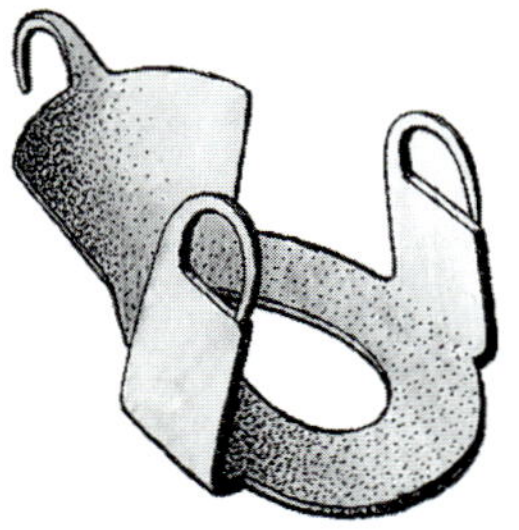
Antiker Bronzehufschuh

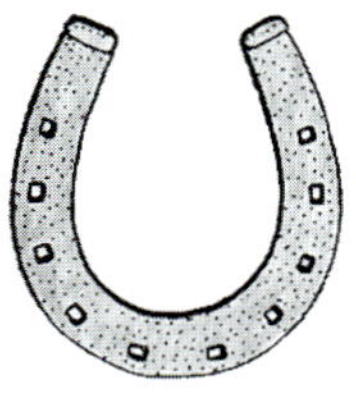
Hufseite/Innenseite des Hufeisens

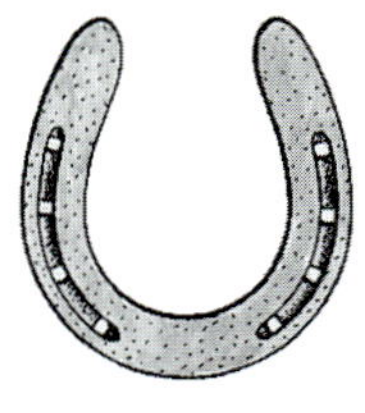
Bodenseite/Außenseite mit Rillen für die Nagelköpfe

Hufkratzer _ Kleines Gerät aus Metall oder Kunststoff zum Säubern der Hufunterseite; mit einem Haken werden Mist, Steinchen und andere grobe Verschmutzungen entfernt. Bei einigen Hufkratzern befindet sich auf der anderen Seite ein Bürstchen, mit dem man Sand und Erde abbürsten kann.

Hufpflege _ Vor und nach jedem Reiten oder anderweitigen Einsatz eines Pferdes putzt man mit einem ☞ **Hufkratzer** und einer Bürste Mist, Erde und sonstige Verschmutzungen sowie festgeklemmte Steine, Holzstücke und dergleichen aus dem Huf. Fremdkörper, die tief in den Huf eingedrungen sind, sollten jedoch vom Tierarzt entfernt werden, weil die betreffende Stelle dann meist ärztlich behandelt werden muss. Saubere Hufe kann man mit einem guten Spezialfett einfetten, damit die Hufwand glänzt und nicht spröde wird. Das Einfetten ist aber oft nicht nötig oder zweckmäßig. Wenn die Hufe sehr trocken sind, müssen sie vor dem Fetten gewaschen werden, damit die Feuchtigkeit im Huf bleibt. Von außen kann durch die gefettete Schicht kaum mehr Nässe eindringen. Huföl, mit dem man den ☞ **Kronrand** einreibt, soll das Hufwachstum anregen; die Meinungen sind jedoch geteilt, ob das Öl tatsächlich nützt und wenn ja, wozu das schnellere Nachwachsen des Horns gut sein soll.

Hufrehe _ Diese Entzündung der Huflederhaut (☞ **Huf**) wird auch als Hufverschlag oder kurz als Rehe bezeichnet. Meist sind beide Vorderbeine davon betroffen, selten auch die Hinterbeine. Das Pferd leidet stark und versucht, die Vorderbeine zu entlasten, indem es sein Gewicht nach hinten verlagert. Rehe entsteht häufig durch Eiweißüberschuss und kommt besonders bei wenig beschäftigten Ponys vor, denen Hafer, Brot oder Gras im Übermaß gefüttert wird. Die Gefahr einer Rehe besteht z. B. auch, wenn häufig auf hartem Boden galoppiert wird oder wenn bei Stuten nach dem ☞ **Abfohlen** die ☞ **Nachgeburt** nicht vollständig abgeht. Weitere Ursachen können unter anderem Infektionskrankheiten oder die Unverträglichkeit von Medikamenten oder Futterzusätzen sein.

Hufrollenentzündung _ Als Hufrolle wird das Strahlbein, der kleinste Knochen im ☞ **Huf**, und der Teil der großen Beugesehne bezeichnet, der an der Rückseite des Strahlbeins zum Hufbein läuft. Dort befinden sich auch Schleimbeutel, die bei jeder Bewegung Gel absondern. Bei anhaltender Überanstrengung, vor allem durch ständiges falsches Sitzen des Reiters und zu viel Springen, entzünden sich diese Schleimbeutel. Im weiteren Verlauf der Hufrollenentzündung, die auch als Strahlbeinlahmheit bezeichnet wird, wird das gesamte Knochen-, Knorpel- und Sehnengewebe in diesem Bereich geschädigt. Anfangs lahmt ein erkranktes Pferd nur wenig; bei deutlicher Lahmheit ist die Entzündung und Schädigung meist unheilbar. ☞ **Nervenschnitt**

Hufschlag _ Vorgegebener Weg in der ☞ **Reitbahn**, der neben der Bahnbegrenzung (☞ **Bande**) verläuft. Parallel zu diesem ersten oder äußeren Hufschlag verläuft der zweite Hufschlag, neben diesem der dritte und weitere innere Hufschläge. Sie liegen jeweils eine gute Pferdebreite auseinander. Bei den meisten Lektionen befindet sich das Pferd auf einem Hufschlag, bei ☞ **Seitengängen** benutzt man gleichzeitig zwei Hufschläge.

Hufschlagfiguren _ Festgelegte gerade und gebogene Linien in der ☞ **Reitbahn**, die sich teils mit dem ☞ **Hufschlag** decken, teils davon abweichen (siehe Abbildung auf den Seiten 104 und 105). Das Reiten der Hufschlagfiguren ist wichtig für die ☞ **Gymnastizierung** der Pferde. ☞ **Lektionen**

Hufschmied, Hufbeschlagschmied _ In Deutschland eine geschützte Berufsbezeichnung für Fachleute mit geregelter Ausbildung und staatlicher Abschlussprüfung. Pferdehufe wachsen ständig nach und müssen meist

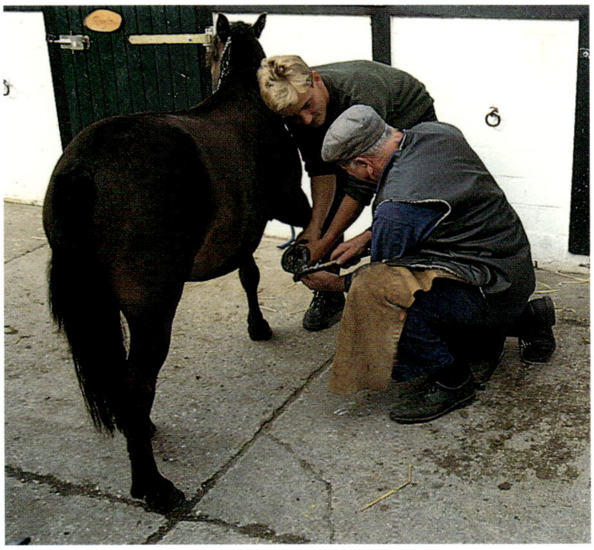

Ein Pony bekommt vom Fachmann neue Hufeisen aufgenagelt.

regelmäßig beschnitten werden. Pferde, die viel geritten oder gefahren werden, benötigen zudem häufig einen Hufschutz.
„Hufpfleger" und „Huftechniker" dürfen ausschneiden und Schoner z. B. aus Kunststoff aufbringen, das Beschlagen – also das Anpassen und Aufnageln von Hufschutz aus Metall (Eisen, Aluminium) – bleibt dem Beschlagschmied vorbehalten. Abgesehen von dieser qualifizierten Arbeit braucht man für die Bearbeitung von Pferdehufen ein umfangreiches Wissen über den Körperbau der Pferde, über Hufkrankheiten und darüber, wie man z. B. Fehler in der ☞ **Stellung** vermindern kann. Seit einiger Zeit sind als Hufschmiede auch Frauen zugelassen.

Hufschuhe _ sind kappenartige Gebilde aus Kunststoff, Gummi oder Leder, die über den Pferdehuf gezogen werden. Sie werden nicht genagelt oder geklebt, sondern mit Metallbügeln beziehungsweise Riemen verschnallt. Ein solcher Hufschutz kann wie ☞ **Hufeisen** zusätzlich mit Stollen versehen werden. Hufschuhe aus Leder hat es schon im achtzehnten Jahrhundert gegeben. Sie wurden häufig einzeln als „Notschuh" bis zur nächsten Schmiede verwendet, wenn unterwegs ein Eisen verloren gegangen war. Eine Spezialkonstruktion waren so genannten Moortreter oder Schneeschuhe. Bei ihnen war der Schuh auf einer breiten Holzplatte befestigt, die das Einsinken in weichen Boden verhindern sollte.
Moderne, gut sitzende Hufschuhe können eine brauchbare Alternative zum Hufbeschlag sein, vor allem im Freizeitbereich. Sie erfordern jedoch für das Pferd wie für den Pferdebesitzer einige Gewöhnung und sollten auch nicht dauerhaft am Huf bleiben.

Hufschlagfiguren

Ganze Bahn

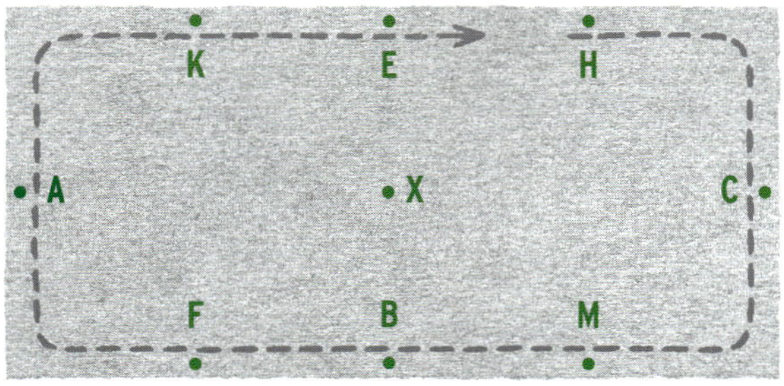

Wechsel durch die Länge der Bahn

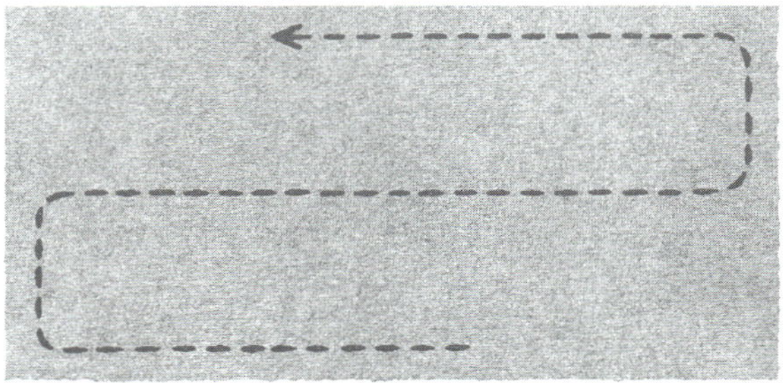

Halbe Bahn

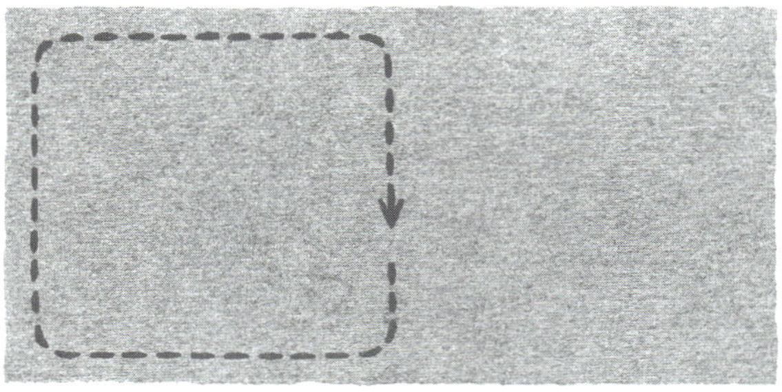

Auf dem Zirkel

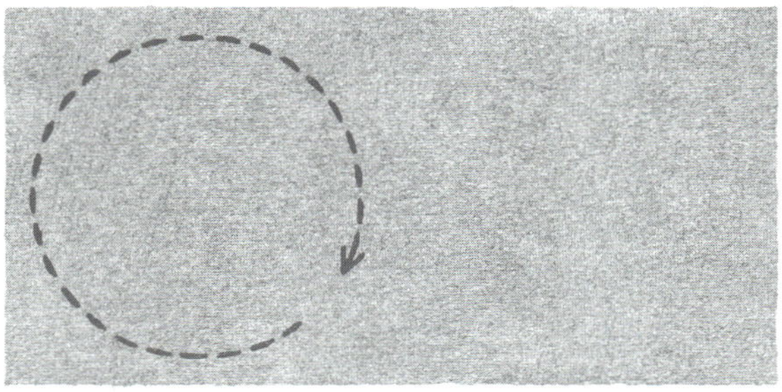

Wechsel durch die ganze Bahn

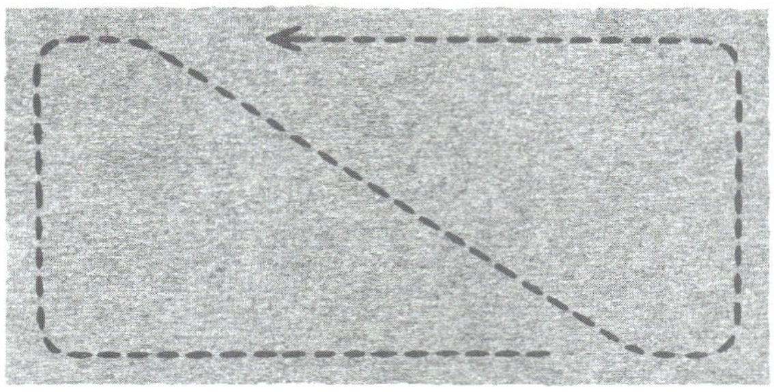

Aus dem Zirkel wechseln

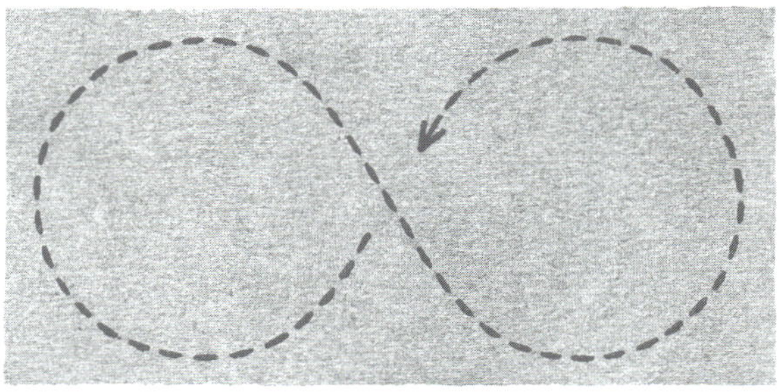

Wechsel durch die halbe Bahn

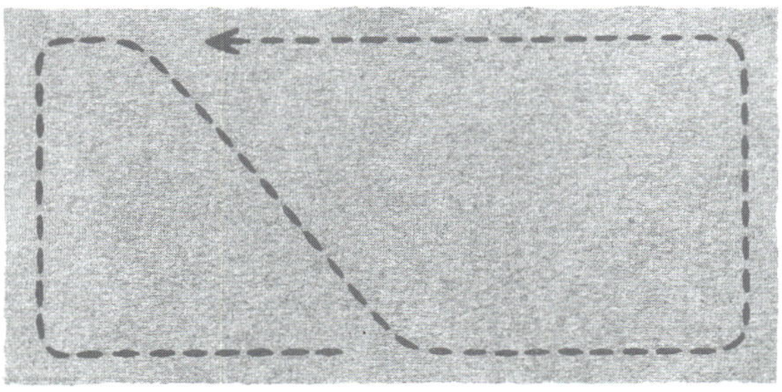

Durch den Zirkel wechseln

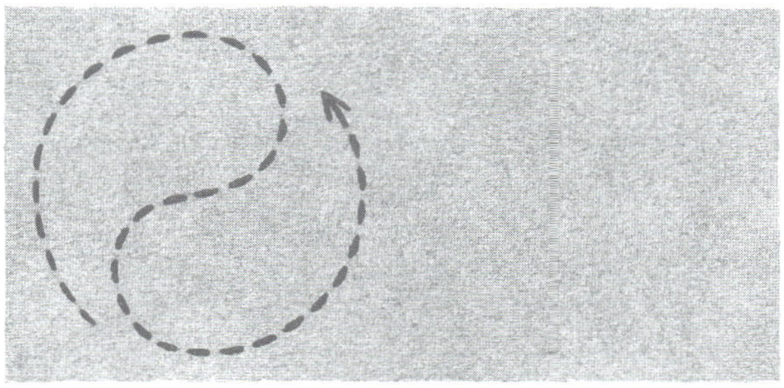

Volte

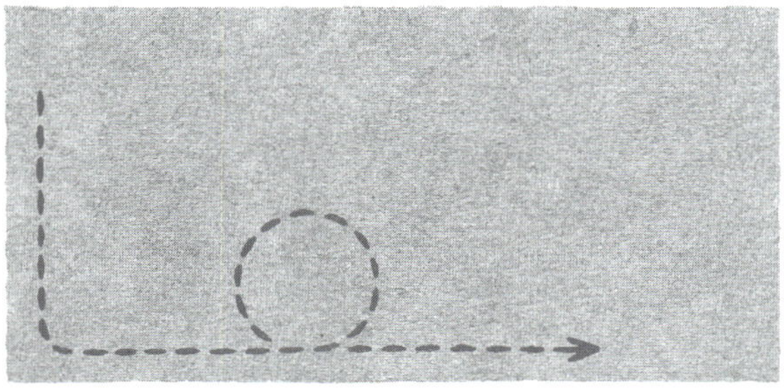

Schlangenlinien durch die ganze Bahn

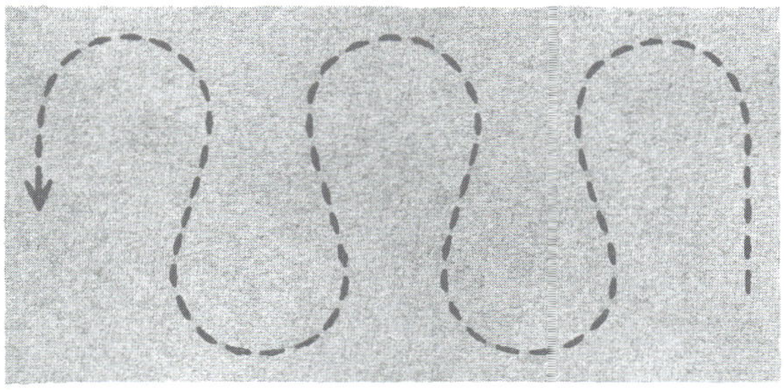

Aus der Ecke kehrt

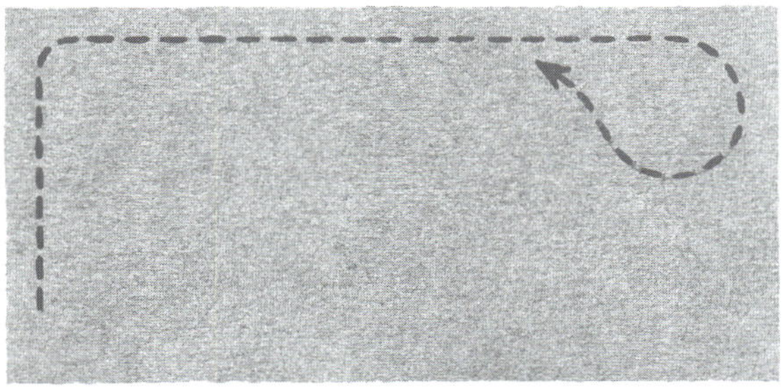

Oben: Doppelte Schlangenlinien an der langen Seite

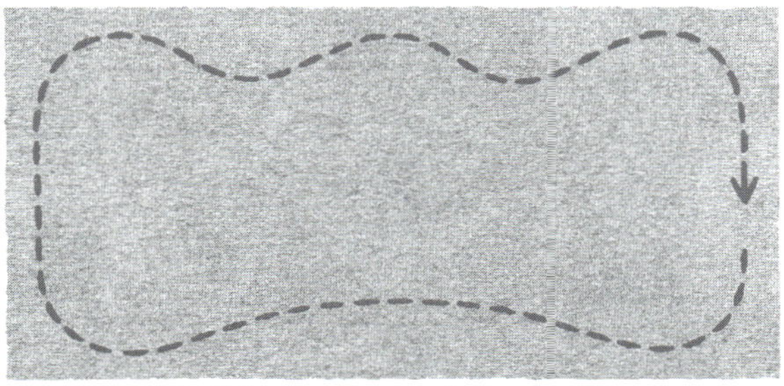

Unten: Einfache Schlangenlinie an der langen Seite

Hunter _ Dieser Pferdetyp wird in Großbritannien und Irland speziell für die ☞ **Reitjagd** gezüchtet, die dort noch vorwiegend auf lebendes Wild veranstaltet wird. Hunter sind meist ☞ **Halbblüter** aus Hengsten der Rasse ☞ **Englisches Vollblut** und Stuten verschiedener ☞ **Landschläge** beziehungsweise Halbblutstuten. Es wird eine Zuchteinteilung in schweres, mittleres und leichtes ☞ **Kaliber** vorgenommen. Allgemein ist der Hunter ein nobles, großrahmiges Pferd mit raumgreifenden Gängen und meist hervorragendem Springvermögen. Die Größe liegt selten unter 165 cm, häufig über 170 cm. Hunter gibt es in allen ☞ **Farben**.

Husten _ ist bei Pferden selten harmlos. Es gibt viele verschiedene Ursachen. Plötzlicher, krampfartiger Husten kann z. B. durch eine ☞ **Allergie** auf äußere Reizstoffe, durch einen verschluckten Fremdkörper oder durch Futter, das im Schlund gequollen ist, ausgelöst werden. Häufig besteht für das betroffene Pferd dann Lebensgefahr. Chronischer Husten entsteht z. B. durch eine nicht auskurierte ☞ **Grippe**. Deshalb muss auch leichter, aber anhaltender Husten ernst genommen und vom ☞ **Tierarzt** untersucht werden.

Huzule _ Ponyrasse aus den Karpaten, vor allem im Bereich der Slowakei und Tschechiens. Im 17. Jahrhundert wurden von Einwanderern wild lebende Gebirgspferde eingefangen und wahllos mit anderen Rassen verkreuzt. Erst im 19. Jahrhundert begann eine gezielte Zucht mit Pferden, bei denen der ursprüngliche Bergponytyp erhalten geblieben war. Heute ist das Huzulenpony durchschnittlich 135 bis 145 cm groß. Dunkle ☞ **Farben** werden bevorzugt, teilweise kommen ☞ **Aalstrich** und ☞ **Zebrastreifung** vor.

Wie wird man Hippologe oder Hippologin?

Als Studienfach kann man wissenschaftlich begründete ☞ **Hippologie** im europäischen Ausland schon seit einigen Jahren belegen. Es werden Studiengänge in den Bereichen Pferdewissenschaften beziehungsweise Pferdemanagement mit dem Abschluss „Bachelor“ angeboten.

In Deutschland gibt es die Möglichkeit eines pferdewissenschaftlichen Studiums erstmals seit dem Wintersemester 2006/2007 als weiterführenden „Master-Studiengang Pferdewissenschaften“. Man muss dazu einen Bachelor-Abschluss in einer einschlägigen Fachrichtung beziehungsweise in Biologie, oder einem Studienabschluss in der ☞ **Veterinärmedizin** besitzen. Der Fachbereich Agrarwissenschaften der Georg-August-Universität in Göttingen bietet dieses Aufbaustudium in Kooperation mit der Tierärztlichen Hochschule Hannover, der Bundesforschungsanstalt für Landwirtschaft und der ☞ **Deutschen Reiterlichen Vereinigung** (FN) an.

Um Hippologe oder Hippologin – also pferdekundig – zu sein, muss man aber nicht unbedingt studiert haben. Es gibt viele Menschen, die überragende Kenntnisse und Erfahrungen in Bezug auf Pferde besitzen und sie auch ständig erweitern, ohne dass sie jemals eine Hochschule betreten haben. Die meisten solcher Pferdekundler stammen aus Familien, in denen traditionell Pferdehaltung betrieben wurde. Sie sind deshalb in der Regel schon sehr früh mit Pferden umgegangen. Dazu kommt oft ein natürliches Talent, das Wesen der Pferde zu erfassen und diese Fähigkeit in die Praxis umzusetzen. Einige dieser Experten könnte man sicher getrost als ☞ **Pferdeflüsterer** bezeichnen. Allerdings werden auch manche Irrmeinungen oft über Generationen hinweg weitergegeben.

Benno von ☞ **Achenbach**, der im 19. und 20. Jahrhundert lebte, wird ebenso als einer der bedeutendsten Hippologen eingestuft wie der Grieche ☞ **Xenophon** aus der Antike. Solche herausragenden Pferdekenner heben sich von den unzähligen „gewöhnlichen“ Pferdefachleuten stets durch das gleiche Merkmal ab: Sie übernehmen nicht einfach überkommenes Wissen, sondern setzen sich damit auch kritisch auseinander. Ihre eigenen Erkenntnisse machen sie durch grundlegende Schriften der Öffentlichkeit zugänglich. Hippologen waren und sind aber nicht immer pferdefreundlich eingestellt. Einige Verfasser von Reitlehren vermittelten fragwürdige, teilweise sogar brutale Methoden und Ausrüstungen zur Erziehung und Ausbildung von Pferden. Ein Beispiel ist der Italiener **Federigo Grisone**; er lehrte im 16. Jahrhundert an der berühmten Reitschule zu Neapel, die von Adeligen aus ganz Europa besucht wurde. Sein Werk hieß „Ordini di Cavalcare“ und erschien 1550 in Neapel. Dagegen setzte der Franzose **Antoine de Pluvinel** (1555–1620), ehemals Schüler in Neapel und dann Reitlehrer von Ludwig XIII., auf einen verständnisvollen Umgang mit dem Pferd. Zwang und Gewalt lehnte er ab. Sein Werk, das er in die Form eines Dialogs mit dem König brachte, hieß „Le Manège Royal“. Ein weiterer Alt-Hippologe ist Pluvinels Landsmann **François de la Guérinière** (1688–1751). Er leitete erst eine eigene Reitakademie und später die königliche Reitschule in Paris. Auch Guérinière sprach sich gegen Zwangsmittel aus. Sein großes Werk war die „Ecole de Cavalerie“, die 1733 herausgegeben wurde. Diese Dressurlehre gilt noch heute als Grundlage des großen Dressursports und der weltberühmten Einrichtungen der klassischen ☞ **Hohen Schule**. Schließlich gehört noch der Italiener **Federico Caprilli** (1868–1907) zu den herausragenden Hippologen. Er war Rittmeister der italienischen Armee und Ausbilder an verschiedenen Kavallerieschulen seines Landes. Er begründete eine einfache, weitgehend pferdeschonende Reitmethode für das Gelände und das Springen. Insbesondere betonte er einen leichten, nach vorn geneigten Springsitz. „Nach Caprilli“ reitet man im Wesentlichen beim Springen noch heute.

IJ

Impfungen _ Gegen eine Reihe von infektiösen ☞ **Krankheiten** wie ☞ **Grippe** und ☞ **Fohlenlähme** sowie gegen Folgen von ☞ **Verletzungen**, vor allem gegen den gefürchteten ☞ **Wundstarrkrampf** und die ☞ **Tollwut**, kann man Pferde von einem ☞ **Tierarzt** vorbeugend impfen lassen. Dabei werden meist aktive Abwehrstoffe eingegeben oder gespritzt, häufig auch abgetötete oder reduzierte Erreger, die den Körper dazu bringen sollen, selbst Abwehrstoffe zu bilden. Selten können Krankheitskeime noch durch eine Impfung unschädlich gemacht werden, wenn die Krankheit bereits ausgebrochen ist. Für die Teilnahme an ☞ **Turnieren** oder Rennen (☞ **Rennsport**) sind bestimmte Schutzimpfungen vorgeschrieben, ebenso für viele Auslandsreisen.

Imponierverhalten _ Es soll Artgenossen beeindrucken. Vor allem Hengste legen das Imponiergehabe an den Tag, wenn der ☞ **Fortpflanzungstrieb** im Spiel ist. Vor Stuten stellen sie sich in aufgerichteter Haltung und mit gebogenem Hals zur Schau. Gegnerische Hengste laufen im Stechtrab (☞ **Trab**) aufeinander zu oder nebeneinander her, umtänzeln sich und schlagen mit den Vorderhufen auf den Boden. Wenn sich keiner von beiden unterlegen zeigt, kommt es unweigerlich zum ☞ **Hengstkampf**.

Der Schimmelhengst versucht, seinen Nachbarn mit aufgewölbtem Hals und Stechtrab zu beeindrucken.

Auch Stuten zeigen manchmal Imponierverhalten, z. B. wenn ein neues Pferd auf eine Nachbarkoppel gebracht wird.

Individualdistanz _ Beständige Nähe und Enge kann – genau wie uns Menschen – auch Pferden unangenehm sein und zu Spannungen führen. Die Individualdistanz ist der räumliche Abstand, den man zu den anderen Mitgliedern seiner Gruppe braucht, um sich nicht belästigt zu fühlen. Sie ist keine feste Größe, sondern ändert sich immer wieder und ist bei jedem Pferd individuell, also persönlich, und oft von Stimmungen und Zuständen abhängig. So suchen Pferde zur ☞ **Fellpflege** gezielt die Nähe eines Artgenossen; sobald die Pflege erledigt ist, gehen die Tiere wieder auf Abstand zueinander. Wie weit, das hängt von der benötigten Individualdistanz der betreffenden Pferde ab. Manche Pferde sind beim Dösen (☞ **Schlaf**) lieber allein, andere schließen sich zu Pärchen zusammen. Ist ein Pferd krank, so braucht es häufig mehr Platz um sich herum, als wenn es gesund ist. Auch tragende oder säugende Stuten beanspruchen meist mehr Freiraum um sich (und ihr Fohlen), als wenn sie gerade keinen Nachwuchs erwarten oder bekommen haben. Für kurze Zeit wird das Distanzbedürfnis zwischen erwachsenen Tieren verschiedenen Geschlechts z. B. kurz vor dem und beim ☞ **Deckakt** aufgehoben. Individualdistanz ist teilweise auch rassebedingt. So halten Pferde aus Trockengebieten mit spärlichem Pflanzenwuchs beim Weiden meist einen größeren Abstand zueinander; Pferde aus nördlichen Ländern mit reichlichem Wasser- und Futterangebot sind häufig beim Weiden gern dicht nebeneinander. Wenn die Individualdistanz eines Pferdes unterschritten wird – z. B. in engen Stallungen und Transportern –, reagiert es oft mit ☞ **Drohverhalten**. Dieses Verhalten kann übrigens auch ein pferdefreundlicher Mensch auslösen, der einem Pferd zum „Liebhaben" zu nah auf den Pelz rückt.

Besonders fremde Pferde entwickeln leicht Aggressionen, wenn sie eng beieinanderstehen müssen.

Innere Organe _ ☞ **Blinddarm**, ☞ **Gehirn**, ☞ **Herz**, ☞ **Ohrspeicheldrüse**

Instinkt _ Ein Instinkt ist ein angeborener Trieb oder Drang, der wie bei allen Tieren und dem Menschen auch bei Pferden das Überleben eines Einzelnen oder der ganzen Art sichern soll. Die Grundinstinkte nennt man auch Selbsterhaltungs- beziehungsweise Arterhaltungstrieb. Eine Instinkthandlung wird durch bestimmte innere oder äußere Reize ausgelöst. Hunger und Durst sind beispielsweise die Auslöser für die Ernährung; der Anblick eines bedrohlichen Tieres löst den ☞ **Fluchttrieb** oder den ☞ **Verteidigungstrieb** aus; der ☞ **Herdentrieb** drängt Pferde dazu, sich mit Artgenossen zusammenzuschließen. Der ☞ **Fortpflanzungstrieb** wird bei Pferden durch die ☞ **Rosse** geweckt. Durch Dressieren und andere Methoden kann das Instinktverhalten verändert werden (auch positiv, wenn dadurch z. B. der Fluchttrieb abgeschwächt wird). Ständig unterdrücktes Triebverhalten äußert sich oft in ☞ **Verhaltensstörungen**.

Intelligenz _ Darunter versteht man – vereinfacht gesagt – Lernfähigkeit und selbstständiges Denken. Pferde rechnet man allgemein zu den höher stehenden, weil mit einer gewissen Intelligenz begabten Tieren. Sie können zum Beispiel lernen, gesprochene Kommandos zu verstehen und auf körperliche Hilfen eines Reiters zu reagieren. Es gibt auch individuelle Beispiele für Intelligenz, etwa wenn ein Pferd von sich aus begreift, wie und wann es am besten eine Türverriegelung an der Box öffnet. Manche Showelemente wie das „rechnende" Pferd sind allerdings Tricks. Im Wildleben besitzen Pferde genügend Intelligenz und ☞ **Instinkt**, um ohne Einfluss des Menschen zu überleben. Nur dafür sind sie eigentlich von der Natur auch damit ausgestattet worden.

Interieur _ So nennt man den Charakter, das persönliche Wesen eines Pferdes. Das Interieur wird vor allem in züchterischer oder reiterlicher Hinsicht bewertet. ☞ **Exterieur**

Internationale Reiterliche Vereinigung _ ☞ **FEI**

Internationaler Freizeitreiterverband _ ☞ **FITE**

Inzucht _ Die ☞ **Anpaarung** von Tieren, die nahe miteinander verwandt sind, oft über mehrere Generationen hinweg. Dadurch will man in der ☞ **Zucht** bestimmte Eigenschaften (z. B. Körperbau, Farben, Leistung, Umgänglichkeit) festigen, die sich dann auch bei weiteren Nachkommen erhalten. Die Anpaarung von Elterntieren mit ihren direkten Nachkommen oder mit Vollgeschwistern bezeichnet man als Inzestzucht. ☞ **Blutführung**, **Blutlinie**

IPO _ Dies ist die Abkürzung für die Islandpferde-Prüfungsordnung, das Regelwerk für öffentliche Spezial-Wettbewerbe mit ☞ **Isländern** im deutschsprachigen Gebiet. ☞ **Seite 112**

Irish Draught Horse _ Dies ist die einzige heimische Großpferdrasse in Irland. Irish Draught Horses stehen im Typ ☞ **Schweres Warmblut**, mit Einkreuzungen von Kalt-, Warm- und Vollblut. Die vielseitig verwendbaren Pferde werden heute verstärkt zum Typ Reitpferd hin gezüchtet. Die Größe liegt bei 160 bis 170 cm. Irish Draught Horses sind vorwiegend ☞ **Schimmel** und ☞ **Braune**.

Isabelle _ Pferd mit weißlich gelbem bis goldgelbem (cremefarbenem) ☞ **Fell** und gleichfarbigem oder hellerem bis silberweißem ☞ **Langhaar**, möglichst ohne dunkle Strähnen. Isabellen haben keine dunkleren Langhaarfärbungen wie der ☞ **Fuchs** und helle ☞ **Hufe**. Weißisabellen, in Lateinamerika auch Cremellos genannt, sind Pferde mit von Geburt an fast weißem Haarkleid, in dem jedoch stets ein Cremeton vorhanden ist. Obwohl sie meist auch helle Augen haben, zählen Isabellen nicht zu den ☞ **Albinos**; sie unterscheiden sich auch von den ☞ **Atlasschimmeln**.

Isländer _ Dies ist die einzige Pferderasse auf der Insel Island. Die ersten Pferde kamen mit den Wikingern im 9. Jahrhundert dorthin. Seit über 1000 Jahren besteht ein völliges Einfuhrverbot für Pferde, selbst für solche, die auf der Insel geboren wurden. Isländische Reiter, die an Turnieren im Ausland teilnehmen, müssen sich von ihren Pferden trennen, bevor sie nach Hause zurückkehren – oder auf fremden Pferden reiten. So entstand eine einmalige ☞ **Reinzucht**, die es sonst nirgends auf der Welt gibt. Islandpferde sind sehr widerstandsfähig und genügsam, selbstständig und energisch; wie andere urtümliche Rassen besitzen sie ein natürliches Maß an Eigenwilligkeit. Viele Herden leben ganzjährig im Freien, oft in weit abgelegenen, unwirtlichen Gebieten. Häufig haben sich die

☞ **Spezialgangarten** ☞ **Tölt** und ☞ **Pass** erhalten - auch bei Pferden, die im Ausland nachgezüchtet werden. Auf der Insel unterm Polarkreis waren die kleinen Pferde jahrhundertelang das einzige Verkehrsmittel. Auch heute noch benutzen manche Bauern sie z. B. zum Schafabtrieb oder um über schwieriges Gelände zur nächsten Ansiedlung zu gelangen. Beliebt ist der Turniersport für die Spezialgangarten; alle vier Jahre treffen sich Islands Züchter und Reiter zur größten Pferdeschau auf Island, dem Landsmót. Längst werden auch Reittouren auf Islandpferden angeboten, die in noch wenig berührte und kaum erschließbare Landesteile führen, in denen z. B. Geysire sprudeln und Vulkanberge emporragen. Isländer haben ein Stockmaß zwischen 125 und 145 cm. Es gibt alle Farben und Abzeichen, ausgenommen sind nur Fleckschimmel (☞ **Tigerung**). Im Gegensatz zu den meisten anderen Rassen mussten Islandpferde übrigens nie Kriegsdienst leisten - auf Island gibt es kein einheimisches Militär.

Die robusten „Isis" sind energische und ausdauernde Reitpferde.

Jacke _ Andere Bezeichnung für das ☞ **Fell** des Pferdes. Vor allem bei Großpferden nennt man die Jacke „schön", wenn das Fell kurz und glänzend gehalten wird, Mähne und Schweif frisiert sind und durch Auflegen von Pferdedecken verhindert wird, dass sich das natürliche ☞ **Winterfell** entwickelt. ☞ **Behaarung**

Jährling _ Ein junges Pferd im zweiten Lebensjahr. Im Freileben laufen manche Jährlinge noch bei der Mutter mit, auch wenn diese schon ein neues Fohlen bekommen hat. Von Menschen gehaltene Jährlinge wurden meist bereits von der Mutter getrennt (☞ **Absatzfohlen**).

Jagdfeld _ Eine ☞ **Abteilung** (☞ **Feld**) bei einer ☞ **Reitjagd** bezeichnet man als Jagdfeld.

Jagdgericht _ Ein Jagdgericht besteht meist aus dem Jagdleiter und Pikören. Es ahndet nach einer ☞ **Reitjagd** Verstöße gegen die Jagdregeln und -sitten.

Jagdpferdeprüfung _ Dies ist eine Geländeprüfung (☞ **Geländeritt**) der ☞ **FN** für die ☞ **Klassen** A, L, M und S mit 8 bis 14 festen Hindernissen über 1,5 bis 4 km. Die Jagdstrecke muss von den Teilnehmern zuerst einzeln zurückgelegt werden. Die Reiter, die bei der ersten Wertung gut abgeschnitten haben, müssen einen Teil der Strecke nochmals reiten, diesmal in geschlossenen Gruppen mit mindestens vier Teilnehmern. Dabei wird auch das Verhalten der Pferde im Feld, also innerhalb der Gruppe, beurteilt.

Jagdreiten _ Als die Menschen anfingen, Pferde zu reiten, haben sie die Pferde wohl auch bald zur Jagd auf deren noch wild lebende Artgenossen und auf anderes Wild verwendet. Nun besaßen die menschlichen Jäger neben den Hunden, die die Wildfährten erschnüffelten und auch Tiere stellten, zusätzlich Reittiere, durch die sie ähnlich schnell und wendig wie ihre Beute waren. Sie konnten die Tiere auf ihren Pferden auch über längere Strecken verfolgen, ihnen den Weg abschneiden oder sie umzingeln. In vielen Ländern werden, trotz weit reichender Waffen und Fahrzeuge, auch heute noch Jagden zu Pferde auf lebende Tiere veranstaltet. Besonders gern und häufig wird die alte Tradition gepflegt, Wildtiere nicht nur zu Pferde, sondern zusätzlich mit Hundemeuten zu verfolgen: Die Hunde nehmen die Spur des flüchtenden Wildes auf, und die Jäger reiten hinter ihnen her.
In Deutschland und etlichen anderen Staaten sind solche Hetzjagden und jede andere Form der Jagd auf Lebendwild von Pferden aus seit einigen Jahrzehnten verboten.

Dennoch finden auch hierzulande noch ☞ **Reitjagden** statt, aber in anderer Form. Die Hauptsaison dafür ist nach wie vor der Herbst. Dann sind die Felder abgeerntet, die Wiesen gemäht und die Jungen der Wildtiere herangewachsen. Der Schaden für die Natur bleibt deshalb in dieser Zeit am geringsten.
Jagdreiten erfordert wie jede andere Reitsportart eine gründliche Ausbildung und ein ständiges Training, besonders vor Saisonbeginn. Kilometerlange Ritte durch unterschiedliches Gelände, über feste Hindernisse, durch Wasser und vorwiegend im Galopp stellen große Anforderungen an Reiter und Pferde. Die FN bietet ein Jagdreitabzeichen.

Master und Piköre mit Hundemeute vor einer Reitjagd

Jagdrennen _ ☞ **Galopprennen**, ☞ **Steeplechase**

Jockey _ Umgangssprachliche Bezeichnung für alle Rennreiter; tatsächlich bekommt jedoch ein Berufsrennreiter (☞ **Pferdewirt**) offiziell erst dann diesen Titel, wenn er eine Mindestanzahl von Rennen (meist 50) gewonnen hat.
☞ **Galopprennen**, ☞ **Rennsport**

Jodhpurhosen _ Knöchellange, schmale Reithosen, meist mit Fußsteg. Dazu passend gibt es Jodhpurstiefeletten. Das sind halbhohe, leichte Stiefel meist ohne Schnürung.

Jucker _ Jucker sind flinke, leichte Wagenpferde mit raumgreifenden Gängen; sie werden meist bei der Anspannung im ☞ **Sielengeschirr** eingesetzt. ☞ **Anspannungsarten**

Jugendabzeichen _ für Reiter, Fahrer oder Voltigierer der ☞ **FN** gab es bis etwa 1992. Sie wurden durch andere ☞ **Leistungsabzeichen** abgelöst; teilweise sind sie ganz entfallen.

Jungpferd _ Halb erwachsenes oder halbwüchsiges Pferd, das kein ☞ **Jährling** mehr ist, aber noch keinen Nachwuchs hat beziehungsweise noch nicht in der Ausbildung steht. Im Freileben sind dies die Tiere, die noch bei der Stammherde mitlaufen, also noch nicht selbstständig sind.
☞ **Herde**, ☞ **Maidenstute**, ☞ **Remonte**

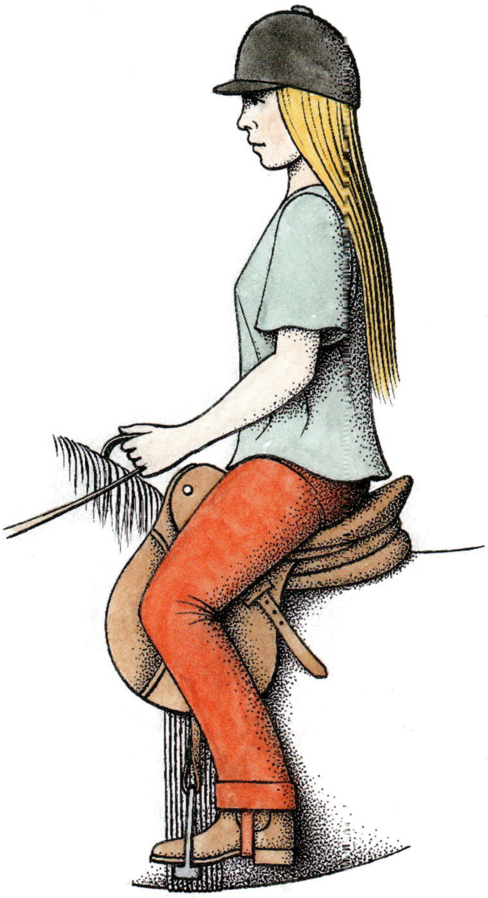

Jodhpurhosen und Jodhpurstiefeletten

Was steht in der IPO?

Was auf herkömmlichen Turnieren geboten wird, ist meist allgemein bekannt. Von den Disziplinen Dressur, Springen, Fahren, Military beziehungsweise Vielseitigkeit und Voltigieren haben auch Leute eine Vorstellung, die selber nicht reiten und sich nicht näher mit Pferden beschäftigen. Auch das Westernreiten ist nicht nur in den USA ein Publikumsmagnet, sondern hat inzwischen in Europa Fuß gefasst und findet als Leistungssport die Aufmerksamkeit von Zuschauern und Medien.

Spezielle Islandpferde-Reitprüfungen sind dagegen fast nur „Insidern" ein Begriff. In Deutschland werden Regeln dafür vom Island Pferde-, Reiter- und Züchterverband e.V. (IPZV) aufgestellt. Sie sind in der IPO, der Islandpferde Prüfungsordnung, im Teil A – Sportordnung – festgeschrieben. Teil B beinhaltet die Ausbildungs- und Prüfungsordnung (API), die für das Ablegen von Reitabzeichen sowie für Trainer und Richter zuständig ist. Der Teil C umfasst die Zuchtordnung.

Für Zuschauer ist natürlich der erste Teil von besonderem Interesse. Veranstaltet werden Wettbewerbe auf unterer Ebene als Freizeitreiter-, Haus- und Jugendturniere. Der eigentliche Leistungssport fängt bei offenen Sportturnieren für Islandpferde (OSI) an und gipfelt national in den Deutschen Jugend-Islandpferdemeisterschaften (DJIM) und in den Deutschen Islandpferdemeisterschaften (DIM).

Die Einteilung in Turnierklassen sieht je eine Kinder-, Jugend-, Junioren- und Freizeitklasse, die Sportklassen B und A sowie offene Klassen ohne Altersbegrenzung vor. Grundsätzlich werden bei allen Prüfungen nur Pferde zugelassen, die mindestens fünf, teilweise sogar mindestens sechs Jahre alt sind.

Angeboten werden Tölt- und Passprüfungen, Viergang- und Fünfgangprüfungen (auch als Stilprüfungen), Tölt- und Passrennen sowie Galopp- und Trabrennen. Teilnehmen und zuschauen kann man außerdem bei Reiterprüfungen in der Abteilung, bei Gehorsamsprüfungen oder beim Mannschaftsdressurreiten. Dazu kommen Geländeritte und Jugendstilspringen mit niedrigen Hindernissen, Geschicklichkeitsprüfungen, Handpferdereiten, Paarreiten und die Halfterklasse, bei der die Pferde an der Hand vorgestellt werden. Besondere Veranstaltungen nur für Islandpferde und ihre Reiter gibt es beispielsweise als wettkampfmäßige Wanderritte (WWI), Distanzritte und -rennen sowie als Reiterspiele und Rallyes.

Die meisten Prüfungen setzen sich aus dem Teil A – Vorentscheidung – und Teil B – Endausscheidung – zusammen. Der Turnierplatz ist je nach Wettbewerb eine ☞ **Ovalbahn**, *eine Springbahn oder ein Dressurviereck, eine abgesteckte Rennstrecke oder eine offene Geländestrecke.*

Bei den reinen Gangarten-Wettbewerben wird wegen der großen Anzahl der Nennungen meist in mehreren Abteilungen geritten, die aus je drei bis sechs, selten auch aus mehr Reitern bestehen. Üblicherweise kommen die fünf bis zehn besten Pferde der Vorentscheidung in die Endausscheidung. In einer Gehorsamsprüfung treten die Reiter einzeln an.

Bewertet wird je nach Prüfung mit einem einfachen Notensystem von 0–10, nach einem komplizierten Punktesystem oder nach Zeit. Die Sportordnung schreibt unter anderem auch die Ausrüstung der Reiter und der Pferde vor; bemerkenswert ist, dass Sporen grundsätzlich verboten sind.

K

Kaliber _ Bezeichnung für das Verhältnis der ☞ **Größe** zum ☞ **Gewicht** eines Pferdes. Man spricht von viel oder wenig, großem oder geringem, schwerem und leichtem Kaliber. Wenn man zwei gleich große Pferde vergleicht, hat das Pferd mit mehr Körpergewicht auch mehr Kaliber. Von zwei gleich schweren Pferden hat das kleinere (und damit massigere) Tier das größere Kaliber. Sind Körpergröße und Körpergewicht zweier Pferde gleich, dann hat das Pferd mehr Kaliber, das mehr Körperlänge aufweist. Ein Pferd mit einem ausgewogenen Verhältnis von Größe und Gewicht nennt man auch idealkalibrig.

Kaltblut _ Dies ist der schwerste und massigste ☞ **Pferdetyp**. Auch die größte Pferderasse der Welt, das ☞ **Shire Horse**, ist ein Kaltblut. Kaltblüter stehen im Typ des ☞ **Tundrenpferdes**, haben aber ihre gewaltigen Ausmaße wohl erst durch Zucht und Mast bekommen. Ihre Größe liegt je nach Rasse zwischen 155 und 190 cm, selten darunter, gelegentlich aber sogar darüber. Ihr Gewicht beträgt etwa 600 bis über 1000 kg. Sie besitzen im Allgemeinen ein ruhiges Temperament und gehen vorwiegend im ☞ **Schritt**. Natürlich beherrschen sie auch die anderen ☞ **Grundgangarten**, ermüden aber dabei rascher als andere Pferde und haben wenig „Anschub" aus der ☞ **Hinterhand**. Aufgrund ihres ☞ **Körperbaus** eignen sie sich am besten zum Ziehen von schweren Lasten.

Kaltblüter sind die Schwergewichte unter den Pferden.

Hengste werden deshalb auch auf ihre ☞ **Zugleistung** hin geprüft, bevor sie zum Deckeinsatz kommen (☞ **Deckhengst**). Vom 17. bis zum 19. Jahrhundert stand die Kaltblutzucht in Europa in hoher Blüte. Kaltblüter wurden in der Land- und Forstwirtschaft eingesetzt, im Transportwesen und beim Militär. Sie kamen auch nach Amerika, Südafrika und Australien und wurden für ☞ **Kreuzungen** eingesetzt, wenn man eine andere Rasse, vor allem bei den ☞ **Ponys**, kräftiger und größer haben wollte. Die Erfindung der Dampfmaschine und anderer technischer Einrichtungen hat die Kaltblutpferde als Arbeitstiere weitgehend überflüssig gemacht. Heute sind Kaltblutpferde hauptsächlich noch als Werbeattraktion im Einsatz, vor allem für Brauereien. Außerdem versuchen einige wenige Züchter, einen weniger massigen Kaltblutschlag mit raumgreifenderen Gängen zu züchten, den man auch für den Fahrsport einsetzen kann. Die meisten Kaltblutpferde werden heute jedoch in erster Linie nicht für Pferdefreunde, sondern für den Verzehr gezüchtet; in manchen Beschreibungen des ☞ **Standards** von Kaltblutrassen wird unmissverständlich darauf hingewiesen.

Kaltbrand _ Das Anbringen von ☞ **Brandzeichen** mit Hilfe eines Stempels, der (meist in flüssigem Stickstoff) auf etwa minus 80° Celsius abgekühlt wurde. Durch den Tieffrost entsteht wie beim ☞ **Heißbrand** eine Versengung des Fells und manchmal auch der Haut.

Kampftrieb _ ☞ **Angriffs- und Kampfverhalten**, ☞ **Hengstkampf**, ☞ **Stutenkampf**, ☞ **Verteidigungstrieb**

Kandare _ Eine ☞ **Zäumung** mit ☞ **Gebiss**. Die Blanke Kandare besteht aus einem durchgehenden, ungebrochenen Mundstück, der so genannten Stange, teils mit ☞ **Zungenfreiheit**, und zwei gebogenen oder geraden Seitenstücken. Diese Anzüge, auch Aufzüge, Bäume oder Hebel genannt, haben Ringe für die ☞ **Zügel** und die zur Zäumung gehörige Kinnkette. Das Ganze wird an einem ☞ **Kopfstück** mit Stirnriemen befestigt und meist mit einem Englischen ☞ **Reithalfter** ergänzt. Die Kinnkette verläuft durch die Kinngrube. Das ist eine Vertiefung hinter der Unterlippe des Pferdes, die reiterlich auch als Kinnkettengrube bezeichnet wird. Die Kette drückt von unten gegen das Nervensystem des Unterkiefers, von oben wirkt das Gebiss; der Druck setzt sich im Genick des Pferdes fort. Je länger die Hebel sind, umso direkter und schärfer ist die Wirkung des Mundstücks.
Das Bit, die amerikanische Kandarenversion, wird ebenso wie Polokandaren sowie manche Fahrkandaren blank verwendet.
Zur europäischen Reitkandare gehört außer dem Stangengebiss eine Unterlegtrense; das ist eine dünne Wassertrense. Sie liegt im Pferdemaul hinter der Stange und

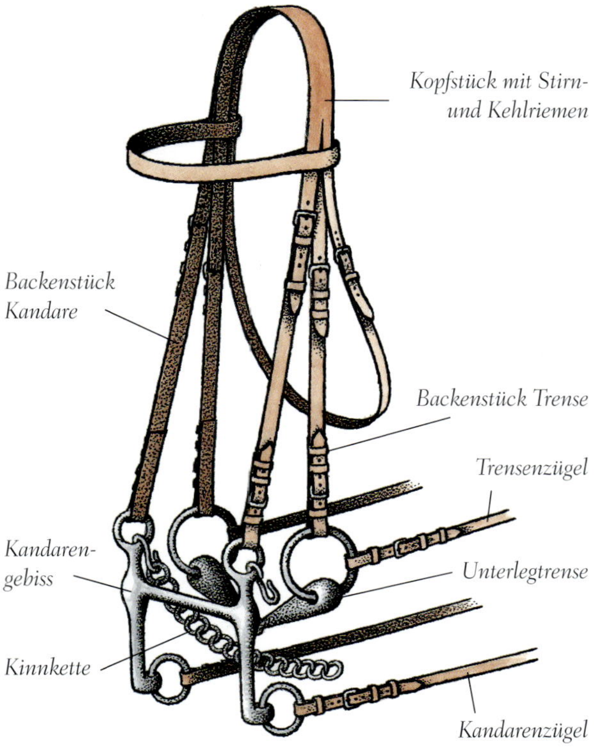

Der Übersichtlichkeit halber wurde das Englische Reithalfter weggelassen

soll deren Wirkung entschärfen. Die Unterlegtrense hat eigene Zügel, sodass der Reiter in jeder Hand zwei Zügel zu führen hat.

Kanter _ Ruhiger, gleichmäßiger ☞ **Galopp** im Gelände. Regelmäßiges Reiten im Kanter schont ein Pferd im Gegensatz zum Jagd- oder Renngalopp. Der Kanter fördert und erhält die Kondition eines Pferdes und kann junge oder nervöse Pferde ausgeglichener machen.

Kappzaum _ Eine gebisslose ☞ **Zäumung**, die vor allem zum ☞ **Longieren** verwendet wird. Das Kernstück ist ein breiter Nasen- und Kinnriemen, an dessen Außenseite Metallringe zum Einschnallen der ☞ **Longe** eingearbeitet sind. Außerdem gehört wie bei einem ☞ **Reithalfter** ein Kopfstück mit Stirn- und Kehlriemen zum Kappzaum.

Breiter Kappzaum mit eingeschnalltem Führzügel

Kapriole (Capriole) _ Ein ☞ Schulsprung. Das Pferd springt aus der ☞ Levade in die Höhe, sodass es mit allen vier Beinen vom Boden gelöst ist und fast waagrecht in der Luft „liegt". Im Moment des Freischwebens schlägt es mit den Hinterbeinen aus, während die Vorderbeine weiter angewinkelt sind.

Kardätsche _ Feste, breite Bürste, die meist mit einer Handschlaufe versehen ist. Die Kardätsche wird zum Entfernen des gelösten Staubes aus dem Pferdefell und zum Glänzendmachen des Fells verwendet. ☞ **Putzen und Pflegen**, ☞ **Putzzeug**

Karossiers _ Karossiers sind kräftige, aber elegante Wagenpferde mit gutem Trabvermögen, teilweise mit ☞ **hohen Gängen**. Karossiers werden bevorzugt für die Anspannung im ☞ **Kumtgeschirr** eingesetzt.

Karpfengebiss _ Man nennt diesen Kieferfehler auch Überbiss. Der Oberkiefer ist länger als der Unterkiefer, sodass die oberen Schneidezähne über die unteren hinausragen, statt auf sie aufzutreffen. Dies erschwert das Abrupfen von Gras und Kräutern. Eine andere Fehlstellung ist das ☞ **Hechtgebiss**.

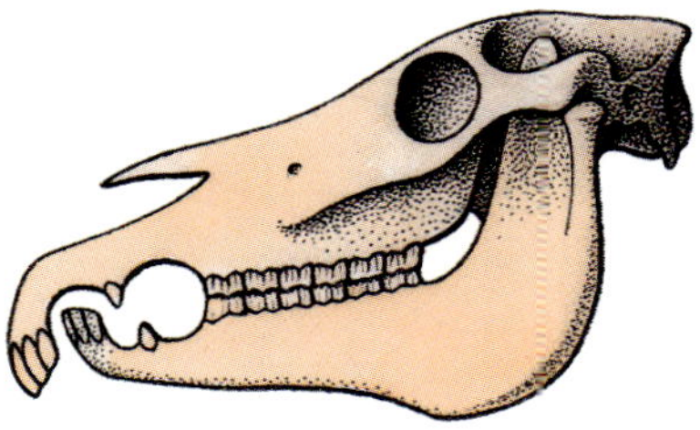

Ungewöhnlich starker Überbiss (Karpfengebiss)

Kastanien _ Hornige dunkle Warzen auf der Innenseite im oberen Bereich der ☞ **Beine** von Pferden und anderen ☞ **Equiden**. Bei manchen Tieren kommen die Kastanien nur an den Vordergliedmaßen vor oder fehlen ganz. Dass es sich bei den Kastanien - wie häufig vermutet - um verkümmerte ehemalige Zehen handelt, ist wegen der anatomischen Lage unwahrscheinlich.

Kastration _ Entfernung der Hoden bei solchen ☞ **Hengsten**, die nicht für die ☞ **Zucht** verwendet werden. Man nennt die Pferde nach der Kastration ☞ **Wallache**. Kastriert werden Pferde meist im zweiten oder dritten Lebensjahr; durch den Eingriff werden Wachstum und Entwicklung für einige Zeit verlangsamt. Die Tiere erholen sich aber bei richtiger Pflege bald wieder. Das Kastrieren von überzähligen Hengsten sollen die Wikinger „erfunden" haben. Man bezeichnet die Kastration auch als das Legen eines Hengstes.

Kategorie _ Einteilungsschema für ☞ **Turniere** z. B. nach den Regeln der ☞ **LPO** (C = unterste Stufe, B = mittlere und A = höchste Stufe) 2008 abgeschafft. ☞ **Klassen**, ☞ **WBO**

Kauf _ Wer als Reiter erst am Anfang seiner Ausbildung steht, sollte noch nicht gleich an ein eigenes Pferd denken. Erst die Erfahrung im Reiten zeigt, mit welchem Pferdetyp man am besten zurechtkommt. Vor einem Kauf muss nicht nur geklärt werden, wo man das Pferd unterbringen kann, sondern auch, wer es womit und wann versorgt und wer für die laufenden Kosten aufkommt. Hat man sich für ein bestimmtes Pferd entschieden, sollte man auf jeden Fall eine ☞ **Ankaufsuntersuchung** vornehmen lassen, auch wenn man das Pferd z. B. aus der ☞ **Reitschule** schon kennt. Ratsam ist ein schriftlicher Vertrag, in dem der Verkäufer bestätigt, dass das Pferd keine ☞ **Gewährsmängel** hat; außerdem sollte man sich bestimmte Eigenschaften bestätigen lassen, z. B. dass es ☞ **schmiedefromm** ist und auf welchem Ausbildungsstand es steht. Für Pferde, die in einem ☞ **Zuchtbuch** eingetragen sind, bekommt man einen ☞ **Abstammungsnachweis**. Mit diesem Dokument kann man beweisen, dass man der Eigentümer des betreffenden Pferdes ist.

Kavallerie _ Die berittenen Einheiten beim Militär bezeichnet man als Kavallerie. Reitersoldaten gibt es seit Ende des Zweiten Weltkrieges nur noch bei wenigen Armeen. Viele Begriffe in der deutsch-europäischen Reitweise stammen jedoch noch aus der Kavallerie. ☞ **Militärpferde**

Kehlkopfpfeifen _ entsteht durch eine chronische Atemstörung, etwa nach einer ☞ **Druse**. Man bezeichnet das Kehlkopfpfeifen auch als Rohren oder Ton. Pferde mit Ton sind meist in ihrer Gebrauchsfähigkeit eingeschränkt; die Störung kann bei Belastung Erstickungsanfälle auslösen. In Deutschland zählt die Krankheit zu den ☞ **Hauptmängeln**.

Kehlriemen _ Bestandteil des ☞ **Kopfstücks** der Zäumung.

Kehrtwendung _ So nennt man das Abwenden (Wegreiten) vom ☞ **Hufschlag** und das Zurückkehren zum Hufschlag in einer schlaufenförmigen Linie. So erreicht man einen ☞ **Handwechsel**. Kehrtwendungen werden von Anfängern häufig aus einer Ecke der ☞ **Reitbahn** geritten, da die Pferde sich dort sowieso bereits etwas biegen müssen. ☞ **Hufschlagfiguren**

Kennzeichnung _ ☞ **Brandzeichen**, ☞ **Brennen**, ☞ **Chips**, ☞ **Ohrmarkierung**, ☞ **Tätowierung**

Kentaur, Zentaur _ Fabelwesen der griechischen Sagenwelt. Der Oberkörper eines Kentauren war von menschlicher Gestalt und saß auf einem Pferdeleib. Fast alle Kentauren waren rechte Bösewichte; sie wurden schließlich mit Hilfe eines Athener Helden besiegt. ☞ **Poseidon**

So stellten sich die Griechen einen Kentauren vor.

Kiang _ Ein ☞ **Pferdeesel** aus den Hochsteppen von Tibet.

Kinnbart _ Längere dichte Haare am Unterkiefer eines Pferdes; der Kinnbart geht nach hinten meist in einen ☞ **Backenbart** über.

Kinnkette _ Ein Bestandteil der ☞ **Zäumung** auf ☞ **Kandare**. Kinnketten kommen häufig auch bei der mechanischen ☞ **Hackamore** zum Einsatz.

Kinnriemen _ Teil des ☞ **Reithalfters** und gebissloser ☞ **Zäumungen**.

Kippmähne _ Eine ☞ **Stehmähne**, deren Haare noch weich sind oder wieder weich und länger geworden sind, bezeichnet man als Kippmähne. Die Mähnenhaare kippen dann in ihrem oberen Teil manchmal auf eine Seite, meist aber auf beide Seiten des Halses weg. Fohlen von ☞ **Przewalskipferden** tragen fast immer eine solche jugendliche Kippmähne, die sich erst beim Älterwerden versteift. Kippmähnen können aber beispielsweise auch bei kranken Przewalskipferden entstehen. Beim ☞ **Fjordpferd** kommen sie ebenfalls vor und können sich eventuell zur ☞ **Fallmähne** auswachsen, wenn man sie nicht kürzt.

Kladruber _ Dieses kräftige, noble Kutschpferd ähnelt im Typ dem ☞ **Lipizzaner**, mit dem es die spanische Abstammung gemeinsam hat. Der Kladruber ist jedoch insgesamt mächtiger. Seine Größe liegt bei 165 bis 175 cm, gelegentlich auch darüber. Typisch ist der ☞ **Ramskopf**. Kladruber sind immer ☞ **Rappen** oder ☞ **Schimmel**. Sie werden fast ausschließlich in Tschechien gezüchtet. ☞ **WBO**

Klassen _ Einteilungssystem für ☞ **Leistungsprüfungen**. Es gibt Klassen für Reiter verschiedenen Alters (Junioren, Junge Reiter, Senioren) und Einteilungen nach dem Geschlecht der Reiter oder Pferde (nur für ☞ **Amazonen** beziehungsweise für ☞ **Hengste** oder ☞ **Stuten**). Außerdem werden Anfänger im Turniersport und Reiter mit bereits erreichten Erfolgen unterschiedlichen Klassen zugeordnet (z. B. Leistungsklasse I bis V der ☞ **FN**). Die einzelnen Prüfungen werden je nach Schwierigkeit der Anforderungen in die Prüfungsklassen E, A, L, M und S unterteilt. (Einstiegs-, Anfangs-, Leichte, Mittelschwere und Schwere Klasse.) Auf einem ☞ **Turnier** sind in der Regel verschiedene Klassen vertreten. ☞ **Kategorie**

Klassische Reitkunst _ ☞ **Reitweisen**

Kleben _ Ein Pferd, das klebt, sucht ständig die Nähe seiner Artgenossen, auch unter dem Sattel. Von seinen Stall- und Weidegenossen lässt es sich nur mit Widerstreben wegführen. Beim Reiten läuft es immer wieder so dicht wie möglich an das Vorderpferd heran; beim Wegreiten von der Gruppe wird es widersetzlich. Zum ☞ **Hufbeschlag** oder für tierärztliche Behandlungen steht es oft nur ruhig, wenn ein Nachbarpferd dazugestellt wird. Wenn ein Kleber alleine zurückbleiben muss, kann er sogar in Panik geraten. Ein solches Pferd läuft aufgeregt hin und her, wiehert anhaltend und schlägt gegen die Boxen- oder Transporterwand. Im Extremfall versucht es, aus der Box oder über den Koppelzaun zu springen.
Klebende Pferde sind oft unsicher und suchen deshalb die Nähe von Artgenossen. Auch wenn Pferde lange Zeit paarweise zusammenleben, neigt oft das rangniedere Tier zum Kleben, manchmal auch beide.

Kleines Hufeisen _ Basisprüfung der ☞ **VFD** und der ☞ **FN** für Kinder und Jugendliche mit Grundkenntnissen im Reiten in der ☞ **Reitbahn** oder/und im ☞ **Voltigieren**. ☞ **Leistungsabzeichen**

Kleinpferd _ Dies ist eine Bezeichnung für große ☞ **Ponys**, die meist nahe an der Obergrenze des offiziellen Ponymaßes von 147 cm liegen; es gibt bei solchen großen Ponyrassen meist auch Tiere, die etwas größer als 147 cm sind. Häufig sind zeitweilig größere und stämmigere Rassen eingekreuzt worden.

Klepper _ Altes niederdeutsches Wort für einen ☞ **Klopfhengst** oder ☞ **Wallach**; heute meint man damit meist ein heruntergekommenes, abgemagertes Pferd. Der Ausdruck wird aber auch für kräftige ☞ **Kleinpferde** oder kleine ☞ **Kaltblüter** Ost- und Nordosteuropas verwendet. ☞ **Ross**

Klopfhengst _ Ein männliches Pferd, das nur einen Hoden hat oder bei dem ein Hoden in der Bauchhöhle zurückbleibt, bezeichnet man als Klopfhengst. Solche Pferde werden auch als Klopphengste oder Spitzhengste bezeichnet. Sie sind grundsätzlich von der ☞ **Zucht** ausgeschlossen. ☞ **Hengst**, ☞ **Wallach**

Das Finnpferd oder der Finnische Klepper ist ein typischer Vertreter der kleineren Wirtschaftspferde in Nordosteuropa.

Knabstrupper _ Dieses vielseitige Reit-, Kutsch- und Showpferd aus Dänemark ist nahe verwandt mit dem ☞ **Frederiksborger**. Im Typ sind die Knabstrupper nicht einheitlich, unter anderem durch Einkreuzung verschiedener Fremdrassen. Äußeres gemeinsames Merkmal ist die Fleckung (☞ **Tigerung**). Fohlen werden teilweise weiß geboren, was bei späteren reinen ☞ **Schimmeln** nicht vorkommt. Die Größe liegt bei etwa 160 cm. Mit Hilfe von ☞ **New-Forest-Ponys**, ☞ **Welsh-Ponys** und ☞ **Shetlandponys** entstand um 1990 eine kleine Variante unter 148 cm, das Knabstrupperpony.

Knabstrupperpferd und Dalmatinerhunde im gleichen „Look"

Knie _ Ein Kniegelenk mit Kniescheibe haben die Pferde an jedem Hinterbein (☞ **Körperbau**). Man kann das Knie kurz nach dem Übergang vom Bauch zur ☞ **Hinterhand** ertasten. Es wird in der Bewegung, z. B. auch beim Beugen der ☞ **Hanken**, sichtbar. Die ☞ **Vorderfußwurzel**, auch Vorderknie genannt, ist im anatomischen Sinn kein Knie, in der Funktion ähnelt sie allerdings einem solchen.

Knieaktion _ ☞ **Aktion**, ☞ **Hohe Gänge**

Knieschluss _ Als Knieschluss bezeichnet man die Lage der Knie am Sattel. Der Knieschluss ist fest, wenn die Knie durch richtigen ☞ **Sitz** dicht anliegen; bei falschem Sitzen bleibt ein Zwischenraum zwischen Knie und Sattel, das Knie ist „offen".
Einen guten Knieschluss braucht man besonders beim ☞ **Springen**.

Körperbau _ Der Körperbau kennzeichnet das Pferd allgemein als Pflanzenfresser und schnelles Lauftier. Ersteres zeigt sich besonders am Aufbau des Gebisses (☞ **Zähne**); das Pferd ist jedoch kein Wiederkäuer, sondern hat ein besonderes Verdauungssystem für die schwer verdauliche pflanzliche Nahrung (☞ **Blinddarm**). Zum Zweiten gehören Pferde zu den Huftieren und speziell zu den ☞ **Einhufern**. Am Anfang ihrer ☞ **Entwicklungsgeschichte** standen jedoch kleine, mehrzehige Tiere. Der ☞ **Huf** in seiner heutigen Form ist wie der übrige Körperbau erst im Verlauf von Jahrmillionen durch Anpassung an weltweite Änderungen des Klimas und der Lebensräume entstanden. Jedes Pferd besitzt rund 250 Knochen und 520 Muskeln. Die ☞ **Behaarung** ist typisch für Säugetiere. In ☞ **Größe** und ☞ **Gewicht** gibt es erhebliche Unterschiede zwischen den ☞ **Rassen**. Vom persönlichen Körperbau (☞ **Gebäude**) hängt es mit ab, wofür man ein Pferd am besten verwenden kann, ob es sich z. B. hauptsächlich für das Ziehen schwerer Lasten eignet oder besonders für anspruchsvolles Reiten.

Körperpflege _ ☞ **Fell- und Hautpflege**, ☞ **Putzen und Pflegen**, ☞ **Zähne**

Körpersprache _ ☞ **Ausdrucksweisen**

Körpertemperatur _ Die normale Körpertemperatur liegt bei Fohlen zwischen 38,5 und 39,5° Celsius, bei er-

Körperbau

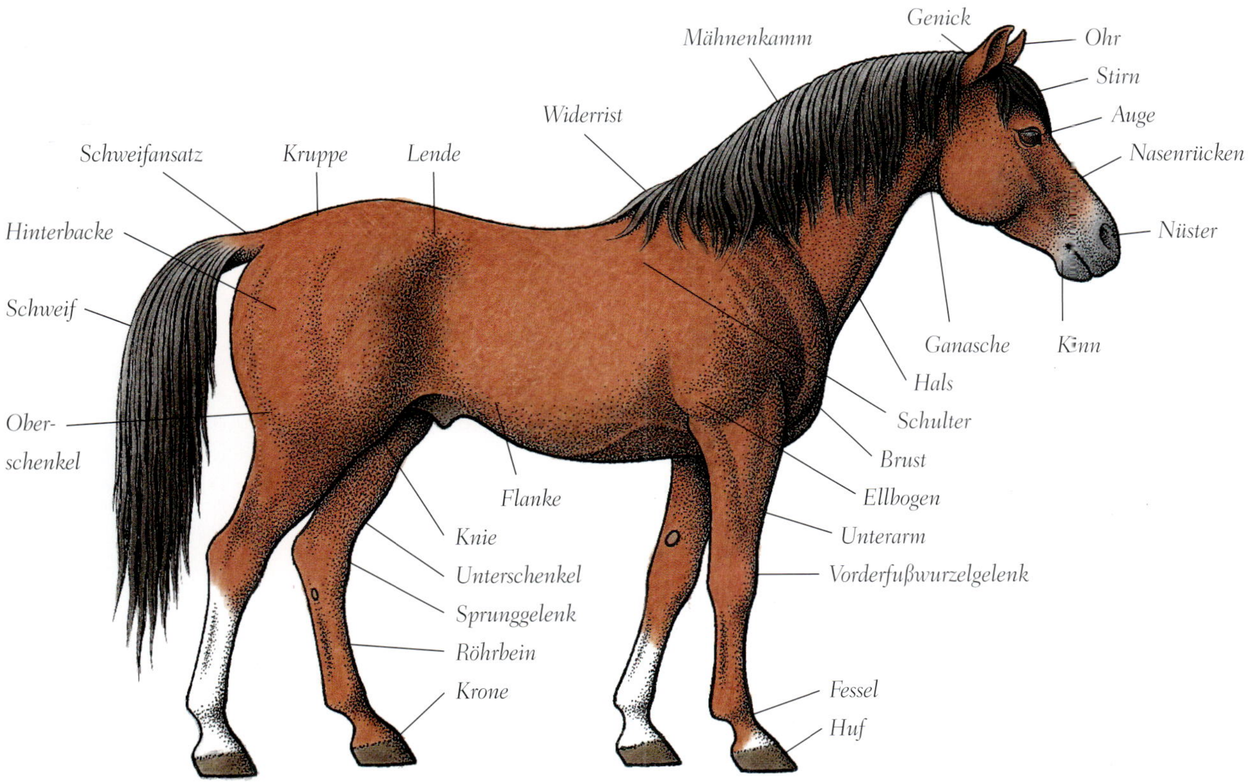

Genick
Mähnenkamm
Ohr
Stirn
Widerrist
Auge
Schweifansatz
Kruppe
Lende
Nasenrücken
Hinterbacke
Nüster
Schweif
Ganasche
Kinn
Hals
Ober-
schenkel
Schulter
Brust
Flanke
Ellbogen
Knie
Unterarm
Unterschenkel
Vorderfußwurzelgelenk
Sprunggelenk
Röhrbein
Krone
Fessel
Huf

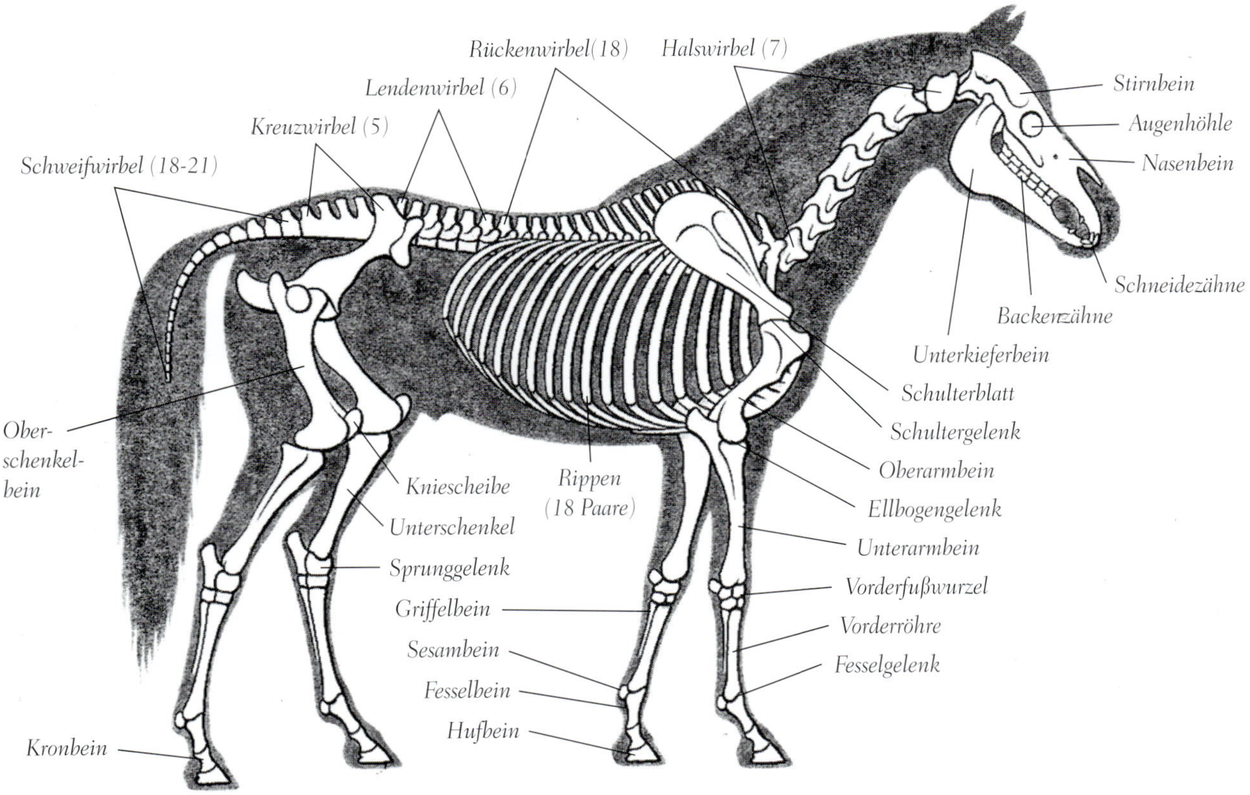

Rückenwirbel(18)
Halswirbel (7)
Lendenwirbel (6)
Stirnbein
Kreuzwirbel (5)
Augenhöhle
Schweifwirbel (18-21)
Nasenbein
Schneidezähne
Backenzähne
Unterkieferbein
Schulterblatt
Ober-
schenkel-
bein
Schultergelenk
Oberarmbein
Kniescheibe
Rippen
(18 Paare)
Ellbogengelenk
Unterschenkel
Unterarmbein
Sprunggelenk
Vorderfußwurzel
Griffelbein
Vorderröhre
Sesambein
Fesselgelenk
Fesselbein
Hufbein
Kronbein

wachsenen Pferden bei etwa 38° Celsius. An heißen Tagen und bei Anstrengung steigt sie manchmal bis auf 40° Celsius an. Als ☞ **Fieber** gelten 39° Celsius und mehr, wenn die erhöhte Temperatur länger als einige Stunden anhält und nicht auf solche besonderen Umstände zurückzuführen ist. In selteneren Fällen kann es auch zu Untertemperatur kommen. Ernst wird es ab etwa 37° Celsius abwärts.

Körung _ Die Körung ist die Zulassung von männlichen Pferden zur ☞ **Zucht**. In den meisten Staaten besteht ein gesetzlich vorgeschriebener Körzwang. Jeder ☞ **Hengst**, der gekört werden soll, muss völlig gesund sein und öffentlich einer Körkommission vorgestellt werden. Sie beurteilt die Tiere nach ihrem Äußeren, ihrer Bewegung und ihrer Abstammung. Junge Hengste bis zum Alter von etwa vier Jahren werden nur angekört, also vorläufig zugelassen. Sie müssen dann innerhalb einer bestimmten Zeit eine so genannte ☞ **Hengstleistungsprüfung** ablegen. Bereits gekörte Hengste können auch wieder abgekört werden. Das heißt, dass die Zuchtzulassung entzogen wird. Das kann z. B. der Fall sein, wenn ein Hengst bei der Leistungsprüfung zu schlecht abschneidet oder wenn ein älterer Hengst nur (noch) schwache Nachkommen hervorbringt. Manchmal wird ein Zuchthengst auch abgekört, weil der ☞ **Standard** der Rasse geändert wurde und sein Typ nicht mehr gefragt ist. Mit nicht gekörten oder abgekörten Hengsten darf nicht gezüchtet werden. Wer es trotzdem tut, verstößt gegen das Tierzuchtgesetz und kann mit einer Strafe belegt werden.

Köte _ Den hinteren Teil der ☞ **Fessel** bezeichnet man als Köte.

Kötenbehang _ Längere Behaarung an den ☞ **Köten**. Der Kötenbehang ist bei kaltblütigen Rassen besonders dicht.

Kolik _ Krampfanfall im Magen oder Darm eines Pferdes. Koliken gibt es sonst nur bei Menschen (z. B. Gallenkolik). Das erste Anzeichen einer Kolik bei einem Pferd ist, dass es sich weigert zu fressen. Nervöses Scharren mit den Hufen, ☞ **Schweifschlagen**, Schwitzen (☞ **Schweiß**) und Umsehen nach hinten sind bereits deutliche Anzeichen. Bei starken Beschwerden lässt sich ein Pferd auch auf den Boden fallen und wälzt sich oder bleibt minutenlang auf dem Rücken liegen. Dadurch kann es zu einer lebensbedrohenden ☞ **Darmverschlingung** kommen. Koliken entstehen z. B. durch zu hastiges Fressen von ☞ **Trockenfutter** oder durch ☞ **Parasiten**, Bakterien und Gifte im Futter, etwa Schimmelpilze oder ☞ **Giftpflanzen**, verschluckte Erde oder Sand auf abgegrasten Weiden und vieles mehr. Jede Kolik muss tierärztlich behandelt werden. Manchmal muss das Pferd operiert werden, doch oftmals hilft auch eine Operation nicht mehr.

Nach einer Kolik verhindert ein Maulkorb die unkontrollierte Futteraufnahme.

Kolostralmilch _ ☞ **Biestmilch**

Kombiniertes Reithalfter _ ☞ **Reithalfter**

Komfortverhalten _ So nennt man Verhaltensweisen, die der Körpersäuberung und -hygiene dienen. Beim Pferd zählt dazu hauptsächlich die ☞ **Fell- und Hautpflege**.

Konik _ Allgemeine Bezeichnung für kleinere Pferde unter anderem in der polnischen und der slowenischen Sprache. Seit 1928 wird der Polnische Konik in seiner Heimat als Rasse reingezüchtet (☞ **Reinzucht**). Erwünscht ist ein Pferd mit typischem Ponyaussehen (☞ **Pony**), ☞ **Wildfärbung** und einer Widerristhöhe um die 135 cm. Tiere mit weißen ☞ **Abzeichen** gelten als nicht reinrassig. Der echte „Konijk Polski" gilt als zäh, selbstständig und lernbereit. Koniks werden zur Stabilisierung von Ponymerkmalen auch bei anderen Ponyrassen, z. B. beim ☞ **Dülmener**, eingekreuzt.

Konikstute mit Fohlen, das gerade sein dichtes Geburtsfell verliert.

Kopfscheu _ ist ein Pferd, das sich nicht gern am Kopf berühren oder zäumen lässt. Gründe gibt es dafür viele, unter anderem schlechte Erziehung, scheuerndes Zaumzeug oder gar Schläge. Wenn man diese ☞ **Verhaltensstörung** beseitigen will, muss man versuchen, die Ursache herauszufinden. Manchmal ist ein Pferd auch nur bei bestimmten Personen kopfscheu, z. B. bei solchen, die es nicht respektiert oder die grob mit ihm umgehen.

Kopfschlagen _ Pferde schlagen oft heftig mit dem Kopf nach oben und unten, um ihren Unwillen auszudrücken oder weil ihnen etwas unangenehm ist. Auf der Weide kann z. B. ein unerwünschter menschlicher Besucher oder ein fremdes Tier ein solches Verhalten auslösen; im Stall zeigen Pferde dadurch unter anderem ihre Ungeduld an, wenn sie auf das Futter warten müssen oder ein befreundeter Artgenosse zu lange ausbleibt. Vor allem beim Reiten, aber auch beim ☞ **Fahren** oder beim ☞ **Longieren** weist Kopfschlagen häufig auf Verspannungen in Genick, Hals und Rücken eines Pferdes hin; sie entstehen vielfach durch harte Zügel- oder Leinenführung, aber z. B. auch durch die Ängstlichkeit und Unsicherheit eines Pferdes gegenüber neuen Aufgaben oder in neuer Umgebung.

Kopfstück _ Teil der ☞ **Zäumung**, der den eigentlichen Nasen- oder Gebisszaum am Pferdekopf hält. Das Kopfstück besteht aus dem Genickstück, das hinter die Ohren gelegt wird (bei Einohrkopfstücken ist es eine Ohrschlaufe), und den Backenstücken; die Teile können aus einem einzigen durchgehenden Riemen bestehen oder in Höhe der Schläfen miteinander verbunden sein. Zusätze sind Stirnriemen und Kehlriemen sowie die ☞ **Reithalfter**.

Kopfstück für Gebisszäumung

Koppel _ 1. Eine umzäunte ☞ **Weide**.
2. Mehrere durch ☞ **Halsriemen** aneinandergekoppelte Pferde, z. B. zum Vorführen auf einer Pferdeschau.
3. Je ein Hundepaar der Meute beim ☞ **Jagdreiten**.

Koppen _ bedeutet Luftschlucken. Ein koppendes Pferd saugt mit dem Maul Luft ein, spannt die Halsmuskulatur an und drückt die Luft durch die Speiseröhre in den Magen. Krippensetzer oder Aufsetzer nennt man Pferde, die zum Koppen ihre oberen Schneidezähne auf eine feste Unterlage, z. B. die Futterkrippe oder einen Zaunpfosten, pressen. Ein Freikopper streckt dagegen seinen Kopf nach vorn oder oben, um Luft zu schlucken. Manche Pferde koppen auf beide Arten. Koppen ist eine chronische ☞ **Verhaltensstörung**, die z. B. durch ständige Langeweile oder durch einen Schock ausgelöst werden kann. Kopper haben häufig einen Blähbauch und sollen vermehrt zu ☞ **Koliken** neigen. Das Koppen zählt zu den ☞ **Hauptmängeln**.

Korrekturbeschlag _ ☞ **Hufbeschlag**

Kot _ Beim Pferd haben die ausgeschiedenen Darmschlacken normalerweise eine rundliche Form in der Größe eines kleineren Apfels (☞ **Rossapfel**). Ein Kothaufen besteht aus ziemlich trockenen, festen, gelblich braunen bis grünlichen „Bollen", die einen unverwechselbaren, nicht unangenehmen Geruch haben. Außer Fohlen (☞ **Kotfressen**) finden auch andere Tiere, vor allem Vögel, noch nahrhafte Bestandteile darin; Gärtner verwenden den Pferdemist gern als Dünger. Pferde koten normalerweise mehrmals am Tag, etwa alle zwei bis drei Stunden, oft auch in der Bewegung. Anhaltender Durchfall, also wässriger, sehr heller oder dunkler, übel riechender Kot, ist stets das Anzeichen für eine gestörte Verdauung, eine innere Erkrankung oder Wurmbefall (☞ **Parasiten**). Als Kotverhalten bezeichnet man den vergeblichen Versuch eines Pferdes, Darmschlacken abzusetzen. Das ist häufig das Anzeichen für eine lebensbedrohliche ☞ **Kolik** (☞ **Darmpech**). Frei lebende Pferde suchen oft bestimmte Plätze auf, an denen sie ihren Kot hinterlassen. So werden schädliche Keime und Parasiten nicht überall verteilt, und das Weidegebiet bleibt weitgehend sauber. Gleichzeitig dient ein Kotplatz durch seine Gerüche der Orientierung über die Artgenossen (☞ **Ausdrucksweisen**).

Kotfressen _ ist für die meisten Fohlen eine Notwendigkeit. Sie fressen nicht den eigenen Kot, sondern den ihrer Mutter. Darin sind Stoffe enthalten, die im Verdauungstrakt des Fohlens noch fehlen, aber gebraucht werden. Halbwüchsige und erwachsene Pferde fressen in der Regel keine Darmausscheidungen; bei ihnen ist die Aufnahme von eigenem oder fremdem Kot meist ein Anzeichen für eine Gesundheitsstörung.

Kraftfutter _ enthält Bestandteile, die verbrauchte Körperenergien verhältnismäßig schnell ersetzen; das sind vor allem bestimmte Eiweiße, Fette und Zuckerstoffe. Zusätzlich zu ☞ **Gras** oder ☞ **Heu** bekommen vor allem Leistungspferde, ☞ **Zuchtstuten**, ☞ **Fohlen** und ☞ **Deckhengste** Kraftnahrung. Man gibt sie in Form von Hafer, Mais oder Gerste beziehungsweise ☞ **Pellets** daraus. Auch bei bestimmten Erkrankungen und während der Genesung brauchen manche Pferde Kraftfutter; dafür eignet sich besonders gut ☞ **Mash**. Im Allgemeinen muss man das Kraftfutter jedoch absetzen, wenn ein Pferd krank ist oder aus anderen Gründen weniger Arbeit und Bewegung hat als üblich. Zu viel Kraftfutter bringt überschüssige Energie; die Pferde sind dann unnötig heftig oder bekommen sogar ☞ **Hufrehe**.
Im Verhältnis zu Großpferden brauchen ☞ **Ponys** erheblich weniger Kraftfutter; viele ursprüngliche Kleinpferde kommen ihr ganzes Leben lang ohne solches Energiefutter aus.

Kraftfutter in gepresster Form als Pellets

Krankheiten _ Pferde können von vielfältigen Gesundheitsstörungen heimgesucht werden. Viele werden von Fachleuten als typische Folgen der ☞ **Domestikation** bezeichnet, weil die Ursachen vor allem in der ☞ **Haltung** und Nutzung der Pferde liegen und zahlreiche Krankheiten bei ☞ **Wildpferden** und ☞ **Wildlingen** nicht bekannt sind. Einige der häufigsten beziehungsweise gefährlichsten Erkrankungen, Folgekrankheiten und Krankheitsbilder sind ☞ **Ausschuhen**, ☞ **Dämpfigkeit**, ☞ **Druse**, ☞ **Dummkoller**, ☞ **Einschuss**, ☞ **Fohlenlähme**, ☞ **Gallen**, ☞ **Grippe**, ☞ **Hufrehe**, ☞ **Hufrollenentzündung**, ☞ **Husten**, ☞ **Kolik**, ☞ **Kreuzverschlag**, ☞ **Lahmheit**, ☞ **Mauke**, ☞ **Parasiten**, ☞ **Periodische Augenentzündung**, ☞ **Sommerekzem**, ☞ **Spat**, ☞ **Strahlfäule**, ☞ **Vergiftungen** und ☞ **Wundstarrkrampf**. Vor einigen Krankheiten kann eine ☞ **Impfung** schützen. Tierärzte geben darüber aktuelle Auskünfte.

Kratzen _ Das Kratzen ist ein Teil der ☞ **Fell- und Hautpflege**. Pferde kratzen sich auf manchmal fast abenteuerliche Weise mit den Hufen an juckenden Körperstellen, die sie anders nicht erreichen können, z. B. hinter den Ohren.

Kreuzgalopp _ Ein verdrehter, falscher Bewegungsablauf im ☞ **Galopp**, bei dem das Pferd vorne Rechts- und hinten Linksgalopp springt oder umgekehrt. ☞ **Galoppwechsel**

Kreuzhalfter _ ☞ **Reithalfter**

Kreuzleine _ Das ist eine englische Fahrleine für ☞ **Mehrspänner**, die von ☞ **Achenbach** weiterentwickelt wurde. Bei jedem Pferd ist je eine Leine in die Außenseite des Gebisses eingeschnallt. Diese Leine läuft direkt in die Hand des Fahrers. In jede dieser Außenleinen ist eine Innenleine verschnallt. Diese führt vom ☞ **Kumtgeschirr** aus zum Nebenpferd, sodass sich die Innenleinen eines Pferdepaares kreuzen. Der Fahrer kann nun diese Innenleinen vom Bock aus kürzer oder länger verschnallen und damit Unterschiede im Körperbau, im Temperament und in der Zugkraft der Pferde ausgleichen. So wird eine einheitliche Zugleistung möglich, bei der nicht einzelne Pferde überbeansprucht werden.

Kreuzung _ Kreuzen heißt, Pferde verschiedener ☞ **Rassen** oder ☞ **Schläge** oder auch bereits vorhandener Kreuzungen miteinander zu paaren. Oft versucht man dadurch, über mehrere Generationen der Kreuzungszucht eine neue Rasse zu bekommen oder einer vorhandenen Rasse mehr „Adel", ein anderes Aussehen oder eine bestimmte Leistungsfähigkeit zu geben.
Mit Einkreuzen meint man vor allem, dass so genannte ☞ **Veredler** sich mit Stuten einer bestimmten Rasse paaren. Die meisten heutigen Rassen sind aus wiederholten Kreuzungen hervorgegangen. Kreuzt man Tiere verschiedener Arten, beispielsweise Pferde mit Eseln, so ergibt dies in der Regel nur unfruchtbare Nachkömmlinge, die man ☞ **Bastarde** nennt. ☞ **Zucht**

Kreuzverschlag _ Diese Krankheit ist eine Art Muskelkater in gefährlichster Form. Sie wird auch als Kreuzrehe, Nierenverschlag, Schwarze Harnwinde oder Feiertagskrankheit bezeichnet. Durch einen unmittelbaren Wechsel von anstrengender Arbeit zu plötzlichen Ruhepausen, z. B. durch einen ☞ **Stehtag**, reichert sich in der Muskulatur überschüssige Glukose an. Die Muskeln verhärten, schwellen an und werden zersetzt. Danach zerfällt die Glukose und färbt den Harn dunkel. Wenn man mit einem betroffenen Pferd wieder zu arbeiten beginnt, geht es zuerst meist ganz normal, oft sogar besonders lebhaft. Nach kurzer Zeit fängt es jedoch zu schwitzen an, atmet heftig, läuft steif und versucht eventuell sogar, sich hinzulegen. Die erste Maßnahme ist das warme Eindecken der ☞ **Hinterhand**. Sofortige tierärztliche Hilfe ist unerlässlich.

Kriegspferde _ ☞ **Militärpferde**

Krippensetzer _ Ein Pferd, das zum ☞ **Koppen** den Unterkiefer auf einen festen Gegenstand – häufig auf die Futterkrippe – aufsetzt, bezeichnet man als Krippensetzer.

Krötenmaul _ So nennt man eine helle, mit dunkleren Flecken durchsetzte Hautpartie um das Maul. Dieselbe Zeichnung tritt häufig auch um die Augen herum auf. ☞ **Abzeichen**

Krone, Kronrand _ Die Krone oder der Kronrand ist der oberste Teil des ☞ **Hufs** bis zum ☞ **Saum**. Ein Kronentritt ist eine schmerzhafte und manchmal langwierige Verletzung der Krone beziehungsweise des Saumbands. Ein Pferd kann sich diese Verletzung z. B. beim Rückwärts- oder Seitwärtstreten mit dem Vorder- oder Nebenhuf zufügen.

Kruppade _ Ein ☞ **Schulsprung**, der einer Pesade (☞ **Levade**) folgt. Bevor das auf der Hinterhand aufgerichtete Pferd die Vorderbeine wieder aufsetzt, hebt es mit den Hinterbeinen ab und schlägt ähnlich wie bei der ☞ **Kapriole** aus. Danach landet es mit allen vier Hufen gleichzeitig auf dem Boden. Zum Verwechseln ähnlich ist die Ballotade, bei der das Pferd die Beine nicht ganz so eng anwinkelt.

Kruppe _ Der hintere Bereich des Pferderückens, Teil der ☞ **Hinterhand**. Die Außenlinie der Kruppe kann rundlich, waagrecht oder abfallend (abgeschlagen) sein. Bei manchen Pferden ist die Kruppe ☞ **überbaut**. Vor allem bei Kaltblütern ist sie wegen der starken Bemuskelung gespalten. Das heißt, dass die Mittellinie zwischen den beiden Hinterbacken vertieft ist.

Künstliche Besamung _ Eine technische Zuchtmethode anstelle des natürlichen Deckakts (☞ **Sprung**). Dem Hengst wird mit Hilfe einer Attrappe Samen abgenommen. Dieser Samen wird den Stuten per Spritze eingeführt. So können Stuten trächtig werden (☞ **Trächtigkeit**), ohne dass sie je direkten Kontakt mit dem betreffenden Hengst hatten. Teils wird der Samen frisch verwendet, also unmittelbar nach der Abnahme; teils wird er tiefgefroren. So kann man ihn längere Zeit aufbewahren und auch weltweit verschicken. Ob der Samen jedoch tatsächlich von dem ausgesuchten Zuchthengst stammt, ist nicht immer sicher. Auch muss überprüft werden, ob das männliche Fortpflanzungsprodukt hygienisch in Ordnung, also frei von ansteckenden Krankheitserregern ist.

Kuhhessig _ Ein Pferd mit einer x-förmigen Stellung der Hinterbeine bezeichnet man als kuhhessig.

Kulan _ Ein ☞ **Pferdeesel** aus den Trockensteppen und Hochebenen der Mongolei. Er wird auch Dschiggetai genannt.

Kumtgeschirr _ Ein ☞ **Geschirr** mit einem gewichtigen Halsstück; dieses Kumtkissen oder Kummet besitzt meist einen Innenteil aus Holz, der mit gefüttertem Leder überzogen ist. Damit verbunden ist ein Metallbügel, an dem sich die Verbindungsstücke zu den übrigen Teilen des Geschirrs befinden. Diese Geschirrart eignet sich für den schweren ☞ **Zug** mit Kaltblütern; sie wird auch bei der Englischen Anspannung verwendet.
☞ **Anspannungsarten**, ☞ **Sielengeschirr**

Kumtanspannung für Arbeitspferde

Kumys _ Vergorene, leicht alkoholhaltige Pferdemilch.
☞ **Stutenmilch**

Kunden _ Als Kunden bezeichnet man etwa ein Zentimeter tiefe, dunkel gefärbte Einbuchtungen in den Kauflächen der Schneidezähne eines Pferdes. Sie kommen nur im bleibenden Gebiss vor. Durch den Abrieb der ☞ **Zähne** verlieren sich die Kunden nach und nach bis etwa zum 12. Lebensjahr; sie können aber in höherem Alter wieder auftreten.

Kupieren _ So nennt man das Abschneiden der Schweifhaare und das Kürzen der schmerzempfindlichen ☞ **Schweifrübe** durch eine Operation. Das Kupieren der Schweifrübe ist in vielen Ländern verboten. Oft wird der ☞ **Schweif** jedoch stark gekürzt - vor allem bei ☞ **Zugpferden**, damit sich die langen Haare nicht im Zuggeschirr oder in den ☞ **Leinen** verfangen können. (Man kann allerdings die Schweifhaare auch flechten oder hochbinden.) Bei manchen Rassen wird der Schweif kupiert, weil die Menschen es schön finden. Mit dem radikalen Kürzen nimmt man dem Pferd jedoch die Möglichkeit, Fliegen von den empfindlichen Weichteilen zu verscheuchen und seine Stimmung durch den Schweif auszudrücken (☞ **Schweifschlagen**).

Kurbette _ Eine ☞ **Schule** über der Erde. Das Pferd richtet sich aus der ☞ **Levade** oder Pesade auf und springt auf den Hinterbeinen drei- bis viermal in gerader Linie vorwärts.

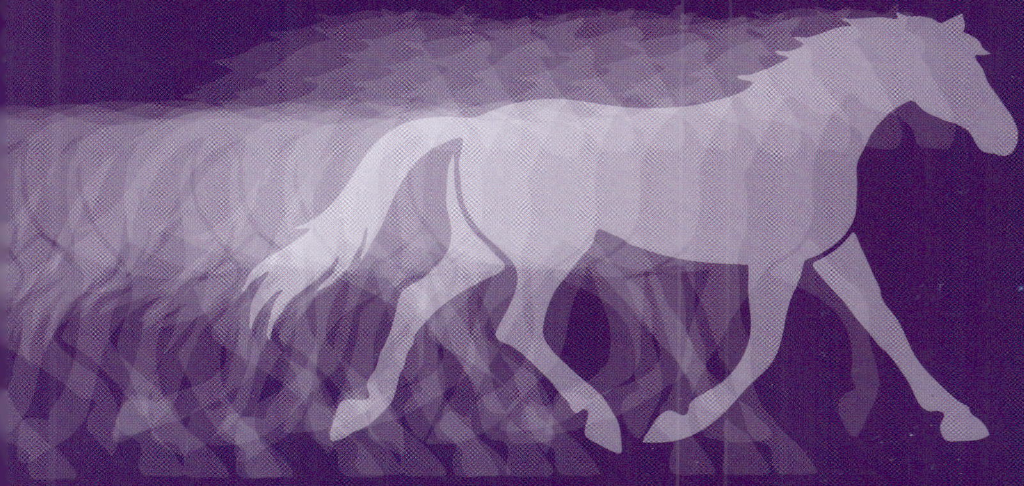

L

Laden _ Eigentlich ist dies eine Bezeichnung für den gesamten Unterkiefer des Pferdes. Meist meint man damit aber vor allem den zahnlosen Teil zwischen den Schneidezähnen (mit Hengstzahn) und den Backenzähnen. Auf diesem Teil der Kieferlade liegt das ☞ **Gebiss** des ☞ **Zaums**. Durch ein schlecht sitzendes oder scharfes Gebiss sowie durch harte Zügelführung kann das Pferd schmerzhafte ☞ **Druckstellen** (Ladendruck) bekommen. ☞ **Zähne**

Lahmheit _ Ungleichmäßiges Gehen, Hinken oder Nachziehen eines Beines bezeichnet man beim Pferd als Lahmheit. Eine wenig auffällige Bewegungsstörung nennt man Schonen oder Klammgehen. Eine Lahmheit kann von der Wirbelsäule, von der Schulter, einem Hüft- oder Beingelenk, von einem Huf, aber auch unmittelbar vom Gehirn ausgehen; Sehnen, Nerven, Muskeln, Knochen, Knorpel oder auch Organe können geschädigt sein. Häufige Ursachen sind ☞ **Verletzungen**, Verstauchungen und Prellungen; Überanstrengung und Ermüdung; Krankheitsprozesse wie ☞ **Dummkoller**, ☞ **Einschuss**, ☞ **Hufrehe**, ☞ **Hufrollenentzündung**, ☞ **Kreuzverschlag** und ☞ **Mauke**, aber auch Befall mit ☞ **Parasiten** und schmerzhafte Verspannungen im Rücken und Genick (☞ **Zügellahmheit**). Nicht behandelte Lahmheiten führen oftmals zu weiteren Schädigungen, die später nicht mehr behoben werden können.

Landais-Pony _ Diese kleinere, veredelte Ponyrasse stammt aus der Region Les Landes im Südwesten Frankreichs. Die ehemals naturnahen Pferdchen wurden vermutlich schon im Mittelalter stark mit berberischen und arabischen Pferden verkreuzt, später mischte man auch andere Rassen ein. Andererseits verwendete man das Landais-Pony auch zur Bildung des französischen Typs eines ☞ **Reitponys**. Es gibt nicht viele Landais-Ponys. Ihre Größe beträgt um die 125 bis 130 cm. Es kommen dunkle ☞ **Farben** und ☞ **Schimmel** vor.

Landbeschäler _ So nennt man einen ☞ **Deckhengst** auf einem ☞ **Landgestüt**.

Landeskommission für Pferdeleistungsprüfungen (LK) _ Dies ist eine Unterorganisation der ☞ **FN**. Sie erteilt unter anderem in ihrem Bereich Genehmigungen für ☞ **Turniere** nach den Regeln der ☞ **LPO** und für ☞ **Leistungsabzeichen**, legt Termine fest, stellt Richter und Parcours-Chefs auf und überwacht die Veranstaltungen. Es bestehen 16 solcher Kommissionen. Einrichtungen mit vergleichbaren Aufgaben sind im ☞ **SVP** die Technischen Kommissionen und in Österreich die Landesfachverbände für Reiten und Fahren (LFV).

Landeszuchten _ nennt man in Deutschland die Warmblutzucht in den einzelnen Bundesländern beziehungsweise in bestimmten Zuchtgebieten. Zum Teil bestehen dafür ☞ **Landgestüte**. Im Einzelnen gibt es die Landeszuchten ☞ **Brandenburger**, ☞ **Bayerisches Warmblut**, ☞ **Holsteiner**, ☞ **Hesse**, ☞ **Mecklenburger**, ☞ **Oldenburger**, ☞ **Rheinisches Warmblut**, ☞ **Westfale**, ☞ **Württemberger** und ☞ **Zweibrücker**. Die größte Landeszucht ist die des ☞ **Hannoveraners**. Sie alle stehen heute im Typ des ☞ **Deutschen Reitpferdes**.

Landgestüt _ Ein staatliches ☞ **Gestüt**, auf dem ausschließlich Hengste untergebracht sind. Landgestüte wurden vor allem im 18. Jahrhundert von den damaligen Landesherrschern in Deutschland eingerichtet. Viele bestehen bis heute. Den meist bäuerlichen Pferdezüchtern sollten kräftige, gesunde Hengste für ihre Stuten zur Verfügung stehen. Oft züchteten die Bauern bis dahin mit kranken oder sonstwie untauglichen Vatertieren, und die Fohlen waren entsprechend schwächlich oder krankheitsanfällig. Zum einen bekamen die Bauern durch die staatliche Hengsthaltung bessere Arbeitspferde, zum anderen mussten sie auch Pferde für die Herrschaftshäuser und für den Militärdienst züchten. Auf einem ☞ **Hauptgestüt** besteht eine landeseigene ☞ **Zucht;** dort sind auch Zuchtstuten und Fohlen-Aufzuchtgruppen untergebracht. ☞ **Seite 132**

Landschlag _ Als Landschlag bezeichnet man einen schweren ☞ **Schlag** innerhalb einer ☞ **Warmblutrasse**, der meist zum Einsatz in der Landwirtschaft gezüchtet wird.

Langer Zügel _ Spezieller ☞ **Zügel** z. B. für die ☞ **Arbeit an der Hand** oder für eine ☞ **Fahrschule vom Sattel**. Als langen Zügel bezeichnet man auch eine Art der ☞ **Zügelführung**.

Langhaar _ Die ☞ **Mähne** und den ☞ **Schweif** des Pferdes bezeichnet man als Langhaar. Fohlen haben noch ein kurzes, krauses Langhaar. Bei ☞ **Przewalskipferden** erneuert es sich bei jedem ☞ **Haarwechsel**, bei Hauspferden nur in der Jugend. Das Langhaar erwachsener Pferde hat eine andere Struktur und häufig eine andere Färbung als das Deckhaar (☞ **Fell**). Es findet auch heute noch als ☞ **Rosshaar** Verwendung. Beim ☞ **Putzen und Pflegen** wird auch das Langhaar gereinigt; am besten mit einer Wurzelbürste mit langen Borsten.

Üppiges Langhaar am Hals und an den Fesseln

Lasso _ Verbreitete, aber unrichtige Bezeichnung für ☞ **Rope**.

Laterne _ So nennt man einen fast gänzlich weiß gefärbten Kopf bei einem sonst farbigen Pferd. Eine solche Fellzeichnung kann auch z. B. als halbe Laterne nur auf einer Seite vorkommen. ☞ **Abzeichen**

Laufstall _ Das ist ein ☞ **Stall**, in dem keine ☞ **Boxen** eingebaut sind. Alle Pferde können sich wie in einem ☞ **Auslauf** frei bewegen und direkten Kontakt miteinander haben. Es dürfen jedoch nicht zu viele Pferde dort untergebracht werden, damit es nicht zu Feindseligkeiten aufgrund von Enge kommt. Zur ☞ **Fütterung** kann man die Pferde bei den Futterraufen anbinden. Manche Laufställe sind direkt mit einer ☞ **Weide** oder einem großen ☞ **Paddock** verbunden und haben dann die Funktion eines ☞ **Offenstalles**.

Lautsprache _ ☞ **Ausdrucksweisen**

Lebenserwartung _ ☞ **Alter**

Lebensnummer _ Eine vielstellige Zahl, die als Registrier- und Erkennungsnummer für Zuchtpferde in das ☞ **Zuchtbuch** und in den ☞ **Abstammungsnachweis** eingetragen wird. Ein Teil der Zahl, meist die Endziffern, wird beim ☞ **Brennen** unter oder neben das ☞ **Brandzeichen** gesetzt. ☞ **Nummernbrand**

Leckstein _ Viereckiger oder runder Pressling aus Mineralsalzen und Vitaminen. Pferde sollten immer Zugang zu einem Leckstein haben, sie lecken daran nur bei Bedarf. Dass ein Pferd an Mineralmangel leidet, zeigt sich spätestens dann, wenn es ständig an Mauerwerk, Holzwänden und auch an der Kleidung des Betreuers und Reiters leckt.

Lediges Pferd _ So nennt man ein ungesatteltes, aber gezäumtes Pferd ohne Reiter (☞ **Handpferd**). Auch ein gesatteltes und gezäumtes Pferd, das seinen Reiter (durch einen Sturz) „verloren“ hat, bezeichnet man als ledig.

Legen _ ☞ **Kastration**

Leichte Reitweise _ Eine jüngere ☞ **Reitweise**, die erst vor wenigen Jahrzehnten von den beiden Deutschen Ursula Bruns und Inge Behr entwickelt wurde. Dabei wird vor allem auf Pferdeschonung und vertrauensvollen Umgang mit dem Pferd Wert gelegt. Die leichte Reitweise hat verschiedene Nachahmungen gefunden.

Leichter Sitz _ Im leichten Sitz nimmt der Reiter im Sattel eine Position ein, die den Pferderücken entlastet. In allen ☞ **Gangarten** wird beim ☞ **Anreiten** junger Pferde leichtgesessen; man nennt dies auch Remontesitz (☞ **Remonte**). Beim Galoppieren im Gelände nimmt man den Jagd- oder Geländesitz ein, zum Springen hebt man das Gesäß oft sehr weit aus dem Sattel und sitzt im Springsitz. Rennreiter „kauern" im extremen Rennsitz ohne ☞ **Knieschluss** und sind nur mit den Unterschenkeln am Pferd. „Halbleicht" ist die Haltung beim ☞ **Leichttraben**. Leichter Sitz bedeutet jedoch nicht, dass dadurch für das Pferd alles leichter wird. ☞ **Sitz**

Leichttraben _ oder Englischtraben schont den Rücken und die Gelenke des Pferdes im Gegensatz zum ☞ **Aussitzen** im ☞ **Trab**. Bei jedem zweiten Takt der Fußfolge hebt sich der Reiter leicht aus dem Sattel und sitzt beim nächsten Takt wieder ein.
In der ☞ **Reitbahn** wird auf dem inneren Hinterfuß leichtgetrabt. Das heißt, dass der Reiter aufsteht, wenn das innere Hinterbein und das äußere Vorderbein abgefußt haben und nach vorn schwingen. Beim ☞ **Handwechsel** bleibt man ein- oder dreimal sitzen und trabt dann auf der anderen ☞ **Hand** leicht. Im Gelände wird abwechselnd auf der linken und der rechten ☞ **Hand** leichtgetrabt, um das Pferd nicht einseitig zu belasten. Leichttraben ohne Steigbügel soll den ☞ **Knieschluss** fördern, führt aber schnell zu Verkrampfungen. Im starken und im versammelten Trab wird nicht leichtgetrabt.

Zu Beginn der Reitstunde wir meist leichtgetrabt – das schont den Pferderücken.

Leinen _ oder Fahrleinen heißen die ☞ **Zügel** für Wagenpferde. Andere Leinen sind der ☞ **Führstrick** und die ☞ **Longe**. ☞ **Geschirr**, ☞ **Gespann**

Leistungsabzeichen _ Sportabzeichen für Reiter, Fahrer und Voltigierer erhält man nach einer bestandenen Prüfung, höhere Grade auch beziehungsweise nur durch Turniersiege oder andere Erfolge im Pferdesport.
Es gibt viele verschiedene Abzeichen, aber auch Grundprüfungen. Die Deutschen Reitabzeichen kann man in Bronze, Silber und Gold erwerben. Sie werden nur von der ☞ **FN** vergeben. Einfache Prüfungen sind z. B. ☞ **Kleines Hufeisen**, ☞ **Großes Hufeisen** und Kombiniertes Hufeisen, ☞ **Reiternadel** und ☞ **Reit(er)pass**. Grundlage für alle Einfachprüfungen und Abzeichen in Deutschland ist der Basispass Pferdekunde (seit 1. 1. 2000).
Bei der ☞ **FENA** gibt es die österreichischen Leistungsabzeichen; Einzelheiten sind im Abschnitt ☞ **APO** der ☞ **ÖTO** enthalten. Die Schweiz hat die ☞ **Brevets**. Prüfungen für Reiterabzeichen können z. B. auch von Westernreitern und Islandpferdereitern abgelegt werden.

Leistungsklassen _ ☞ **Klassen**

Leistungsprüfungen _ gibt es sowohl im Pferdesport als auch in der Pferdezucht. Sportliche Prüfungen sind die ☞ **Leistungsabzeichen** (z. B. nach der ☞ **APO**) sowie die einzelnen Wettbewerbe und Prüfungen auf ☞ **Turnieren**, z. B. nach der ☞ **LPO** oder einem anderen Reglement. Für die Zucht werden vor allem ☞ **Hengstleistungsprüfungen** und so genannte ☞ **Stationsprüfungen** für Zuchtstuten durchgeführt.

Leistungsprüfungsordnung _ ☞ **LPO**

Leistungszucht _ Eine ☞ **Zucht**, bei der die Auswahl der Elterntiere nach ihrer eigenen Leistung und meist auch nach der ihrer Vorfahren erfolgt. Das äußere Erscheinungsbild und auch der Charakter spielen dabei eine untergeordnete Rolle. Eine Leistungszucht ist meist eine ☞ **Linienzucht** und wird z. B. seit Langem im Rennsport betrieben.

Leithengst _ Eine natürliche ☞ **Herde** wird fast immer von einem erwachsenen ☞ **Hengst** angeführt. Er bewacht und verteidigt die Herdenmitglieder und ist als einziges männliches Tier für die Fortpflanzung zuständig. Deshalb ist er vor allem darauf bedacht, dass sich kein anderer Hengst seiner Herde nähert; seine eigenen Söhne vertreibt er aus der Herdengemeinschaft, sobald sie ge-

schlechtsreif geworden sind (☞ **Geschlechtsreife**). Dennoch kann er meist nicht vermeiden, dass seine Töchter von fremden Junghengsten erobert werden.
Ebenso werden alternde Leithengste meist von jüngeren Geschlechtsgenossen abgelöst. Sie sind dann auf sich allein gestellt.
Von Althengsten ist nicht bekannt, dass sie sich zu Notgemeinschaften zusammenschließen, so wie es junge Hengste aus verschiedenen Herden tun. Wenn ein Leithengst in der Herde ums Leben kommt, wird die Führung von der ☞ **Leitstute** übernommen. Spätestens zur Brunstzeit (☞ **Rosse**) ist jedoch in der Regel wieder ein Leithengst vorhanden. Er wird allerdings erst voll akzeptiert, wenn er die Leitstute gedeckt hat (☞ **Paarung**).
In der üblichen ☞ **Hengsthaltung** werden die natürlichen ☞ **Instinkte** eines Hengstes weitgehend unterdrückt.
☞ **Rangordnung**

Leitstute _ Das ranghöchste weibliche Tier in einer Pferdeherde. Wenn ein ☞ **Leithengst** vorhanden ist, kommt die Leitstute im Rang gleich nach ihm. Fehlt ein Hengst, wie es z. B. in Zuchtherden außerhalb der Deckzeit üblich ist, haben die Leitstuten die absolute Herrschaft. In der Regel handelt es sich um ältere ☞ **Stuten**, die schon mehrere Fohlen gehabt haben. ☞ **Deckhengste**, die man im Frühjahr in die ☞ **Herde** schickt, werden von den Leitstuten oft erst einmal bekämpft - vor allem, wenn es sich um jüngere, noch unerfahrene Hengste handelt. ☞ **Rangordnung**

Lektion _ Eine Lektion ist eine Aufgabe bzw. ein Übungsteil oder Abschnitt in einer Reitstunde oder bei einer Prüfung.

Levade _ Aufrichtung auf der Hinterhand mit starker Beugung der ☞ **Hanken** und angewinkelten Vorderbeinen; das ganze Gewicht des Pferdes und des Reiters liegt auf den Hufen und Gelenken der Hinterhand. Die Levade wird aus der ☞ **Piaffe** entwickelt. Sie ist eine wichtige und schwierige Figur der ☞ **Schulen über der Erde**. Sie hat mit gewöhnlichem ☞ **Steigen**, wie es in Shows vorgeführt wird, nichts zu tun. Ein guter Levadeur, also ein Pferd, das die Levade bereits vollkommen beherrscht, kann mehrere Sekunden lang in dieser anstrengenden Haltung verharren. Die Vorstufe, bei der das Pferd sich noch weniger schräg aufrichtet und die Vorderbeine noch nicht ganz angewinkelt, nennt man Pesade. Aus ihr entwickelt sich die ☞ **Kruppade**. Eine Mezaire zeigt ein Pferd, das sich zwischendurch mit einem Vorderbein abstützt und mit den Hinterbeinen nachsetzt. Dies ist gleichzeitig eine Vorstufe zur ☞ **Kurbette**. Aus der Levade entwickelt sich auch die ☞ **Kapriole**, ein weiterer ☞ **Schulsprung**.

Lewitzer Schecke _ Dieser gescheckte Ponytyp wurde zu DDR-Zeiten im Gut Lewitz südlich von Schwerin als eigenständige Rasse „entworfen". Eine kleine Zucht hat sich in der Bundesrepublik erhalten.

Nobler Lewitzer Scheckhengst

Linienzucht _ Die ☞ **Zucht** innerhalb von bestimmten Blutlinien, die sich in ihrem Zusammenwirken bewährt haben. Das kann sich auf die Leistung z. B. im Sport oder bei bestimmten Arbeiten beziehen, aber auch auf das äußere Erscheinungsbild. ☞ **Farbzucht**, ☞ **Leistungszucht**

Lipizzaner _ Im Jahr 1580 gründete der österreichische Erzherzog Karl II. in Lipica im heutigen Slowenien ein Gestüt. Dort sollten ganz besondere Pferde gezüchtet werden, mit denen Österreich Staat machen konnte - unter anderem in der erst kurz zuvor gegründeten ☞ **Spanischen Reitschule** in Wien. Einheimische robuste Landpferde wurden vor allem mit ☞ **Andalusiern**, ☞ **Neapolitanern** und ☞ **Frederiksborgern** gekreuzt. Das Ziel war ein barockes Pferd (☞ **Barockpferde**) mit einer Begabung für die ☞ **Hohe Schule** und einem auffälligen Äußeren. Beliebt waren vor allem ☞ **Schecken** und Tiger (☞ **Tigerung**) mit bis zu zwanzig (!) verschiedenen Farbmustern an einem Pferd sowie Glanzrappen (☞ **Rappe**), Goldfüchse (☞ **Fuchs**), ☞ **Falben** und ☞ **Isabellen**. Vom 19. Jahrhun-

Lipizzaner eignen sich besonders für die klassische Hohe Schule.

dert an war man bestrebt, nur noch ☞ **Schimmel** zu züchten - Weiß war die Kaiserfarbe. Dies hat sich bis heute erhalten. Von den ☞ **Braunen**, die noch gelegentlich geboren werden, behält man meist ein bis zwei Hengste in der Spanischen Reitschule; gelegentlich kommen noch andere ☞ **Fehlfarben** vor, z. B. Falben.

Die heutige Lipizzanerzucht in Österreich geht auf sechs Vatertiere aus dem 18. und 19. Jahrhundert zurück: Pluto, geboren 1765, ein Originaldäne aus Frederiksborg, Schimmel; Conversano, geboren 1767, Neapolitaner, Rappe; Favory, geboren 1779, Lipizzaner aus dem Gestüt Kladrub, Falbe; Neapolitano, geboren 1790, Italiener aus der Polesina (Norditalien), Brauner; Siglavy, geboren 1810, Originalaraber, Schimmel; Maestoso, geboren 1819 im ungarischen Gestüt Mezöhegyes, neapolitanisch-andalusischer Abstammung, Schimmel. Das österreichische Lipizzanergestüt befindet sich seit 1918 in Piber in der Steiermark. In Ungarn und Rumänien wird der so genannte Incitato-Stamm weitergezüchtet. Diese Pferde sind meist dunkel. Lipizzaner sind mittelgroße, kompakte Pferde mit einem durchschnittlichen Stockmaß von 155 bis 158 cm und meist weichen, angenehmen Gängen. Seit 1980 existiert auch ein Lipizzanerzuchtverband in der Bundesrepublik Deutschland.

Lösen _ Man löst ein Pferd, indem man es durch bestimmte Übungen entspannt und gleichzeitig auf die vorgesehenen Aufgaben vorbereitet. Dieses „Aufwärmen" kann z. B. durch ☞ **Longieren** oder ☞ **Abreiten** geschehen. Lösende Lektionen sind an der Longe die ☞ **Grundgangarten** im Arbeitstempo (☞ **Tempo**).

Unter dem Reiter löst sich ein Pferd im ☞ **Schritt** am langen Zügel, beim ☞ **Leichttraben** und im ☞ **Kanter**. Auch das ☞ **Schenkelweichen** und das Reiten über ☞ **Cavaletti** dient zum Lösen.

Zu den lösenden Übungen zählt auch das Schenkelweichen.

Longe _ Eine Longe ist eine etwa sieben bis zehn Meter lange Leine, meist aus Gurtstoff. Sie kann wie ein ☞ **Führzügel** mit einem Ledersteg ausgestattet sein oder mit einer Ledergabel. Wenn weder Ledersteg noch -gabel vorhanden sind, wird die Longe vom äußeren Trensenring über das Genick zum inneren Trensenring geführt. Verwendet man bei der Arbeit an der Longe ☞ **Ausbindezügel**, so muss man das Pferd satteln oder einen Longiergurt verwenden, in den man die Ausbinder einschnallt. Ein solcher Gurt ist etwa eine Hand breit und hat mehrere Schlaufen oder Ringe.

☞ **Doppellonge**, ☞ **Longieren**

Longenführer _ Die Person, die beim ☞ **Longieren** beziehungsweise zum ☞ **Voltigieren** das Pferd an der ☞ **Longe** lenkt. Vom Longenführer hängt es wesentlich ab, wie gut und gleichmäßig das Voltigierpferd während des Voltigierens galoppiert.

Longieren _ Bewegen und Arbeiten des Pferdes an der ☞ **Longe** in den ☞ **Grundgangarten**. Das Pferd läuft dabei auf einem ☞ **Zirkel** um den ☞ Longenführer.
Die Longe ist in die Ringe der ☞ **Trense** oder in einen ☞ **Kappzaum** eingeschnallt. Bekommt das Pferd ☞ **Ausbindezügel**, dann trägt es einen Longiergurt oder einen ☞ **Sattel**. Longiert wird auch zum ☞ **Voltigieren**.
Wenn ein Pferd an der Longe einen Reiter zu tragen hat, wird es auf jeden Fall gesattelt. Hauptsächlich Reitanfänger werden „an die Longe genommen". Als Hilfsmittel verwendet man eine Bahn- oder Longierpeitsche. Longenarbeit kann man auf verschiedene Weise einsetzen. Sie ist z. B. ein Mittel zur ☞ **Ausbildung des Pferdes**, zum ☞ **Lösen** eines verspannten oder zum Beruhigen eines heftigen Pferdes. Außerdem kann man Pferde, die wegen einer Erkrankung oder Verletzung nicht geritten werden können, aber auch keinen Weidegang haben dürfen, an der Longe kontrolliert bewegen.

Longieren eines gesattelten Pferdes auf der linken Hand

Eine gute Methode ist das Longieren auch zur Korrektur von Pferden, die ☞ **verritten** sind. Allerdings muss man auch Longieren lernen! Viel zu häufig beschäftigen sich unerfahrene Menschen damit und richten dann oft mehr Schaden als Nutzen an. Eine Grundausbildung gibt es z. B. über ein ☞ **Leistungsabzeichen** im Longieren.

Losgelassenheit _ Ein reiterlicher Fachausdruck für Unverkrampftheit, Lockersein; Losgelassenheit ist wichtig für Reiter und Pferd. Nur ein losgelassenes Pferd kommt zur ☞ **Durchlässigkeit**, und nur ein unverkrampfter Reiter kann richtig sitzen und mit feinen ☞ **Hilfen** auf das Pferd einwirken.

LPO _ Offizielle Abkürzung für die Leistungs-Prüfungs-Ordnung für Turniere der ☞ **FN**. Die LPO wurde 2008 stark verändert. Die Einteilung der Prüfungen in ☞ **Kategorien** ist entfallen; es wird nur noch nach ☞ **Klassen** unterschieden. Für den ☞ **Breitensport** und Reiterwettbewerbe der verschiedenen Disziplinen gibt es nun die Wettbewerbs-Ordnung – WBO ☞ **Seite 241**.

Lusitano _ Dieser elegante Warmblüter wird in Portugal gezüchtet. Er steht dem ☞ **Andalusier** nahe, ist aber wohl weniger vom ☞ **Araber** als vom ☞ **Berber** beeinflusst. Das Stockmaß liegt zwischen 150 und 160 cm, es kommen alle Grundfarben vor (☞ **Farben**). Ein Seitenzweig ist das ☞ **Altér-Pferd**.

Der Lusitano ist ein Pferd mit angeborener „Grandezza".

Die deutschen Landeszuchten und Landgestüte

Deutschland setzt sich politisch aus 16 Ländern zusammen: Baden-Württemberg, Bayern, Berlin, Brandenburg, Bremen, Hamburg, Hessen, Mecklenburg-Vorpommern, Niedersachsen, Nordrhein-Westfalen, Rheinland-Pfalz, Saarland, Sachsen, Sachsen-Anhalt, Schleswig-Holstein und Thüringen. Die Regionen der ☞ **Landeszuchten** *mit den zuständigen Landes-Zuchtverbänden decken sich nicht völlig mit den Bundesländern. So sind die drei Stadtstaaten dem jeweiligen Bundesland angeschlossen, das sie umgibt beziehungsweise teilweise begrenzt: Berlin zählt zu Brandenburg, Hamburg zu Holstein und Bremen zu Niedersachsen (Hannover). In Niedersachsen befindet sich außer dem Zuchtgebiet Hannover auch das Stammgebiet für das Oldenburger Pferd und als eigene Region für Ponys, Kleinpferde und so genannte Sonderrassen das Gebiet Weser-Ems. Nordrhein-Westfalen teilt sich in die Zuchtgebiete Rheinland und Westfalen auf, Rheinland-Pfalz und Saarland bilden das Zuchtgebiet Rheinland-Pfalz-Saar.*

Zehn Bundesländer verfügen über eigene Gestüte. Im Folgenden der Sitz der einzelnen Landgestüte (in alphabetischer Reihenfolge der Länder):

Baden-Württemberg:
Haupt- und Landgestüt Marbach

Bayern:
Bayerisches Haupt- und Landgestüt Schwaiganger

Brandenburg:
Brandenburgisches Haupt- und Landgestüt Neustadt/Dosse

Hessen:
Hessisches Landgestüt Dillenburg

Mecklenburg-Vorpommern:
Mecklenburgisches Landgestüt Redefin

Niedersachsen:
Niedersächsisches Landgestüt Celle

Nordrhein-Westfalen:
Nordrhein-Westfälisches Landgestüt Warendorf

Rheinland-Pfalz/Saarland
Landgestüt Zweibrücken

Sachsen:
Sächsisches Landgestüt Moritzburg und Hauptgestüt Graditz

Sachsen-Anhalt:
Landgestüt des Landes Sachsen-Anhalt Radegast

Diese Gestüte sind zeitweise für Besucher zugänglich. Besondere Anziehungspunkte sind die ☞ **Hengstparaden**, *die jährlich oder alle zwei Jahre in den Monaten September und Oktober veranstaltet werden.*

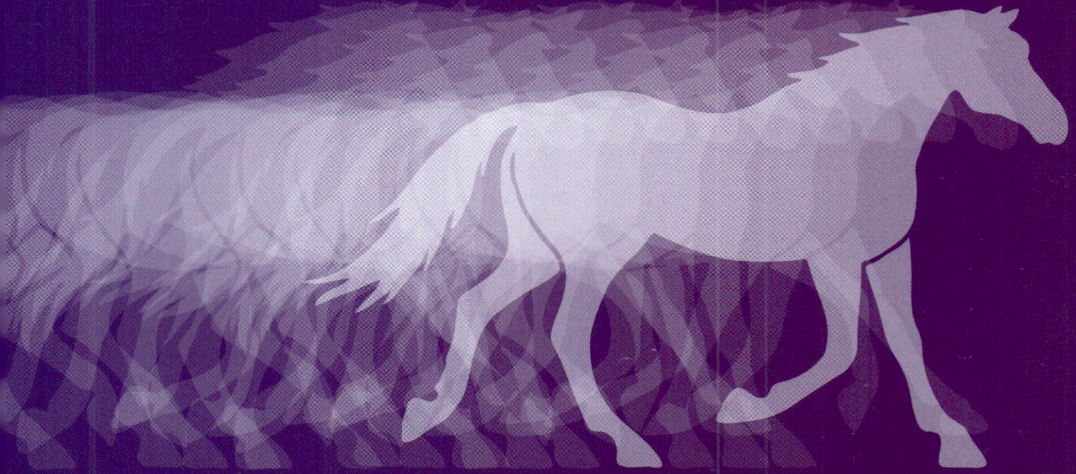

M

Mähne _ Das lange, kräftige Haar auf der Oberseite des Pferdehalses nennt man Mähne. Es ist in seiner Struktur dem Haar des ☞ **Schweifes** sehr ähnlich. Beides nennt man auch ☞ **Langhaar**. Ergänzt wird die Halsmähne meist durch einen ☞ **Stirnschopf** (auch Schibrine genannt). Die Funktion der Mähne ist nicht eindeutig geklärt. Bei Urwildpferden, zumindest beim Steppentyp, trat vermutlich nur eine ☞ **Stehmähne** auf. Beim ☞ **Urpony** wird eine ☞ **Fallmähne** vermutet, aus der das Regenwasser besser ablaufen kann; außerdem bietet sie einen verstärkten Schutz beim Durchstreifen von gebüschbewachsenen Gebieten. Bei ☞ **Fohlen** ist die Mähne noch kurz und kraus.
Die Mähne wird mit einem Mähnenkamm gepflegt oder von Hand verlesen. So nennt man es, wenn man jedes einzelne Haar in die Hand nimmt und die Mähne dadurch sanft entwirrt. Wenn man sie kürzen will, sollte man sie nicht einfach abschneiden, sondern die längeren Haare vorsichtig ausrupfen (☞ **Verziehen**). Eine so verzogene Mähne fällt natürlicher als eine abgeschnittene.

Mähnenkamm _ 1. Der Bug auf der Oberseite des Pferdehalses, aus dem die Mähne wächst (☞ **Körperbau**).
2. Ein Gerät zur Pflege des ☞ **Langhaares** wird ebenfalls als Mähnenkamm bezeichnet.

Maidenstute _ Eine Maidenstute ist ein geschlechtsreifes weibliches Pferd, das noch nicht von einem Hengst gedeckt worden ist.
☞ **Decken**, ☞ **Jungpferd**

Mangalarga Marchador _ Dies ist die zahlenmäßig größte Pferderasse in Brasilien. Ihre Ursprünge liegen im 18. Jahrhundert: In der Gegend von Rio wurden Stuten iberischer und berberischer Abstammung mit einem portugiesischen Hengst der Rasse ☞ **Altér-Pferd** gekreuzt. Auf dem Gestüt Mangalarga wurde mit deren Nachkommen die neue Rasse gleichen Namens begründet. Diese Pferde fielen unter anderem durch einen besonders weichen, töltartigen Spezialgang auf, die so genannte Marcha (☞ **Tölt**). Während der Kolonialisierung dienten die trittsicheren und ausdauernden Pferde als wichtigstes Verkehrsmittel auch in unwegsamem Gelände. Der zweite Teil des Rassenamens entstand erst im Jahr 1949 durch einen neu gegründeten Zuchtverband. Es gab zu dieser Zeit viele wahllose Mangalarga-Kreuzungen, die statt der Marcha nur im Trab gingen. Mangalarga Marchador bedeutet „töltendes Pferd der Rasse Mangalarga". In Brasilien werden diese Pferde weiterhin als Arbeitspferde auf den Fazendes (Farmen) eingesetzt. Im Sport werden sie z. B. für ☞ **Distanzritte** und bei Turnieren für ☞ **Gangpferde** verwendet. Die Größe liegt zwischen 145 und 155 cm, alle ☞ **Farben** kommen vor und sind erlaubt.

Als temperamentvoll, aber zuverlässig gelten Pferde der Rasse Mangalarga Marchador.

Marathonfahrt _ So heißt der Geländetest bei den internationalen ☞ **Vielseitigkeitsprüfungen** der schwersten Klasse (S) für ☞ **Vierspänner**.

Martingal _ Ein viel (zu viel) benutzter ☞ **Hilfszügel**. Das Martingal wird auch Ringmartingal, gleitendes oder laufendes Martingal genannt. Manche Leute bezeichnen es als Sprungzügel, weil es vor allem zum Springen und für das Reiten im Gelände gedacht ist. Im Gegensatz dazu ist das so genannte stehende Martingal in Wirklichkeit ein ☞ **Stoßzügel**.
Das laufende Martingal besteht aus einem längeren Lederriemen, der sich im vorderen Teil gabelt; die Gabelenden sind mit je einem Metallring versehen. Vor der Gabelung läuft der Hilfszügel durch einen Halsriemen. Das Martingal wird am Bauch des Pferdes in den Sattelgurt eingeschnallt und zwischen den Vorderbeinen des Pferdes hindurch nach oben durch den Halsriemen geführt. Danach gabelt es sich. Die Ringe an den Gabelenden werden über die ☞ **Zügel** gestreift. Diese dürfen nun keinen Knick bilden, sondern müssen wie sonst auch eine gerade Linie vom Pferdemaul zur Reiterhand bilden. Nur so können die

Martingal mit beweglichen Ringen

Martingalringe wirklich auf den Zügeln gleiten. Ein Martingal soll das Pferd am Kopfhochreißen hindern und eine harte Zügelführung abmildern. Leider wird das Martingal häufig zu kurz verschnallt und übt dann einen ständigen Druck auf das Pferdemaul aus. Viele Reiter versuchen überdies, ihre reiterlichen Schwächen mit diesem und anderen Hilfszügeln zu verdecken, statt sich damit auseinanderzusetzen.

Marwari _ Dieses kleine, zierliche, aber zähe Vollblutpferd Indiens wird zwischen 140 und 150 cm groß. Marwaris gibt es in allen ☞ **Farben**. Die vielseitigen Pferde werden bei Polizei und Militär, zum ☞ **Polo** und zur Jagd verwendet. Inzwischen sind sie auch als Touristenpferde im Einsatz. Typisches Merkmal der Rasse sind die sichelförmig nach innen gebogenen Ohren.

Mash _ Ein Gemisch aus Haferschrot, Weizenkleie, Honig oder ☞ **Melasse** und Leinsamen. Es wird mit heißem Wasser angerührt, dann lässt man es einige Stunden quellen. Der Brei ist nahrhaft und leicht verdaulich. Deshalb eignet sich Mash als ☞ **Kraftfutter** und Aufbaunahrung z. B. gut für erkrankte und genesende Pferde. Es kann auch als Zusatzfutter vor größeren Anstrengungen verwendet werden. Reformhafer ist ähnlich zusammengesetzt wie Mash, er wird aber trocken verfüttert.

Materialprüfung _ Bewertung von jungen Pferden im Hinblick auf ihre Eignung zum Reiten oder für die Zucht durch staatliche und züchterische Kommissionen. Bei der ☞ **FN** gibt es seit 1994 offiziell den Begriff ☞ **Reitpferdeprüfung** für junge Reitpferde.

Matratzenstreu _ ☞ **Einstreu**

Mauke _ Entzündung der Fesselbeuge (☞ **Körperbau**), die oft durch kleinste Verletzungen hervorgerufen wird, aber auch durch Reizstoffe wie Chemikalien und Gefrierschutzmittel im Reitbahnbelag, durch Kunstdünger an Wegrändern, nasse ☞ **Einstreu** sowie durch mangelndes ☞ **Putzen und Pflegen**. Die Folgen sind Risse in der Haut, durch die Krankheitserreger eindringen können. Dadurch vereitern die Wunden oft. Später bildet sich manchmal Schorf. Das befallene Gewebe kann nässen und sich zersetzen (Gewebebrand, Brandmauke).
Mauke ist sehr schmerzhaft und führt oft zu einer ☞ **Lahmheit** oder zumindest zum Klammgehen.
☞ **Raspe**

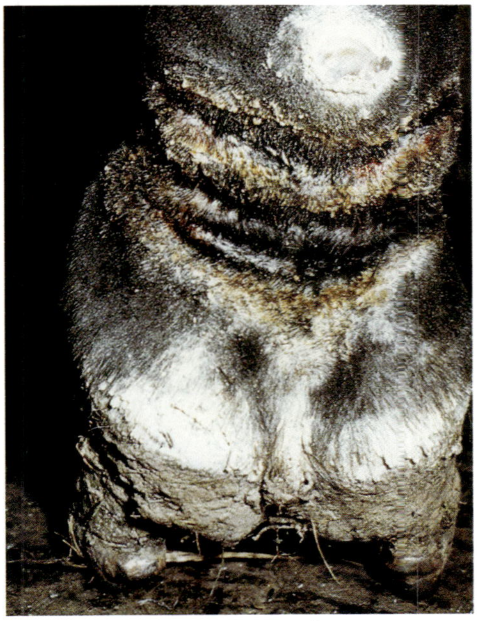

Nässende, teils bereits eitrige Mauke in der Fesselbeuge

Maulesel _ haben einen Pferdehengst zum Vater und eine Eselstute zur Mutter. Sie ähneln im Körperbau, in der Größe und Farbe meist den ☞ **Eseln**. Oft haben sie jedoch eine richtige ☞ **Mähne** und einen langhaarigen ☞ **Schweif** wie Pferde. Wie die ☞ **Maultiere** und die ☞ **Zebroide** können sie sich meist nicht fortpflanzen. ☞ **Equiden**

Maulkorb _ Korb aus Leder oder Kunststoff, den man Pferden umhängt, die nicht fressen sollen – z. B. wegen einer ☞ **Kolik**. Am Korbboden befinden sich Öffnungen zum Atmen und Trinken. Ähnlich sehen auch Geräte zum Inhalieren aus, die durch einen Schlauch mit dem Inhaliergefäß verbunden sind.

Maultier (Muli) _ Der Vater eines Maultiers ist ein Eselhengst, die Mutter eine Pferdestute. Maultiere sind nur selten fruchtbar, obwohl Stuten in die ☞ **Rosse** kommen und Hengste deckfähig werden können. Allgemein erben Maultiere mehr vom Körperbau und der Größe der Pferde als die ☞ **Maulesel**. Hufe und Ohren stammen jedoch sichtlich vom ☞ **Esel**. Im Gemüt haben Maultiere die Empfindsamkeit des Esels. Man verwendet sie in aller Welt als trittsichere, ausdauernde ☞ **Tragtiere** und zum ☞ **Fahren**. Ihre angebliche Bösartigkeit und Widersetzlichkeit ist meist eine Folge von falscher Behandlung oder von Überforderung. ☞ **Equiden**

Maultier einer Gebirgsjägereinheit mit seinem Führsoldaten

Mausfalbe _ So nennt man ☞ **Falben** mit gräulich fahlem ☞ **Fell**. Mausfalben kommen fast nur bei naturnahen Ponyrassen vor.

Mazedonier _ Das Ursprungsgebiet dieser Ponyrasse vom Balkan liegt südlich der Save, eines wichtigen Donauzuflusses. Stärker als das ☞ **Bosnische Gebirgspferd** ist das mazedonische Kleinpferd von ☞ **orientalischen Pferden** beeinflusst. 1973/74 wurden rund 150 Tiere von Schweizer Pferdefreunden in die Schweiz gebracht, da die Rasse in ihrer Heimat vom Aussterben bedroht war. Ponys bis zu einer Größe von 132 cm zählt man zum Typ A, von 133 bis 147 cm rechnet man sie zum Typ B. Mazedonier sind vorwiegend braun oder dunkelbraun, es kommen aber auch alle anderen ☞ **Farben** außer ☞ **Schecken** vor.

Schweizerische Reiter auf mazedonischen Ponys

Mecate _ ☞ **Hackamore**

Mecklenburger _ Warmblutpferd aus dem Bundesland Mecklenburg-Vorpommern. Über eine gezielte Zucht von mecklenburgischem Warmblut gibt es Dokumente, die aus dem 14. Jahrhundert stammen. Zu DDR-Zeiten wurde der Mecklenburger wie der ☞ **Brandenburger** zum Typ ☞ **Edles Warmblut** gezählt, jetzt gilt die ganz ähnliche Typausrichtung ☞ **Deutsches Reitpferd**. Das Staatsgestüt Redefin wurde im Jahr 1810 gegründet; damals züchtete man sehr stark mit ☞ **Englischem Vollblut** und richtete deshalb 1822 die erste Galopprennbahn in Bad Doberan ein. Später kreuzte man in die zu leicht gewordenen Pferde ☞ **Kaltblut** ein, wodurch die Pferde dann zu schwer wurden. Erst unter dem Einfluss des ☞ **Hannoveraners** erreichte man die gewünschte Warmblutzucht.

Mehlmaul _ Weiße Fellzeichnung in der Maulpartie bei farbigen Pferden; die haarlosen Bereiche sind dunkel. ☞ **Abzeichen**, ☞ **Wildfärbung**

Mehrspänner _ So kann man jedes ☞ **Gespann** mit mehr als einem Pferd nennen. Gebräuchlich ist der Begriff jedoch vor allem für große Gespanne mit fünf bis acht Pferden; bei Rekordgespannen mit zehn und mehr Pferden passt in jedem Fall auch die Bezeichnung Vielspänner.

Melasse _ ist vom lateinischen Wort „mel" für Honig abgeleitet. Sie bleibt bei der Fabrikation von Zucker als zähflüssiger, brauner Brei übrig. Man kann Melasse zu Alkohol verarbeiten oder als Zusatz zu Vieh- und Pferdefutter verwenden, z. B. in ☞ **Mash**.

Mérenspferd _ Die Heimat der Mérenspferde ist der französische Teil des Pyrenäengebirges. Nach ihrem Hauptzuchtgebiet, dem Department Ariège mit dem Ort Mérens-Levalle, werden sie auch als Ariègeponys bezeichnet. Die kräftigen, vielseitig einsetzbaren Ponys sind ausschließlich ☞ **Rappen**, meist mit üppigem ☞ **Langhaar**. Die Größe liegt bei 135 bis 148 cm. Frei lebende, kleine Zuchtherden gibt es vor allem noch in den Hochlagen der südlichen Zentralpyrenäen. Erste Nachzuchten gab es um 1980 in Holland, danach auch in Deutschland.

Mérensponys werden gern zum Fahren eingesetzt.

Merfelder Pony _ ☞ **Dülmener**

Messe _ Mehrtägige Schau-, Informations- und Verkaufsveranstaltung. Es gibt Messen für viele Wirtschafts-, Sport- und Freizeitbereiche. Sie finden meist einmal im Jahr oder alle zwei Jahre statt. Messen rund ums Pferd sind stets Publikumsveranstaltungen. Das heißt, dass nicht nur Fachleute Zugang haben, sondern alle interessierten Besucher. Tausende von Artikeln werden angeboten, vom Hufkratzer über die Reitausrüstung bis hin zum Pferdetransporter. Auch Pferde kann man erwerben, zumindest aber eine Vielzahl von ☞ **Rassen** sehen, die teils auch in Showprogrammen (☞ **Shows**) vorgeführt werden. Außerdem gibt es Bücherecken, Videoschauen, Fachvorträge, Berufsinformationen, Angebote für Reiterferien und vieles mehr für Pferdefreunde jeglicher Richtung.

Messen _ Um die ☞ **Größe** eines Pferdes festzustellen, benutzt man allgemein das ☞ **Stockmaß**. Das ☞ **Bandmaß** ist veraltet. Noch relativ neu ist das Messen mit einer speziellen Wasserwaage; sie wird auf dem ☞ **Widerrist** aufgelegt und ermöglicht eine genaue Maßangabe per Echolotpeilung. Für bestimmte Ausrüstungsgegenstände wie ☞ **Halfter**, ☞ **Sattel- und Zaumzeug** oder ☞ **Gurte** braucht man die genauen Maße der entsprechenden Körperbereiche, damit es nicht zu ☞ **Druckstellen** kommt. Bei den ☞ **Standards** mancher ☞ **Rassen** wird auch der ideale Umfang des ☞ **Röhrbeins** mit angegeben, bei Einzelbeschreibungen von Pferden manchmal auch der Brustumfang.

Mexikanisches Reithalfter _ ☞ **Reithalfter**

Milch _ Die Pferde und die anderen ☞ **Equiden** gehören zu den Säugetieren. Das heißt, dass sie ihren Nachwuchs in der ersten Lebensphase mit Muttermilch ernähren, indem sie ihn ☞ **säugen**. ☞ **Stutenmilch**

Milchauge _ ☞ **Birkauge**

Milchgebiss _ Es besteht beim Pferd aus insgesamt 24 Zähnen: je sechs Schneidezähne im Ober- und im Unterkiefer (= 12) und je drei Backenzähne auf jeder Seite in beiden Kiefern (= 12). Die ersten Zähne, die Zangen, werden beim Fohlen bereits in der ersten Lebenswoche sichtbar. Das Milchgebiss ist meist nach einem Jahr komplett. ☞ **Zähne**, ☞ **Zahnwechsel**

Milchmaul _ So nennt man eine milchigweiße Hautpartie um das Maul. ☞ **Abzeichen**

Militärpferde _ Mit Kriegspferden begannen vor Tausenden von Jahren die ersten großen Eroberungen fremder Länder. Diese Feldzüge wären ohne den Einsatz von Pferden als schnelle Reit- und Zugtiere nicht möglich ge-

wesen. Aus dem Mittelalter sind vor allem die ☞ **Ritterpferde** in Erinnerung. Und auch heute stehen noch Pferde in militärischen Diensten, obwohl sie ihre große Bedeutung für die Kriegsherren und Soldaten verloren haben. Zum Glück für die Pferde, denn sie waren stets wie die Menschen den vielfältigen Gräueln ausgesetzt, die Kriege und Schlachten mit sich bringen; unzählige Pferde mussten Hunger und Durst leiden, wurden schwer verwundet und starben oft überaus qualvoll.
In einigen Staaten besteht noch eine ☞ **Kavallerie;** außer von berittenen Einheiten wurden Pferde z. B. auch zum Ziehen von schweren Geschützen, von Feldküchen oder Lazarettwagen verwendet. Vereinzelt gibt es außerdem noch spezielle Tragtierkompanien mit Pferden und Maultieren, hauptsächlich im Gebirge.

Military _ Bezeichnung für die große ☞ **Vielseitigkeit;** der Begriff stammt aus der Militärreiterei.

Mindestleistung _ Reiten in den ☞ **Grundgangarten** auf einer vorgeschriebenen Strecke in einer bestimmten Zeit. Dabei wird nicht die Leistung des Reiters, sondern nur die des Pferdes bewertet. Die Mindestleistung gehört z. B. zu ☞ **Reitpferdeprüfungen**, ☞ **Stationsprüfungen** für Zuchtstuten und ☞ **Jagdpferdeprüfungen**.

Miniaturpferde _ sind Kleinstpferde mit einem ☞ **Stockmaß** bis zu maximal 90 cm. Die untere Grenze liegt bei 60 cm, doch es ist fraglich, ob es sich bei so kleinen Pferden tatsächlich auch stets um ausgewachsene Tiere handelt. Früher züchtete man Miniatur-Shetlandponys, um sie als Zugpferde in den Bergwerken einzusetzen. Heute werden sie und andere Miniaturrassen, bei denen stets das ☞ **Shetlandpony** Ausgangsbasis ist, vor allem aus Liebhaberei gehalten. ☞ **Zwergpferde**

Die kleinsten Pferde sind die Miniaturponys.

Missouri-Foxtrotter _ Diese nordamerikanische Pferderasse aus dem Staat Missouri entstand aus ☞ **Tennessee Walkern**, ☞ **Quarter Horses** und ☞ **Morgan Horses** und ist nur wenig verbreitet.
Ihr Hauptmerkmal ist der Foxtrott, eine weiche ☞ **Spezialgangart**, die auf dem ☞ **Trab** beruht. Auffällig ist dabei das starke Nicken des Kopfes. Die Größe der Pferde liegt zwischen 150 und 155 cm. Es kommen alle ☞ **Farben** vor, vorwiegend aber Füchse und Braune.

Durch ihre Spezialgangart sind die Missouri-Foxtrotter sehr ausdauernd.

Misten _ nennt man das Absetzen von ☞ **Kot** vor allem bei Stallpferden. Der Kot wird zusammen mit der ☞ **Einstreu** beim Ausmisten entfernt.

Mittellinie _ Gedachte Längslinie in der ☞ **Reitbahn** zwischen den Mittelpunkten der kurzen Seiten. Durch diese Linie wird die Bahn (unsichtbar) in zwei Hälften geteilt. Auf der Mittellinie stellen sich die Reiter vor und nach der Reitstunde oder einem Ausritt auf.

Mondblindheit _ ist ein anderer Ausdruck für ☞ **Periodische Augenentzündung**.

Mongolenpony _ Diese harte und ursprüngliche Ponyrasse stammt vermutlich direkt vom ☞ **Przewalskipferd** ab. Die Größe liegt bei etwa 135 bis 145 cm. Häufig sind ☞ **Wildpferdmerkmale** und ein fehlender ☞ **Stirnschopf**. Mongolenponys sind vorwiegend naturfarben. Größere Tiere mit weißen ☞ **Abzeichen** sind oft aus Einkreuzungen von anderen Rassen entstanden und weisen meist nicht die Zähigkeit des reinen Mongolenpferdes auf. Die Ponys werden überwiegend im Freien gehalten und als Reit-, Pack-, Milch- und Schlachttiere verwendet. Seit einigen Jahren werden sie auch im Reittourismus eingesetzt.

Mongolisches Urwildpferd _ ist eine allgemeine Bezeichnung für das ☞ **Przewalskipferd**.

Morgan Horse _ Diese mittelgroße amerikanische Pferderasse entstand Anfang des 19. Jahrhunderts. Typisch für Morgan Horses sind ein stabiler Körperbau, eine kräftige Bemuskelung, ein kurzer Rücken, elastische Gänge mit wenig Raumgriff und eine hohe Aktion im Trab. Die Größe liegt zwischen 155 und 160 cm, bei den Farben überwiegen ☞ **Braune** und ☞ **Füchse**. Die Abstammung des Begründerhengstes, der zuerst Figure hieß und später nach einem seiner Besitzer Justin Morgan genannt wurde, konnte nie geklärt werden. Vermutet werden als Vorfahren eingeführte holländische Pferde mit einem Anteil Andalusierblut. Das Morgan Horse zeichnet sich durch außerordentliche Vielseitigkeit aus, es kann z. B. beim ☞ **Springen** ebenso wie beim ☞ **Westernreiten** und zum ☞ **Fahren** eingesetzt werden; häufig wird es auch als Farm- oder Showpferd verwendet.

Holländische und spanische Pferde sind die Vorfahren der amerikanischen Morgan-Rasse.

Mounted Games _ Dieser englische Begriff bedeutet wörtlich übersetzt „berittene Spiele". Gemeint sind vor allem einfache ☞ **Reiterspiele** mit Wettbewerb für Kinder und Jugendliche. Sie sind in England seit Langem sehr beliebt und werden auf vielen ☞ **Gymkhanas** ausgetragen. Die Teams bestehen aus fünf Reitern; in den einzelnen Spielen starten in der Regel jeweils nur vier von ihnen. Gewertet wird im direkten Vergleich Team gegen Team. Die meisten Punkte erhält die Gruppe, die im letzten Durchgang am besten abschneidet. Die Idee hat seit einigen Jahren auch hierzulande Anhänger gefunden. 1994 fand, unter britischer Beteiligung, in Hamburg das erste Europäische Mounted Games Turnier statt.

Bei Mounted Games geht es im Team um Schnelligkeit und Geschicklichkeit.

Muli _ Gebräuchliche Bezeichnung für ☞ **Maultier**.

Museen _ Reine Pferdemuseen sind eine Rarität, es gibt sie nur vereinzelt (☞ **Deutsches Pferdemuseum**, ☞ **Schweizerisches Pferdemuseum**). Man kann teilweise auch in naturwissenschaftlichen und historischen Museen etwas über Pferde erfahren, beispielsweise über die ☞ **Entwicklungsgeschichte**, über die ☞ **Zucht** und die unterschiedliche Nutzung der Pferde oder über das Pferd in der Kunst und in der Literatur.

Mustang _ Pferdewildling in den USA. ☞ **Wildling**

Mustern _ ☞ **Vormustern**

Die Messeler Urpferdchen

Die hessische Gemeinde Messel bei Darmstadt besitzt eine Rarität, die in Deutschland einmalig ist. Von 1873 bis 1971 wurde dort im Tagebau Ölschiefer abgebaut und industriell verwertet. Schon um 1875 entdeckte man Fossilien, also Tier- und Pflanzenreste beziehungsweise ihre Abdrücke, die in den Schiefer eingebettet waren. Allerdings konnten sie nicht erhalten werden, denn es gab noch keine Möglichkeit, sie dauerhaft zu konservieren. Erst ab 1900 gelang es, die vielen weiteren Funde zu sichern. Schnecken, Krebse und Muscheln, Fische, Insekten, Echsen, Schildkröten, Schlangen und Vögel, aber auch Säugetiere wie Insektenfresser, Nagetiere und Urhuftiere gehörten zu den vielen entdeckten Tierarten.

Weltberühmt wurde die Grube jedoch durch die Bergung von Urpferdchen. Man entdeckte sogar zwei verschiedene Arten: Die größeren Tiere hatten eine Schulterhöhe von etwa 50 Zentimetern und eine Körperlänge von einem Meter, die kleinere Art war rund 35 Zentimeter hoch und etwa 50 Zentimeter lang.

Neben erwachsenen Pferdchen wurden auch Fohlen und Jungtiere entdeckt. Selbst der Mageninhalt war an einigen Funden noch erhalten und konnte unter dem Mikroskop bestimmt werden. Es handelte sich eindeutig um Laubblätter und um Beeren. Gräser fand man nicht. Auch die Zähne mit niederen Kronen wiesen darauf hin, dass diese Urpferdchen sich nicht von Gras ernährt haben konnten. Damit wurde einmal mehr bestätigt, dass die Urpferdchen noch Wald- und Buschbewohner gewesen sein müssen und die Pferde sich erst im Verlauf der Entwicklungsgeschichte zu grasfressenden Steppentieren entwickelten. Die Urpferdchen waren nicht nur viel kleiner als die heutigen Pferde, sie hatten auch noch je drei Zehen an den Hinterbeinen und je vier Zehen an den Vorderbeinen.

Durch die wissenschaftliche Altersbestimmung der Funde konnte auch geklärt werden, aus welchem Zeitraum die Fossilien stammten: Die Tiere lebten vor rund 50 Millionen Jahren! Damals herrschte in weiten Teilen des heutigen Europa ein subtropisches Klima mit dichten Urwäldern, Sümpfen, Bächen und Seen. Darauf wiesen auch die Überreste von Krokodilen hin, die in den Schiefer eingeschlossen waren.

Selbst die damalige Deutsche Bundespost fand die Fossilienfunde so interessant, dass sie 1978 zwei Briefmarken mit fossilen Tieren aus der Messeler Grube herausbrachte. Eine zeigt eine Fledermaus, die andere ein Urpferdchen.

Urpferdchen- und andere Fossilienfunde aus der Messeler Grube kann man an mehreren Orten bestaunen: Im Heimatmuseum von Messel, im Hessischen Landesmuseum in Darmstadt und im Senckenberg-Museum in Frankfurt. Bis so ein Fossil nach der Bergung in die Ausstellung gelangt, ist allerdings eine Menge zu tun. Gleich nach dem Auffinden müssen die Schieferplatten in ein Dauerbad gegeben werden. Der stark wasserhaltige Ölschiefer samt den eingeschlossenen Tierresten trocknet nämlich an der Luft schnell aus und zerfällt dann zu kleinen Splittern. Auch zum Bearbeiten muss die Platte ständig feucht gehalten werden, bis das Fossil aus ihr freigelegt ist. Dann wird es mit Kunstharz getränkt. Für diese Arbeit braucht man ein gutes Auge und viel Fingerspitzengefühl – vor allem aber Zeit. Bis ein Urpferdchen völlig herausgearbeitet ist, können mehrere Monate vergehen!

N

Nachgeben _ der Zügel: ☞ **Annehmen**

Nachgeburt _ Wie bei vielen anderen Tieren und beim Menschen wird auch das ungeborene Fohlen im Mutterleib durch ein besonderes Gewebe, den Mutterkuchen oder die Plazenta, mit Nahrung, Sauerstoff und anderen wichtigen Stoffen versorgt. Mit der Plazenta ist das Fohlen durch die Nabelschnur verbunden. Diese reißt bei der ☞ **Geburt**. Kurze Zeit danach scheidet die Stute die Plazenta samt Nabelschnurrest und Eihäuten aus. Häufig wird dieses blut- und eiweißreiche Gemisch, die so genannte Nachgeburt, von den Muttertieren aufgefressen; bei Pferden kommt dies vor allem bei Stuten naturnaher Rassen vor. Dadurch führt sich die Stute ein nährstoffreiches Gewebe wieder zu. Gleichzeitig werden auf diese Weise Geburtsspuren beseitigt, die im Wildleben Raubtiere anlocken könnten.

Nachgurten _ Das Anziehen des Sattelgurtes, das meist etwa fünf bis zehn Minuten nach Beginn des Reitens notwendig wird. Dann hat sich der Sattel etwas „gesetzt", und der Gurt ist locker geworden. Wenn man das Nachgurten unterlässt, kann der Sattel rutschen. Das kann zu einem Sturz des Reiters führen, und das Pferd kann eine ☞ **Druckstelle** bekommen.

So geht das Nachgurten vom Sattel aus. Sicherer ist es aber, vom Boden aus nachzugurten!

Nachschwitzen _ Schweißausbruch bei erhitzten oder bereits trocken gewordenen Pferden. Das Nachschwitzen kann ein Anzeichen von Überforderung oder Aufregung sein, und es besteht die Gefahr eines Kreislaufkollapses. Es kommt aber auch vor, wenn ein Pferd nach einem anstrengenden Ritt sofort in die Box gestellt wird. Durch ☞ **Führen** oder ruhiges Reiten im Schritt kann sich der Kreislauf besser stabilisieren.

Nachzucht _ 1. Die Fohlen, die ein bestimmter Hengst gezeugt beziehungsweise eine Stute geboren hat, bezeichnet man als Nachzucht. Damit können aber auch alle Fohlen, die in einem Jahr oder insgesamt auf einem Gestüt zur Welt gekommen sind, oder alle Fohlen einer bestimmten Rasse gemeint sein.
2. Eine Zucht mit einer Rasse aus einem anderen Ursprungsland, die es bisher im Nachzuchtgebiet noch nicht gegeben hat. Meist wird ein eigener ☞ **Zuchtverband** gebildet und gelegentlich der ☞ **Standard** der betreffenden Rasse in Einzelheiten wie Größe oder Farben geändert. Innerhalb der Europäischen Union hat seit einigen Jahren jedoch ausschließlich der Standard des Herkunftslands auch für die Nachzuchten im Ausland Gültigkeit.

Namen _ Für Pferde, die in ein Rassenregister eingetragen werden (☞ **Zuchtbuch**), muss ein offizieller Name angegeben werden. Im Allgemeinen hat er den gleichen Anfangsbuchstaben wie der Name des Vaterhengstes. In der Vollblutzucht richtet man sich nach dem Namen der Mutter. Manchmal wird der erste Teil des Elternnamens mitverwendet. Wenn Namen mehrmals benutzt werden, hängt man eine fortlaufende Nummer an. Diese festgelegten Namen werden auch in den ☞ **Abstammungsnachweis**, in Turnier- und Rennausweise eingetragen. Namen können zeitweilig gesperrt werden, wenn ein Pferd im Leistungssport oder in der Zucht besonders erfolgreich ist. Die Namen von ☞ **Stempelhengsten** oder anderen überragenden Pferden werden manchmal für alle Zeiten geschützt und nie mehr vergeben. Namensänderungen können auf Antrag des Pferdebesitzers beim Zuchtverband vorgenommen werden. Es muss jedoch ein wichtiger Grund vorhanden sein. In der Hauptsache sind dies wirtschaftliche Interessen. Zum Beispiel wollen Sponsoren oft, dass ein Pferd den Namen ihres Produkts trägt. Wie man sein Pferd im täglichen Umgang nennt, das bleibt natürlich jedem selbst überlassen, auch bei Pferden mit „offiziellen" Namen. ☞ **Seite 146**

Nasenbremse _ Ein mechanisches Beruhigungsmittel für nervöse oder widerspenstige Pferde. Die Nasen- oder Oberlippenbremse wird um die Oberlippe des Pferdes gelegt und abwechselnd festgezogen und leicht gelockert. Richtig gehandhabt, wirkt die Bremse ähnlich wie Akupressur auf bestimmte Nervenenden und hat einen beruhigenden Effekt. Bei unsachgemäßer Anwendung kann die Oberlippe sehr schmerzhaft abgeschnürt werden.

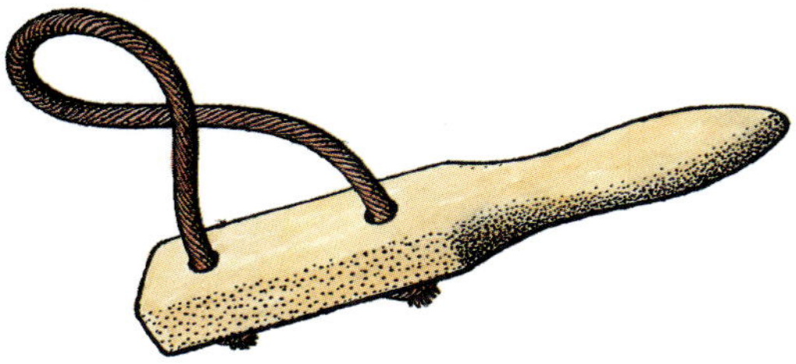

Falsche Handhabung macht aus der Nasenbremse ein Folterinstrument.

Nasenriemen _ Teil eines ☞ **Nasenzaums** oder eines ☞ **Reithalfters**.

Nasenzaum _ Ein ☞ **Zaum** ohne ☞ **Gebiss**. Die Wirkung erfolgt durch Nasenbügel oder Nasenriemen und Kinnketten oder -riemen auf das Nasenbein, die Lefzen und den Unterkiefer des Pferdes. Weithin bekannte Nasenzäumungen sind die ☞ **Hackamore** und der ☞ **Kappzaum**.

Naturkurs _ Reitweg mit festen ☞ **Hindernissen** (Naturhindernissen) bei ☞ **Geländeritten**, vor allem in der ☞ **Vielseitigkeit**; das Gegenstück ist der ☞ **Parcours**.

Naturrasse _ ☞ **Primitivrasse**

Natursprung _ ☞ **Sprung**

Neapolitaner _ Diese nicht mehr bestehende Pferderasse hat im 17. und 18. Jahrhundert die Zucht der ☞ **Lipizzaner** stark beeinflusst und steckt unter anderem auch noch im ☞ **Kladruber**. Es handelte sich um Pferde mit eleganten Bewegungen und interessanten Farbmustern, die vor allem an Fürstenhöfen beliebt waren. Ein solcher Pferdetyp ist des Öfteren auf Prunkgemälden der betreffenden Epoche verewigt. ☞ **Barockpferde**

Nenngeld _ Die Teilnahmegebühr für „genannte", das heißt angemeldete Pferde auf ☞ **Turnieren**, bei Rennen (☞ **Rennsport**) und anderen pferdesportlichen Wettbewerben. Das Nenngeld wird in der Regel von den Pferdebesitzern bezahlt. ☞ **Startgeld**

Nervenschnitt _ Ein tierärztlicher Eingriff, bei dem Nerven meist zwischen dem ☞ **Huf** und der ☞ **Fessel** eines Pferdebeins durchtrennt werden, z. B. bei einer ☞ **Hufrollenentzündung**. Das Pferd empfindet dadurch keine Schmerzen mehr in dem geschädigten Bereich, auch nicht bei späteren Verletzungen. Jedoch besteht unter anderem die Gefahr des ☞ **Ausschuhens**, außerdem hält die Schmerzunempfindlichkeit höchstens zwei Jahre. Danach sind die Beine meist so stark geschädigt, dass das Pferd getötet werden muss. Nervenschnitte gelten bei vielen Tierärzten als veraltete Methode. Die Ursache der Schmerzen wird durch einen Nervenschnitt nicht geheilt.

New-Forest-Pony im Typ eines kleinen Warmblutpferdes

New-Forest-Pony _ Diese alte Kleinpferdrasse stammt aus dem New Forest (Neuer Wald) in Südengland. Die dort beheimateten Wildponys wurden vom 18. Jahrhundert an stark mit einer Reihe anderer Rassen vermischt. Heute gibt es New Forests in arabisiertem Typus ebenso wie im Typ kleiner Warmblüter; bei manchen Ponys sind auch noch Merkmale des ☞ **Urponys** vorhanden. Die Größe liegt bei 130 bis 148 cm. Es kommen alle ☞ **Farben** außer ☞ **Schecken**, Fleckmustern (☞ **Tigerung**) und ☞ **Albinos** vor. Nachzuchten gibt es unter anderem in Deutschland.

Niederländisches (Holländisches) Warmblut _ Modernes Sportpferd, ähnlich wie das ☞ **Deutsche Reitpferd**. Das Niederländische Warmblut ist aus dem ☞ **Groninger** und dem Gelderländer unter Einkreuzung von ☞ **Englischem Vollblut**, ☞ **Trakehnern**, ☞ **Holsteinern** und ☞ **Normännern** entstanden. Das Tuigpaard (Zugpferd) ist der schwerere Typ, der vor allem als Fahrpferd verwendet wird. Die Größe liegt zwischen 165 und 175 cm. Es kommen viele ☞ **Füchse**, aber auch ☞ **Braune** und ☞ **Schimmel** vor.

Niederlegen _ Pferde legen sich zum ☞ **Schlafen**, aber auch zum ☞ **Abfohlen** entweder halb aufgerichtet in Bauchlage nieder, oder sie liegen flach auf einer Seite. Fohlen lassen sich oft einfach auf den Boden plumpsen; ältere Pferde „knien“ sich zuerst auf die ☞ **Vorderfußwurzeln**, dann senken sie die ☞ **Hinterhand** ab. Vor allem in der seitlichen Lage kann sich ein ruhendes Pferd in einer engen Box ☞ **festlegen**. Als Untergrund bevorzugen Pferde trockenes Gras oder ☞ **Stroh**.

Nierenverschlag _ ☞ **Kreuzverschlag**

Nonius _ Bei dieser Pferderasse handelt es sich um ein kräftiges, mittelgroßes Fahrpferd aus Ungarn, das teils auch eine gute Springveranlagung hat. Stammvater war der Hengst Nonius Senior, vermutlich ein ☞ **Halbblut** aus einer ☞ **Normänner** Landstute. Durch Kriegsereignisse kam der Hengst ins ungarische Gestüt Mezöhegyes. Als Veredler der Rasse wurden ☞ **Englisches Vollblut** und Anglo-Normänner eingesetzt. Das Stockmaß des Nonius liegt zwischen 150 und 162 cm, überwiegend gibt es ☞ **Braune**, Dunkelbraune und ☞ **Rappen**.

Nordpferde _ haben sich wahrscheinlich während der Eiszeiten bereits in ihrer alten Heimat Amerika dem Kaltklima angepasst. So konnten sie nach der Einwanderung nach Eurasien auch in wechselhaft kaltheißen und unwirtlichen Regionen überleben. ☞ **Entwicklungsgeschichte**, ☞ **Urpony**, ☞ **Steppenpferde**, ☞ **Südpferde**, ☞ **Tundrenpferd**

Noriker (Pinzgauer) _ Eine alte österreichische Kaltblutrasse. Die Bezeichnung geht auf das keltische Königreich Noricum zurück, das vor rund 2500 Jahren auf dem Gebiet des heutigen Österreichs entstanden war. Die planmäßige Führung eines ☞ **Zuchtbuchs** und die ☞ **Reinzucht** des Norikers, der einige Zeit vorwiegend im Pinzgau (einem Teil des Bundeslandes Salzburg) gezüchtet wurde, begann im 16. Jahrhundert. Im 18. Jahrhundert wurde die erste Körvorschrift aufgestellt (☞ **Körung**). Wie andere Rassen wurde auch der schwere Noriker im Typus mehrmals verändert; heute noch gibt es einen leichteren und einen schwereren ☞ **Schlag**. Die Größe liegt zwischen 155 und 170 cm, als Farben kommen ☞ **Füchse**, ☞ **Braune**, ☞ **Rappen** sowie ☞ **Fleckschimmel** und ☞ **Farbschimmel** vor. Der Noriker wird als Arbeits- und Fahrpferd verwendet, eine bedeutende Anzahl junger und erwachsener Tiere wird für die Schlachtung im Ausland gezüchtet. Wichtige Zuchtgebiete sind heute die Bundesländer Kärnten und Salzburg, ein ☞ **Hengstdepot** befindet sich im staatlichen Bundeshengstenstallamt Stadl-Paura. Ein naher Verwandter des Norikers ist das ☞ **Süddeutsche Kaltblut**.

Die Tigerscheckung ist bei Norikerfreunden sehr beliebt.

Normänner _ Als Normänner bezeichnet man eine Gruppe von Pferderassen aus der französischen Normandie, die aus bodenständigem ☞ **Schwerem Warmblut** entstanden und eng miteinander verwandt sind. Zu Anfang des 19. Jahrhunderts wurde vor allem ☞ **Englisches Vollblut** eingekreuzt.
Der Normänner Karossier (auch leichter Cob genannt) war einige Zeit in ganz Europa gefragt. Daneben gab es den schwergewichtigeren Cob als Wirtschaftspferd; er wird heute noch als Zug- und Fahrpferd sowie als Schlachtpferd verwendet. Der spritzige Anglo-Normänner im Halbblut-Typ ging im heutigen französischen Reitpferdtyp, dem ☞ **Selle Français**, auf. Auch der französische ☞ **Traber** hat seinen Ursprung im Normänner; mit ihm werden Trabrennen nicht nur vor dem Sulky, sondern auch unter Reitern veranstaltet.

Norweger _ ☞ **Fjordpferd**

Nüstern _ Die weiche, bewegliche Bemuskelung des Nasenbeins mit den Nasenöffnungen bezeichnet man als Nüstern. Bei starker Anstrengung oder bei Aufregung blähen sich die Nüstern oft weit auf. Wenn ein Pferd mit der Nase unter Wasser gerät oder wenn starker Wind geht, kann es die Nüstern fast ganz verschließen und so das Eindringen von Flüssigkeit oder Staub verhindern. Allerdings geht dies nur kurzfristig, denn Pferde atmen ausschließlich über die Nase. ☞ **Atmung**

Nummernbrand _ Ein ☞ **Brandzeichen** in Form von Ziffern, das fast ausschließlich zusätzlich zum Zuchtbrand, also zum Brand der jeweiligen Rasse, verwendet wird. In der Regel handelt es sich um die abgekürzte ☞ **Lebensnummer** des betreffenden Pferdes. Der Nummernbrand kann zusammen mit dem Zuchtbrand an einem Schenkel angebracht sein. Er kommt aber auch separat vor – meist an einer Seite des Oberhalses.

Nummernschild _ Bei ☞ **Turnieren** und anderen Wettbewerben tragen die Pferde eine vorgeschriebene viereckige Plastikmarke mit der Teilnehmernummer. Dieses Nummernschild muss gut sichtbar getragen werden und wird deshalb meist am ☞ **Zaum** des Pferdes angebracht. In Gebieten mit eingeschränkter Reiterlaubnis muss man bei der Gemeinde eine jährliche Ausreitgebühr entrichten und beim ☞ **Ausreiten** ein leicht erkennbares Nummernschild mitführen, damit reitende „Umweltsünder" und Rowdys leichter ermittelt werden können.

Offene Nüstern

Verschlossene Nüstern

Berühmte Namen und Geschichten von Pferden

Viele Namen von Pferden sind in die Geschichte der Zucht und des Sports eingegangen, aber auch Namen von Kriegspferden wurden verewigt. Eine kleine, aber noble Auswahl: Das wohl berühmteste Pferd der griechischen Antike war kein Olympiasieger, sondern das Kriegspferd **Bukephalos.** *Alexander der Große hatte den Rappen als Sechzehnjähriger geschenkt bekommen. Der Hengst scheute anfangs beim Aufsitzen. Aber Alexander fand bald den Grund heraus: Das sensible Pferd fürchtete sich vor seinem eigenen Schatten. Er stellte Bukephalos von nun an beim Aufsteigen einfach gegen die Sonne, sodass dieser nicht mehr sah, was ihn irritieren konnte. Bukephalos begleitete seinen Herrn auf allen Eroberungszügen. Er soll im Alter von 30 Jahren bei einem Gefecht in Indien tödlich verletzt worden sein. Alexander benannte die Stadt Bukephala nach seinem Pferd.*

Das Lieblingspferd des Preußenkönigs Friedrich des Großen hieß **Condé.** *Es war ein kräftiger, aber braver Fliegenschimmel und wurde von seinem königlichen Besitzer oft nur „Grauer" gerufen. Zu Hause durfte das Pferd dem König des Öfteren bis an die Tür der Privatgemächer oder in den Gartensaal von Sanssouci folgen und bekam dort allerlei Leckerbissen.*

Von Napoleons Pferden, die er in entscheidenden Schlachten ritt, sind fast alle Namen erhalten. **Ali** *war der „Schimmel von Marengo";* **Cyrus** *machte die Schlacht bei Austerlitz mit, in Jena und Auerstädt war* **Neron** *dabei. Beim Sieg über die Russen ritt Napoleon abwechselnd* **Phenix** *und* **Limousin.** *Das Pferd* **Tauris** *trug ihn schließlich nach seiner Niederlage nach Frankreich.* **Vizir** *begleitete den geschlagenen Kaiser ins Exil nach St. Helena.*

Zu den berühmtesten Zuchthengsten des 20. Jahrhunderts gehört der Trakehner Hengst **Tempelhüter.** *Er lebte von 1916 bis 1933 auf dem ostpreußischen Hauptgestüt Trakehnen, das 1732 von Friedrich Wilhelm I. gegründet worden war. Tempelhüter stammt von dem Vollblüter* **Perfektionist xx** *ab und hat die Trakehnerzucht stark beeinflusst. Sein Denkmal steht heute vor dem Moskauer Pferdemuseum. Im Garten des deutschen* ☞ **Pferdemuseums** *in Verden/Aller konnte 1979 ein Nachguss aufgestellt werden.*

Unvergesslich für die Welt des Pferdesports bleibt die weltbekannte Stute **Halla.** *Sie wurde am 16. Mai 1945 auf der Hofmeierei der Domäne Darmstadt geboren und starb am 19. Mai 1979. Ihr Vater war der Traberhengst Oberst, ihre Mutter Helena von unbekannter Abstammung; sie war im Krieg erbeutet worden. Halla hatte eine ausgeprägte Persönlichkeit und war im Umgang nicht immer einfach. Doch unter ihrem ebenso berühmten Reiter Hans-Günter Winkler errang sie deutsche Meisterschaftstitel und internationale Siege in Europa wie in Nordamerika, wurde mehrmals Weltmeisterin und heimste Einzel- und Mannschafts-Olympiagold ein. Nach Beendigung ihrer Sportlaufbahn wurde sie in der Zucht eingesetzt und brachte acht Fohlen zur Welt. Ihr Denkmal steht in Warendorf vor dem Sitz des Deutschen Olympia-Komitees für Reiterei.*

Ein Springwunder war auch das irische Connemarapony **Stroller.** *Mit seinem Stockmaß von nur 145 Zentimetern errang Stroller 1968 bei den Olympischen Spielen in Mexiko unter seiner Reiterin Marion Coakes die Silbermedaille im Einzelspringen. Nur ein Jahr später gelang ihm eine noch beeindruckendere Leistung: Stroller gewann das wohl schwerste Springen der Welt, das Hamburger Springderby – 14 Jahre nach Hallas erstem Derbysieg. Und dies wie die deutsche Stute auch noch ohne einen einzigen Fehlerpunkt!*
Das kleine Springwunder Stroller starb 1986 im hohen Alter von 36 Jahren.

O

Österreichische Reiterliche Vereinigung _ ☞ **FENA**

Österreichisches Warmblut _ Diese Pferderasse verkörpert den Typ des modernen europäischen ☞ **Sportpferdes.** Zuchtgrundlage des Österreichischen Warmbluts waren in den Anfängen vor allem ungarische Rassen wie ☞ **Nonius** und ☞ **Furioso-Northstar** sowie der ☞ **Shagya-Araber**. Auch deutsche Pferde der verschiedenen ☞ **Landeszuchten** beeinflussten die Rasse. Das ☞ **Hengstdepot** ist in Stadl-Paura.

ÖTO _ Dies ist die Abkürzung für die Österreichische Turnierordnung, das Regelwerk der ☞ **FENA**, also des Bundesfachverbandes für Reiten und Fahren in Österreich. Die ÖTO enthält außer den allgemeinen Turnierregeln für Reiten, Fahren und Voltigieren z. B. auch die österreichische ☞ **APO**, die für Österreich gültige ☞ **IPO** sowie die verschiedenen ☞ **Leistungsabzeichen** einschließlich der Österreichischen Reiternadel, des Reiterpasses (FENA) und des Österreichischen Wanderreiter-Abzeichens. Als Spezialitäten sind besondere Wettbewerbe für die Pferderassen ☞ **Haflinger** und ☞ **Noriker** enthalten.

Offenes Knie _ ☞ **Knieschluss**

Offenstall _ Ein ☞ **Stall** ohne (verschlossene) Türen auf einer ☞ **Weide** oder an einem ☞ **Paddock;** die Pferde können nach Belieben den Stall oder den Freiplatz aufsuchen. Die einfachste Form ist eine Schutzhütte aus Brettern, die zur wetterabwendigen Seite hin geöffnet ist. In massiven Offenställen sind außer dem Unterstellplatz häufig auch eine ☞ **Sattelkammer** und ein Geräteraum vorhanden, ein Lagerplatz für Futtermittel, ein Futterplatz

Offenstall mit windgeschütztem Abteil

mit Heuraufen und Trennwänden und manchmal auch ein kleiner Raum, in dem sich die Pferdebesitzer aufhalten und es sich gemütlich machen können. Manche Offenställe kann man bei Bedarf auch verschließen. Es gibt auch fahrbare Offenställe, die man vor allem in der ☞ **Robusthaltung** verwendet und die von einer Weide zur anderen transportiert werden können.

Ohren _ Die Form der Pferdeohren ist im Prinzip bei allen Pferden gleich. Es sind Stehohren, die am Kopfansatz eine „Tüte" bilden. Nach oben laufen sie mehr oder weniger deutlich spitz zu. Die Ohrlänge ist bei den einzelnen ☞ **Rassen** unterschiedlich. Pferde, die aus kalten Gegenden stammen, haben in der Regel kürzere, aber dichter behaarte Ohrmuscheln als Pferde im Südtyp (☞ **Südpferde**). So können die Ohren weniger leicht erfrieren. ☞ **Gehörsinn**

Ohrenspiel _ Pferdeohren sind sehr beweglich. Pferde können ihre Ohren einzeln oder gleichzeitig nach hinten drehen, fast flach nach hinten anlegen oder als „Schlappohren" waagrecht zur Seite stehen lassen. Das Ohrenspiel gehört zu den ☞ **Ausdrucksweisen**.

Ohrmarkierung _ In manchen Ländern werden Fohlen, die in ☞ **Wildgestüten** zur Welt kommen, zunächst nicht oder gar nicht mit einem ☞ **Brandzeichen** versehen. Die Gestütsaufseher kennzeichnen die Pferde stattdessen durch verschiedenartige Einkerbungen an den Ohren für ihre jeweiligen Besitzer.

Ohrspeicheldrüsen _ Sie liegen beidseitig hinter den ☞ **Ganaschen** unterhalb der Ohren. Ihre Funktion ist es, zum Vorverdauen des Futters im Maul des Pferdes Speichel zu produzieren - bis zu 120 Liter am Tag. Je enger ein Pferd in den Ganaschen ist, umso mehr besteht die Gefahr, dass die Ohrspeicheldrüsen beim Reiten gequetscht werden. Dies ist für das Pferd sehr schmerzhaft. Außerdem wird dadurch die Speichelproduktion eingeschränkt. Das wiederum kann zur erhöhten Gefahr einer ☞ **Kolik** führen.

Oldenburger _ Warmblutpferd aus dem Zuchtgebiet der Region Oldenburg, die heute zum Bundesland Niedersachsen gehört. Oldenburger Warmblüter wurden schon im 16. Jahrhundert von den Landsherren als große, elegante

Elegante Oldenburger Stute in der für diese Landeszucht häufigen dunkelbraunen Farbe

☞ **Karossiers** eingesetzt. Graf Anton Günther führte im 17. Jahrhundert spanische und neapolitanische Hengste als ☞ **Veredler** ein. Typisch sind bis in unsere Zeit die runden Formen des Oldenburgers, die dunkelbraune Farbe (☞ **Brauner**) und die fast einheitliche Größe zwischen 160 und 165 cm. Allerdings wird auch der Oldenburger zunehmend auf den Typ des ☞ **Deutschen Reitpferdes** hin gezüchtet, mit Einkreuzungen von ☞ **Englischem Vollblut**, ☞ **Trakehnern**, ☞ **Hannoveranern**, ☞ **Anglo-Arabern** und ☞ **Normännern**.

Der frühere Karossierschlag im Typ ☞ **Schweres Warmblut** wird durch die erst vor wenigen Jahren wieder aufgenommene Zucht des ☞ **Ostfriesen** und des Alt-Oldenburger Pferdes wieder belebt. Ein ☞ **Landgestüt** ist nicht vorhanden, Auktionen finden in Vechta in Südoldenburg statt.

Olympische Spiele _ gehen auf den Götterkult der alten Griechen zurück. Schon im 8. Jahrhundert vor Christus wurden zu Ehren von Zeus und anderen Gottheiten sportliche Wettkämpfe abgehalten. Man nannte sie nach dem Götterberg Olymp die Olympischen Spiele. Von 776 vor Christus an wurden sie nummeriert und fanden regelmäßig alle vier Jahre statt; nicht die Spiele selbst, sondern die dazwischen liegende Zeit nannte man Olympiade. Bei den 25. Olympischen Spielen gab es die ersten Ausscheidungen für Pferdesportler, vorerst nur für ☞ **Vierergespanne**. Bei den 33. Olympischen Spielen (648 vor Christus) waren erstmals auch Rennreiter auf Hengsten zugelassen. Von 500 vor Christus an gab es für einige Spiele auch Stutenrennen und sogar Wagenrennen für Maultiere. Nachdem die Römer in Griechenland die Macht übernommen hatten, verlegten sie die 175. Olympischen Spiele (80 vor Christus) kurzerhand nach Rom; erst 76 Jahre später fanden die Spiele wieder an ihrem Entstehungsort statt. 392 nach Christus verbot der christliche Kaiser Theodosius alle „heidnischen" Kulte – und damit auch die Spiele von Olympia.

Mehr als eineinhalb Jahrtausende später griff der französische Baron Pierre de Coubertin die olympische Idee wieder auf und weitete sie sogar aus. Er wollte Sportler aus aller Welt zu friedlichem Wettstreit zusammenführen, allerdings nicht zu Ehren von Gottheiten. Nur ☞ **Amateure** sollten daran teilnehmen. Diese neuzeitlichen Olympischen Spiele wurden zum ersten Mal 1896 in Athen ausgetragen. Bereits bei den nächsten Spielen im Jahr 1900 fanden auch reiterliche Wettkämpfe statt, und zwar Geländespringen (damals Jagdspringen genannt), Hochsprung und Weitsprung. 1912 kamen in Stockholm dann ☞ **Dressur**, ☞ **Springen** und ☞ **Military** dazu. Zeitweilig gehörten auch ☞ **Voltigieren** und ☞ **Polo** zu den Wettkämpfen. Weltumfassend waren die Spiele allerdings nie, denn ständig gab es Kriege oder zumindest politische Feindseligkeiten, sodass bestimmte Länder keine Sportler schickten oder nicht zugelassen waren. Heute sind auch die Olympischen Spiele in vielen Disziplinen längst in der Hand von Profisportlern. Nach den Regeln der ☞ **FEI** dürfen nur Wettkämpfer aus Staaten teilnehmen, die der FEI angeschlossen sind.

Onager _ Andere Bezeichnung für den Persischen ☞ **Pferdeesel**. Kreuzungen des Onagers mit ☞ **Hauseseln** sollen leistungsfähige, schöne und reitbare Tiere ergeben haben.

Orientalische Pferde _ So nennt man vollblütige, im Typ der ☞ **Südpferde** stehende Tiere aus Vorderasien und dem Nahen Osten. Dazu gehören der ☞ **Araber** in allen Varianten, der ☞ **Achal-Tekkiner** und die ☞ **Turkmenen**. Orientalische Pferde sind sehnig und schlank. Sie haben ☞ **trockene**, harte Gliedmaßen und zeichnen sich durch Schnelligkeit, Ausdauer und Härte aus.

Orientierungsritt, -fahrt _ Eine ☞ **Rallye**, bei der es vor allem darum geht, nach verschlüsselten Angaben bestimmte Orte zu finden. Reiter starten meist in Zweierteams. Auch wenn eine Zeitbegrenzung vorgegeben ist, kann man meistens im Schritt reiten bzw. fahren. In unbekanntem Gelände orientieren sich die Teilnehmer am besten mit einer topografischen Karte. Stellen, die erraten und gefunden werden sollen, können zum Beispiel ein Aussichtsturm, ein besonderer Baum oder eine Bachquelle sein; sie werden nach dem Erreichen in einen Fragebogen eingetragen oder einfach fotografiert. An anderen Stopps gibt es vielleicht Fragen zur Pferdekunde oder zur Natur. Am Ziel wartet oft noch eine Abschlussaufgabe, etwa ein Geschicklichkeitsparcours für Pferd und Reiter bzw. Gespannfahrer.

Diese vier scheinen zu wissen, wo es bei der Orientierungsfahrt langgeht.

Orientierungssinn _ Immer wieder werden Versuche darüber angestellt, wie gut sich Pferde zurechtfinden und ob sie nach Hause gelangen, wenn man sie an einen unbekannten Platz bringt. Solche Versuche entsprechen nicht den natürlichen Bedingungen im Freileben. Dort erwandern Pferde jeden Meter selber und werden nicht über vielleicht Hunderte von Kilometern mit einem Fahrzeug in andere Gegenden gebracht. Selbstverständlich besitzen Pferde einen Orientierungssinn. Er ist teils angeboren und besteht aus dem Zusammenspiel mehrerer ☞ **Sinne** und ☞ **Instinkte;** teils wird er durch Erfahrungen (☞ **Gedächtnis**) ausgeweitet. Sicher spielen dabei Tages- und Jahreszeiten, der Stand der Gestirne, Windverhältnisse und andere Natureinflüsse eine Rolle. Frei lebende Pferde haben oft schon viele Jahre oder Jahrzehnte lang gute Vorarbeit geleistet, indem sie so genannte Trampelpfade anlegten. Auf ihnen wandern dann noch viele Generationen danach.

Orthopädischer Beschlag _ ☞ **Hufbeschlag**

Ostfriese _ Bereits die Römer und Kaiser Karl der Große kannten das ostfriesische Pferd, das nicht zu verwechseln ist mit dem ☞ **Friesen** aus Holland. Im 17. und 18. Jahrhundert wurden die schweren, muskulösen Pferde stark umgezüchtet; Pferde aus vielen Ländern wurden als ☞ **Veredler** eingesetzt, um ein leichteres Reitpferd für das Heer zu bekommen. Daneben blieb der alte Wirtschaftstyp erhalten. Nach dem Zweiten Weltkrieg sollte ein neuer Typ als Zucht des ☞ **Deutschen Reitpferdes** entstehen. Man kreuzte den großrahmigen Ostfriesen zuerst mit ☞ **Arabern**, später mit ☞ **Hannoveranern**. Um 1980 wurde die eigenständige Zucht jedoch aufgegeben, ostfriesische Pferde wurden nun in das hannoversche Zuchtbuch eingetragen. Um 1990 entstand ein neuer Zuchtverband, der die Zucht des Ostfriesischen und Alt-Oldenburger Pferdes im Typ ☞ **Schweres Warmblut** wiederbeleben will. ☞ **Groninger**, ☞ **Oldenburger**

Ovalbahn _ Spezielle ☞ **Reitbahn** für das reiterliche Training und für Prüfungen mit ☞ **Isländern.**

Ovalbahn für Islandpferde

ox _ hinter dem Namen eines Pferdes besagt, dass es sich um einen anerkannten Vollblutaraber handelt. ☞ **Araber**, ☞ **x**, ☞ **xx**

Oxer _ Ein Oxer ist ein Hochweitsprung aus mehreren hochgelegten Stangen oder stehenden Gattern, die hintereinander angeordnet sind. Manche sind mit Buschwerk gefüllt oder bestehen aus Birkenstämmen. ☞ **Hindernisse**

PQ

Paarung _ Die geschlechtliche Vereinigung oder Begattung. Bei Pferden spricht man auch vom ☞ **Decken**, Belegen, Beschälen oder Bespringen und meint damit die Aktivität des Hengstes beim Fortpflanzungsakt.
Der Hengst nähert sich der Stute nur dann in der Absicht, sich mit ihr zu paaren, wenn diese sich in der ☞ **Rosse** befindet. Und auch nur in einem bestimmten Abschnitt der Rosse ist der Körper der Stute, bedingt durch Hormone, auf die Zeugung von Nachwuchs eingerichtet. Vor dem eigentlichen Akt beriecht, beleckt und beknabbert der Hengst die Stute intensiv, treibt sie vor sich her oder versucht, während des Laufens aufzuspringen. Dieses Vorspiel regt die Vorgänge im Körper der Stute an und macht sie selbst endgültig bereit und fähig für die Paarung.
Der eigentliche Deckakt (☞ **Sprung**) dauert in der Regel nur ein bis zwei Minuten; im Freileben paart sich ein Hengst mit der gleichen Stute aber mehrmals innerhalb einer Rosse. In der ☞ **Zucht** wird die Paarung oft auf ein Minimum reduziert, oder der natürliche Vorgang wird ganz ausgeschaltet (☞ **Künstliche Besamung**).

Packpferde _ tragen keinen Reiter, sondern z. B. dessen Gepäck, etwa beim ☞ **Wanderreiten**. Auch bei Expeditionen zu Fuß, beim Viehtreiben und bei militärischen Übungen setzt man immer noch Packpferde oder andere ☞ **Tragtiere** zum Transport von verschiedensten Lasten ein. Meist werden Packpferde entweder vom Sattel oder vom Boden aus geführt; besonders in schwierigem Gelände lässt man sie jedoch auch frei mitgehen.
Mit dem oft schweren Gepäck auf dem Rücken können sie kaum schnell fortlaufen. Oft sind Packpferde besonders schlimmen Strapazen ausgesetzt - etwa, wenn sie samt der starren Last Tiefschnee oder einen reißenden Fluss durchqueren müssen. Reitpferde haben es da etwas besser, weil ihre Reiter absitzen oder zumindest in der Bewegung ihres Pferdes mitgehen können.

Pad _ (englisch = Polster) Weiche Sattelunterlage z. B. aus Wollgewebe. Es gibt auch Pads, die mit Gel gefüllt sind. Sie sollen den Rücken des Pferdes besonders schonen.

Paddock _ Ein ☞ **Auslauf** in Stallnähe.
Beim ☞ **Wanderreiten** oder auf ☞ **Turnieren** ist ein Paddock ein provisorisch eingezäunter, kleiner Platz, in dem die Pferde sich frei bewegen können.
Auf Rennbahnen bezeichnet man den Führring, in dem die

Zweigeteilter Paddock, in dem sich die Pferde auch aus dem Weg gehen können

Pferde schon vor dem ☞ **Aufgalopp** von den Zuschauern beobachtet werden können, als Paddock.

Paint Horse _ Bezeichnung für ein ☞ **Quarter Horse** mit braunweiß oder schwarzweiß gescheckten Fell.
Es gibt seit 1962 einen eigenen Zuchtverband für Paint Horses. ☞ **Pinto**, ☞ **Schecke**

Amerikanisches Paint Horse, die „bunte" Variante der Quarter Horses

Palio _ Alljährliches Stadt- und Reiterfest in Siena in der italienischen Toskana, das seit mehr als 800 Jahren zu Ehren des Apostels Barnabas abgehalten wird. Zentrales Ereignis ist ein Pferderennen um den Marktplatz. Die Reiter sind Bewohner der Stadt und vertreten jeweils einen Stadtteil. Bei dem wilden Galopprennen auf Steinpflaster kommen immer wieder Pferde und Reiter zu Schaden. Andere italienische Städte veranstalten inzwischen ebenfalls Palios.

Palomino _ Amerikanischer Begriff für ☞ **Isabelle**. Palominos werden in den USA auch als eigene ☞ **Farbzucht** geführt.

Panikhaken _ ☞ **Führstrick**

Panjepferd _ Ein kleiner, überaus robuster Pferdetyp Osteuropas ohne geregelte ☞ **Zucht**, der aber in jeder osteuropäischen Ponyrasse vorhanden sein dürfte. Die Größe liegt bei 130 bis 140 cm Schulterhöhe, die Fellfarbe ist überwiegend mausgrau, falb oder dunkelbraun, meist mit ☞ **Aalstrich** und anderen ☞ **Wildpferdmerkmalen**. Panjepferde werden heute noch zu allen Arbeiten auf dem Land herangezogen, früher nutzte man sie auch militärisch. ☞ **Primitivrasse**, ☞ **Robustrasse**

Paraden _ werden oft als einfaches „Zügelanziehen" missverstanden. Reiterliche Paraden sind jedoch ein Zusammenspiel von treibenden ☞ **Hilfen** (Gewicht, Schenkel, Gerte) und verhaltenden ☞ **Zügelhilfen**. Das Pferd wird in den anstehenden Zügel „hineingeritten" und „aufgenommen" (☞ **Aufnehmen**, ☞ **Versammlung**). Dies kann einseitig oder beidseitig erfolgen.
Mit einer halben Parade macht man das Pferd auf eine neue ☞ **Lektion** aufmerksam. Eine beidseitige halbe Parade bereitet das Pferd z. B. auf ein Hindernis vor. Eine einseitig (innen) gegebene halbe Parade macht das Pferd auf Richtungsänderungen aufmerksam, in der ☞ **Reitbahn** z. B. vor jeder Ecke, beim Abschwenken auf den ☞ **Zirkel** oder beim ☞ **Schenkelweichen**. Halbe Paraden dienen auch zum Verringern des ☞ **Tempos** oder zum Übergang in eine niedrigere ☞ **Gangart**. Die halbe Parade hält das Pferd in Bewegung. Ganze Paraden sind dagegen zum Halten erforderlich.
Um Paraden ganz anderer Art handelt es sich bei den ☞ **Hengstparaden**.

Parasiten _ sind Schmarotzer. Allgemein versteht man darunter Tiere oder Pflanzen, die sich bei anderen Lebewesen einnisten, sich von ihnen ernähren und sie dadurch schädigen. Man unterscheidet äußere und innere Parasiten.
Äußerlich werden Pferde häufig von Milben, winzigen Insekten, befallen. Eine Hauptursache des Milbenbefalls ist mangelhafte Sauberkeit im Stall; außerdem besteht die Gefahr der Übertragung. Sie geschieht durch direkte Ansteckung von Pferd zu Pferd, aber auch indirekt über Trennwände aus Holz, gemeinsames ☞ **Putzzeug** oder die Kleidung der Pfleger. Milbenbefall äußert sich durch starken Juckreiz, Haarausfall, Hautschuppung und Knötchenbildung. Bei starkem Befall spricht man von Räude, die je nach der hauptsächlich befallenen Körperzone z. B. auch als Ohrräude, Fesselräude oder Schweifräude bezeichnet wird. Andere häufig betroffene Bereiche sind der Hals, der ☞ **Mähnenkamm**, die ☞ **Sattellage** und der ☞ **Kötenbehang**. Sommerräude ist dagegen ein allgemeiner Begriff, mit dem Laien unter anderem auch ☞ **Allergien** und Pilzbefall der Haut bezeichnen.
In die Haut oder an der Haut von Pferden legen z. B. auch Fluginsekten wie die Dasselfliege ihre Eier ab. Dadurch können eiternde Wunden entstehen, oder die Pferde nehmen die Eier auf, indem sie juckende Hautstellen belecken. Auf diese Weise gelangen auch Würmer in das Körperinnere von Pferden. Die häufigsten Arten dieser inneren Parasiten sind Spulwürmer und Palisadenwürmer. Sowohl ihre Entwicklungsstufen Ei und Larve als auch die ausgewachsenen Würmer schädigen ihr Wirtstier, also das Pferd. Sie verursachen sehr unterschiedliche Krankheitsbilder, die oft schwierig zu deuten sind. Im schlimmsten Fall kann Wurmbefall zu Siechtum und zum Tod eines Pferdes führen, etwa durch ☞ **Wundstarrkrampf**. Jedes Pferd in jedem Alter ist gefährdet, auch ungeborene Fohlen, wenn die Mutterstute befallen ist. Regelmäßige Wurmkuren und Aufklärung durch den Tierarzt können den Wurmbefall weitgehend einschränken – ebenso wie Sauberkeit im Stall und eine gepflegte Ausrüstung.

Parcours _ So nennt man die Hindernisbahn für Spring- und Fahrprüfungen sowie für verschiedene Prüfungen im ☞ **Westernreiten**. Sie ist in der Regel im Gegensatz zum ☞ **Naturkurs** eben und aus künstlichen ☞ **Hindernissen** zusammengestellt. Die Länge des Parcours von der Startlinie bis zur Ziellinie hängt ebenso vom Reglement und vom jeweiligen Parcoursbauer ab wie die Anzahl, die Art, die Abmessungen und der Schwierigkeitsgrad der einzelnen Hindernisse.

Parcours-Chef _ Er ist verantwortlich für den Entwurf und den Aufbau einer Hindernisbahn bei Prüfungen im ☞ **Springreiten** vor allem der höheren ☞ **Klassen.** Der Arbeit des Parcours-Chefs liegt das jeweilige Reglement zugrunde, z. B. das der ☞ **FN**.

Parforcejagd _ (frz., mit/durch Gewalt) Hetzjagd zu Pferde hinter Hunden, der so genannten Meute, auf lebendes Wild, bis die gejagten Tiere erschöpft zusammenbrechen oder aufgeben und sich stellen.
In Deutschland ist die Parforcejagd seit Langem verboten; die Bezeichnung wird manchmal noch für eine (unblutige) ☞ **Schleppjagd** verwendet. ☞ **Reitjagd**

Pas de deux _ kommt aus dem Französischen und heißt auf Deutsch „Schritt zu zweien"; es ist eine Dressurkür zu zweien. Zu dreien bezeichnet man sie als Pas de trois. Ein Pas de quatre ist bereits eine ☞ **Quadrille.** ☞ **Formationsreiten**

Pasopferde _ Zu den Pasopferden zählen mehrere kleinere, leichtrittige Pferderassen aus Südamerika, insbesondere der Paso Peruano aus Peru und der Paso Fino aus Kolumbien. Zuchten gibt es auch in anderen lateinamerikanischen Staaten sowie seit einiger Zeit in Europa. Der peruanische Paso ist ein Dreigänger: Er geht ☞ **Schritt**, ☞ **Tölt** und ☞ **Galopp**, aber keinen Trab. Der kolumbianische Paso soll sogar drei Töltgänge in verschiedenen Tempi (☞ **Tempo**) beherrschen. Die Vorfahren der Pasopferde stammten wie die der ☞ **Mangalargas** aus Portugal und Spanien. Verwendet werden Pasos auf großen Landgütern zur Arbeit ebenso wie auf Spezialturnieren und Schauen. Sie haben einen abgerundeten, manchmal zierlichen Körperbau und sind zwischen 145 und 152 cm groß. Es kommen verschiedene ☞ **Farben** vor, aber keine ☞ **Schecken**.

Ein Paso Fino in landesüblicher Zäumung. Die Reiterin trägt gegürtete Chaps.

Passage _ Eine Übung der ☞ **Hohen Schule** im ☞ **Trab**. Sie wird aus der ☞ **Piaffe** heraus geritten. Jeder Tritt wird sehr betont ausgeführt. Die ☞ **Hanken** werden gut gebeugt, die Beine „federn" vom Boden ab, und die anschließende Schwebephase ist sehr deutlich und anhaltend.
Der ganze Pferdekörper scheint zu schwingen, doch die Lektion ist sehr schwierig und anstrengend. Sie verlangt vom Pferd äußerste ☞ **Versammlung**. Mehr auf Schau als auf Versammlung ausgerichtet ist der ☞ **Spanische Schritt**, der der Passage auf den ersten Blick ähnelt.

Passer _ 1. Zwei oder mehr Pferde, die in Aussehen, Temperament und Gangwerk sehr ähnlich sind. Sie sind besonders für das ☞ **Fahren** gefragt.
2. Pferde, die die ☞ **Spezialgangart** ☞ **Pass** beherrschen; geläufiger ist jedoch die Bezeichnung Passgänger.

Pass(gang) _ Eine der so genannten ☞ **Spezialgangarten**, auch als „Kamelgang" bekannt. Der Pass ist ein Zweitaktgang wie der ☞ **Trab**. Im Gegensatz zum Trab werden jedoch im Pass immer die gleichseitigen Beine gleichzeitig bewegt, sodass eine schaukelnde Bewegung entsteht. Der jeweilige Hinterhuf setzt etwas früher auf als der Vorderhuf.
Der Passgang passt allerdings nicht in die europäische ☞ **Reitweise** und ist deshalb dort verpönt. Lediglich bei ☞ **Isländern** wird er gezielt gefördert, allerdings auch nur für Rennen. Im Freileben bewegen sich Pferde vor allem in ebenem Gelände im Pass.

Passrennen _ gibt es bei uns hauptsächlich für ☞ **Isländer**. Sie verlaufen auf einer geraden, ebenen Rennbahn von 250 m Länge mit wenig Gefälle; jeweils zwei bis vier Pferde starten gemeinsam, der Start erfolgt aus Startboxen heraus (☞ **Start**). Jedes Rennen erfolgt in mehreren ☞ **Durchgängen;** der schnellste Durchgang ist für die Wertung maßgebend. Pro Turnier darf ein Pferd

Im Renntempo hebt ein Passgänger auch schon mal ganz vom Boden ab.

nur an einem Passrennen teilnehmen. In anderen Regionen, z. B. in Nordamerika, gibt es Passrennen für verschiedene Pferderassen.

PAT-Werte _ Abkürzung aus **P**uls, **A**tmung und **T**emperatur. Die Werte werden z. B. bei ☞ **Verfassungsprüfungen** gemessen und geben zusammen mit dem Gesamteindruck Aufschluss darüber, ob ein Pferd aus medizinischer Sicht (noch) wettkampffähig ist.

Pattern _ Dieser Begriff kommt aus dem Englischen und bedeutet Muster, Form. In Prüfungen beim ☞ **Westernreiten** versteht man darunter einen vorgeschriebenen oder frei gestalteten Ritt in der ☞ **Reitbahn** mit verschiedenen speziellen ☞ **Lektionen** und ☞ **Hufschlagfiguren**.

Paulista-Pferd _ Diese brasilianische Pferderasse kommt wie der ☞ **Mangalarga Marchador** inzwischen auch nach Europa. Die Rasse der Paulista entstand vor 200 Jahren, als ☞ **Lusitanos** und andere portugiesische Pferde nach Brasilien gelangten. In der flachen Gegend um São Paulo entwickelten sie eine Gangart mit diagonaler Fußfolge, die eine Mischbewegung zwischen ☞ **Trab** und ☞ **Tölt** darstellt; sie gehört zu den besonders angenehm zu sitzenden ☞ **Spezialgangarten** und hat sich im Erbgut der Pferde gefestigt. Paulista-Pferde sind sehr ausdauernd und widerstandsfähig. Ihre Größe beträgt um die 152 bis 155 cm. Es kommen alle ☞ **Farben** vor, vorwiegend aber Braune und Füchse.

Pauschen _ sind gepolsterte Aufwölbungen am ☞ **Sattel** für eine sichere Lage der Schenkel, besonders beim Springreiten.

Pedigree _ ist ein allgemeiner Ausdruck für die ☞ **Ahnentafel** eines Pferdes.

Pegasus _ In der griechischen Sagenwelt war Pegasus ein göttliches, geflügeltes Pferd. Sein Vater war ☞ **Poseidon**, der sich als feuriger Rapphengst der sterblichen Medusa genähert hatte. Erst in unserer Zeit wurde Pegasus zur Musengestalt für Dichter erkoren, die er in ihrer Kunst „beflügelt", indem er ihren Geist gen Himmel trägt.

Pegasus, das fliegende Musenross

Pelham _ Eine ☞ **Zäumung** mit ☞ **Gebiss**, ähnlich der ☞ **Kandare**. Das Mundstück kann wie bei einer ☞ **Trense** gebrochen sein oder aus einer Stange bestehen; typisch sind in jedem Fall kurze seitliche Hebel und die Kinnkette. Das Pelham kann mit zwei Paar ☞ **Zügeln** versehen werden oder mit einem Paar „Deltazügeln", die sich vorne gabeln. Manchmal verwendet man auch einen kurzen Riemen, der in beide Ringe des Pelhams eingeschnallt ist. Durch diesen Riemen verlaufen dann die Zügel. Je nach Einsatz der Zügel wirkt das Pelham sehr stark oder einigermaßen mild.

Pellets _ Dieses Wort kommt aus dem Englischen und bedeutet wörtlich Pillen oder Kügelchen. Pellets sind ☞ **Trockenfutter**, das zu kleinen Würfeln, Kugeln, Rollen oder Plättchen geformt ist; größere Stücke nennt man

Briketts. Meist handelt es sich um ein Gras-, Heu- oder Körnergemisch, das oft mit Vitaminen oder Mineralien angereichert ist. Pellets haben den Vorteil, dass sie platzsparend transportiert und aufbewahrt werden können, nicht stauben und einfacher zu verfüttern sind als Heu. Man füttert sie vor allem dort, wo viele Pferde zu versorgen sind, oder wenn ein Pferd z. B. eine Stauballergie hat. Pellets haben jedoch auch Nachteile. Sie besitzen eine andere Struktur als ☞ **Gras** und ☞ **Heu**, und sie sind kürzer als Halme. Deshalb ist der Kauapparat eines Pferdes damit nicht ausgelastet. Außerdem können Pellets im Magen so aufquellen, dass es zu einer bedrohlichen ☞ **Kolik** kommt. Ein weiterer Nachteil liegt darin, dass den Presslingen die reinigende Wirkung langer Halme im Darmsystem fehlt. Pferde, die überwiegend mit Pellets gefüttert werden, brauchen deshalb umso dringender ☞ **Stroh** als ☞ **Einstreu** und Weidegang, bei dem sie Gras fressen können.

Percheron _ Dies ist die bedeutendste französische Kaltblutrasse. Vor langer Zeit wurden teilweise arabische Pferde eingekreuzt. Deshalb gibt es auch heute noch mehrere Schläge (☞ **Schlag**), vom leichteren bis zum sehr schweren Typ. Weniger als 900 kg wiegt jedoch kaum ein Percheron; das Stockmaß reicht von 158 bis 172 cm. Es gibt ausschließlich ☞ **Schimmel**, auch Dunkelschimmel. Das Ursprungsgebiet liegt im südlichen Teil der Normandie. Gezüchtet wird der Percheron jedoch auch in anderen Gebieten Frankreichs, vorwiegend als Schlachtpferd. Weitere Zuchten gibt es unter anderem in England, Japan und den USA: Dort wird der Percheron hauptsächlich für schwere Zugarbeiten verwendet.

Periodische Augenentzündung _ oder Mondblindheit führt oft zur Erblindung der ☞ **Augen** eines Pferdes, wenn sie nicht rechtzeitig erkannt wird. Erstes Anzeichen dieser Krankheit ist meist eine besondere Lichtempfindlichkeit, verbunden mit Augenausfluss und Trübung der Hornhaut. Weil diese Erscheinungen anfangs nur in Abständen von etwa vier Wochen, also im Rhythmus des Mondumlaufs, für ein paar Tage auftreten, nennt man die Krankheit auch Mondblindheit.
Als Ursache vermutet man Viren, etwa aus dem Kot von Ratten und Mäusen im Stall. Auch Allergien, die z. B. durch chemische Zusätze im Futter, in der ☞ **Einstreu** oder in Reitbahnen hervorgerufen werden können, und weitere noch nicht bekannte Auslöser kommen als Krankheitsursachen in Frage. Die Periodische Augenentzündung gilt in Deutschland als ☞ **Hauptmangel**.

Pesade _ Vorstufe zur ☞ **Levade**

Pferdeartige _ ☞ **Equiden**

Pferdeausweis _ Er wird benötigt, wenn man mit einem inländischen Pferd ohne ☞ **Abstammungsnachweis** bzw. ☞ **Geburtsbescheinigung** oder mit einem ausländischen Pferd auf einem ☞ **Turnier** der ☞ **FN** starten will. Ausgestellt wird der Ausweis bei der FN auf Antrag des Besitzers. ☞ **Pferdepass**

Pferdebahnen _ Pferdebahnen sind Schienenfahrzeuge, die von Pferden gezogen werden. So wurden die ersten Straßenbahnen z. B. in Berlin und anderen Großstädten noch nicht elektrisch betrieben, sondern mussten mit Pferden bespannt werden. Auch Eisenbahnen wurden von Pferden gezogen: Die erste Pferdeeisenbahn auf dem europäischen Kontinent war am 1. August 1832 fertiggestellt. Sie verlief zwischen Linz und Budweis. Außerdem setzte man Pferde in Bergwerken unter Tage zum Ziehen der Loren (eiserne Wagen auf Schienen) ein. In England gibt es solche Grubenpferde in kleinen Bergwerken heute noch. Besonders in Touristengebieten, in denen der Autoverkehr eingeschränkt oder ganz untersagt ist, werden Pferdebahnen auch heute wieder benutzt.
☞ **Arbeitspferde**

Pferdeesel _ oder Halbesel gehören zur Familie der Pferdeartigen, zu den ☞ **Equiden**. Sie bilden eine eigene Untergattung und sind keine künstlichen Kreuzungen wie ☞ **Maulesel**, ☞ **Maultiere** und ☞ **Zebroide**. Zu Hause sind sie in asiatischen Steppen. Man nennt sie deshalb auch asiatische Wildesel. Sie stehen im Körperbau zwischen den ☞ **Eseln** Afrikas und den Pferden. Typisch sind bei ihnen schmale Hufe, lange Ohren, Stummelmähne und ein Schwanz mit Haarquaste. Die Fellfarben reichen von Falb bis Rotbraun mit Aufhellungen an Kopf, Körper und Beinen. Es kommen ☞ **Aalstrich** und ☞ **Zebrastreifen** vor; diese Fellzeichnungen sind wie die Mähne und die Schwanzquaste meist dunkler als das übrige Fell. Die Stimme der Pferdeesel ist eine Mischung aus Pferdewiehern und Eselgeschrei.

Man kennt Unterarten der Pferdeesel aus sechs Regionen. Der mongolische Halbesel wird auch Kulan oder Dschiggetai genannt. Als Onager bezeichnet man den Pferdeesel Persiens. Beide kann man in Europa in verschiedenen zoologischen Gärten sehen. In der Wildnis sind sie selten geworden, ebenso wie der tibetische Pferdeesel oder Kiang. Die indischen, syrischen bzw. mesopotamischen und anatolischen Pferdeesel (Gorkhar, Khur, Pallas) gelten als ausgestorben. Pferdeesel lassen sich kaum zähmen. Es gibt keine Haustierform von ihnen. Für Kreuzungen mit Hauseseln gibt es keine Nachweise.

Pferdeflüsterer _ Ursprünglich der deutsche Titel des US-amerikanischen Spielfilms „The Horse Whisperer" von 1998; darin geht es, ziemlich dramatisch, um ein Pferd, ein Mädchen und einen „Pferdekenner" besonderer Art. Der deutsche Begriff steht inzwischen sinnbildlich für Leute, die einen besonderen „Draht" zu Pferden haben, sich außergewöhnlich gut in sie einfühlen und rasch ihr Vertrauen und ihren Gehorsam gewinnen können.
Sie verstehen nicht nur die ☞ **Ausdrucksweisen** von Pferden im Allgemeinen und einzelner Tiere im Besonderen (Mimik, Bewegung, Lautgebung), sondern kommunizieren (verständigen sich) mit einem Pferd auch über die „pferdegemäß" angewandte Körpersprache. Außer einigen berühmt gewordenen „Pferdeflüsterern" gibt es sicher auch Menschen, die ebenfalls ein gutes Gespür für Pferde (oder andere Tiere) haben, damit aber nicht an die Öffentlichkeit gehen.

Pferdeklinik _ Eine tiermedizinische Einrichtung, in der vor allem Operationen an Pferden durchgeführt werden. Manchmal müssen Pferde auch für mehr oder weniger lange Zeit zur Beobachtung in die Klinik, wenn man sich nicht darüber im Klaren ist, an welcher Krankheit sie leiden. Eine Pferdeklinik kann in Privatbesitz sein oder zu einer tierärztlichen Hochschule beziehungsweise Fakultät an einer allgemeinen Universität gehören.

Pferdekuss _ Scherzhafte Bezeichnung für einen blauen Flecken, den man abbekommt, wenn man von einem Pferd gezwickt wird.

Pferdelänge _ Längenmaß, welches z. B. im ☞ **Rennsport** gilt. Dort heißt es, ein Pferd habe „mit einer Pferdelänge Vorsprung gewonnen".

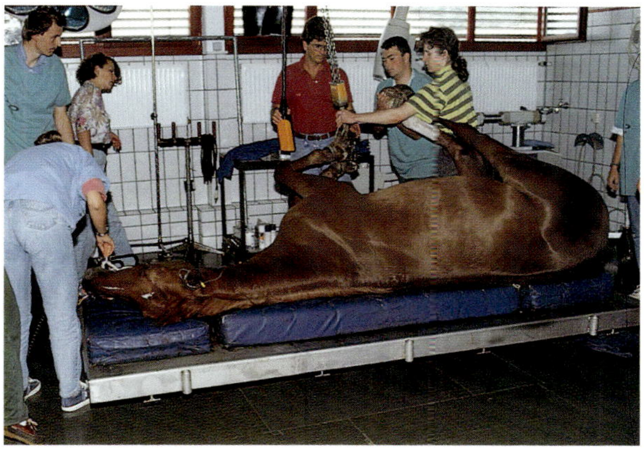

Vorbereitung eines Pferdes für eine Operation

Auch beim alltäglichen Reiten wird oft „eine Pferdelänge Abstand" verlangt. Als Pferdelänge gelten etwa 2,50 bis 3 m oder – je nach Größe eines Pferdes – drei bis vier Fußfolgen im ☞ **Schritt**.

Pferdemarkt _ Eine öffentliche Verkaufsschau, für die eine Gemeinde das Marktrecht haben muss. Sie findet teils unter freiem Himmel, teils in Hallen statt. Pferde- und Viehmärkte waren jahrhundertelang wichtige Treffpunkte für die Landbevölkerung; Fohlen, Arbeits- und Reit- und Zuchtpferde wurden von Bauern und Händlern aus der näheren und weiteren Umgebung zum Verkauf angeboten oder aufgekauft.
So ersparte man sich das kostspielige und zeitaufwändige Herumreisen im Land. Gleichzeitig konnte man Neuigkeiten austauschen und größere Einkäufe an Wäsche, Kleidung oder Vorräten erledigen.
Diese frühere große Bedeutung haben Pferdemärkte heute nicht mehr. Dennoch werden sie häufig noch aus

Auf dem Pferdemarkt

Tradition abgehalten, oft ähneln sie aber mehr allgemeinen Volksfesten. Der Pferdehandel ist meist nur noch Nebensache; manchmal werden jedoch Kutschen- und Reiterkorsos (Umzüge) veranstaltet und pferdekundliche Seminare abgehalten. In einigen Städten haben sich Pferdemärkte in eine andere, nicht gerade erfreuliche Richtung entwickelt. Dort werden ausschließlich ☞ **Schlachtpferde** aufgestellt, und der Umgang der Händler mit den Pferden ist oft sehr rüde und roh.

Pferdepass _ Impf- und Gesundheitszeugnis für ein Pferd zum Grenzübertritt in ein anderes Land, nicht zu verwechseln mit dem ☞ **Pferdeausweis**.

Pferdepflege _ Dazu gehört in erster Linie die tägliche ☞ **Fütterung** und das erforderliche ☞ **Putzen und Pflegen** der Pferde sowie das Ausmisten der ☞ **Boxen** oder des ☞ **Laufstalles**. Wer als Pferdepfleger tätig ist, hat meist noch weitere Aufgabengebiete: Hilfe bei der Heuernte, beim Einbringen und Lagern von Heu, Stroh und Futtermitteln, regelmäßiges Säubern des gesamten Stalles sowie Reinigen der Arbeitsgeräte und des stalleigenen ☞ **Sattel- und Zaumzeugs** in Reitschulen.
Außerdem müssen die Pferde zur und von der Koppel geführt sowie Weide und Weidezäune instand gehalten werden. Das Trockenführen und Trockenreiben von Pferden nach der Reitstunde oder nach Ausritten, das Aufhalten beim ☞ **Hufbeschlag** und Hilfe bei ärztlicher Versorgung gehören ebenso zu den Aufgaben der Pfleger wie das Verziehen und eventuell auch das ☞ **Frisieren** von Mähne und Schweif, das Verladen und Versorgen auf ☞ **Turnieren** sowie verschiedene Handreichungen für die Reiter usw. Pferdepfleger haben eine wichtige und abwechslungsreiche, aber in der Regel schlecht bezahlte Tätigkeit ohne Berufsstatus und ohne soziales Ansehen.
Nur die ☞ **FN** bietet eine Ausbildung zum „FN-geprüften Pferdepfleger".

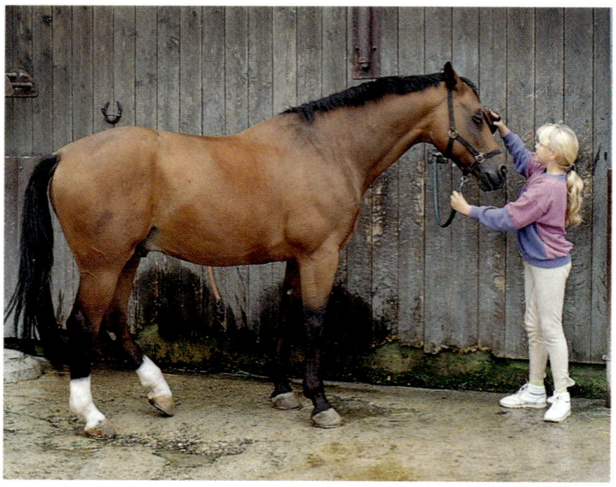

Auch Streicheleinheiten mit der Kardätsche gehören zum Putzen und Pflegen.

Pferdesport _ wird sowohl als reine Freizeitbeschäftigung (☞ **Freizeit-Pferdesport**) als auch als Wettkampfsport in einer Reihe von Disziplinen bis hin zu wettkampfmäßigen ☞ **Reiterspielen** betrieben. Für einige Bereiche gibt es Ausscheidungen bis hin zu Weltmeisterschaften, und einige wenige Sparten sind bei den ☞ **Olympischen Spielen** vertreten. Im Turniersport gibt es, wie in anderen Sportarten auch, seit einiger Zeit Profisportler; das sind teilweise „gelernte" Berufsreiter und Berufsfahrer beiderlei Geschlechts, die z. B. auch als Ausbilder oder Gestütsfachleute arbeiten.
Der ☞ **Rennsport** wird dagegen schon seit Langem überwiegend von Reitern und Fahrern ausgeübt, die ihren Sport berufsmäßig betreiben. Während in den Einsteigerklassen im Turniersport – neben den Aufstiegsaussichten – noch die „Ehre" die Hauptantriebskraft ist, ist es im so genannten großen Sport heute wie bei Rennen vor allem das „große Geld", das den Hauptreiz ausübt. Anders ist dies (noch) beim ☞ **Distanzreiten**, beim ☞ **Jagdreiten** und beim ☞ **Voltigieren**. Hier ist der Aufwand an Zeit und Geld meist immer noch höher als der „Ertrag".
Eine andere Seite des Pferdesports ist es, dass viele ☞ **Sportpferde** schon von klein auf zu einem völlig artwidrigen Leben gezwungen werden. Sie verbringen die meiste Zeit in geschlossenen Ställen, Reithallen, Transportern und auf Turnierplätzen, man verpasst ihnen ein Gewirr von Leder, Metall und anderen Materialien als Zäumungen, die ihnen – wie die Art des Reitens auch – jede natürliche Bewegungsfreiheit nehmen, und stopft sie andererseits mit ☞ **Kraftfutter** voll, damit sie „Leistung" erbringen. Pferde, die sich nicht leistungsbereit genug zeigen, fallen bei ihrem Besitzer in Ungnade und landen oft schon jung beim Schlachter oder in einem fragwürdigen Ferien- oder Schulstall für „Hobbyreiter".
Auch bei den so genannten Freizeit-Pferdesportlern ist es mit dem pferdegerechten Umgang nicht immer weit her – teils aus Unwissenheit, teils aus Mangel an echtem Interesse an den Bedürfnissen der Pferde. Manche sind sogar zu bequem, wenigstens die Grundzüge des Reitens oder

Fahrens ernsthaft zu erlernen. Bleibt die Frage, ob es überhaupt zu verantworten ist, dass man Pferde rein aus sportlichen Gründen hält und nutzt. ☞ **Tierschutz**

Pferdetypen _ Bei den direkten Vorfahren der Hauspferde, den ☞ **Wildpferden** der Eiszeiten, gab es vermutlich schon verschiedene Typen, die sich entsprechend ihren Lebensräumen ausgebildet haben. Man teilt sie grob ein in die ☞ **Nordpferde**, die ☞ **Steppenpferde** und die ☞ **Südpferde**. Man muss bei solchen Einteilungen allerdings auch große Wanderungen berücksichtigen, die die Pferde in den mehrfach auftretenden Vereisungsphasen und Zwischeneiszeiten unternahmen.
Diesen Wildformtypen steht die Typeneinteilung des ☞ **Hauspferdes** gegenüber. Als Urtyp des Hauspferdes gelten die ☞ **Primitivrassen**, denen wahrscheinlich noch einige der ☞ **Robustpferde** nahe stehen. Teils geht es in der ☞ **Zucht**, besonders in einigen europäischen Staaten, bei der Einteilung recht bürokratisch zu: Alle ☞ **Rassen** werden typisiert. Das heißt, dass sie einem bestimmten Typ zugeordnet und somit in eine „Schublade" gesteckt werden. Danach wird dann z. B. für jede Rasse eine „passende" ☞ **Hengstleistungsprüfung** festgelegt. Dabei ist eine präzise Zuordnung oft gar nicht korrekt möglich, weil so viele Rassen eingekreuzt wurden, dass durchaus von zwei oder gar mehr „Typen" Blutanteile und Merkmale vorhanden sein können.
Allgemein bekannt sind die Typen ☞ **Halbblut**, ☞ **Kaltblut**, ☞ **Kleinpferd**, ☞ **Pony**, ☞ **Vollblut**, ☞ **Warmblut**; außerdem gibt es Pferde im ☞ **Cobtyp**, im orientalischen Typ und in vielen weiteren Typen. Nach dem Gebrauch kann man Pferde z. B. in ☞ **Arbeitspferde**, ☞ **Fahrpferde** und ☞ **Sportpferde** einteilen. Einige Rassen rechnet man außerdem beispielsweise zu den ☞ **Gangpferden** oder den ☞ **Westernpferden**.

Pferdewirt _ Offizielle Berufsbezeichnung, die es in Deutschland seit 1975 gibt. Die Ausbildung zum Pferdewirt dauert drei Jahre. Es gibt vier Fachrichtungen: Pferdezucht und -haltung, Reiten, Rennreiten und Trabrennfahren. Bei allen ist die Betreuung von Pferden vorgeschrieben. Beim Schwerpunkt Reiten gehört außerdem die ☞ **Ausbildung** von Pferden und Reitern in der europäischen ☞ **Reitweise** zum Berufsbild. Die Fachrichtung Zucht und Haltung beinhaltet vor allem die Betreuung von Zuchtstuten und ihren Fohlen sowie die ☞ **Hengsthaltung**. Trabrennfahrer sind für das Training im ☞ **Sulky** und die Teilnahme an ☞ **Trabrennen** zuständig, Rennreiter arbeiten in Galopprennbetrieben (☞ **Galopprennen**). Wer später die Meisterprüfung erfolgreich ablegt, darf sich Pferdewirtschaftsmeister nennen. Auskünfte erteilen unter anderem die Arbeitsämter und die zuständigen Verbände.

Pferdezuchtverband _ ☞ **Zuchtverbände**

Phlegmone _ Entzündung von Zellgewebe. Sie entsteht vor allem im unteren Bereich der Hinterbeine, wenn durch oft kleinste Verletzungen Bakterien in die Wunde eindringen. Das Bein schwillt dann häufig unförmig an. Die Entzündung bei einem ☞ **Einschuss** entsteht dagegen durch innere Vorgänge.

Piaffe _ Eine Lektion der ☞ **Hohen Schule** im ☞ **Trab**; sie ist ein „Trab auf der Stelle". Das Pferd führt die Fußfolge sehr deutlich und schwungvoll aus, bewegt sich dabei aber nicht vorwärts. Wie andere Übungen dieser Art, sieht auch die Piaffe verhältnismäßig einfach aus. Sie kann aber nur auf der Vorbildung des Pferdes und des Reiters aufgebaut und ausschließlich bei völliger ☞ **Versammlung** des Pferdes korrekt ausgeführt werden. ☞ **Passage**

Piephacke _ ☞ **Gallen**

Pikör _ Helfer des Jagdleiters oder des Hundeführers bei einer ☞ **Reitjagd**.

Pilaren _ Ein Ausbildungsgerät für die ☞ **Hohe Schule**, das aus zwei runden Holz- oder Metallpfosten besteht. Diese Pfosten werden in einem Abstand von etwa 1,60 m fest im Boden einer ☞ **Reitbahn** verankert und haben dann eine sichtbare Höhe von rund zwei Metern.
Zur Arbeit an oder „in" den Pilaren wird das Pferd beidseitig an den Pilaren angebunden. Ähnlich wie bei der ☞ **Arbeit an der Hand**, hier jedoch ohne Vorwärtsbewegung, wird es zu stärkerer ☞ **Versammlung** angeregt und kann auf diese Weise besonders gut die ☞ **Piaffe** erlernen.

Pindospony _ Dies ist ein Ponyschlag in Griechenland. Die Ponys werden hauptsächlich in den Bergregionen verwendet. Wie in anderen Gebirgsregionen, in denen nur karges Futter wächst und die Bauern kaum zufüttern können, sehen die hart arbeitenden Ponys oft etwas mager aus. Sie sind um die 135 cm groß und vorwiegend dunkel gefärbt. Daneben kommt auch die Schimmelfarbe vor, die durch arabische Einkreuzungen entstanden sein kann. Zunehmend werden diese und andere griechische Ponys auch im Tourismus, vor allem als Pack- und Zugtiere, verwendet.

Pinto _ In den USA wurde vor Längerem ein Register eingerichtet, in das man gescheckte Pferde eintragen lassen kann - unabhängig davon, zu welcher Rasse sie gehören. Diese ☞ **Schecken** nennt man Pintos. Damit wollte man vor allem Pferdebesitzern helfen, deren Pferde wegen ihrer Scheckung nicht in das eigentliche Rassenzuchtbuch aufgenommen werden. Pinto-Register gibt es inzwischen auch in anderen Ländern, unter anderem in Deutschland.

Ein junger Pinto mit einem Freund

Pinzgauer _ ☞ **Noriker**

Pirouette _ Eine ☞ **Wendung** um die Hinterhand im versammelten ☞ **Galopp** mit guter Senkung der ☞ **Hanken**. Die Pirouette gehört zu den schwierigsten Übungen der ☞ **Hohen Schule** auf der Erde. Für eine vollständige Drehung um die eigene Achse muss das Pferd fünf bis sechs Galoppsprünge ausführen. Die Hinterhufe müssen dabei praktisch auf der Stelle bleiben. Von Pferden, die solche Lektionen sehr gut ausführen, sagt man auch, dass sie „auf einem Teller galoppieren" können.

Plastron _ Breiter weißer Schlips für Dressurreiter; der Plastron wird mit einer Plastronnadel (Krawattennadel) festgesteckt.

Pleasure _ Dieser Begriff kommt aus dem Englischen und bedeutet wörtlich übersetzt Vergnügen. Es handelt sich um eine Disziplin im ☞ **Westernreiten**. Die Pferde werden im Walk, Jog und Lope (☞ **Grundgangarten**) ohne merkbare ☞ **Hilfen** des Reiters vorgestellt. Bewertet werden die Qualität der Gänge, das ☞ **Gebäude** des Pferdes und sein Verhalten.

Point-to-Point-Rennen _ ist eine frühere Bezeichnung für bestimmte ☞ **Geländeritte**; der Begriff stammt wie ☞ **Steeplechase** aus der britischen Jagdreiterei.

Pole bending _ Stangenslalom, eine Disziplin im ☞ **Westernreiten**.

Polizeipferde _ ☞ **Berittene Polizei**

Polo _ Eines der ältesten ☞ **Reiterspiele** und als Hockey zu Pferde tatsächlich ein ziemlich harter Teamsport. Erfunden wurde das Spiel wahrscheinlich von Reiterstämmen in den asiatischen Steppen; über Persien kam es erst im 19. Jahrhundert nach Europa. Viermal war Polo sogar olympische Disziplin.
Zwei Mannschaften (Frauen sind selten) mit je vier Spielern treten gegeneinander an. Die beiden Schiedsrichter sind ebenfalls beritten. Mit langen Schlägern versuchen die Reiter, einen kleinen Ball ins gegnerische Tor zu treiben. Das Spielfeld hat etwa die doppelte Größe eines Fußballfeldes. Ein Spiel dauert in der Regel 42 Minuten, die auf sechs Spielabschnitte von je sieben Minuten aufgeteilt werden. Die Zügel liegen in der linken Hand des Reiters, die rechte Hand führt den Schläger. Ein Pferd darf nur in ein bis zwei Spielabschnitten nacheinander eingesetzt werden, denn beim Polo geht es alles andere als spielerisch zu.

Polopony _ Bezeichnung für ein kleineres Pferd, das speziell in Argentinien für das Polospiel (☞ **Polo**) gezüchtet wird. Der Name ist irreführend, denn es handelt sich nicht um ein wirkliches ☞ **Pony**. Polopferde führen das Blut von Vollblütern und ☞ **Criollos** in ihren Adern. Sie sind überwiegend ☞ **Braune**, ☞ **Füchse** oder ☞ **Schimmel** und haben meist eine Widerristhöhe zwischen 150 und 155 cm, also die günstigste Größe für das Polospiel. Sie müssen mutig, äußerst wendig und pfeilschnell sein, gleichzeitig aber ruhig und verlässlich im Charakter. Viele Poloponys werden nach Europa ausgeführt, vor allem nach England und Deutschland.

Pony _ Das Wort kommt aus der englischen Sprache und bedeutet kleines Pferd. Allerdings ist nicht jedes kleinere Pferd auch ein Pony. Mit dem Begriff verbindet man nämlich auch einen bestimmten Typus, der vom ☞ **Urpony** abstammt. Auch die heutigen ☞ **Reitponys** lassen diesen Typus häufig vermissen, sie sehen nicht viel anders aus als kleinwüchsige Warmblüter (☞ **Warmblut**). Sie passen lediglich in das etwas willkürlich aufgestellte Maß, das man, von England ausgehend, für Ponys angelegt hat. Danach gelten im internationalen Sport alle Pferde als Pony, die nicht größer sind als 148 cm. Manche Pferde im Ponytyp können dieses Maß allerdings auch geringfügig überschreiten.
Es ist im Übrigen völliger Unsinn, von „Pferden und Ponys" zu sprechen, wie es vor allem in Europa üblich ist. Mit Pferden meint man dabei vor allem die dressur- und springbegabten größeren Warmblüter oder die Vollblüter, nebenbei auch die Kaltblüter. Ponys aber sind Pferde und nicht etwa nur pferdeähnliche Geschöpfe! Biologisch gesehen sind sie sogar meist noch mehr „Pferd" als viele Großpferde, weil sie weniger stark von der ☞ **Zucht** durch den Menschen beeinflusst sind.

Pony-Express _ Eilpostdienst mit ausdauernden kleinen Pferden, der von April 1860 bis Oktober 1861 in den USA bestand. Die Strecke verlief zwischen St. Joseph im Staat Missouri und San Francisco; sie war rund 3200 Kilometer lang. Alle 25 bis 30 km befanden sich Stationen, an denen die Pferde gewechselt wurden und die Post abgegeben oder mitgenommen wurde. In 24 Stunden mussten bis zu 480 km bewältigt werden.
Ein Ritt war nicht nur äußerst anstrengend, sondern auch gefährlich: Oft wurden die Reiter überfallen, ausgeraubt und samt ihren Pferden getötet. Das baldige Ende für den Pony-Express brachte die Eisenbahn, denn sie war schneller, sicherer und preiswerter.

Posavina-Pferd _ Dieses kleine, genügsame Arbeitspferd mit einer Größe um die 145 bis 150 cm ist in den Save-Auen des heutigen Kroatiens zu Hause und gilt offiziell als ausgestorben. Einige Kleinbauern züchten es jedoch in kleiner Zahl nach wie vor als Allzweckpferd weiter. Die Stiftung Europäisches Naturerbe hat die Rasse 1994 in die Liste bedrohter Haustiere aufgenommen.

Poseidon _ ist eine der ältesten Pferdegottheiten. Vor über 3000 Jahren wanderte der Stamm der Dorier nach Griechenland ein und brachte den Poseidon-Kult mit. Poseidon war ihr höchster Gott und der Patron für die Pferde und für das Wasser. Man stellte ihn sich in Pferdegestalt vor, und bei den Griechen galt er als Vater von ☞ **Pegasus**, dem Sagenpferd mit Flügeln. Später nahm Poseidon menschliche Gestalt an und bekam ein Gespann von fliegenden Pferden. Außerdem wurde er vom höchsten Platz durch Zeus verdrängt und zum Gott des Meeres umbenannt.

Pottokpony _ Während in den östlichen Pyrenäen Frankreichs das schwarze ☞ **Mérenspferd** zu Hause ist, hat das Pottokpony seine Heimat im westlichen (baskischen) Teil des Grenzgebirges. Man züchtet die Ponys in Größen von 120 bis 148 cm. Es gibt viele ☞ **Schecken**, daneben auch ☞ **Braune** und ☞ **Füchse**, aber keine Rappen. Die Pottok-Zuchtherden leben meist noch halb wild in schwer zugänglichen Berghöhen.

Primitivrasse _ Eine Haustierrasse, die noch direkt von der Wildform abstammt. Sie wird auch als Naturrasse oder Urrasse bezeichnet. Aus ihr entstehen dann im weiteren Verlauf der ☞ **Domestikation**, vor allem mit Hilfe der ☞ **Zucht**, die eigentlichen ☞ **Rassen** der Haustiere. Beim Pferd gibt es keine solche nachweisbaren Primitivrassen mehr. Auf der Schwelle vom ☞ **Wildpferd** zum ☞ **Hauspferd** steht das ☞ **Przewalskipferd**. Die heute existierenden ☞ **Wildlinge** und ☞ **Robustpferde** werden häufig auch als Naturrassen bezeichnet, sind aber keine Primitivrassen im eigentlichen Sinn.

Pritschsattel _ ☞ **Sattel**

Probierhengst _ Mit seiner Hilfe möchte man feststellen, ob eine rossige Stute paarungsbereit ist (☞ **Rosse**). Den ☞ **Deckakt** selbst führt dann ein ☞ **Deckhengst** aus.

Probierstand _ Ständer oder Box, um eine Stute, die sich in der ☞ **Rosse** befindet, „abzuprobieren". Der Hengst soll bei ihr vorfühlen, ob sie voll paarungsbereit ist. Wenn sie den Hengst noch abschlägt, also abwehrt, ist er durch die Trennwand geschützt. Häufig wird dafür ein so genannter ☞ **Probierhengst** verwendet, meist ein junger Hengst, der selber nur wenig zur ☞ **Zucht** eingesetzt wird. Wenn die Stute nicht abwehrend reagiert, lässt man sie vom eigentlichen ☞ **Deckhengst** decken.

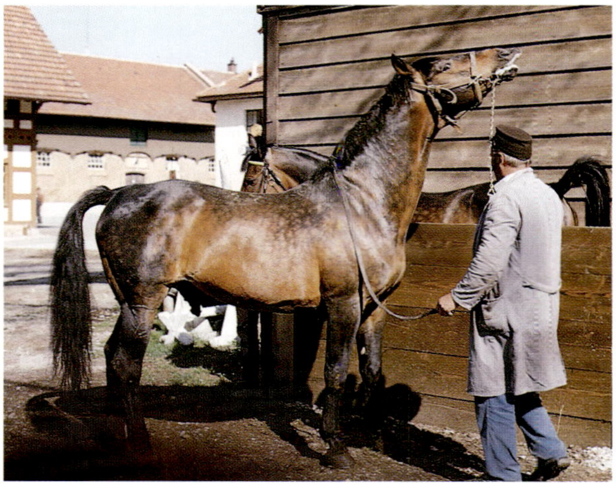

Abprobieren einer rossigen Stute am Probierstand

Przewalskipferd (⇔ pschewalskipferd) _ Von den verschiedenen Urwildpferdtypen (☞ **Entwicklungsgeschichte**) ist nur eine einzige Unterart erhalten geblieben. Das letzte Rückzugsgebiet dieser Pferde waren die riesigen kalten Steppen der Mongolei. Dort wurden noch Ende des 19. Jahrhunderts von Nomaden, von Jägern und Forschern mehrmals Herden beobachtet oder zumindest Hinweise auf sie gefunden. Der russische Forschungsreisende Nikolai Michailowitsch Przewalski ging diesen Angaben nach und fand tatsächlich Wildpferde. Er fertigte ausführliche Berichte an, und das war der Anfang vom Ende für die letzten frei lebenden Wildpferde. Sie wurden gnadenlos gejagt, um Tierparks zu beliefern; viele kamen bei der Jagd um oder starben kurz nach ihrer Gefangennahme.
Die heutige Zoozucht wurde mit gerade 14 Tieren begründet. Heute gibt es weltweit über 1000 Przewalskipferde (Mongolische Urwildpferde) in öffentlichen und privaten Zoos. Durch die Haltung auf engem Raum gehen jedoch viele Eigentümlichkeiten der Wildpferde verloren. Przewalskipferde sind meist zwischen 130 und 145 cm groß, stämmig und untersetzt. Das Fell ist fahlbraun bis gelblich. Die Mähnenhaare stehen aufrecht, ein Stirnschopf fehlt in der Regel. Viele haben bereits Haustiermerkmale angenommen oder geerbt.
Einige der eingefangenen Pferde waren vermutlich nicht mehr reinrassig, sondern stammten aus Vermischungen von Wildpferden mit ☞ **Hauspferden**. Mit ihnen soll allerdings nicht gezüchtet worden sein.
In der Republik Mongolei wurde 1992 nach langen Vorbereitungen in Zusammenarbeit mit einem holländisch-deutschen Projekt eine Herde von wissenschaftlich ausgesuchten und überwachten Tieren in ein großes menschenleeres Steppengebiet entlassen. Dort sollen die Pferde wieder wie ihre wilden Vorfahren ein selbstverständlicher Teil der Natur werden. Auch im chinesischen Teil der Mongolei gibt es Vorbereitungen zum Auswildern von Przewalskipferden. Ein europäisches Auswilderungsprojekt wird vom WWF (World Wide Fund for Nature, internationale Naturschutz-Organisation) betreut. Bei den Mongolen heißt das Wildpferd übrigens heute noch Tachi oder Taki. Verwirrenderweise nannten einige Forscher im 19. Jahrhundert das Mongolische Wildpferd auch ☞ **Tarpan**.

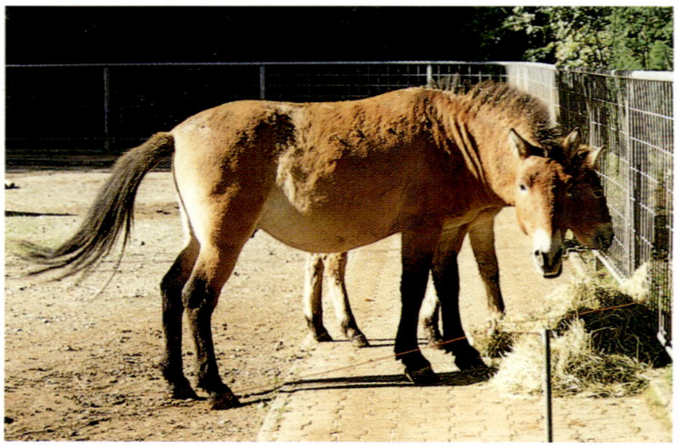

Przewalskipferde leben heute in Zoos oder Privatgehegen, nicht mehr in freier Wildbahn.

PS _ Abkürzung für Pferdestärke, die bis vor einiger Zeit als Rechnungseinheit für Energieleistung verwendet wurde. Ein PS bedeutet jedoch nicht einfach die Kraft eines einzelnen Pferdes – die könnte man auch kaum auf einen Nenner bringen, denn jedes Pferd verfügt über ein ganz persönliches Maß an Körperkraft.

Rein rechnerisch gilt: Ein PS ist die Leistung, die man braucht, um eine Masse von 75 Kilogramm in einer Sekunde einen Meter hochzuheben – und das mit gleichbleibender Geschwindigkeit, abgekürzt: 1 PS = 75 kpm/s. Diese Einheit ist jedoch nicht mehr gebräuchlich, man rechnet heute in Watt bzw. Kilowatt (1 PS = 736 Watt).

Pullen _ Ungestümes Vorwärtsgaloppieren, bei dem das Pferd versucht, sich der Einwirkung des Reiters zu entziehen. Puller findet man häufig unter jüngeren, noch unerfahrenen Renn- oder Jagdpferden: Die aufregende Atmosphäre auf dem Rennplatz bzw. bei der Reitjagd versetzt sie in Nervosität, das schnelle Tempo in der Gruppe weckt den ☞ **Fluchttrieb**. Wenn der Reiter das Pferd nicht zurückhalten und beruhigen kann, kann aus dem Pullen ein ☞ **Durchgehen** werden.

Puls _ Bei Fohlen schlägt der Puls etwa hundertmal in der Minute, bei stark geforderten Pferden oft sogar noch schneller. Im Ruhezustand hat ein erwachsenes gesundes Pferd dreißig bis fünfzig Pulsschläge pro Minute. Erfühlen kann man den Puls an großen Arterien, vor allem am Unterkiefer oder an der Innenseite der Hinterbeine.

Pushball _ Ballspiel für Reiterteams, das auch als Pferdefußball bezeichnet wird. Bei diesem Spiel sollen die Pferde einen großen Ball mit den Vorderbeinen in das gegnerische Tor schieben. Die Reiter regen sie durch entsprechende ☞ **Hilfen** dazu an.

Putzen und Pflegen _ Das Putzen ist ein Teil der ☞ **Pferdepflege**. Es ist vor allem bei solchen Pferden täglich notwendig, die regelmäßig geritten werden. Zum Putzen gehört das Entfernen von Schmutz aus dem ☞ **Fell** (normalerweise mit ☞ **Striegel** und ☞ **Kardätsche**) und aus dem ☞ **Langhaar**. Die Weichteile (Augenränder und Nüstern sowie After, Scheide bzw. Schlauch und Euter) werden mit unterschiedlichen Schwämmen feucht ausgewischt. Besonders verschmutztes oder verschwitztes Deck- und Langhaar wäscht man mit Wasser und eventuell mit einem Spezialmittel (☞ **Waschen**). Zum Putzen gehört auch die Reinigung der Hufe, zur weiteren Pflege die ☞ **Hufpflege** sowie das ☞ **Frisieren**.

Putzzeug _ braucht man zum ☞ **Putzen und Pflegen**. Die wichtigsten Utensilien sind ☞ **Kardätsche** und ☞ **Striegel** für die Fellpflege, zwei Schwämme für die Weichteile, ein Mähnenkamm oder/und eine feste Bürste für das Langhaar, ein ☞ **Hufkratzer** für die Hufsohle sowie Bürste oder Schwamm für die Hufwand. Ergänzend kann man z. B. ein ☞ **Schweißmesser** anschaffen. Alles Putzzeug muss nach dem Putzen und Pflegen gereinigt werden. Außerdem sollte für jedes Pferd ein eigenes Sortiment vorhanden sein.

Putzzeug

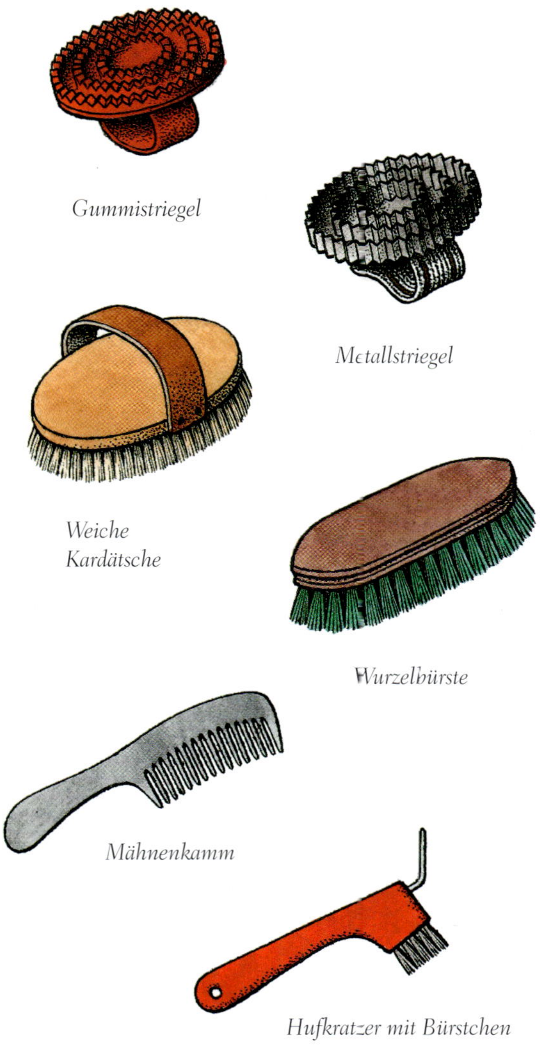

Quadratpferd _ Ein Pferd, bei dem die Schulterhöhe in etwa der Länge des Rumpfes entspricht. Das Gegenstück ist das ☞ **Rechteckpferd**.
☞ **Format**

Pferd im Quadratformat

Quadriga _ Dieses Wort leitet sich vom lateinischen quatro = vier ab. Eine Quadriga ist ein Vierergespann, bei dem alle Pferde nebeneinander vor einem einachsigen Gefährt gehen (im Gegensatz zum ☞ **Vierspänner**). Meist handelt es sich dabei um einen Kampf- oder Jagdwagen. Solche ☞ **Gespanne** benutzten bereits die Babylonier vor etwa 4500 Jahren. Die Griechen verwendeten sie auch bei ihren ☞ **Olympischen Spielen**. Bei den Römern setzte man Quadrigen als Triumphfahrzeuge ein. Als politische Machtsymbole sind Nachbildungen solcher Gespanne in vielen Ländern aufgestellt; bekannt ist z. B. die Quadriga auf dem Brandenburger Tor in Berlin.

Quadrille _ Die bekannteste Form des ☞ **Formationsreitens**, z. B. als Dressurquadrille in einer einheitlichen Reitweise und mit gleicher Ausrüstung.
Es gibt auch gemischte Quadrillen mit Reitern und Reiterinnen in verschiedenen Reitstilen sowie Springquadrillen. Seltener sind die sehr schwierigen Fahrquadrillen.

Quarantäne _ Isoliertes Unterbringen von Menschen und Tieren bei ansteckenden Krankheiten. Quarantäne kann auch verhängt werden, um festzustellen, ob solche Krankheiten vorhanden sind. Das Verbot von Kontakten nach außen wird ebenfalls als Quarantäne bezeichnet. Sie ist z. B. bei ☞ **Druse** vorgeschrieben; die Pferde dürfen den Hof nicht verlassen, Stallinhaber und -mitarbeiter dürfen nicht zu fremden Pferden gehen. Auch wenn Pferde aus dem Ausland eingeführt werden, müssen sie je nach Herkunftsland oft eine Weile abgesondert gehalten werden.

Quarter Horse _ Von dieser Pferderasse gibt es weltweit die meisten Pferde. Ihre Heimat sind die USA. An die drei Millionen Tiere wurden seit Gründung des ☞ **Zuchtbuchs** im Jahr 1941 eingetragen. Das Quarter Horse ist das ☞ **Westernpferd** schlechthin. Es ist ein besonders schneller Galopper auf sehr kurze Distanzen. Sein Name leitet sich von „a quarter of a mile" ab, das heißt Viertelmeile. Umgerechnet sind dies 402 Meter.
Eingewanderte Europäer, vor allem Engländer, veranstalteten Rennen über solche Strecken als Wochenendvergnügen. Die schnellsten Pferde wurden untereinander oder mit ☞ **Englischem Vollblut** gekreuzt. So entstand ein Pferdetyp, wie ihn die Siedler brauchten: ein stark bemuskeltes, kompaktes und gleichzeitig wendiges Pferd, das alle anfallenden Arbeiten leisten konnte und sich beim Freizeit-Rennvergnügen bewährte. Das moderne Quarter Horse oder kurz „Quarter" ist 148 bis 156 cm groß, häufige Farben sind ☞ **Braune**, ☞ **Falben** und ☞ **Isabellen**. Gescheckte Pferde werden ins Zuchtbuch der ☞ **Paint Horses** eingetragen und können auch im Register der ☞ **Pintos** erscheinen.

Quarter Horses sollen ein ausgeglichenes Wesen und eine gute Bemuskelung haben.

Querfeldeinritt _ ☞ **Steeplechase**, ☞ **Vielseitigkeit**

R

Rack _ ☞ **Spezialgangarten**

Räude _ ☞ **Parasiten**

Rahmen _ Bezeichnung für die Umrisse beziehungsweise Proportionen eines Pferdes. ☞ **Format**

Rallye _ Rallyes sind eigentlich Auto- und Motorradrennen, die auf einem Rundkurs oder als Sternfahrten im offenen Gelände mit unterschiedlich schwierigen Strecken stattfinden. Längst gibt es Rallyes auch für Reiter und Gespannfahrer. Dabei müssen in einem festgelegten Bezirk mit Kontrollstellen verschiedenste Aufgaben bewältigt werden: vom Reiten in einer bestimmten Gangart über das Auffinden von versteckten Gegenständen bis zum Beantworten von Sachfragen. Wie bei anderen ☞ **Reiterspielen** sind der Fantasie auch bei Rallyes nur dort Grenzen gesetzt, wo es um die Sicherheit oder um Vorschriften und Verbote geht.

Ramskopf _ Kopfform mit durchgehender Außenwölbung von der Stirn bis zur Nase. Bei einer Ramsnase ist dagegen nur der Nasenrücken nach außen gebogen.

Random _ Ein ☞ **Gespann** mit drei Pferden, die hintereinander gehen. Randoms bekommt man nur selten zu sehen, da sie besonders schwierig zu lenken sind. Andere Dreiergespanne sind das ☞ **Einhorn** und die ☞ **Troika**.

Rangordnung _ In jeder ☞ **Herde** besteht eine mehr oder minder stark ausgeprägte Rangordnung. Das heißt, dass jedes Tier einen bestimmten Platz in der Herde hat, der seine Rechte und Pflichten regelt. In einer natürlichen Pferdegruppe ist der ☞ **Leithengst** das ranghöchste Tier; nach ihm kommt die ☞ **Leitstute**. Von den anderen ☞ **Stuten** haben Mütter mit ☞ **Saugfohlen** meist mehr Rechte als tragende Stuten. Diese wiederum nehmen normalerweise einen höheren Rang ein als Stuten, die kein Fohlen erwarten oder noch nicht geschlechtsreif sind. ☞ **Fohlen** stehen üblicherweise im Rang ihrer Mutter, bis sie abgesetzt werden (☞ **Absetzen**). Dann bilden sie erst einmal die Schlusslichter; von jetzt an müssen sie sich einen höheren Rangplatz erst untereinander, dann gegenüber den älteren Pferden erkämpfen oder sich mit einem niedrigen Rangplatz zufriedengeben.
Zwischen den Stuten einer Herde, die in etwa derselben Situation sind, besteht meist keine deutliche Rangordnung; jede dieser Stuten kann jede andere z. B. durch ☞ **Drohverhalten** abweisen, wenn sie sich belästigt fühlt. Das ist häufig bei Zuchtherden der Fall, in denen alle Stuten gleichzeitig tragend sind bzw. ein Saugfohlen haben. In Weideherden leben überwiegend Stuten ohne Fohlen und ☞ **Wallache** zusammen, manchmal ist auch eine Mutterstute mit Nachwuchs oder ein ☞ **Absatzfohlen** dabei. Oft sind verschiedene ☞ **Rassen** zusammen untergebracht. Hier kann die Rangordnung sehr unterschiedlich stark ausgeprägt sein. Den höchsten Rang nimmt meist

Ein Gespann in der seltenen Random-Anspannung

das Pferd mit der stärksten Persönlichkeit ein; das muss nicht unbedingt das körperlich kräftigste oder das älteste Tier sein. Ein junger, energischer Ponywallach kann ebenso das Leittier sein wie eine ältere, ruhige Kaltblutstute. Ängstliche, unsichere Tiere stehen im Rang meist weit unten. Auf den mittleren Plätzen befinden sich Pferde, die zwar ein gelasseneres Wesen, aber keinen Führungsanspruch besitzen.

Bemerkbar macht sich die Rangfolge z. B. an der Tränke und beim Füttern. Jedes rangniedere Tier weicht sofort, sobald sich ein ranghöheres Pferd an seinen Platz stellen will. Umgekehrt darf ein rangniederes Tier nicht drängeln, ohne dafür angegiftet zu werden. Holt man Pferde frei von der Koppel, so läuft das ranghöchste Tier stets vorneweg und geht als Erstes durchs Gatter.

Junghengste in einer Mischherde versuchen allerdings häufig und oft ziemlich hartnäckig, sich als künftige „Bosse" aufzuspielen. Sie bringen einige Unruhe in eine Herde, wenn sie immer wieder ältere Pferde zwicken, beißen, schlagen, anrempeln und zu jagen versuchen. Die Angegriffenen wehren sich meist deutlich, kommen aber oft kaum zum Fressen und zu den nötigen Ruhepausen. Viel zu früh beginnt mancher Junghengst auch bereits mit dem ☞ **Decken**, wenn rossige Stuten in der Herde sind (☞ **Geschlechtsreife**, ☞ **Rosse**). Dann ist es sinnvoll, den Junghengst in eine Herde Gleichaltriger einzustellen oder ihn kastrieren zu lassen (☞ **Kastration**).

Wenn ein Pferd neu in eine Herde gebracht wird, muss es sich fast immer mit den anderen auseinandersetzen, damit die Rangfolge klar wird. Manchmal verhält sich ein Altpferd anhaltend aggressiv gegen einen Neuling, sodass man diesen schließlich wieder aus der Herde nehmen muss, damit er nicht zu Schaden kommt. Meist gelingt es aber, neue Pferde durch langsame Gewöhnung in die Herde einzugliedern.

Unverträglichkeiten können auch entstehen, wenn eine Stute in einer Mischherde trächtig wird bzw. ein Fohlen hat.

Rappe _ Ein schwarzes Pferd, bei dem ☞ **Fell** und ☞ **Langhaar** schwarz gefärbt sind. Erwünscht ist in der ☞ **Zucht** meist eine völlige Schwarzfärbung; häufig kommen jedoch kleine ☞ **Abzeichen** am Kopf und an den Beinen vor. Pferde mit größeren ☞ **Blessen** werden von der ☞ **Farbzucht** meist ausgeschlossen.

Ein Glanzrappe hat von Natur aus ein besonders glänzendes schwarzes Fell; ein Kohlrappe trägt dagegen ein eher stumpfes Tiefschwarz. Das Fell eines Sommerrappen ist in der warmen Jahreszeit blauschwarz, sein ☞ **Winterfell** ist eher bräunlich. Der so genannte Winterrappe ist dagegen in Wirklichkeit ein ☞ **Brauner**, dessen Fell in der kalten Jahreszeit schwärzlich schimmert. Aus Rappen mit ☞ **Stichelhaar** werden im Laufe der Zeit meistens ☞ **Farbschimmel**.

Nur bei wenigen Rassen, beispielsweise bei den Friesen, ist reines Schwarz die einzige zugelassene Farbe.

Raspe _ Entzündung in der Sprunggelenksbeuge, die einer ☞ **Mauke** ähnelt.

Rassen _ So nennt man die verschiedenen Typen einer Tierart. Jede Rasse unterscheidet sich von den anderen z. B. in der ☞ **Größe**, in der ☞ **Behaarung**, in den ☞ **Farben**, aber auch im Verhalten. Die besonderen Merkmale einer Rasse werden beständig weitervererbt. Bei Wildtieren verwendet man anstelle von Rasse den Begriff Unterart. Alle Rassen oder Unterarten können sich (rein theoretisch) miteinander fortpflanzen und fruchtbare Nachkommen haben. Im Freileben bilden sich Unterarten vor allem in unterschiedlichen Lebensräumen. Die Rassen des ☞ **Hauspferdes** sind weitgehend durch ☞ **Zucht** entstanden.

Nur bei ganz wenigen Rassen darf man annehmen, dass sie noch stark der ☞ **Primitivrasse** ähneln, von der sie direkt abstammen. Bei diesen Rassen, die weitgehend rein erhalten geblieben sind, handelt es sich stets um eine ☞ **Robustrasse**.

Eine Kulturrasse ist dagegen oft eine bunte Mischung von älteren Rassen, die veredelt, rückgekreuzt und umgezüchtet wurden – je nach Zeitgeschmack und Gebrauch.

Als „Kunstrassen" bezeichnet man besonders jene Kulturrassen, die mit Pferden aus recht unterschiedlichen Regionen begründet wurden, z. B. das ☞ **Englische Vollblut**. Etwa 300 Zuchtrassen des Pferdes sind heute weltweit bekannt.

Rattenschweif _ Ein dünner und relativ kurzer Schweif, wie er bei manchen ☞ **Arabern** oder beim ☞ **Appaloosa** vorkommt.

Raufutter _ So nennt man ☞ **Heu** und ☞ **Stroh**. Dazu gehören aber auch z. B. Zweige von Sträuchern, Nadel- und Laubbäumen. Raufutter enthält Ballaststoffe, die alle Pferde brauchen. Ihr ganzes Verdauungssystem ist darauf eingestellt - vom Kauapparat mit ☞ **Zähnen**, Kiefern und Kiefermuskeln über den Magen bis zum ☞ **Blinddarm** und zu den Schlackedärmen (☞ **Kot**). Pferde, die Raufutter nicht ausreichend oder aber im Übermaß bekommen, neigen verstärkt zu ☞ **Koliken**.

Raumgriff _ Bezeichnung für die Länge der Tritte in den verschiedenen Gangarten; wird auch Bodengewinn genannt.

Rechteckpferd _ Die Schulterhöhe eines Rechteckpferdes ist geringer als die Länge des Rumpfes. Diesem sehr häufigen ☞ **Format** des Längsrechtecks steht das seltenere Hochrechteck gegenüber: Solche Pferde sind sehr hochbeinig, ihr Rumpf ist kürzer als die Höhe des ☞ **Widerrists**. Das Gegenstück beider Rechteckformate ist das ☞ **Quadratpferd**.

Pferd im Rechteckformat

Registrierbescheinigung _ Ein Nachweis ohne rechtliche Bedeutung, der die Eintragung eines Pferdes in ein Register bescheinigt. Solche Papiere werden oft von züchterischen Interessenclubs ausgestellt, die (noch) nicht als ☞ **Zuchtverband** staatlich zugelassen sind. Sie haben im Gegensatz zu einem ☞ **Abstammungsnachweis** keine Rechtsgültigkeit.

Rehe _ ☞ **Hufrehe**, ☞ **Kreuzverschlag**

Reining _ kommt vom englischen Wort rein = Zügel und bedeutet so viel wie „ein Pferd sicher reiten", „es im ☞ **Gehorsam** haben". Reining ist eine Disziplin im ☞ **Westernreiten**.

Reinzucht _ Eine Form der ☞ **Zucht**, bei der nur (noch) Tiere der betreffenden Rasse verwendet werden und keine Einkreuzungen oder Veredelungen mehr stattfinden. ☞ **Kreuzung**, ☞ **Veredler**

Reitabzeichen _ ☞ **Leistungsabzeichen**

Reitbahn _ Eine Reitbahn in der Halle bezeichnet man als gedeckte Bahn, im Freien heißt sie offene Bahn. Normale Reitbahnen sind längsrechteckig, die Standardmaße in der europäischen ☞ **Reitweise** betragen 20 x 40 m. Die Bahnen für internationale Dressurprüfungen sind 20 x 60 m groß. Beim ☞ **Westernreiten** können die Bahnen von 30 x 60 bis etwa 50 x 100 m groß sein. Die Schmalseiten heißen kurze Seiten, die Längsseiten lange Seiten. Prüfungen im ☞ **Tölt** und ☞ **Pass** werden auf ☞ **Ovalbahnen** abgehalten, Springprüfungen im ☞ **Parcours**. Zum ☞ **Longieren** werden manchmal kreisrunde Bahnen (Longierzirkel) eingerichtet.
☞ **Bahnpunkte**, ☞ **Hufschlagfiguren**

Reiterausweis _ Dokument für Wettbewerbsteilnehmer, ohne das sie nicht starten dürfen. Es muss beim zuständigen Verband beantragt werden, der Antragsteller muss bestimmte Voraussetzungen erfüllen, z. B. ein ☞ **Leistungsabzeichen** besitzen oder Profisportler sein. Sinngemäß gibt es für Fahrsportler den Fahrerausweis. Nur für einfache Wettbewerbe braucht man meist noch keinen solchen Ausweis; genaue Auskünfte erteilen die zuständigen Verbände.

Reitergarde _ Eine berittene Schutz- oder Ehrentruppe. Weltberühmt ist z. B. die Reitergarde des britischen Königshauses. In vielen Städten und Gemeinden gibt es Reitergarden, die sich oft aus früheren Bürgerwehren ableiten und die bei Veranstaltungen auftreten.

Reit(er)nadel _ Basisprüfung für erwachsene Reiter mit praktischen Grundkenntnissen im Dressur- und Springreiten. Die Prüfung kann jährlich wiederholt werden. ☞ **Leistungsabzeichen**

Reiterpass, Reitpass _ Diese einfache Prüfung für das Reiten im Gelände besteht aus einem theoretischen und einem praktischen Teil. Man kann sie z. B. bei der ☞ **EWU**, der ☞ **FENA**, der ☞ **FN** oder der ☞ **VFD** ablegen.
Bei der FN werden zum Beispiel Kolonnenreiten, das Überwinden kleiner natürlicher Hindernisse und Kenntnisse zum Reiten im Straßenverkehr verlangt.

Reiterspiele _ gibt es wahrscheinlich schon seit den Anfängen des Reitens und Gespannfahrens. Neben der Nutzung für bestimmte Zwecke hat man Pferde wohl schon immer auch für spielerische Wettkämpfe eingesetzt, mit denen man sich die freie Zeit vertrieb.

Bei Reiterspielen sind Geschicklichkeit und Teamgeist gefragt.

Außerdem dienten solche Spiele dem Training der Pferde und der Reiter oder Fahrer; zugleich waren sie häufig ein Ausleseverfahren für die ☞ **Zucht**.
An einfachen Geschicklichkeitsspielen können schon sehr junge und noch nicht besonders erfahrene Reiter teilnehmen. Die Auswahl ist schier endlos, sie reicht vom Slalomreiten bis zum Minirennen, vom Kostümreiten bis zu Balancieraufgaben, um nur einige wenige zu nennen. Einzelreiter, Paare und Gruppen können mit- und gegeneinander antreten. Solche Spiele können von Vereinen oder Privatpersonen veranstaltet werden, wenn ein geeigneter Platz dafür vorhanden ist. Im Gelände lassen sich ☞ **Orientierungsritte** und ☞ **Rallyes** austragen. Als ☞ **Shows** werden heutzutage wieder alte Spiele aus der Ritterzeit (☞ **Ritterpferde**) aufgeführt, die jedoch meist einen betont kriegerischen Charakter haben (☞ **Ringstechen**). Außerdem gibt es Ballspiele für Teams wie ☞ **Horseball** und ☞ **Pushball**. Besonders anspruchsvoll und anstrengend für Pferde und Reiter ist ☞ **Polo**. Speziell für jugendliche Reiter sind ☞ **Mounted Games** gedacht.

Reithalfter _ werden vor allem bei Zäumungen mit ☞ **Gebiss** verwendet. Ein Reithalfter ist aber kein fester Bestandteil der ☞ **Trense** oder der ☞ **Kandare**! Sein Kernstück sind ein oder zwei Riemen, die rund ums Maul schließen und an einem Kopfstück festgemacht sind. Am Genick liegt das Reithalfter unter dem Genickstück des eigentlichen Zaums.

Hannoversches Reithalfter

Englisches Reithalfter

Kombiniertes Reithalfter

Mexikanisches Reithalfter

Beim Englischen Reithalfter läuft der Nasenriemen oberhalb des Mauls unter den Backenstücken durch. Bei den meisten anderen Reithalftern wird der Nasen-Kinn-Riemen (oder einer der beiden Riemen, falls zwei vorhanden sind) über das Maul geführt; er soll verhindern, dass das Pferd das Maul öffnet und das Gebiss sich verschiebt.
So sind das Hannoversche, das Mexikanische, das Bügel- und das Kombinierte Reithalfter konstruiert, die man deshalb auch Sperrhalfter nennt. Die Halfter üben zusätzlich zum Druck des Gebisses einen Druck auf das Nasenbein und den Unterkiefer aus; sie verstärken also die Wirkung der ☞ **Zügel**. Gute Reiter können darauf ebenso verzichten wie auf ☞ **Hilfszügel** und ☞ **Sporen**. Manche Reithalfter können zusätzlich auch als ☞ **Führhalfter** verwendet werden.

Reitjagd _ Die drei häufigsten Formen des sportlichen ☞ **Jagdreitens** sind die ☞ **Fuchsjagd**, die ☞ **Schleppjagd** hinter der Meute und die ☞ **Schnitzeljagd**. Bei Reitjagden gibt es mehrere wichtige Personen: Der Jagdherr ist der Gastgeber; der Master leitet die Jagd; der Huntsman ist für die Hundemeute zuständig und kann auch Master sein; die Piköre schließlich unterstützen den Huntsman oder sorgen bei Jagden ohne Meute für Ordnung im ☞ **Feld**. Man nennt sie dann auch Seiten- oder Schlusspiköre. Die meisten Jagden beginnen am ☞ **Stelldichein** und enden an einem Sammelplatz mit gemeinsamem „Halali“-Rufen.

Reitkissen _ oder Reitpolster nennt man einen einfachen, flachen ☞ **Sattel** ohne Unterbau und Trachten, z. B. für sehr kleine Pferde.

Reitkleidung _ soll vor allem zweckmäßig sein: Die Reithose darf keine drückenden und scheuernden Nähte haben; feste Schuhe schützen vor Stößen gegen harte Hindernisse und vor (versehentlichen) Tritten eines Pferdes, und wetterfeste Jacken oder Mäntel mildern Regen- und Frostwetter. Das heutige Angebot an Reitkleidung kommt außerdem den Bedürfnissen nach modischem Schick entgegen. Man kann sie in örtlichen Reitsportläden sowie bei Versandhändlern kaufen. Bei öffentlichen Wettbewerben, auch beim ☞ **Fahren** und ☞ **Voltigieren**, ist die Kleidung meist vorgeschrieben. Eine Ausnahme bildet z. B. das ☞ **Distanzreiten**.

Reitlehrer _ Diese Bezeichnung ist keine gesetzlich geschützte Berufsbenennung. Eine offizielle Berufsbezeichnung ist in Deutschland dagegen der ☞ **Pferdewirt**. Eine bestimmte fachliche Qualifikation in der herkömmlichen europäischen ☞ **Reitweise** haben auch ☞ **Amateurreitlehrer** und ähnliche FN-geprüfte ☞ **Ausbilder**.

Reitmeister _ Seltener Titel der ☞ **FN** für herausragende Berufsreiter und -ausbilder/innen.

Reitpass _ ☞ **Reiterpass**

Reitpferdeprüfung _ ist die neuere Bezeichnung der ☞ **FN** für die frühere ☞ **Materialprüfung**. Natürlich gibt es Reitpferdeprüfungen auch für ☞ **Reitponys**. Beurteilt werden bei solchen Prüfungen laut ☞ **LPO** „ohne Bewertung des Ausbildungsstandes die natürlichen Bewegungen des Pferdes in den drei Grundgangarten, sein Gebäude und sein Gesamteindruck als Reitpferd einschließlich des Temperamentes". Die Pferde werden unter dem Reiter und an der Hand vorgestellt. In der Regel stehen sie am Beginn ihrer Ausbildung zum Reitpferd.
Bei Eignungsprüfungen werden Reitpferde, die bereits ihre Grundausbildung abgeschlossen haben, nach ihrer ☞ **Rittigkeit**, ihrem Temperament und ihrem Springvermögen beurteilt. Eignungsprüfungen gibt es auch für Fahrpferde.

Reitpony _ Ursprüngliche ☞ **Ponys** eignen sich im Allgemeinen nicht besonders gut für den heutigen Turniersport. Das ist durchaus kein Mangel, denn für die Qualitäten eines Pferdes gibt es verschiedene Maßstäbe. Damit aber Jugendliche schon möglichst früh in den Leistungssport einsteigen können, wurden in den letzten Jahrzehnten gezielt so genannte Reitponys gezüchtet. Vorbild sind die britischen „riding-ponies", mit denen Kinder nicht nur an ☞ **Reiterspielen** und anderen Jugendwettbewerben teilnehmen, sondern auch an Jagden und sonstigen typisch britischen Reitvergnügen. Dort sind es vor allem bodenständige Ponyrassen, die oft mit ☞ **Arabern** und ☞ **Englischem Vollblut** „verfeinert" wurden. Hierzulande sind Reitponys oft ein bunter Mix von verschiedensten,

Deutscher Reitpony-Wallach

meist ebenfalls bereits arabisierten Ponyrassen. Inzwischen ist z. B. die Rasse ☞ **Deutsches Reitpony** in sich gefestigt. Das heißt, dass man sie bereits in ☞ **Reinzucht** züchtet. Reitponys ähneln meist mehr kleinen Warm- oder Halbblütern als wirklichen Ponys. Entscheidend für die Einteilung als Ponys ist lediglich die Größe, die unter 148 cm liegen muss.
Oftmals werden allerdings auch ausländische Ponyrassen, die hier noch selten sind, kurzerhand ebenfalls als Deutsches Reitpony eingetragen – auch wenn es sich um eine eigenständige Rasse mit eigenem Zuchtbuch im Mutterland handelt.

Reitschule _ Einrichtung, in der man das Reiten erlernen oder sich im Reiten fortbilden kann. Eine Reitschule oder ein Reitstall kann privat geleitet sein, von einem Verein getragen werden oder zu einem staatlichen Gestüt gehören. Sinngemäß gilt dies auch für das ☞ **Fahren**. In manchen Stätten der ☞ **Ausbildung** ist Reiten und Fahren möglich, außerdem besteht häufig auch die Möglichkeit zum ☞ **Voltigieren**.

Reitstallkennzeichnung _ Reit- und Fahrschulen werden auf Antrag von der ☞ **FN** beurteilt und erhalten eine Kennzeichnung nach bestimmten Beurteilungsmaßstäben. Einzelheiten dazu sind in der jeweils gültigen Ausgabe der ☞ **APO** enthalten.

Reitwart (Trainer B) _ ist wie Fahrwart und Voltigierwart eine Bezeichnung für geprüfte Amateur-Ausbilder der ☞ **FN** in dem jeweiligen Bereich, festgeschrieben in der ☞ **APO**. Vorstufe ist der entsprechende ☞ **Fachübungsleiter**, als nächste Stufe bietet sich die Qualifikation zum ☞ **Amateurreitlehrer** beziehungsweise Fahrlehrer oder Voltigierlehrer. Seit Januar 2000 nennt man sie offiziell auch ☞ **Trainer**. ☞ **Amateur-Ausbilder**

Reitweise _ oder Reitstil nennt man die Lehre, nach der Pferde und Reiter ausgebildet werden. Dabei stehen der ☞ **Sitz** und die ☞ **Hilfen** im Mittelpunkt; ergänzt wird die Reitweise von der passenden ☞ **Sattelung** und ☞ **Zäumung**. Der Reitstil, der in den deutschsprachigen Ländern vor allem gebräuchlich ist und im Turniersport international verwendet wird, hat mehrere Bezeichnungen: europäisch, deutsch, kontinental oder klassisch.
Er geht auf die frühere militärische und die ehemals höfi-

sche Reiterei zurück; ganz ähnlich wird in Großbritannien und Irland geritten. Andere ältere Reitweisen sind z. B. der Spanische/Iberische Stil, bei dem Eleganz im Vordergrund steht, der Isländische Stil für töltende Pferde und andere Reitstile auf ☞ **Gangpferden** sowie das ☞ **Westernreiten**. In Amerika haben sich seit der Kolonisation, bei der auch Reitpferde in die Neue Welt kamen, verschiedene Reitstile entwickelt. Teils haben sie europäischen Ursprung und wurden abgewandelt, teils kamen sie erst später „in Mode". Erst in jüngerer Zeit wurde in Deutschland die ☞ **Leichte Reitweise** entwickelt. Egal, welchen Reitstil man für sich auswählt - wichtig ist immer, dass man seine Grundlagen richtig erlernt (☞ **Ausbildung des Reiters**). Jeder Reiter entwickelt im Laufe der Zeit außerdem seinen persönlichen Reitstil. Zu einem guten Stil gehört vor allem Rücksicht, sowohl auf das eigene Pferd als auch auf Unbeteiligte. Ähnliches gilt auch für das ☞ **Fahren**.

Remonte _ Junges Pferd kurz vor und während der Grundausbildung. Der Begriff stammt aus dem Militär und bedeutet eigentlich „Ersatzpferd". Bei der deutschen ☞ **Kavallerie** bezeichnete man ein Pferd vom Zeitpunkt des Ankaufs beim Züchter oder bei einem staatlichen Gestüt bis zum Einsatz bei der Truppe als Remonte. Zusätzlich unterschied man in junge Remonten (vom ☞ **Anreiten** bis zum Ende des ersten Ausbildungsjahres) und ältere Remonten (zweites und drittes Jahr).

Rennen _ ☞ **Bauernrennen**, ☞ **Rennsport**, ☞ **Wagenrennen**

Rennfarbe _ ☞ **Stallfarben**

Rennordnung _ Reglement für Galopp- beziehungsweise Trabrennen, das vom zuständigen Dachverband herausgegeben wird.

Rennsport _ Rennen waren vermutlich die ersten Freizeitvergnügen, die Menschen mit Pferden veranstaltet haben. Bei Pferderennen ging und geht es zu allen Zeiten um das gleiche, einfache Ziel: Welches Pferd ist auf einer bestimmten Strecke unter vergleichbaren Pferden und unter gleichen Bedingungen das schnellste?
Aus dem vorgeschichtlichen Spaß wurde bald sportlicher Ernst: Schon in der Antike gab es offizielle Rennen mit festen Regeln, hohen Gewinnsummen für die Teilnehmer und Wettmöglichkeiten für die Zuschauer. Rennen werden heute wie früher in fast allen ☞ **Gangarten** ausgetragen, sowohl mit Reitern als auch vor ☞ **Wagen**, auf angelegten Rennbahnen (☞ **Geläuf**) und im Gelände, über kurze Distanzen von nur wenigen hundert Metern bis zu extremen Langstrecken über Hunderte von Kilometern und mit Pferden nahezu aller Rassen.
Weltweit verbreitet sind die klassischen ☞ **Galopprennen** und ☞ **Trabrennen** für Berufsreiter oder -fahrer. Bei allen Rennen tragen die Reiter oder Fahrer eine vorgeschriebene Kleidung in den ☞ **Stallfarben**. Die Pferde werden bereits als ☞ **Jährlinge** trainiert und starten mit zwei Jahren bei den ersten offiziellen Rennen. Wenn sie eine bestimmte Altersgrenze erreicht haben, dürfen sie nicht mehr an großen Rennen teilnehmen. Sie gehören in der Regel nicht den Reitern oder Fahrern, sondern einem ☞ **Gestüt**, einem Wirtschaftsunternehmen, einer Gemeinschaft von Besitzern oder einer Einzelperson (darunter Scheichs und Angehörige von Königshäusern). Die Pferde sind in einem ☞ **Rennstall** untergebracht, von dessen Mitarbeitern sie trainiert werden. Nur ☞ **Amateure** reiten oder fahren eigene Pferde; sie sind im Allgemeinen nur zu Amateurrennen zugelassen und dürfen nur ausnahmsweise an so genannten offenen Rennen teilnehmen, die für Profis und für Amateure veranstaltet werden.
In Zuchtrennen laufen nur Stuten und Hengste, in Ausgleichsrennen und jedem anderen Wettbewerb sind auch Wallache zugelassen. Viele Galopper und Traber sind auf bestimmte Strecken spezialisiert (wie Läufer in der Leichtathletik). Fliegerrennen gehen über 1000 bis 1400 m, Meilerrennen über eine englische Meile oder 1600 m, und Steherrennen reichen von 2400 bis 4000 m. Dabei handelt es sich im Galoppsport stets um Flachrennen. Hindernisrennen können bis zu 7500 m lang sein. Aber auch solche Strecken sind beim ☞ **Distanzreiten** nur ein vergleichsweise kurzer Abschnitt - dort werden bis zu 160 km an einem Tag zurückgelegt! ☞ **Bauernrennen**, ☞ **Passrennen**, ☞ **Vielseitigkeitssport**, ☞ **Wagenrennen**

Rennstall _ In einem Rennstall werden Rennpferde unter der Leitung eines ☞ **Trainers** gehalten und trainiert. Ein Rennstall kann sich auf einem privaten ☞ **Gestüt** befinden, das die Pferde selbst züchtet. Häufiger sind in Rennställen aber die Pferde von verschiedenen Besitzern untergebracht.

Rheinisch-Deutsches Kaltblut _ Dies ist ein sehr massiges Pferd im Kaltbluttyp. Seine konsequente Zucht begann 1876 im rheinländischen Landgestüt Wickrath mit Hilfe des ☞ **Belgischen Kaltblutes**, das stark in vorhandene, ziemlich uneinheitliche Kaltblutschläge eingekreuzt wurde. Es kamen nicht nur belgische Hengste, sondern auch belgische Stuten in die rheinländische Zucht. Deshalb wurde die Rasse anfangs auch Rheinisch-Belgisches Kaltblut genannt. Daraus entstanden später andere Kaltblutschläge in Deutschland, z. B. das Westfälische Kaltblut in Warendorf.
Das dortige Landgestüt übernahm 1957 die Hengste des Gestütes von Wickrath, das aufgelöst wurde. Zeitweise wurde dann in Warendorf unter anderem auch der ☞ **Ardenner** eingekreuzt, um den tonnigen Rheinischen etwas leichter zu machen. Die Größe des heutigen Rheinisch-Deutschen Kaltblutes liegt zwischen 160 und 170 cm, sein Gewicht zwischen 800 und 1000 kg. Es gibt nur ☞ **Füchse**, ☞ **Braune** und Rotschimmel (☞ **Farbschimmel**). ☞ **Schleswiger Kaltblut**, ☞ **Süddeutsches Kaltblut**

Rheinisches Warmblut _ Deutsches Warmblutpferd aus dem Rheinland im Typ ☞ **Deutsches Reitpferd**. Das Rheinische Warmblut entstand auf der Basis von ☞ **Hannoveranern**, ☞ **Trakehnern** und ☞ **Westfalen**.

Richter _ Richter für Wettbewerbe und für ☞ **Turniere** müssen in der Regel eine bestimmte Qualifikation nachweisen, bevor sie vom zuständigen Verband anerkannt werden. Richterlehrgänge für den herkömmlichen Turniersport und für ☞ **Leistungsabzeichen** der ☞ **FN** finden z. B. an der ☞ **Deutschen Reitschule** in Warendorf statt.

Riegeln _ Derbes Anziehen und Hin- und Herbewegen der Zügel, um ein Pferd „auszubremsen" oder zu „bestrafen". Dabei wird auf das ☞ **Gebiss** des Zaums ein heftiger Druck ausgeübt, der durch das Hin- und Herschieben noch verschärft wird. Diese unfaire bis tierquälerische Methode hat mit wirklichen ☞ **Hilfen** nichts zu tun. ☞ **Zügelführung**

Ringreiten _ oder Ringstechen ist ein ☞ **Reiterspiel**, das schon in der Ritterzeit bekannt war und durchaus noch viel älter sein könnte. Die Teilnehmer dieses Spiels treten einzeln an. Im Mittelpunkt steht ein Ring aus Holz oder einem anderen Material, der einen Durchmesser von etwa 10 bis 15 cm hat. Er hängt etwa in Kopfhöhe der Reiter an einem Galgen und muss von ihnen im vollen Galopp mit einem Speer oder einer Lanze abgerissen und aufgenommen werden. In Norddeutschland bestehen eigene Vereine, die das Ringreiten als Traditionsspiel pflegen.

Ritterpferde _ Als Ritter bezeichnet man hauptsächlich die Reiterkrieger des niederen Adels, die etwa vom 10. bis zum 13. Jahrhundert meist im Dienst von Fürsten, Königen und Kaisern standen. Adlige Reitersoldaten gab es aber schon bei den ersten Kulturvölkern, z. B. in Mesopotamien und später bei den Römern. In Mitteleuropa wurden die Ritter später zum Inbegriff des adligen Lebens.

Auf einigen deutschen Burgen werden regelmäßig historische Ritterspiele aufgeführt.

Meist stellt man sich unter Ritterpferden nur die schweren, mit Eisenpanzern gerüsteten Pferde vor, auf die sich ihre ebenfalls gepanzerten Reiter nur mit Mühe hinaufheben lassen konnten. Diese kaltblutähnlichen Pferde wurden aber fast ausschließlich im Kampf eingesetzt. Bei Turnieren, zur Jagd oder auch für den Weg zum Kriegsschauplatz wurden meist leichtere, wendige Pferde benutzt; die Streitrösser sowie Packpferde wurden von Knappen mitgeführt. Außer den viele Kilogramm schweren Panzerungen für Pferde und Reiter sind aus der mittelalterlichen Ritterzeit auch sehr brutale Zäumungen und Sporen erhalten.

Rittigkeit _ Ein rittiges Pferd ist gut reitbar, sowohl von seinem ☞ **Exterieur** und seinem Temperament als auch von seiner ☞ **Ausbildung** her.

Robusthaltung _ Die hauptsächliche oder ganzjährige ☞ **Haltung** von Pferden in artgerechter Gruppierung im Freiland. Von ihrer Natur her sind alle Pferde für den überwiegenden Aufenthalt im Freien geeignet; freilebende Pferde suchen nur bei extremer Witterung natürliche Unterschlupfe auf. Ein ☞ **Offenstall** oder ein zugänglicher ☞ **Laufstall** bietet robust gehaltenen Pferden genügend Schutz. Der geschlossene ☞ **Stall** mit ☞ **Boxen** dient dagegen in erster Linie den Interessen der Menschen.

Robustpferde _ Bezeichnung für Pferde, die noch recht urtümlich und ursprünglich sind, weil sie wenig veredelt und verkreuzt wurden. Sie besitzen meist noch eine Reihe von ☞ **Wildpferdmerkmalen**. Für den modernen Renn- und Reitsport gelten Robustpferde häufig als ungeeignet. Ihre Qualitäten liegen in ihrer Unempfindlichkeit. Man nennt solche Rassen manchmal auch nicht ganz zutreffend Naturrassen oder ☞ **Primitivrassen**. ☞ **Robusthaltung** allein macht jedoch aus einer veredelten Zucht- oder Kunstrasse (☞ **Rassen**) noch keine Robustrasse.

Rodeo _ Showspektakel und Wettkampf, bei dem es unter anderem darum geht, welcher „Reiter" sich am längsten auf einem angeblich wilden, buckelnden Pferd halten kann. Die Pferde werden durch Bauchgurte „wild" gemacht, die beim Anreiten blitzartig angezogen werden und dem Pferd dadurch erhebliche Schmerzen an den Weichteilen zufügen. Werden die Bauchgurte gelöst, hat auch das Buckeln meist ein Ende. Rodeos dienten ursprünglich dem Freizeitvergnügen und waren gleichzeitig ein Arbeitsmarkt für Cowboys. Heute werden solche Veranstaltungen fast ausschließlich von professionellen Rodeoreitern bestritten, und es geht um viel Geld. Mit der Kunst des ☞ **Westernreitens** haben Rodeos nur die nordamerikanische Herkunft gemeinsam.

Röhrbein, Röhre _ So nennt man den länglichen Knochen zwischen Vorderfußwurzel und Fesselbein an den Vorderbeinen. An den Hinterbeinen reicht das Röhrbein vom Sprunggelenk bis zum Fesselbein (☞ **Körperbau**). Das Röhrbein entspricht dem Mittelhand- beziehungsweise Mittelfußknochen beim Menschen. Es ist nur dünn von Muskulatur und Haut umgeben. Von seinem Umfang kann man auf die gesamte Knochenstärke eines Pferdes schließen (☞ **Fundament**). Der Röhrbeinumfang gibt einen Hinweis darauf, wie groß die Ansatzfläche für die

In der Robusthaltung sind die Pferde auch im Winter draußen.

Muskeln und Sehnen ist, von denen wiederum die Kraft und Beweglichkeit eines Pferdes abhängen. Deswegen wird bei Messungen an Pferden unter Fachleuten meist auch der Röhrbeinumfang angegeben. An der Rückseite der Vorderröhre sitzt das ☞ **Griffelbein**.

Rohes Pferd _ So nennt man ein junges Pferd, das noch nicht angeritten ist (☞ **Anreiten**, ☞ **Remonte**).

Rope _ Richtige Bezeichnung für das Wurf- und Fangseil der Cowboys, das im Deutschen fälschlich auch Lasso genannt wird. Das Rope wird um das Sattelhorn geschlungen und ist so bei der Arbeit jederzeit griffbereit.
☞ **Westernreiten**

Ross _ ist ein altdeutsches Wort, das sich vielleicht aus dem lateinisch-spanischen Begriff rocin für ☞ **Klepper** im Sinn von ☞ **Wallach** entwickelt hat. Rösser waren im Mittelalter die Pferde für die Knappen und Diener der Ritter, die selber meist nur Hengste ritten. Später meinte man damit vermutlich allgemein auch die schweren Streitpferde.
Das Wort Ross ist heute hauptsächlich in Österreich, in der Schweiz und in Süddeutschland gebräuchlich; es wird vor allem für ☞ **Kaltblüter**, aber auch allgemein für andere Pferde verwendet. Von dem Wort leitet sich der Begriff ☞ **Rosse** ab; außerdem findet man es in einer Reihe von zusammengesetzten Begriffen wie ☞ **Rosshaar**, Rosskastanie oder Rosskäfer.

Rossapfel _ oder Rossbollen ist ein umgangssprachlicher Ausdruck für den ☞ **Kot** von Pferden.

Rosse _ Die Zeit der Paarungsbereitschaft bei Stuten; man nennt sie allgemein auch Hitze, Brunst oder Brünstigkeit. Nur ☞ **geschlechtsreife** weibliche Pferde können in die Rosse kommen.
Während dieser Phase bilden sich befruchtungsfähige Eier im inneren Geschlechtsapparat der Stute. Im Wildleben werden Stuten meist nur im Frühjahr rossig, damit die ☞ **Fohlen** im nächsten Vorfrühling geboren werden und in die wärmere Jahreszeit hineinwachsen können.
Bei Hauspferden kann die Rosse das ganze Jahr über vorkommen; sie ist aber im Herbst und Winter meist schwächer als zu Beginn der wärmeren Jahreszeiten.
Die Rosse tritt etwa alle drei Wochen auf und dauert ungefähr sechs bis neun Tage. Die ersten Tage nennt man Vorrosse. In dieser Phase reifen die Eier erst heran. Die Stute strömt jedoch bereits einen leichten Paarungsgeruch aus und macht so den ☞ **Hengst** auf sich aufmerksam. Bei Annäherungsversuchen wehrt sie ihn jedoch noch ab. Die eigentliche Brunst, die so genannte Hoch- oder Hauptrosse, dauert nur ein bis zwei Tage. Deutliche Anzeichen dafür sind die häufige Absonderung von so genanntem Brunstschleim aus der Scheide und das damit verbundene ☞ **Blitzen**. Der Brunstschleim soll unter anderem den Geschlechtsweg geschmeidig machen und gibt gleichzeitig den Hengsten eine wichtige Duftinformation.
In diesen Tagen harnt die Stute auch häufig, ist unruhig und oft kitzlig. Nur in dieser Zeit ist die ☞ **Paarung** sinnvoll, weil nur dann die Eier des weiblichen Tieres sich mit dem Samen des männlichen Tieres vereinigen können und dadurch neues Pferdeleben entstehen kann. Nach der Hauptrosse klingen die Anzeichen der Rosse allmählich ab, man spricht nun von der Nachrosse. Die Stute lässt in dieser Zeit keine Paarung mehr zu.
Durch die ☞ **Domestikation** kommt es mitunter zu Veränderungen in der Paarungsbereitschaft. Bei manchen Hauspferdstuten macht sich die Rosse kaum bemerkbar, dann spricht man von einer stillen Rosse. Es kommt auch vor, dass die Rosse ganz ausfällt. Andere Stuten zeigen anhaltend alle Anzeichen der Rosse, dies nennt man Dauerrosse. Der tatsächliche Zeitpunkt der Paarungsfähigkeit ist bei solchen Stuten nicht immer leicht festzustellen. Bei einer tauben Rosse hat sich kein befruchtungsfähiges Ei gebildet, oder Ei und Samen haben sich nicht vereinigt: Die Stute wird nicht trächtig, sondern bleibt unbefruchtet (☞ **güst**). Die erste Rosse nach der ☞ **Geburt** eines Fohlens nennt man Fohlenrosse. Während der ☞ **Trächtigkeit** tritt natürlich keine Rosse ein.

Rosshaar _ Damit ist im Allgemeinen das ☞ **Langhaar** von Pferden gemeint. Es wird auch heute noch wirtschaftlich genutzt, z. B. als strapazierfähiges Füllmaterial in Polstern und Matratzen oder einzeln in technischen Geräten, etwa als Fadenkreuz.

Rossmühle _ Statt mit Wind oder Wasser wurden Mühlen, Sägewerke und ähnliche technische Einrichtungen über lange Zeit auch mit Pferdekraft angetrieben. Meist hatten sie ein ☞ **Göpelwerk**, das auf den Betrieb durch Pferde eingerichtet war. Nostalgie, also das wehmütige

Erinnern an „gute alte Zeiten", ist beim Betrachten solcher Mühlen sicher nicht angebracht, denn die Pferde mussten dort – ebenso wie die Menschen – schwere Arbeit verrichten.

Rotz _ ist eine sehr ansteckende fiebrige Infektionskrankheit, die stets tödlich verläuft. Anzeichen für Nasenrotz sind z. B. dick geschwollene Lymphknoten im Kehlgang und blutiger oder eitriger Nasenschleim. Andere Formen dieser Krankheit sind der Lungen- und der Hautrotz. In Mitteleuropa ist Rotz schon lange nicht mehr aufgetreten; Südost- und Osteuropa gelten aber noch als gefährdet. In Deutschland gilt Rotz als ☞ **Hauptmangel**.

Rückkreuzung _ Von einer Rückkreuzung spricht man, wenn ein Kreuzungsprodukt mit einem Tier der Ausgangsrasse gekreuzt wird, sodass diese wieder verstärkt zum Vorschein kommt.

Rückwärtsrichten _ Dies ist eine ☞ **Lektion** für geübte Reiter und Fahrer. Das Pferd oder das ☞ **Gespann** soll in der Fußfolge des ☞ **Trabes** und im ☞ **Tempo** des ☞ **Schritts** gleichmäßig drei bis sechs Tritte zurücktreten. Beim ☞ **Westernreiten** sind acht bis zehn Tritte gefordert. Beim Rückwärtsrichten muss das Pferd in sich gerade und auf einer geraden Linie bleiben. Diese Übung fördert die ☞ **Durchlässigkeit**. Sie beweist außerdem den ☞ **Gehorsam**, denn Pferden ist das unfreiwillige Rückwärtsgehen unangenehm. Längeres Rückwärtsrichten kommt deshalb einer Bestrafung gleich.

Rückzüchtung _ Der Zoologe Heinz Heck (München) hat als Erster versucht, unter anderem den ☞ **Tarpan** durch Kreuzung verschiedener urtümlicher Pferde „wiederzuerschaffen". Er hat auch den Ausdruck Rückzüchtung geprägt und z. B. aus Hausrindern Tiere gezüchtet, die ihrer ausgestorbenen Wildform, dem Auerochsen oder Ur, stark ähneln.
Solche Versuche haben einen gewissen Sinn, wenn – wie beim Pferd – die Tierart an sich erhalten geblieben ist, sei es auch nur noch in der Haustierform. Bei ausgestorbenen Tierarten, von denen es auch keine Haustierrassen gibt, existiert kein „genetisches Material" mehr. So kann man z. B. die Stellersche Seekuh nicht rückzüchten.

Running Walk _ ☞ **Spezialgangarten**

Reiterliche Redewendungen

Viele Redewendungen in der Umgangssprache beziehen sich auf Pferde und auf deren Nutzung.

Jemand, der „über die Stränge schlägt", verhält sich ungebärdig wie ein auskeilendes Zugpferd.

Es nützt nicht immer, wenn man bei einem Luftikus „die Zügel strammer hält" oder ihn „an die Kandare nimmt", also mit Strenge auf ihn einzuwirken versucht.

Hat man sich im Beruf bereits „die ersten Sporen verdient", so heißt das, dass man kein Anfänger mehr ist, sondern schon Erfahrungen gesammelt hat und Erfolge aufweisen kann.

Manchmal wird man in irgendeiner Lebenslage „aufs falsche Pferd setzen", also ähnlich wie es beim Wetten auf dem Rennplatz gehen kann. Für die eine oder andere Entscheidung ist es deshalb besser, dass man sie nicht „aus dem Stegreif" (= alter Begriff für Steigbügel!) trifft. Das bedeutet so viel wie unvorbereitet oder unüberlegt handeln oder entscheiden (müssen). Ursprünglich bezog sich das auf Anordnungen, die ein Reiter gab, bevor er absaß, also mit den Füßen noch in den Steigbügeln.

S

Sable Island Pony _ Dieser halbwilde, sehr robuste Ponyschlag in Kanda ist vergleichbar dem amerikanischen ☞ **Assateague-Pony**. Eine Herde von rund 300 Tieren lebt auf der kleinen Insel Sable Island im Atlantik. Die Ponys stammen vermutlich von französischen Pferden ab, die im 18. Jahrhundert dort ausgesetzt wurden. Die Größe liegt etwa zwischen 135 und 140 cm, die Ponys sind vorwiegend ☞ **Braune** und ☞ **Füchse**.

Säugen _ Schon kurze Zeit nach der ☞ **Geburt**, in der Regel innerhalb der ersten halben Stunde seines Lebens, sucht ein Fohlen das Euter seiner Mutter. So kommt es schon bald in den Genuss der ☞ **Biestmilch**. Größere Säugetiere wie die Pferde und die anderen ☞ **Equiden** säugen ihre Jungen im Stehen. Auch die Fohlen stehen dabei, und zwar seitlich von ihrer Mutter. Um den Milchfluss anzuregen, stupst das Fohlen gegen das Euter. Zum Trinken umschließt es mit Lippen, Kiefer und Zunge die Zitze und saugt dann den Milchstrahl in sich hinein. Manche Stuten verhalten sich anfangs etwas unwirsch gegen ihren „Säugling", da das Einschießen der Milch ins Euter und das Stoßen des Fohlens ihnen Schmerzen verursachen. Das ist vor allem bei Stuten der Fall, die das erste Mal Nachwuchs haben. In den ersten Lebenstagen sucht ein Fohlen etwa fünf- bis sechsmal in der Stunde das Gesäuge auf. ☞ **Saugfohlen**, ☞ **Absetzen**

Saftfutter _ Dazu zählt man frisches ☞ **Gras** sowie Obst und Gemüse. Pferde bekommen meist Äpfel und Möhren, sie mögen aber auch Kohl, Futterrüben, Kartoffeln, rote Bete, Topinambur (Erdbirne, Rosskartoffel = eine nordamerikanische Knollenfrucht) und viele weitere Sorten. Obst und Gemüse, das sehr saftreich ist und viel Gärstoffe enthält, darf nur in kleinen Mengen verfüttert werden, weil durch die Gär- und Säurestoffe leicht ☞ **Koliken** entstehen. Dasselbe gilt auch für frisches Frühjahrsgras. Ganz wichtig: Trockenschnitzel von Rüben dürfen niemals in trockenem Zustand verfüttert werden. Sie quellen im Schlund auf und engen die Luftröhre ein oder geraten sogar in sie hinein, weil sich die Rübenschnitzel anschoppen. Viele Pferde sind schon daran erstickt oder konnten nur mühsam gerettet werden. Rübenschnitzel müssen so eingeweicht werden, dass sie völlig durchtränkt sind; das dauert mindestens einige Stunden.

Salerner _ Diese italienische Halbblutrasse wird hauptsächlich in der Gegend von Salerno (südlich von Neapel) gezüchtet. Die Pferde wirken etwas hochbeinig und eckig, sind aber sehr leistungsfähig beim ☞ **Springen**. Die Größe liegt zwischen 160 und 170 cm, es kommen alle ☞ **Farben** außer ☞ **Schecken** vor.
In Sizilien wird ein etwas kleinerer, warmblütiger ☞ **Schlag** gezüchtet, der Calabreser. Er steht durch seine alte Abstammung vom ☞ **Neapolitaner** und die Einkreuzung von ☞ **Englischem Vollblut** dem Salerner nahe.

Sarvar _ Eine spezielle Zucht auf der Basis des ☞ **Furioso-Northstar**. Der Sarvar wird vor allem in Bayern gezüchtet.

Sattel, Sattelung _ Als Sattel oder Sattelung bezeichnet man im Pferdebereich die Sitz- oder Tragvorrichtung zum Reiten beziehungsweise zum Aufladen von Gütern. Die älteste Sattelform war vermutlich ein Lastensattel aus Holz, den wandernde Viehzüchter in Zentralasien für die verschiedenen ☞ **Tragtiere** verwendeten. Solche Sättel gibt es noch heute; man kann dadurch den Tieren viel mehr Last aufbürden, als man direkt auf dem Rücken befestigen könnte. Die älteste Abbildung eines Reitsattels mit ☞ **Steigbügeln** stammt aus der Zeit um 300 vor Christus, wahrscheinlich von den Skythen. Bei ihrem Vordringen nach Europa brachten asiatische Stämme unter anderem auch die Idee des Sattels mit. Hier saß man beim Reiten bis dahin auf Decken oder Fellen, die meist mit einem Gurt am Pferdekörper befestigt wurden; auf den Pferderücken kam man von speziellen Reitersteinen aus oder mit Hilfe von Knechten. Die neuartigen Reitersitze mit Steigbügeln machten es jetzt möglich, dass man ohne Hilfe aufsteigen und sicherer und viel bequemer als auf dem blanken Pferderücken sitzen konnte. Als Material für Sättel wurde vor allem Holz verwendet; verkleidet wurde es, wenn überhaupt, mit Stoff oder Leder. In manchen asiatischen und lateinamerikanischen Ländern werden solche Sättel noch heute benutzt; für die Pferde sind sie oft eine Qual, weil sie drücken und reiben.
Moderne Sättel bestehen überwiegend aus Kunststoff oder aus einer Kombination von Leder, Leichtholz und Naturrohr. Von ihrer Bauart her unterscheidet man im Wesentlichen zwei Formen.
Zu den Pritsch- oder Sportsätteln gehören der Dressur-, der Spring- und der Vielseitigkeits- oder Mehrzwecksattel.

Sattel, Sattelung

Sattelgrundform

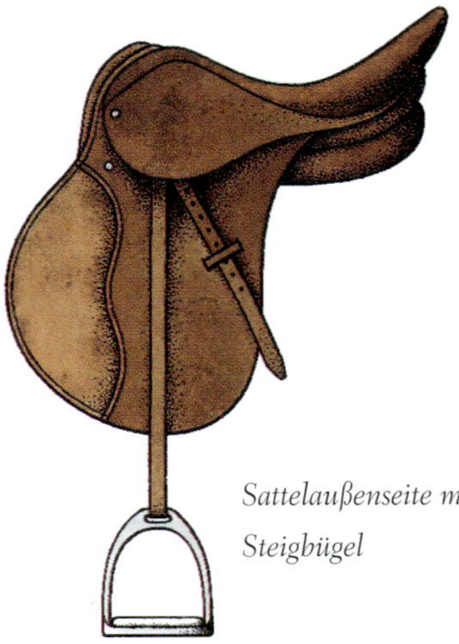

Sattelaußenseite mit Steigbügel

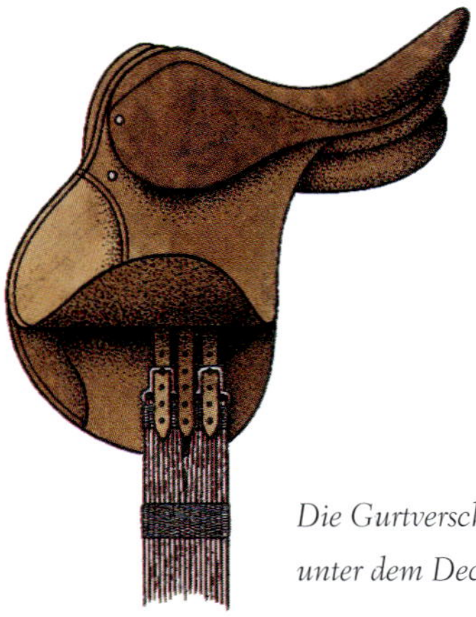

Die Gurtverschnallung unter dem Deckblatt des Sattels

Gebräuchliche Sattelformen

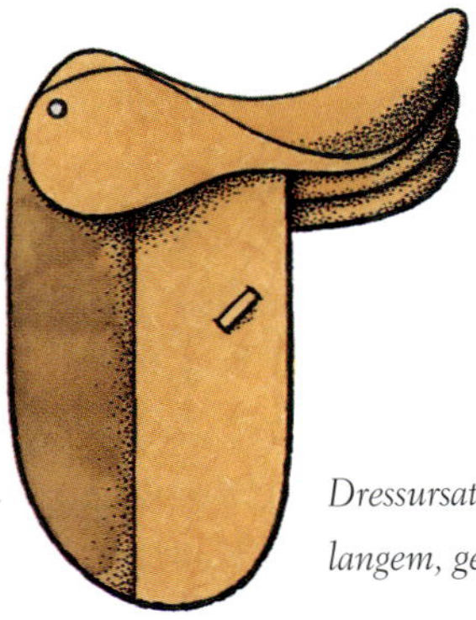

Dressursattel mit langem, geradem Blatt

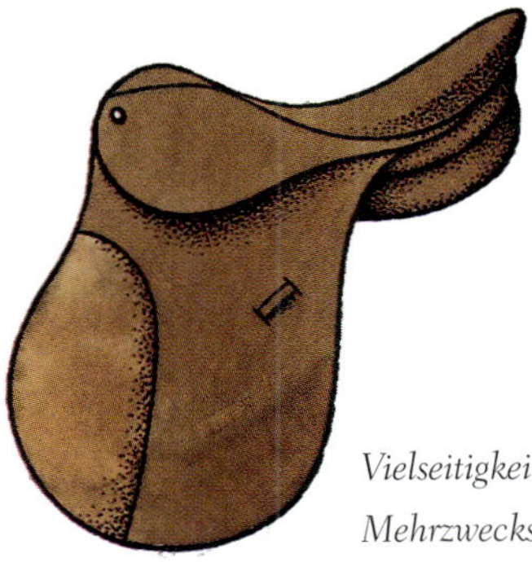

Vielseitigkeits- oder Mehrzwecksattel

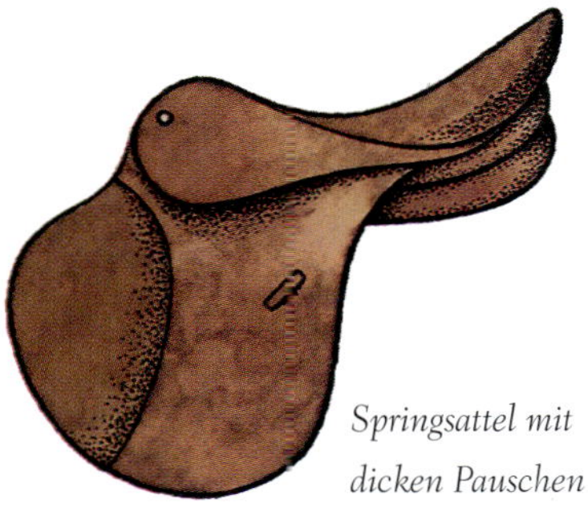

Springsattel mit dicken Pauschen

Westernsattel

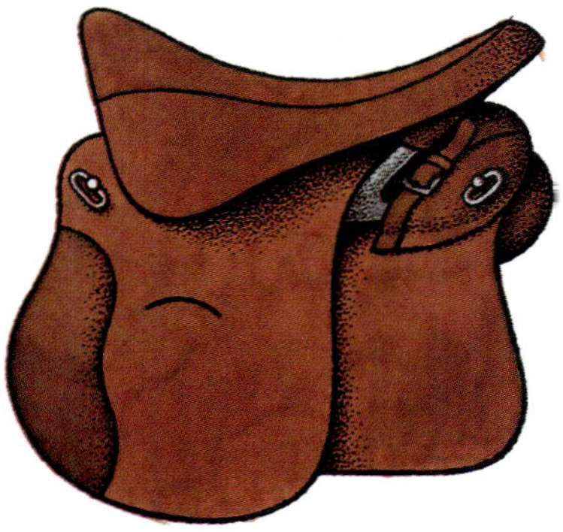

Spezialsattel für Wanderreiter

Die gepolsterten Stege unter der Sitzfläche (die Trachten- oder Sattelpolster) sind kurz und schmal. Dadurch ist die Auflagefläche auf dem Pferderücken klein, das Reitergewicht wirkt deshalb punktuell und relativ hart.
Trachten- oder Bocksättel haben eine durchgehende, breite Unterpolsterung und dadurch eine größere Auflagefläche. So wird das Reitergewicht besser über den Pferderücken verteilt. Der tiefste Punkt des Sattels ist meist etwas nach hinten verschoben, sodass die Vorhand des Pferdes entlastet wird. An den Trachten hinten am Sattel sind oft Schlaufen oder Ösen angebracht, an denen Packtaschen, Decken und anderes Gepäck festgeschnallt werden können. Arbeitssättel haben meist außerdem ein großes Horn, um das ein Wurfseil gelegt werden kann. Solche Sättel eignen sich besonders für lange Ritte und werden z. B. von berittenen Viehhütern, bei Distanz- und Wanderritten verwendet.
Die kleinsten Sättel sind die Rennsättel. Sie haben winzige Sattel- und Schweißblätter, eine flache, kleine Sitzfläche und wiegen zwischen einem und zwei Pfund. Der Trainingssattel für Rennpferde ist jedoch schwerer, er ist eine kleinere Ausführung der Sportsättel.
Besondere Formen sind der ☞ **Damensattel**, der ☞ **Fahrsattel** sowie Spezialsättel z. B. für ☞ **Schulsprünge** und andere Showvorführungen.

Sattel- und Zaumzeug nennt man alle Teile der Sattelung (☞ **Sattel**) und der ☞ **Zäumung**. Das Sattel- und Zaumzeug muss regelmäßig gepflegt und so aufbewahrt werden, dass es nicht vorzeitig verschleißt oder bricht. Günstig ist dafür eine gesonderte ☞ **Sattelkammer**.

Das Sattel- und Zaumzeug muss regelmäßig gepflegt werden, damit es nicht brüchig wird.

Außerdem müssen alle Ausrüstungsteile nach jedem Gebrauch auf Schäden überprüft werden; diese müssen gegebenenfalls fachgerecht behoben werden. Verrostete ☞ **Gebisse**, scharfe Metall- und Kunststoffkanten oder ausgeleierte Schnallen können zu Verletzungen des Pferdes führen. Außerdem kommt es durch gerissene Lederteile oft zu bösen Stürzen.

Satteldecke _ Eine Decke, die unter dem ☞ **Sattel** auf dem Pferderücken liegt. Sie soll die Hautausdünstungen des Pferdes aufnehmen, die sonst das Sattelmaterial angreifen, und wird deshalb auch als Schweißdecke bezeichnet. Gleichzeitig schützt die Satteldecke, wenn sie richtig liegt, den Rücken des Pferdes. Satteunterlagen gibt es in verschiedenen Materialien und für unterschiedliche Wetterlagen, z. B. aus Filz, Fell, Leinen, Leder und saugfähiger Kunst- oder Mischfaser. Satteldecken müssen größer als der ☞ **Sattel** sein und glatt auf dem Pferderücken aufliegen, damit keine ☞ **Druckstellen** entstehen können. ☞ **Schabracken** dienen vor allem der Repräsentation. ☞ **Pad**

Satteldruck _ ☞ **Druckstellen**

Sattelgeld _ Eine Gebühr, die Reitschüler in manchen Reitschulen an die Person zahlen müssen, die die Pferde sattelt und zäumt. In der Regel ist das der Pferdepfleger. Das Sattelgeld ist kein freiwilliges Trinkgeld, sondern Pflicht.

Sattelkammer _ 1. Bezeichnung für den gewölbten Mittelteil an der Unterseite des ☞ **Sattels**.
2. Ein Raum zum Aufbewahren des ☞ **Sattel- und Zaumzeugs**. Um das Material zu schützen, soll die Sattelkammer trocken, dunst- und ungezieferfrei sein. Entsprechend gibt es auch Geschirrkammern für Fahrgeschirre.

Sattellage _ Dieser reiterliche Begriff bezieht sich auf den ☞ **Körperbau** des Pferdes. Die Sattellage ist der Bereich auf dem Pferderücken, auf dem ein ☞ **Sattel** vom Körperbau her am günstigsten zu liegen kommt. Nach einem Ritt ist die Sattellage häufig verschwitzt und klebrig; sie muss dann sorgfältig abgewaschen und getrocknet werden. Durch Schmutz im Fell, einen scheuernden Sattel oder einen falschen ☞ **Sitz** des Reiters entstehen häufig ☞ **Druckstellen** in der Sattellage und am ☞ **Widerrist**.

Satteln und Zäumen _ Pferde dürfen nur gesattelt und gezäumt werden, wenn sie frisch geputzt sind und keine Scheuerwunden oder andere Verletzungen an den Stellen haben, auf denen das ☞ **Sattel- und Zaumzeug** liegen soll.
Der Sattel wird etwas vor dem ☞ **Widerrist** aufgelegt und dann samt Unterlage nach hinten in die ☞ **Sattellage** geschoben, damit das Fell nicht gegen den ☞ **Haarstrich** gedrückt wird. Den Gurt sollte man anfangs nicht stramm anziehen, weil sich viele Pferde erst etwas aufblähen. Zu straffes, gewaltsames Gurtanziehen kann zu ☞ **Sattelzwang** führen. Man zieht den Gurt deshalb erst vor dem ☞ **Aufsitzen** fest und vergisst später auch das ☞ **Nachgurten** nicht.
Zum Zäumen streift man als Erstes die ☞ **Zügel** über den Hals des Pferdes. Bei Gebisszäumen schiebt man dann das ☞ **Gebiss** dem Pferd ins Maul. Anschließend wird – bei Zaumzeugen mit Gebiss ebenso wie bei Nasenzäumen – das ☞ **Kopfstück** einschließlich eines eventuellen

Jeder Reiter sollte das Zäumen beherrschen.

☞ **Reithalfters** über die Ohren gestreift. Den ☞ **Stirnschopf** legt man über den Stirnriemen, dann verschnallt man Kehl- und Nasenriemen, sofern sie vorhanden sind. Sattel und Zaumzeug dürfen an keiner Stelle einschnüren, aber auch nicht zu locker sitzen. Sie müssen außerdem völlig in Ordnung sein, damit sie nicht die Ursache eines Unfalls werden.

Sattelpferd _ Bei allen ☞ **Gespannen** mit mehr als einem Pferd bezeichnet man das oder die (von hinten gesehen) links von der Deichsel gehende/n Pferd/e als Sattelpferd/e. Rechts geht das ☞ **Handpferd**. Der Begriff Sattelpferd stammt noch aus den Zeiten, in denen viele Wagen keinen Fahrersitz (☞ **Bock**) hatten. Die Gespannlenker saßen deshalb auf dem links eingespannten Pferd, bei mehreren Pferden meist auf dem vordersten. So konnten in offenen Prunkgefährten die Fahrgäste von allen Seiten gesehen werden und sich selbst nach allen Seiten umsehen. Gelegentlich fahren bei besonderen Anlässen noch heute solche „Staatskarossen". Bei Wagen, die zur Fracht- und Personenbeförderung dienten, hatte der fehlende Kutschbock einen praktischen Wert: So konnten mehr Waren beziehungsweise Fahrgäste untergebracht werden. Auch beim Militär gab es Sattelpferde. Dort trugen häufig alle Pferde, die gemeinsam schwere Geschütze zogen, einen Reiter, der sie lenkte. Sättel, die bei gerittenen Fahrpferden benutzt werden, nennt man Fahrsättel.

Sattelseife _ Eine fetthaltige Spezialseife, mit der man das ☞ **Sattel- und Zaumzeug** reinigen und pflegen kann.

Sattelzwang _ Wenn ein Pferd panische Angst vor dem Auflegen des ☞ **Sattels** hat, spricht man von Sattelzwang. Der Zwang tritt manchmal auch erst nach dem ☞ **Nachgurten** verstärkt auf. Die Angst des Pferdes hängt häufig mit schlechten Erfahrungen beim Satteln zusammen. Manchmal rührt sie auch von Schmerzen im Rücken her, die z. B. durch einen nicht erkannten ☞ **Satteldruck** oder durch Ablagerungen in der Wirbelsäule entstehen können. Solche Schmerzen werden meist schon beim Satteln oder kurze Zeit nach Beginn des Reitens heftig. Pferde mit Sattelzwang versuchen sich dem Gesatteltwerden beziehungsweise der Arbeit unter dem Sattel zu entziehen, indem sie zur Seite drängen, ☞ **bocken**, ☞ **steigen** oder sich sogar auf den Boden werfen. Vergleichbar mit dem Sattelzwang gibt es den Gurtzwang bei Fahr- oder Voltigierpferden.

Sauer _ nennt man ein Pferd, das wegen übermäßigen Trainings oder allzu häufiger Turnierteilnahme nur noch lustlos oder gar nicht mehr mitarbeitet. Ein solches Verweigern aus Überforderung bestrafen uneinsichtige Reiter häufig noch, statt dass sie die Ursache abstellen und ihrem Pferd wieder zu mehr Freude an der Arbeit verhelfen.

Saugfohlen _ nennt man Fohlen, solange sie sich überwiegend von Muttermilch ernähren. Vom Menschen gehaltene Fohlen saugen meist die ersten sechs bis acht Monate nach der ☞ **Geburt** die Milch ihrer Mutter. Danach werden sie abgesetzt (☞ **Absetzen**).

Saum _ oder Saumband nennt man den Übergang von der ☞ **Fessel** in den ☞ **Huf**.

Saumpferd _ Dies sind Pferde, die in unwegsamem Gelände, vor allem im Hochgebirge, als ☞ **Tragtiere** eingesetzt werden. Solche Pferde sind meist Bergponys. Sie bewegen sich sehr trittsicher, geschickt und schwindelfrei auch auf den so genannten Saumpfaden. Das sind die schmalen, oft kurvenreichen und steinigen Wege, die die Berge hinauf- und hinunterführen. Gefährlich wird es für die Saumpferde, wenn der Untergrund sehr rutschig beziehungsweise vereist ist oder wenn die Ladung ins Rutschen kommt.

Schabracke _ Eine große ☞ **Satteldecke**, die wesentlich größer als der ☞ **Sattel** ist. Schabracken sind oft aus edlem Stoff gefertigt und mit wertvollen Stickereien und aufgenähten Verzierungen versehen, die z. B. auf die Rasse des Pferdes und auf die Zugehörigkeit zu einer bestimmten Einrichtung oder zu einem Verein hinweisen.
Man sieht Schabracken unter anderem bei festlichen Anlässen, bei Mannschaftswettbewerben und ☞ **Shows**.

Schecke _ Ein Pferd mit einer angeborenen Zwei- oder Mehrfarbigkeit im ☞ **Fell**, bei dem jedoch immer Weiß vorhanden sein muss, ist ein Schecke. Die farbigen und weißen Bereiche sind meist flächig verteilt. Zusätzlich können in den Farb- und Weißbereichen Flecken, Sprenkel und Tupfen oder ☞ **Stichelhaar** vorhanden sein. Die weißen Bereiche und die farbigen Flecken sind öfters mit einem grauen Rand abgesetzt. Bestimmte Musterungen bezeichnet man als ☞ **Tigerung**; Tigerschecken können auch reinweiß geboren werden (☞ **Atlasschimmel**).

Ein Schwarz- oder Rappschecke mit Aufhellungen an den Flanken

Schecken teilt man nach ihrer Hauptfärbung ein. Ein Schwarz- oder Rappschecke hat schwarze Farbflächen, ein Braunschecke hell- bis dunkelbraune Fellbereiche; bei beiden Varianten ist zumindest ein Teil des ☞ **Langhaars** schwarz.
Fuchsschecken haben kein schwarzes, sondern beigefarbenes bis braunes Langhaar, das einfarbig oder mit Weiß gemischt sein kann. Bei Schimmelschecken überwiegen die weißen Fellbereiche; sie tragen auch Mähne und Schweif hauptsächlich oder ganz in Weiß. Bei Porzellanschecken wirkt das Weiß leicht abgetönt und hat einen Schimmer, der an eine Glasur erinnert.
Weil das Weiß bei Schecken im Gegensatz zum ☞ **Schimmel** in der Regel schon zur Geburtsfärbung gehört und die unbehaarten Hautbereiche oft rosafarben sind, spricht man bei Schecken auch von Teilalbinismus (☞ **Albino**).

Schenkelweichen _ Eine Übung, die das Pferd auf zwei ☞ **Hufschlägen** ausführt. Das Schenkelweichen ist einfacher als ☞ **Seitengänge** und eignet sich auch für etwas geübtere Reitanfänger. Das Pferd wird an einer langen Seite der ☞ **Reitbahn** mit dem Kopf zur Wand schräg gestellt. In sich bleibt es gerade. Nun soll das Pferd dem bisher äußeren Schenkel weichen, indem es seitwärts-vorwärts tritt. Anfangs wird die Übung im ☞ **Schritt** geritten, später auch im ☞ **Trab**.

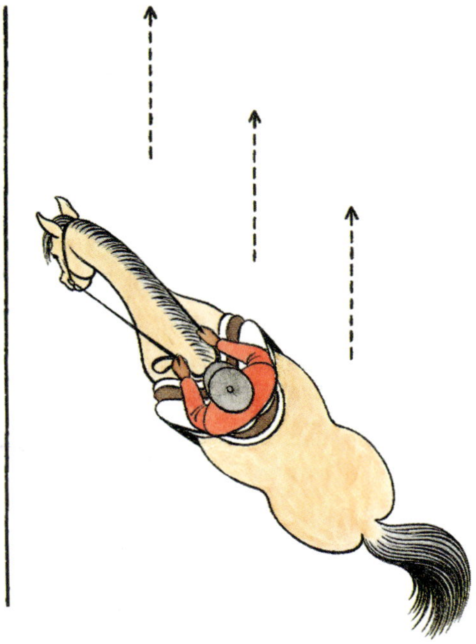

Das Pferd „weicht" dem linken Schenkel des Reiters

Schere _ 1. Pflichtfigur beim ☞ **Voltigieren**.
2. Bezeichnung für die beiden Stangen, zwischen denen das Pferd an ☞ **Einspännern** geht. Diese Scheren werden auch Scherbäume oder Gabel genannt.

Scheren _ Pferden wird oft das ☞ **Winterfell** geschoren, damit sie beim Reiten nicht ins Schwitzen kommen und sich dadurch erkälten. Man braucht ein Pferd aber nicht völlig zu scheren, sondern kann ihm einen guten Teil seines schützenden Fells lassen. Die Körperwärme kann sich auch bei einer Teilschur nicht mehr aufstauen, sondern wird an den fellfreien Stellen abgeleitet. Für den Betrachter sieht ein so geschorenes Pferd zwar etwas merkwürdig aus, aber dem Pferd bekommt der „Haarschnitt" meist.

Scheuen _ Die Reaktion eines Pferdes auf einen Furcht einflößenden Vorgang, vor allem unter dem Reiter oder vor dem Wagen. Wenn das Pferd etwas sieht, hört oder riecht, das ihm Angst einjagt, kann es nicht wie auf der Weide einfach wegrennen. Es versucht dennoch, dem Angstauslöser auszuweichen, indem es zur Seite drängt, rückwärts geht, buckelt oder steigt. Wenn es sich dem Einfluss des Reiters oder Fahrers entziehen kann, wird aus dem Scheuen häufig ein ☞ **Durchgehen**. ☞ **Bocken**, ☞ **Pullen**, ☞ **Steigen**

Scheuern _ ist ein Teil der ☞ **Fell- und Hautpflege**. Pferde scheuern sich oft recht genussvoll und ausgiebig an Bäumen und Pfählen, an Felsen und Boxenwänden, manchmal auch an einem Artgenossen! Übermäßiges Scheuern, bei dem ein Pferd eher missvergnügt blickt, ist aber ein Zeichen dafür, dass etwas mit ihm nicht stimmt. Reibt sich ein Pferd zum Beispiel ständig die Schweifrübe, so kann Wurmbefall (☞ **Parasiten**) oder ein Mangel an Mineralstoffen vorliegen.

Scheuerwunden _ entstehen beim Pferd ähnlich wie ☞ **Druckstellen** in erster Linie durch falsch verpasstes ☞ **Sattel- und Zaumzeug**. Durch scheuernde Teile wird die Oberfläche der Haut aufgerieben, und es können Krankheitserreger eindringen. Eine solche Wunde muss sachgemäß behandelt werden und völlig abheilen, bevor das Pferd an dieser Stelle wieder Ausrüstung tragen darf.

Scheuklappen _ sind etwa handflächengroße Leder- oder Kunststoffstücke, die am Kopfstück des ☞ **Zaumes** befestigt werden. Dadurch soll das Gesichtsfeld (☞ **Augen**) der Pferde eingeschränkt werden, damit sie nicht

Mehr Fell lass ich mir aber nicht abscheren!

so schnell ☞ **scheuen** oder gar ☞ **durchgehen**. Man verwendet Scheuklappen vor allem beim ☞ **Fahren** und bei ☞ **Trabrennen**, um den Pferden z. B. die Sicht auf überholende Wagen oder auf die sich drehenden Wagenräder zu nehmen. Galopprennpferden werden manchmal Scheuklappen angelegt, damit sie ohne Widerstand in die engen Startboxen gehen.

Schibrine _ Anderer Ausdruck für ☞ **Stirnschopf**.

Schildern _ So nennt man eine Entspannungshaltung der Pferde beim leichten ☞ **Schlaf** im Stehen: Das Pferd hat ein Hinterbein abgewinkelt und auf die Hufspitze gestellt.

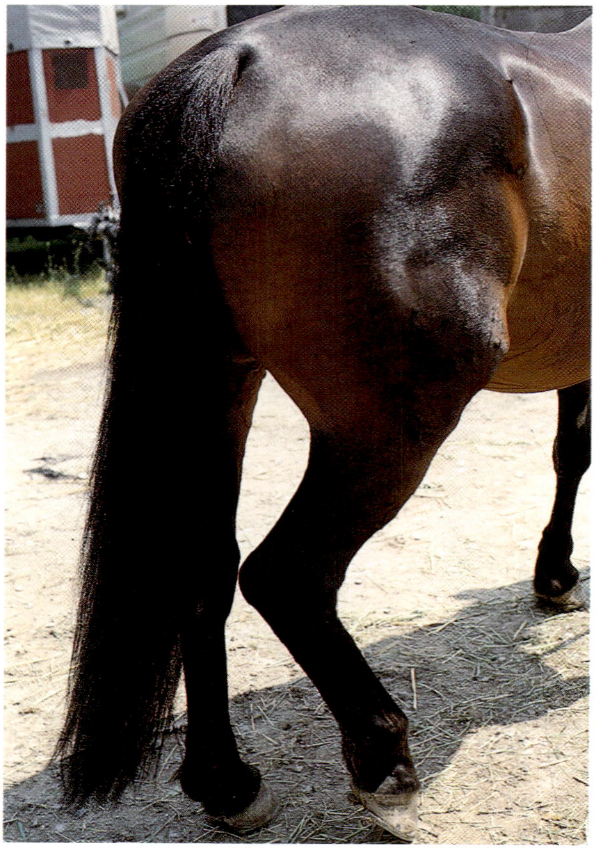

Schildern ist eine (Zehen-)Spitzensache.

Schimmel _ Allgemein versteht man unter einem Schimmel ein weißes Pferd. Das ist aber nur bedingt richtig. Denn Schimmel sind Pferde, die erst nach und nach ganz oder teilweise weiß werden beziehungsweise geworden sind.
Außerdem gibt es sie nicht nur in reinem Weiß, sondern auch in Weiß mit bestimmten Mustern oder sogar in anderen Farben mit Weißanteilen. Es ist deshalb nicht grundsätzlich falsch, von einem „weißen Schimmel" zu sprechen!
Spätere Farb-, Muster- und Weißschimmel werden fast ausnahmslos dunkel- oder fahlfarbig geboren, häufig jedoch mit ☞ **Stichelhaar**. Manchmal haben sie allerdings nur wenige weiße Härchen am Kopf. Ihre Haut ist dunkel gefärbt. Oft ist bei neugeborenen Fohlen deshalb nur schwer zu erkennen, ob sie später „ausschimmeln" (ausfärben, umfärben, verblassen), also weiß werden. Deutlich abgesetzte weiße ☞ **Abzeichen** sind jedoch meist ein Hinweis darauf, dass das Pferd farbig bleibt und kein Schimmel wird. Das Umfärben bzw. die Ausschimmelung setzt in der Regel beim zweiten oder dritten ☞ **Haarwechsel** ein, also dann, wenn das Fohlenfell bereits abgelegt ist. Auch Muster, wie sie die ☞ **Apfelschimmel** und ☞ **Fliegenschimmel** haben, werden erst nach einigen Haarwechseln sichtbar. Manchmal ist das Weiß(er)werden nach zwei bis drei Jahren abgeschlossen, vor allem bei ☞ **Farbschimmeln**. Bis ein Weißschimmel total weiß ist, können aber acht bis zehn Lebensjahre vergehen! Das ☞ **Langhaar** kann ebenfalls völlig weiß sein beziehungsweise werden. Häufig ist es aber auch bei ganz weißen Pferden mit dunkleren Haaren durchsetzt; manchmal ist es sogar überwiegend dunkel, ebenso wie die ☞ **Hufe**. Die Iris der ☞ **Augen** und die nicht behaarte Haut sind ebenfalls größtenteils dunkel. Bei Mohrenkopfschimmeln bleiben außerdem die Fellhaare im Kopfbereich überwiegend dunkel, teils sind sie mit weißen Sprenkeln oder ☞ **Stichelhaar** durchsetzt. Die stattfindende Um- und Dunkelfärbung unterscheidet Schimmel eindeutig von ☞ **Albinos**, aber auch von ☞ **Schecken**.
☞ **Atlasschimmel**

Schlachtpferde _ 1. Frühere Bezeichnung für ☞ **Militärpferde**, die in den Kampf, die so genannte Schlacht, mitgenommen wurden. Dieser Begriff ist direkt verwandt mit den Wörtern Schlachten und Abschlachten, die für Blutvergießen und Töten stehen. Kriegerische Schlachten sind oft durch unvorstellbare Grausamkeiten gekennzeichnet, bei denen weder Menschen noch Tiere verschont werden.
2. Pferde, die eigens für den menschlichen Verzehr gezüchtet werden. Darunter fallen die meisten Kaltblutrassen; sie werden nur noch zu einem geringen Teil als ☞ **Arbeitspferde** eingesetzt. Besonders geschätzt ist

Apfelschimmel

Fliegenschimmel

Schwarzschimmel

Reinweißer Schimmel

Fohlenfleisch. „Lieferanten" dafür sind nicht nur Gestüte, sondern z. B. auch manche Farmen, auf denen ☞ **Stutenmilch** gewonnen wird.

3\. Pferde, die zum Töten zum Schlachter oder in einen Schlachthof gebracht werden. Seit Jahrzehnten sind die Transporte mit Schlachtpferden berüchtigt, die z. B. von Osteuropa in den Westen durchgeführt werden, weil „Feinschmecker" frisches Pferdefleisch verzehren wollen. Statt die Tiere in einem nahe gelegenen Schlachthof zu töten und das Fleisch einzufrieren, werden sie tagelang quer durch mehrere Staaten gekarrt, eng zusammengepfercht, im eigenen Mist stehend, ohne Wasser und Futter bei Hitze, Sturm, Nässe und Frost. Außer den eigens zum Schlachten gezüchteten Fohlen und ausgewachsenen Pferden sind Zehntausende von kranken, alten, aber auch einfach „unnütz" gewordenen Pferden darunter. Viele Pferde kommen

Transporte mit [redacted] führen oft quer durch Europa.

schwer verletzt und halb tot am Ziel an, manche überleben die Strapazen schon unterwegs nicht. Diese Transporte sind eine Schande für alle betroffenen Staaten, vor allem aber für die zuständigen Politiker. Trotz massiver Proteste aus der Bevölkerung und von Tierschutzverbänden werden immer noch offizielle Verordnungen aufrechterhalten, die diese unglaublichen Tierquälereien nicht nur nicht bestrafen, sondern sogar noch fördern.
☞ **Pferdemarkt**, ☞ **Tod**

Schlaf _ Durchschnittlich braucht ein erwachsenes Pferd pro Tag insgesamt etwa sieben bis acht Stunden Schlaf. ☞ **Fohlen** schlafen oft mehr als doppelt so lang. Es gibt verschiedene Arten des Ruhens.
Beim Dösen steht ein Pferd. Es hält den Hals waagrecht und die Augenlider gesenkt. Bei längerem Dösen lässt es oft die Unterlippe schlaff herunterhängen und entlastet abwechselnd ein Hinterbein (☞ **Schildern**). Die Gelenke der Vorderbeine kann das Pferd so einrasten, dass die Beinmuskeln nicht beansprucht werden. Diese Vorstufe zum richtigen Schlaf bringt zwar Entspannung, jedoch keine völlige Erholung. Die Reaktionsfähigkeit des Pferdes ist noch fast voll erhalten. Es wehrt z. B. Fliegen noch mit dem Schweif ab und ist fähig, sehr schnell zu fliehen. Meist dösen Pferde tagsüber, besonders nach den Fresszeiten, aber auch bei längeren Reit- oder Fahrpausen.
Zum Schlummern legt sich ein Pferd mit angezogenen Beinen auf den Bauch. Dabei trägt es den Kopf frei oder nur leicht aufgestützt. Die Wahrnehmungsfähigkeit ist beim Schlummern herabgesetzt, und das Pferd muss sich bei Störungen erst „aufrappeln". Deshalb legen sich Pferde nur zum Schlummern nieder, wenn sie sich ziemlich sicher fühlen.
Richtigen Tiefschlaf finden Pferde nur in der Seitenlage. Ein fest schlafendes Pferd liegt völlig entspannt auf einer Seite, meist ist ein Vorderbein angewinkelt, die anderen Beine sind ausgestreckt. Geräusche werden nur noch im Unterbewusstsein wahrgenommen, die Reaktionsfähigkeit ist stark verzögert. Saugfohlen lassen sich zum Schlafen einfach fallen und haben schon im nächsten Moment „abgeschaltet". Ihre Schlafphasen sind meist nur kurz, dafür aber sehr häufig. Fohlen schlafen überwiegend in der Tiefschlafhaltung. Sie fühlen sich im Schutz der Mutterstuten sicher. Halbwüchsige und erwachsene Pferde überlassen sich dem Tiefschlaf nur, wenn sie sich völlig sicher fühlen. Das kann auf einer ☞ **Weide** nahe beim Stall ebenso sein wie in der ☞ **Box**. Nicht immer hält ein Pferd Wache, wie es bei ☞ **Wildpferden** und ☞ **Wildlingen** der Fall ist. Diese legen sich außerdem fast ausschließlich nachts zum Tiefschlaf nieder. Pferde können im Tiefschlaf offenbar richtig träumen. Manche wiehern leise oder machen Laufbewegungen mit den Beinen.
Länger als eine Stunde am Stück schlafen oder schlummern Pferde selten; nur mit Dösen verbringen sie auch längere Zeit. Alte Pferde, die sich nicht mehr hinlegen können, sind nie ganz ausgeruht. Auch in einem Stall, in dem ständig Unruhe herrscht, werden Pferde um die nötige Erholung gebracht. Nächtliche Ritte und Zeitverschiebungen bei Flügen nach Übersee rauben (auch) Pferden oft den nötigen erholsamen Schlaf.

Allgemeines Mittagsschläfchen im Paddock

Schlag _ Eine bestimmte Zuchtrichtung oder Typvariante innerhalb einer ☞ **Rasse**, z. B. mit einer eigenen ☞ **Größe**, ☞ Farbe oder Verwendung, bezeichnet man als Schlag. ☞ **Landschlag**

Schlauch _ Das äußere Geschlechtsteil eines männlichen Pferdes heißt Schlauch oder Penis. Er liegt außer beim ☞ **Deckakt** oder beim ☞ **Harnen** meist zurückgezogen in der Penishülle zwischen den Hinterbeinen. Dahinter sind die Hoden angeordnet. Diese werden bei der ☞ **Kastration** entfernt und sind bei einem ☞ **Wallach** nicht mehr vorhanden. ☞ **Ausschachten**

Schlaufzügel _ ☞ **Hilfszügel**

Schleppjagd _ Schleppjagden werden mit einer Meute veranstaltet. Das sind Jagdhunde, die rudelweise eingesetzt werden. Man zählt sie nach Paaren oder ☞ **Koppeln**; ihr Anführer ist der Leit- oder Kopfhund. Die Meute läuft dem ☞ **Feld** der Reiter voraus auf einer künstlich gelegten Duftfährte, der Schleppe. Am Ende der Jagd, nach dem Halali, bekommen die Hunde als Belohnung das Curée, meist Innereien, die sie gemeinsam an Ort und Stelle fressen. Schleppjagden dienen als Ersatz für Hetzjagden hinter lebendem Wild, die hierzulande verboten sind. ☞ **Reitjagd**, ☞ **Schleppjagd**

Schleswiger Kaltblut _ Dieser mittelschwere, harmonisch wirkende Kaltblüter stammt aus Schleswig-Holstein. Es gibt hauptsächlich ☞ **Füchse** mit hellem ☞ **Langhaar**, häufig mit weißen ☞ **Abzeichen**. Die Größe liegt bei 156 bis 160 cm, das Gewicht um 650 bis 800 Kilogramm. ☞ **Rheinisch-Deutsches Kaltblut**, ☞ **Süddeutsches Kaltblut**

Schlittenfahren _ ☞ **Fahren**

Schlüsselbein _ Diesen Knochen gibt es beim Pferd wie bei anderen schnell laufenden Vierbeinern nicht. Er wäre dem Vorwärtslauf hinderlich und ist deshalb im Verlauf der ☞ **Entwicklungsgeschichte** verkümmert. ☞ **Beine**, ☞ **Körperbau**

Schmiedefromm _ nennt man Pferde, die alle Arbeiten an den ☞ **Hufen** ruhig und ohne Abwehr vornehmen lassen, vor allem beim ☞ **Hufbeschlag**. Ein nicht schmiedefrommes Pferd gefährdet sich selbst und die Menschen, die es behandeln sollen. Man sollte Pferde deshalb möglichst früh an das Aufheben der Hufe gewöhnen – und auch daran, dass sich Fremde an den Hufen zu schaffen machen. Nicht nur der Hufschmied muss an den Hufen arbeiten können, bei Hufkrankheiten oder -verletzungen erleichtert ein schmiedefrommes Pferd auch dem Tierarzt die Behandlung.

Schnitzeljagd _ Eine abgewandelte, meist leichtere Form der ☞ **Schleppjagd**. Bei einer Schnitzeljagd werden keine Hunde eingesetzt. Stattdessen wird eine Spur aus Sägemehl oder ähnlichem Material gelegt, die die Jagdreiter mit den Augen erkennen können. Die Strecken gehen oft nur über wenige Kilometer; vielfach können die Reiter wählen, ob sie ein Hindernis überspringen wollen oder lieber daran vorbeireiten. Deshalb sind Schnitzeljagden meist auch für Anfänger im Jagdreiten geeignet sowie für alle Reiter, die bereits Erfahrung im alltäglichen ☞ **Geländereiten** haben.
☞ **Reitjagd**

Schritt _ Die gemächlichste ☞ **Gangart** des Pferdes. Der Schritt ist ein Viertakt: Das Pferd fußt mit jedem Bein einzeln auf. Die Fußfolge läuft gleichseitig ab: ein Hinterbein – das gleichseitige Vorderbein – zweites Hinterbein – zweites Vorderbein. Aus schnellerem Schreiten kann ein Pferd in den ☞ **Tölt** verfallen. Gleichmäßiges Schrittreiten ist allerdings anstrengender, als es für Außenstehende meist wirkt.
Einen verstärkten Schritt nennt man Fleißigen Schritt. In der Natur ist der Schritt die Gangart, in der sich Pferde hauptsächlich bewegen! Auch große Wanderungen werden größtenteils im Schritt zurückgelegt, denn er spart Energien, die die Tiere im Notfall brauchen können. Der Ausdruck „Lauftiere" ist deshalb für die Pferde nur teilweise richtig. In andere Gangarten fallen erwachsene Pferde im Freileben nur, wenn sie einen Anlass dazu haben – beispielsweise, wenn sie sich bedroht fühlen, einen Artgenossen einschüchtern oder ein naseweises Fohlen zurück an Mutters Seite holen wollen. ☞ **Grundgangarten**, ☞ **Spezialgangarten**

Schulen auf/über der Erde _ sind ☞ **Lektionen** der ☞ **Hohen Schule**. Zu den Schulen auf der Erde zählen z. B. ☞ **Galoppwechsel** à tempi, ☞ **Passage** und ☞ **Piaffe**; Schulen über der Erde sind die ☞ **Schulsprünge**.

Schulen über der Erde erfordern ein langes Training.

Schulpferde _ 1. Die Lehrpferde einer privaten Reitschule oder eines Reitvereins, die für Reitschüler ohne eigenes Pferd vorgesehen sind, nennt man Schulpferde. Darunter befinden sich oft Pferde, die selber kaum ausgebildet oder ☞ **verritten** sind, aber auch ehemalige Leistungspferde, von denen selbst fortgeschrittene Reiter noch profitieren können. Mancherorts kann man auf Schulpferden nicht nur Unterricht nehmen, sondern darf sie auch in Prüfungen z. B. zu ☞ **Leistungsabzeichen** reiten.
2. Schulpferde in einem ganz anderen Sinn sind die Pferde, die die ☞ **Hohe Schule** beherrschen.

Schulreiten _ 1. Reiten der ☞ **Hohen Schule**.
2. Wahlfach Sport, das in manchen allgemeinbildenden Schulen angeboten wird. Es gibt bereits Länderausscheidungen im Schulreiten.

Schulsprünge _ sind die Figuren der ☞ **Hohen Schule** über der Erde. Dazu gehören Aufrichtungen auf der Hinterhand und Luftsprünge. Die wichtigsten sind ☞ **Levade**, ☞ **Kapriole** und ☞ **Kurbette** sowie deren Vor- beziehungsweise Unterformen, z. B. ☞ **Kruppade**, Pesade und ☞ **Ballotade**.

Schulterherein _ Diese Übung stellt die erste Stufe der ☞ **Seitengänge** dar.

Schulterkreuz _ Ein dunkler, schmaler Farbstreifen, der etwa am ☞ **Widerrist** beginnt und links und rechts bis zur Schulter verläuft. Ein Schulterkreuz kommt hauptsächlich bei ☞ **Eseln** vor, bei Pferden ist es eher selten und verschwindet meist bald nach der ☞ **Geburt**.
☞ **Abzeichen**, ☞ **Wildfärbung**

Schutzhaar _ Eine längere Behaarung, die an umgrenzten Regionen des Körpers einen zusätzlichen Schutz bieten soll, bezeichnet man als Schutzhaar. Dazu zählen z. B. der ☞ **Backenbart**, der ☞ **Kinnbart**, der ☞ **Fesselbehang**, die längeren Härchen in der Ohrmuschel sowie die Wimpern.

Schwärzung _ Bei vielen heller gefärbten Pferden kommt es vor, dass die Fellfarbe an den Beinen von oben herab allmählich dunkler wird und bis zum ☞ **Huf** völlig in Schwarz übergeht. Auch die Ohren haben oft schwarze Ränder, und die Haut um die Nüstern und Lippen ist auch bei einem ☞ **Mehlmaul** dunkel gefärbt. Da diese Schwärzung bei fast allen ☞ **Przewalskipferden** vorkommt, gilt sie als Teil der ☞ **Wildfärbung**.

Schwammig _ Wenn ein Pferd verfettet ist, wird seine Muskulatur schlaff, und seine Proportionen „verschwimmen".
Schwammig können Pferde durch zu reichhaltige Ernährung und zu wenig Bewegung werden - unabhängig davon, ob sie normalerweise ☞ **trocken** oder muskulös gebaut sind. Schwammig gewordene Pferde können nur eine eingeschränkte Leistung erbringen.

Schwarzwälder Fuchs _ Dieser leichtere Kaltblüter hat ein Gewicht um die 550 kg und eine Größe von nur etwa 152 bis 155 cm. Der Schwarzwälder Fuchs kommt ausschließlich als ☞ **Fuchs** vor, meist mit sattem Dunkelbraun im Fell und üppigem hellem ☞ **Langhaar**. Sein Zuchtgebiet ist vor allem der Hochschwarzwald; wegen des zentralen Zuchtortes St. Märgen nennt man ihn auch Märgener Fuchs. Einige Deckhengste stehen stets auch im ☞ **Hauptgestüt** Marbach/Lauter auf der Schwäbischen Alb. Der Schwarzwälder Fuchs wird sehr vielseitig eingesetzt, zum ☞ **Holzreißen** ebenso wie vor Schlitten und Wagen, als Reitpferd oder als Showpferd bei den Marbacher ☞ **Hengstparaden**. Sein größerer „Verwandter" ist das ☞ **Süddeutsche Kaltblut**.

Schwebephase _ ☞ **Galopp**, ☞ **Trab**

Schweif _ Die langen Haare am Körperende des Pferdes bezeichnet man als Schweif. Dass man Schweif und nicht Schwanz sagt, hat damit zu tun, dass die ☞ **Schweifrübe** nur kurz ist und von ihr die langen Haare frei und dicht herunterwachsen. Der Schwanz der meisten anderen ☞ **Equiden** besteht ganz aus Rückenwirbeln mit einer fellverkleideten Haut und trägt nur am Ende eine lose Haarquaste.
Der Pferdeschweif wird zur Abwehr von Fliegen und blutsaugenden Insekten benutzt, die auch Krankheiten übertragen können. Das kürzere Haar am Schweifansatz, die so genannte Rosette, dient als Wind- und Wetterschutz für die hinteren Körperöffnungen. Die Haltung des Schweifs kann außerdem die Stimmungen eines Pferdes ausdrücken (☞ **Schweifschlagen**).

Aus verschiedenen Gründen wurde früher vor allem ☞ **Arbeitspferden** der Schweif gekürzt oder ganz entfernt (☞ **Kupieren**). Auch heute werden noch manchmal die Schweifhaare am Ansatz aus Schönheitsgründen beschnitten.

Manchmal muss man einen überlangen Schweif, auf den das Pferd vielleicht sogar mit den Hinterbeinen tritt, aus Sicherheitsgründen unten etwas abschneiden.

☞ **Fasanenschweif**, ☞ **Rattenschweif**

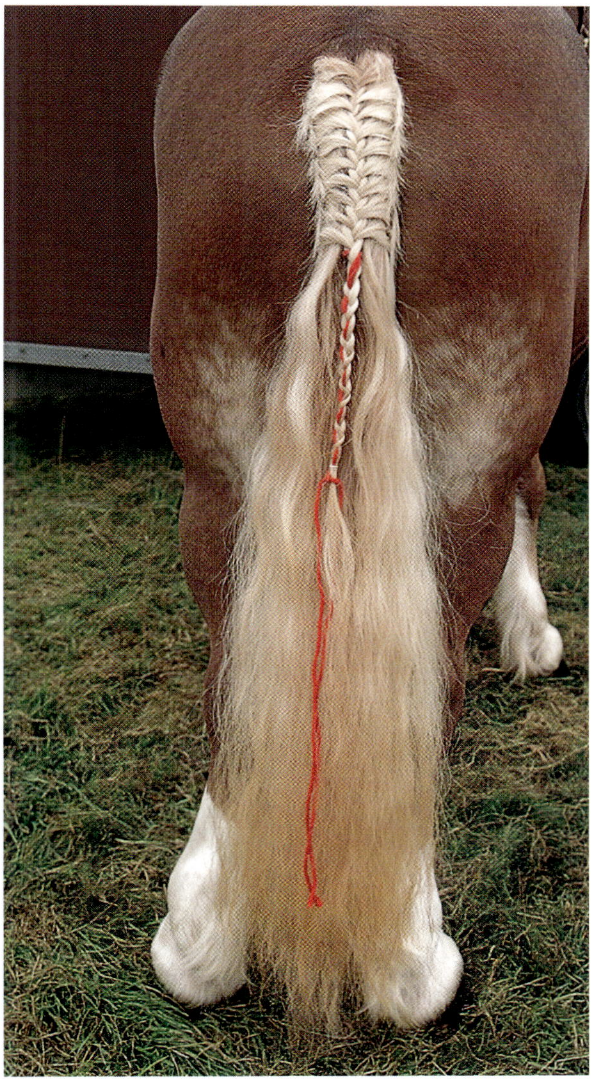

Prachtschweif eines süddeutschen Kaltbluts

Schweifriemen _ Ein gepolsterter Riemen, der unter der ☞ **Schweifrübe** durchgeführt und am hinteren Teil des ☞ **Sattels** befestigt wird. Er soll bei Pferden mit flacher ☞ **Sattellage** oder niedrigem ☞ **Widerrist** verhindern, dass der Sattel nach vorn rutscht. Das Gegenstück dazu ist das ☞ **Vorderzeug.**

Schweifrübe _ Das hintere Ende der Wirbelsäule; die Schweifrübe besteht aus den Wirbeln, Muskeln und Haut. In ihr wurzeln die Haare des ☞ **Schweifes**.

Schweifschlagen _ Indem sie ihren Schweif hin und her bewegen, wehren Pferde lästige Insekten ab; oft ist das Schweifschlagen aber auch eine Unmutsäußerung. Pferde bringen so eine nervöse, erregte Stimmung zum Ausdruck. Schweifschlagen kann auch ein Hinweis auf einen kurzfristigen Schmerz sein, der z. B. durch piksende Sporen hervorgerufen wird. Bei anhaltenden Schmerzen, etwa bei einer ☞ **Kolik**, schlagen Pferde ebenfalls häufig mit dem Schweif. ☞ **Ausdrucksweisen**

Schweiß _ Das Pferd gehört zu den wenigen Tierarten, die ähnlich wie wir Menschen richtig schwitzen können. Aus den Poren der Haut wird eine spezielle Flüssigkeit, der Schweiß, abgesondert, um die ☞ **Körpertemperatur** zu regulieren. Beim Verdunsten des Schweißes wird der Umgebung Wärme entzogen, und es entsteht die so genannte Verdunstungskälte.

Pferde sollten möglichst so geritten werden, dass sie nicht stark schwitzen. Im Schweiß sind wertvolle Minerale enthalten, die dem Körper dann verloren gehen. Zudem beansprucht jede Überhitzung die inneren Organe, vor allem das ☞ **Herz**. Pferde geraten jedoch nicht nur durch Überforderung bei großer Hitze ins Schwitzen. Schweiß bildet sich auch dann schnell, wenn ein Pferd im ☞ **Winterfell** ganz normal geritten oder gefahren wird. Ebenso schwitzen Pferde, wenn sie starke Schmerzen haben, z. B. während der ☞ **Geburt**, oder wenn sie sich heftig aufregen. Oft ist das Fell besonders am Hals und dort, wo Sattel und Gurte aufgelegen haben, schweißnass. Sehr wichtig bei schwitzenden Pferden ist das richtige ☞ **Tränken**. Nasses Fell muss trocken gerieben werden, eventuell muss man es vorher auch durch ☞ **Waschen** reinigen.

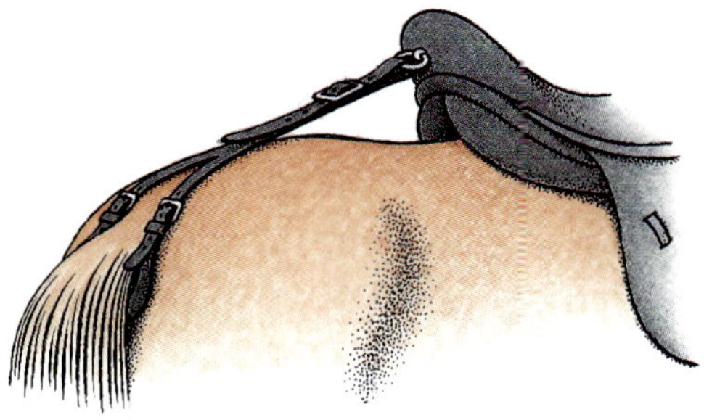

Schweifriemen am Pferd

Schweißmesser _ Ein Schweißmesser ist ein biegsames Metallband mit Kunststoff- oder Ledergriffen. Damit kann man Schweiß, Regennässe oder Waschwasser vom Pferd abstreifen.
☞ **Waschen**

Schweizerischer Verband für Pferdesport
☞ **SVP**

Schweizerisches Pferdemuseum _ Eines der wenigen Spezialmuseen zur ☞ **Hippologie** ist im Schloss der Stadt La Sarraz untergebracht, nördlich von Lausanne. Unter anderem wird dort in mehreren Sprachen die ☞ **Entwicklungsgeschichte** des Pferdes dargestellt. Auch über die militärische und bäuerliche Nutzung des Pferdes, über Handwerk und Gewerbe rund ums Pferd, höfisches Reiten, Pferdesport sowie das Pferd in Kunst und Literatur kann man sich im Schweizerischen Pferdemuseum informieren. Auskünfte erhält man bei der Stadtverwaltung.
☞ **Museen**

Schweizer Warmblut _ Die Warmblutzucht hat in der Schweiz eine alte Tradition. Bereits im Mittelalter betrieb das Kloster Einsiedeln mit seinen „Cavalli della Madonna", den Einsiedler-Pferden, eine Spitzenzucht. Daneben bestand bis Mitte des 19. Jahrhunderts die Zucht eines eher kleinen, zähen, meist schwarzen Reit- und Wagenpferdes im Emmental, im Berner Oberland und im Waadtland.
Um 1960 wurden vor allem aus Frankreich, Deutschland und Schweden Deckhengste, daneben auch eine Reihe bester Zuchtstuten eingeführt. Mit Hilfe dieser Pferde wurde die Zucht des modernen Schweizer Sportpferdes aufgebaut. Erwünscht sind ein ruhiges Temperament und guter Charakter, ein edler, großrahmiger ☞ **Körperbau** sowie ein Stockmaß zwischen 160 und 170 cm.
Das Schweizer Warmblut soll sich sowohl für den Freizeitbereich als auch für den Leistungssport eignen. Das Eidgenössische (Schweizer) Staatsgestüt befindet sich in Avenches.

Schwemme _ Eine Schwemme ist ein flacher Teich oder Bach beziehungsweise eine ausgemauerte Vertiefung, in die Wasser eingelassen wird. Pferde können dort trinken, ihre Beine kühlen oder baden.

Schweres Warmblut _ Ursprünglich war dies eine Bezeichnung für die ziemlich kräftigen, aber nicht kaltblütigen Großpferde, die man als Zugpferde in der Land- und Forstwirtschaft, beim Militär und vor schweren Kutschen verwendete. Nach dem Zweiten Weltkrieg wurden die meisten dieser Rassen umgezüchtet: Man brauchte leichtere, besser als Reitpferde geeignete Tiere. Dies betraf z. B. die deutschen Landeszuchten, vom ☞ **Bayerischen Warmblut** bis zum ☞ **Holsteiner**. Dazu wurden vor allem ☞ **Englisches Vollblut** und bereits veredelte ☞ **Trakehner** eingekreuzt. So entstand allmählich der Typ ☞ **Deutsches Reitpferd**. Vor allem in Sachsen, aber auch in Oldenburg und ganz vereinzelt in anderen Zuchtgebieten züchtete man in kleinem Umfang den schwereren Warmblüter weiter, um den altbewährten Typ nicht ganz aussterben zu lassen. Allerdings mussten teilweise andere Pferde eingekreuzt werden, da nur wenige Pferde im schweren Typ erhalten geblieben waren. Als Zuchtrichtungen sind z. B. das Schwere Sächsische Warmblut, der ☞ **Ostfriese** und das Alt-Oldenburger Pferd anerkannt.
☞ **Groninger**, ☞ **Oldenburger**

Schwimmen _ Die Fähigkeit des Schwimmens ist Pferden angeboren. Wenn Mutterstuten ins tiefe Wasser gehen, folgen ihnen ihre Fohlen meist ohne Zögern. Sie brauchen die Schwimmbewegungen nicht erst zu lernen. Beim Schwimmen führt ein Pferd die Fußfolge des Trabs

Ein Bad im See erfrischt; im tieferen Wasser schwimmen die Reiter neben ihren Pferden her.

aus und taucht bis zum Kinn ins Wasser. Nur der Kopf bleibt über der Wasseroberfläche, damit sich das Pferd orientieren kann.
Pferde, die aus wasserarmen Gebieten stammen, haben allerdings oft eine große Scheu vor Wasserläufen und Seen. Sie müssen mit Geduld daran gewöhnt werden, überhaupt ein Gewässer zu betreten.
Schwimmen wird seit Längerem auch als Therapie bei Pferden verwendet, z. B. um Stress bei nervösen Pferden abzubauen. Wenn ein Pferd nach einer Bein- oder Hufverletzung ohne Gewichtsbelastung trainiert werden soll, kommt Schwimmen ebenfalls in Frage. Bei Renn- und Sportpferden ist es häufig Teil des Konditionstrainings.

Sehvermögen _ Wie bei allen Pflanzenfressern, die sich vor Fressfeinden in Acht nehmen müssen, liegen auch beim Pferd die Augen seitlich am Kopf. Dadurch haben Pferde ein Gesichtsfeld von über 300 Grad. Auch während des Grasens kann ein Pferd erkennen, ob sich etwas von schräg-hinten nähert. Um den zur völligen Rundumsicht fehlenden Bereich noch zu erfassen, braucht es nur den Kopf etwas seitlich zu drehen. So kann es z. B. fremde Tiere, aber auch Artgenossen aus fast jeder Haltung heraus wahrnehmen.
Wie scharf Pferde sehen, hängt von der Entfernung des betrachteten Gegenstands oder Lebewesens ab. Oft weichen Pferde vor Dingen zurück, die sie unmittelbar vor sich haben, weil sie sie nur verschwommen wahrnehmen. Die seitliche Lage der Augen erschwert zudem das binokulare Sehen, also das Wahrnehmen mit beiden Augen gleichzeitig. Durch das Zurückweichen versucht das Pferd erst einmal im direkten Wortsinn, klarer zu sehen. Wenn ihm dies nicht möglich ist, etwa weil es angebunden ist oder von seinem Reiter gehindert wird, kann es sich zum ☞ **Steigen** oder zum ☞ **Scheuen** veranlasst sehen.
Auch die Fluchtdistanz (☞ **Fluchttrieb**) im Freileben hängt größtenteils mit dem Sehvermögen zusammen.
Wieweit Pferde Farben und Farbtöne unterscheiden können, ist immer noch nicht restlos geklärt. Als ziemlich gesichert gilt, dass Pferde die Farbbereiche Gelb und Grün besser erkennen können als kräftige Blau- und Rottöne.
Viele Fragen sind aber noch offen – zum Beispiel, wie ein Pferd mehrfarbige Dinge und Tiere wahrnimmt oder welche Lichtverhältnisse zum Farbsehen nötig sind. Solche Forschungen sind unter anderem deshalb nicht einfach, weil meist andere Wahrnehmungsbereiche wie der ☞ **Geruchssinn** und der ☞ **Gehörsinn** das Verhalten eines Pferdes mit beeinflussen.

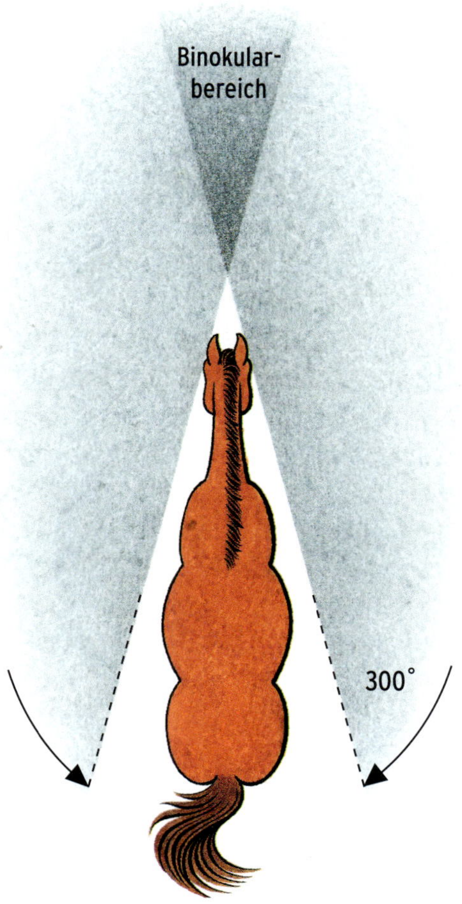

Pferde haben ein Sehvermögen von mehr als 300 Grad.

Seitengänge _ sind Lektionen der fortgeschrittenen ☞ **Dressur**. Das Pferd bewegt sich in jedem Fall auf zwei ☞ **Hufschlägen** vorwärts-seitwärts; dazu muss es die Beine überkreuzen. Zu den Seitengängen gehört z. B. das Schulterherein, bei dem die Vorhand des nach innen gestellten Pferdes auf dem 2. Hufschlag sein soll. Ähnliche Übungen sind Renvers und Travers, während die Schrägverschiebungen oder Traversalen erweiterte Seitengänge sind. Hierbei wird das Pferd vom ersten Hufschlag weg seitwärts-vorwärts zur Bahnmitte hin geritten. Dabei ist es leicht in die Bewegungsrichtung gebogen und gestellt (☞ **Stellung**). Seitengänge sind sehr anstrengend für das Pferd. Zur Entspannung wird anschließend geradeaus geritten.

Selbsttränke _ Ein Behälter aus Kunststoff oder Metall, der z. B. an die Wasserleitung des Stalls, an einen Wasserwagen oder Tiefbrunnen auf der Weide oder an einen Wassertank im Transporter oder Stallzelt angeschlossen werden kann. Berührt ein Pferd mit seinem Maul einen Hebel im Inneren der Selbsttränke, so fließt Wasser in den Behälter. Pferde lernen meist schnell, die Selbsttränke zu bedienen. Man erspart sich damit das mühsame ☞ **Tränken** aus Eimern im Stall; auf Koppeln ohne trinkbares Naturwasser braucht man sauberes Wasser nicht kanisterweise heranzuschleppen. Die Selbsttränke muss jedoch abgestellt werden, wenn man den Wasserverbrauch kontrollieren muss, z. B. bei bestimmten ☞ **Krankheiten**. Dann muss doch wieder aus Eimern getränkt werden.

Selle Français _ ist die Abkürzung für „Cheval de selle français" und bedeutet Französisches Reitpferd. Grundlage für dieses moderne Sportpferd, das dem ☞ **Deutschen Reitpferd** ähnelt, war der Anglo-Normänner: ein ☞ **Normänner**, der durch Einkreuzung von ☞ **Englischem Vollblut** sowie ☞ **Trabern** verfeinert worden war. Dieses ☞ **Halbblut** wurde unter anderem auch in deutschen Warmblutzuchten zur Veredelung eingesetzt (☞ **Veredler**). Die Umbenennung der Zucht auf Basis des Anglo-Normänners in „Cheval de selle français" erfolgte 1967.

Sexualverhalten _ ☞ **Fortpflanzungstrieb**

Shagya-Araber _ Bei dieser Pferderasse handelt es sich um eine Spezialzüchtung unter den ☞ **Arabern**. Um das Jahr 1800 herum begann man in Militärgestüten des damaligen Österreich-Ungarn mit ihrer Zucht - vor allem in Babolna, Radautz und Piber, später auch in Topolcianky in der heutigen Slowakei, in Mangalia in Rumänien und in Kabijuk in Bulgarien. Das Ziel war, ein hochklassiges Reit- und Kutschpferd für europäische Ansprüche zu bekommen, das als Kriegs- und als Paradepferd verwendet werden konnte. Man paarte Original-Wüstenaraber mit arabisierten Pferden vom Balkan, vereinzelt auch mit ☞ **Englischem Vollblut** und mit ☞ **Lipizzanern**.
Seit langem wird der Shagya-Araber auch in anderen Gestüten vor allem osteuropäischer Länder gezüchtet. Man verwendet ihn heute als vielseitiges, edles Sportpferd in Dressur und Springen ebenso wie in der Vielseitigkeit und bei Distanzritten, zu Jagden, im Fahrsport oder als Freizeit- und Familienpferd. Die Größe beträgt mindestens 150 bis etwa 160 cm. Shagya-Araber sind überwiegend ☞ **Schimmel**.

Shetlandpony _ Die kleinste Pferderasse der Welt ist auf der Shetland-Inselgruppe im Norden der britischen Hauptinsel zu Hause. Etwa 20 der Inseln sind bewohnt. Die ersten Ponys, die auf die Inseln kamen, stammten wahrscheinlich aus Schottland und wurden vor etwa 2000 Jahren von den ersten Siedlern mitgebracht. In dem kühlen, stürmischen Atlantikklima konnten nur Pferde überleben, die den Umweltbedingungen bestens angepasst waren. Zu dieser Anpassung gehörte außer allgemeiner Robustheit vor allem eine geringe Größe. Als die Wikinger später größere Pferde mitbrachten, fielen diese bald Krankheiten und Ernährungsmangel zum Opfer.

Ein Shetlandpony unterm Sattel

Shetlandponys werden leider viel zu oft als reine Spieltiere angesehen, die sonst zu nichts zu gebrauchen sind. Dabei sind sie in ihrer Zähigkeit vielen anderen Rassen weit überlegen, außerdem können sie geritten und gefahren werden. Sie waren auf den Shetlandinseln die einzigen Reittiere und haben härteste Arbeit als Zugpferde in den niedrigen Gängen von Kohle- und Bleigruben geleistet.
Bei richtiger Haltung und Verwendung sind echte Shetlandponys außerordentlich langlebig und bis ins hohe Alter einsatzfähig.
Arabisierte und auf Zwergwuchs hin gezüchtete ☞ **Miniaturpferde**, in denen stets auch Shetlandblut steckt, haben jedoch meist viel von der Ursprünglichkeit der „Shettys"

verloren. Shetlandponys im Originaltyp sind zwischen 87 und 107 cm groß. Das reinrassige Miniatur-Shetland wird bis 87 cm groß und hat denselben korrekten Körper- und Gliedmaßenbau wie der größere Urtyp.
Der Sporttyp ist schlanker und sehniger, muss aber ansonsten den Typus des Shetländers aufweisen. Ursprünglich waren Dunkelbraune (☞ **Brauner**) und ☞ **Rappen** am häufigsten, inzwischen kommen viele ☞ **Farben** und Farbmuster vor. Einige davon werden aber im Mutterland nicht anerkannt, beispielsweise die Tigerschecken (☞ **Tigerung**).

Shire Horse _ Diese Kaltblutrasse zählt zu den Riesen unter den Pferden. Sie wird nach dem Wort „Shire" für Grafschaft benannt. Englische Könige förderten im Spätmittelalter die Zucht großer und kräftiger Pferde, die sich

Auch die größten Pferde, die Shire Horses, kann man nicht nur fahren, sondern auch reiten.

für die Kriegsführung und für Ritterspiele eigneten. In einheimische schwere Warmblüter wurden unter anderem ☞ **Friesen** eingekreuzt. Durch Zuchtauslese und reichhaltiges Futter erhielt man immer größere Pferde. Nach dem Ende der Ritterzeit dienten die imposanten Pferde als Zugtiere, z. B. vor schweren Brauereiwagen und beim ☞ **Treideln**. Später zogen sie auch die ersten Busse und Straßenbahnen.
Am Ende des 19. Jahrhunderts wurde ein ☞ **Zuchtbuch** für die Pferdegiganten gegründet. Shire Horses können über 180 cm groß werden und über 1000 kg wiegen. Die häufigsten Farben sind ☞ **Rappen**, ☞ **Braune** und ☞ **Schimmel**. Im Gegensatz zu anderen Kaltblütern wirken Shire Horses etwas hochbeinig; ihr Kopf ist lang und meist ramsnasig (☞ **Ramskopf**). Ein besonderes Kennzeichen der Rasse ist der dichte, meist weiße ☞ **Fesselbehang**, der oft über die tellergroßen Hufe bis zum Boden reicht.

Shows, Showpferde _ In Amerika gibt es seit Langem Wettbewerbe für Pferde, bei denen nichts anderes als das Aussehen bewertet wird. Eventuell beurteilt man auch noch, wie „wirkungsvoll" sich ein Pferd bewegt.
Solche Schönheitskonkurrenzen verbreiten sich allmählich auch in Europa. Viele Pferdeleute halten sie für ziemlich fragwürdig, da der Charakter der Pferde, ihre Leistungs- und Einsatzfähigkeit, ihr Gesundheitszustand und andere wichtige Merkmale außer Acht bleiben. Wie in anderen Bereichen der Pferdehaltung und -nutzung, gibt es auch im Showbereich Übertreibungen. Zum Herrichten der Pferde wird oft spezielle Kosmetik verwendet, beispielsweise Haarspray, farbiger Huflack und sogar Wimperntusche. Die Beschränkung auf das rein Äußerliche macht aus dem Tier eine Art lebende Puppe.
In Europa sind gestalterische Shows stärker in Mode gekommen: Es werden alte Märchen oder selbst geschriebene Geschichten aufgeführt, bei denen den Pferden oft einiges an Nervenstärke und Geduld abverlangt wird. Oft müssen sie längere Zeit samt Reiter still stehen, sind in Verkleidungen „verpackt" und dürfen sich weder von Lichtorgeln noch von bunten Rauchschwaden irritieren lassen.
Das älteste Showgewerbe (auch) mit Pferden sind die Zirkusse (☞ **Zirkuspferde**). Außerdem gibt es einzeln auftretende Artisten, deren Shownummern teils ähnliche Inhalte haben wie die Zirkusdarstellungen. Manchmal werden auch spezielle Pferdethemen in Szene gesetzt, z. B. zeigt man verschiedene Reitweisen oder Pferderassen in attraktiven Schaubildern. Oft werden sie als Showeinlagen etwa auf Turnieren vorgeführt. Manche sehenswerte Vorstellung bieten aber auch z. B. ☞ **Hengstparaden**.
Das sicherlich unattraktivste, weil grausame Showspektakel ist der Stierkampf, der in einigen Gegenden Südeuropas von Pferden aus geführt wird.

Sielengeschirr _ Ein ☞ **Geschirr** für Fahrpferde, das auch als Brustblattgeschirr bezeichnet wird. Im Gegensatz zum ☞ **Kumtgeschirr** gehört zu dieser Geschirrart kein großes Halsstück, sondern ein breiter gepolsterter Brustgurt.
Durch einen Halsriemen wird er in der richtigen Höhe gehalten. Das Sielengeschirr wird hauptsächlich für leichtere Anspannungen verwendet (☞ **Fahrstil**); für ☞ **Arbeitspferde** benutzt man noch ein zusätzliches Teil, die Halskoppel.

Silage _ Man kann ☞ **Gras**, aber auch anderes ☞ **Saftfutter** haltbar machen, indem man es einer Gärung aussetzt. Dazu wird z. B. das frisch geerntete Gras in Silos (große runde Hochbehälter), in Erdgruben oder in Plastikfolien gefüllt. Durch Druck und Wärme wird Milchsäure freigesetzt; dadurch wird das Füllgut vergoren.
In siliertem Gras bleiben bei gleicher Lagerzeit deutlich mehr Nährstoffe, Vitamine und Mineralstoffe enthalten als in ☞ **Heu**.

Einen prall gefüllten Silageballen kann auch ein kräftiger Mann nicht allein fortbewegen.

Sinne _ Sie sind beim Pferd vor allem auf das Leben in der Wildnis ausgelegt. In menschlicher ☞ **Haltung** können die Sinne des Pferdes teils verkümmern, teils verändert werden. ☞ **Gehörsinn**, ☞ **Geruchssinn**, ☞ **Geschmackssinn**, ☞ **Sehvermögen**, ☞ **Tastsinn**

Sitz _ Die Haltung des Reiters im Sattel bezeichnet man als Sitz; dazu kommt die entsprechende ☞ **Zügelführung**. Das Ziel in jeder ☞ **Reitweise** muss der unabhängige Sitz sein. Das heißt, der Reiter muss sich in der ☞ **Balance** halten können. Die aufrechte Haltung im Sattel darf nicht steif sein, der Reiter muss losgelassen sitzen, also entspannt, aber nicht schlaff. Ein richtig sitzender Reiter verkrampft sich nicht im Rücken, klammert nicht mit den Beinen und hält sich nicht an den Zügeln fest; er geht geschmeidig in der Bewegung des Pferdes mit und bringt seinen Schwerpunkt stets über den Schwerpunkt des Pferdes.
So kann auch das Pferd im Gleichgewicht bleiben bzw. sich gut ausbalancieren. Völlig unabhängig sitzt man, wenn man sein Pferd mit Schenkel- und Gewichtshilfen lenken kann (☞ **Hilfen**), ohne die ☞ **Zügel** anzufassen. So kann man bei einiger Übung und ausreichendem ☞ **Knieschluss** sogar ☞ **springen**.
Im vollen oder belastenden Sitz sitzt der Reiter ganz mit dem Gesäß im Sattel und kann das Pferd unter anderem mit Gewichtshilfen lenken. Die Gewichtsverteilung hängt jedoch von der Sattelung (☞ **Sattel**) ab. Weil das Gewicht des Reiters durch die Sattelart konzentriert auf den Rücken des Pferdes wirkt, heißt der normale Dressur-Grundsitz in der herkömmlichen europäischen Reitweise auch belastender Sitz. Im ☞ **Damensattel** sitzt man ebenfalls stets im Belastungssitz. Besonders belastend für Rücken und Maul des Pferdes ist der Sicherheitssitz oder altenglische Sitz. Dabei lehnt sich der Reiter extrem nach hinten und streckt die Beine lang nach vorn. Bei Arbeits-, Armee- und Westernsätteln verteilt sich das Gewicht dagegen breiter auf den Pferderücken. Doch auch hier spürt das Pferd unmittelbar das Reitergewicht.
Entlastend ist jeder Sitz, bei dem das Gewicht des Reiters nur wenig oder gar nicht auf den Rücken des Pferdes einwirkt. Das ist immer dann der Fall, wenn der Reiter nicht voll im Sattel einsitzt, sondern sein Gesäß nur leicht am oder ganz über dem Sattel hält. Der Oberkörper muss nun entsprechend weit nach vorn gebeugt werden, damit die Schwerpunkte von Pferd und Reiter übereinstimmen. Man spricht dann grundsätzlich vom ☞ **Leichten Sitz**.

Skijöring _ ist Skilaufen hinter einem gerittenen, seltener hinter einem vom Skiläufer selbst gesteuerten Pferd. Dafür eignen sich besonders Pferde, die schon für das Fahren trainiert sind. Der Skifahrer muss einigermaßen

sicher auf den Skiern sein, sodass er dem Pferd nicht an die Beine fährt. Der Reiter muss Stopps, Richtungsänderungen und Unebenheiten des Untergrunds rechtzeitig durch Zeichen ankündigen. Skijöring wird mancherorts auch als Rennen veranstaltet.

Sleipnir _ war ein sagenhaftes Pferd aus der Götterwelt der Germanen. Er war der gewaltige, achtbeinige Schimmel des Hauptgottes Wotan, der auch Odin genannt wurde. Auf Sleipnir ritt Wotan/Odin nachts mit Gebraus durch die Lüfte. Odins Ehefrau Freya galt als Göttin der Tiere, besonders jedoch der Pferde.

Sliding Stop _ ☞ **Westernreiten**

Sohle _ Kurzbezeichnung für die flache Unterseite des ☞ **Hufs**.

Sommerekzem _ Ein Krankheitsbild, das nur in der wärmeren Jahreszeit auftritt. Typisch ist Haarausfall und Wundwerden der Haut, oft vom Widerrist über den gesamten Rücken bis zur Schweifrübe. Die Wunden nässen und verschorfen später; wenn Bakterien in die geschädigte Haut eindringen, entstehen auch Vereiterungen.
Man kennt die Ursachen des Sommerekzems noch nicht genau. Möglicherweise wird die Krankheit durch eine Unverträglichkeit gegenüber Stechinsekten oder durch bestimmte Stoffe im Weidegras ausgelöst - vor allem bei Pferden aus Gebieten mit anderer Tier- und Pflanzenwelt. Zum Herbst oder spätestens im Frühwinter klingen die Symptome ab.

Sommerräude _ Mit diesem etwas unklaren Begriff bezeichnet man verschiedene Hautprobleme beim Pferd. Meist werden sie nicht wie etwa die Räude durch ☞ **Parasiten** verursacht, sondern häufig durch Hautpilze oder ☞ **Allergien**.

Sorraiapferd _ Eine fast ausgestorbene ☞ **Primitivrasse** Portugals. Sorraiapferde wurden früher wild gehalten und als Gebrauchspferde von den ☞ **berittenen Hirten** genutzt. Sorraias sind zwischen 140 und 145 cm groß und meist graubraun oder falbenfarbig; häufig sind ☞ **Aalstrich** und ☞ **Zebrastreifen** vorhanden. Im Gegensatz zum ☞ **Nordpferd** ist das Sorraiapferd jedoch schmal und feingliedrig.
Man vermutet, dass das Sorraiapferd die Urrasse des ☞ **Andalusiers** und des ☞ **Lusitanos** ist. Der heutige Name setzt sich aus den Bezeichnungen zweier Flüsse zusammen: Sor und Raia; in den Flusstälern fand man um 1920 eine noch völlig wilde Herde.

Sozialverhalten _ Pferde sind keine Einzelgänger, sondern Herdentiere. Deshalb gibt es eine Reihe von ☞ **Verhaltensweisen**, die das Zusammenleben der Pferde regeln. Diesen Umgang der Pferde miteinander bezeichnet man als Sozialverhalten. ☞ **Fell- und Hautpflege**, ☞ **Fortpflanzungstrieb**, ☞ **Herdentrieb**, ☞ **Rangordnung**

Spanische Reitschule _ Bis zum Ende der Monarchie in Österreich 1920 hieß diese Einrichtung in Wien Spanische Hofreitschule. In einem Dokument wurde sie bereits 1572 erstmals als „Spanischer Reithstall" erwähnt. Im Auftrag von Kaiser Karl VI. bekam sie 1735 ihren Sitz in der so genannten Winterreitschule der Wiener Hofburg mit einem Prachtbarocksaal. Ihre Aufgabe ist seit der Gründung die Pflege der höfisch-klassischen Reitkunst mit dem Ziel der ☞ **Hohen Schule**.
In den ersten Jahren wurden andalusische Pferde aus Spanien verwendet; bald ritt man aber nur noch ☞ **Lipizzaner**, und zwar ausschließlich Hengste. Die Ausbildung der Pferde wie der Reiter dauert viele Jahre. Öffentliche Vorführungen gibt es in den Sommermonaten in der Hofburg; die ☞ **Quadrillen** und die ☞ **Schulen über der Erde** gehören zu den besonderen Attraktionen.

Spanischer Schritt _ Die Vorstellung eines Pferdes in einer piaffe- oder passageähnlichen Bewegung für Schau-

Der Spanische Schritt ist ein andressierter Bewegungsablauf.

zwecke (☞ **Piaffe**, ☞ **Passage**). Als Attraktion hebt das Pferd beim Spanischen Schritt oder Tritt die Vorderbeine extrem hoch. Meist mangelt es hierbei allerdings an einer wirklichen ☞ **Versammlung**.

Spat _ ist eine Verknöcherung der knorpeligen Gelenkkapseln an den Sprunggelenken (☞ **Körperbau**).
Die Schädigung entsteht häufig bei Trabrennpferden und Dressurpferden, aber auch bei anderen einseitig oder stark beanspruchten Pferden. Die Knochenauflagerungen bereiten dem Pferd besonders zu Beginn der Arbeit starke Schmerzen, deshalb lahmt es. Die ☞ **Lahmheit** klingt anfangs meist bald wieder ab, wenn das Pferd bewegt wird. Im Anfangsstadium kann ein spezieller ☞ **Hufbeschlag** dem Pferd die Bewegung erleichtern. Später führt Spat unweigerlich zur völligen Gebrauchsunfähigkeit und zu Dauerschmerzen.

Sperrhalfter _ ☞ **Reithalfter**

Spezialgangarten _ Bezeichnung für ☞ **Gangarten**, die Pferde außer oder statt den ☞ **Grundgangarten** zeigen. Die bekanntesten Spezialgangarten sind der ☞ **Tölt** und der ☞ **Pass**. Beide kommen in der Natur vor, doch die Veranlagung zu diesen Gangarten ist bei den Pferden unterschiedlich stark ausgeprägt. Die europäische Töltrasse schlechthin ist der ☞ **Isländer**.
Abwandlungen von Tölt und Pass sind in anderen Ländern unter verschiedenen Namen bekannt; oft werden sie durch bestimmte Reittechniken in ihrer Mechanik noch verändert. Takt und Fußfolge bleiben dabei aber gleich. Solche Spielarten sind z. B. Foxtrott, Paso Corto, Paso Fino, Paso Largo, Paso Llano, Rack, Single Foot, Sobrandando, Stepping Pace und Slow Gait. Diese „exotischen" Gangweisen kommen bei ursprünglichen Pferden nicht vor, ebenso wenig wie z. B. der Running Walk, eine Art Rennschritt. Sie werden jedoch durch ☞ **Zucht** vererbbar. ☞ **Gangpferde**

Spielbedürfnis _ ist außer beim Menschen nur bei so genannten höherstehenden Tieren vorhanden. Man wertet es als Zeichen für eine gewisse ☞ **Intelligenz**, die bei Kindern durch das Spielen wiederum gefördert werden kann. Wissenschaftler sind sich jedoch nicht einig darüber, ob Spielen nur als Vorbereitung auf das Erwachsenenleben notwendig ist oder ob es einen eigenständigen Wert hat. Schließlich spielen auch Erwachsene!
Bei Pferdekindern ist das Spielbedürfnis wie bei Menschenkindern besonders ausgeprägt. ☞ **Fohlen** rennen und rangeln gern, und sie sollten unbedingt Altersgenossen zum Spielen und Tummeln haben. Zwar geben sich auch erwachsene Pferde für Spiele her; doch sie sind meist zu groß für ein Jungtier und verlieren schneller den Spaß am Spielen. Um ihr Spielverhalten und ihr Bewegungsbedürfnis voll ausleben zu können, brauchen Pferde viel Platz. Große Weiden sind daher gerade auch für Fohlen sehr wichtig, die Stallhaltung ist völlig unnatürlich.
Die natürliche Spielfreude erwachsener Pferde wird manchmal in artfremde Shownummern oder in Spiele wie etwa ☞ **Horseball** umgesetzt.

Spitzhengst _ ☞ **Klopfhengst**

Sporen _ sind künstliche ☞ **Hilfsmittel**, die an die Reitstiefel geschnallt werden. Man drückt sie beim Reiten dem Pferd kurz in die Seiten, um die treibenden ☞ **Hilfen** zu ergänzen. Häufig ist die Anwendung von Sporen jedoch grobe Gewalt, weil viele Reiter zu faul oder nicht fähig sind, die körperlichen Hilfen richtig einzusetzen. Bei mangelhaftem Sitz bohrt man die Sporen dem Pferd beispielsweise auch ohne Absicht ständig in die Flanken. Immer noch sind selbst auf Turnieren Pferde zu sehen, die deutliche, manchmal sogar blutige Spuren vom unnötigen und undisziplinierten Einsatz der Sporen tragen. Viele Reiter tragen ihr Leben lang keine Sporen und kommen trotzdem gut mit ihren Pferden zurecht.

Sportpferde _ So nennt man Pferde, die ausschließlich für den Leistungssport gezüchtet und trainiert werden. Es ist ein Begriff, der erst in den letzten Jahrzehnten geprägt wurde. Es gibt inzwischen nicht nur einen Weltreiterverband für Pferdeleistungssportler, sondern auch einen Weltzuchtverband für Sportpferde.

Sprache des Pferdes _ ☞ **Ausdrucksweisen**

Springen _ In der Natur müssen Pferde fast nie höhere Hindernisse überspringen. Selbst wenn sie einmal ein großes Hindernis überwinden müssen, suchen sie meist lieber einen weniger riskanten Umweg. Über kleine Hürden kann dennoch fast jedes reitbare Pferd hinwegsetzen, wenn es darauf vorbereitet wurde. So sollten z. B. bei Ausritten

Sporen

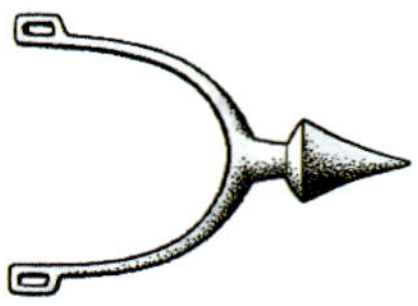

Dornsporn (Rittersporn)

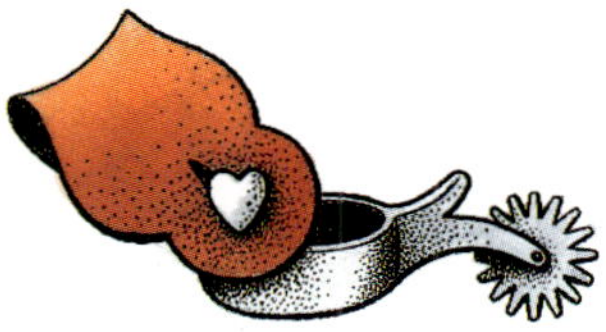

Großzackiger Rollsporn für Hirten

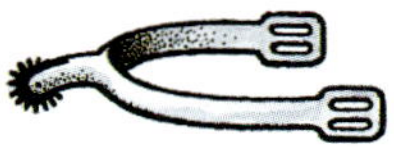

Rädchensporn

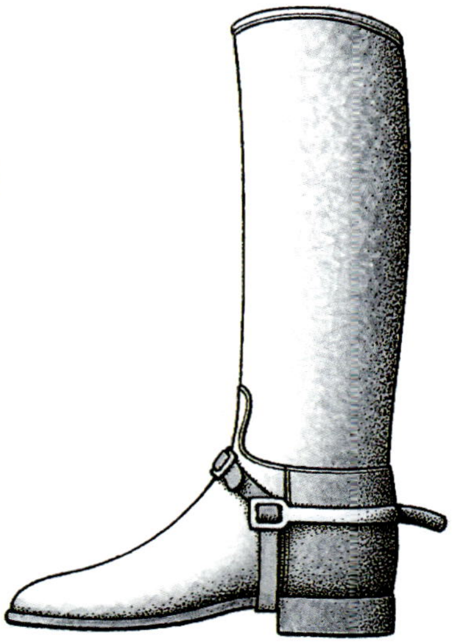

Stumpfer Sporn am Stiefel

Der Pferdespringsport ist weltweit verbreitet.

liegende Baumstämme, Wassergräben oder Erdhaufen kein Problem darstellen. Allerdings zeigen manche Pferde eine fast unüberwindbare Scheu vor Wasser, auch wenn sie bereitwillig über jedes andere nicht zu große Hindernis gehen. Solche Pferde sind meist auch nicht bereit, durch Wasser zu waten oder gar zu schwimmen.
Die Überwindung von Sprüngen, wie sie Pferde heute im ☞ **Springsport** angehen müssen, wurde in diesem Ausmaß erst durch die ☞ **Zucht** von immer größeren und „springbegabten" Rassen möglich. Gleichzeitig werden aber die Anforderungen im Springsport immer noch größer. Einen kleinen ☞ **Parcours** muss man z. B. bei Prüfungen für bestimmte ☞ **Leistungsabzeichen** absolvieren. Höher sind die Hindernisse und die Anforderungen bei der Berufsprüfung zum ☞ **Pferdewirt** mit Schwerpunkt Reiten. Beim ☞ **Reiterpass** kann man freiwillig mit seinem Pferd kleine natürliche Hindernisse überspringen.
☞ **Freispringen**, ☞ **Hindernisse**

Springgarten _ Ein Spring- oder Sprunggarten ist eine Längs- oder Ovalbahn, in der verschiedene Hindernisse aufgestellt sind, denen ein Pferd nicht ausweichen kann. Springgärten werden vor allem für das ☞ **Freispringen** verwendet.

Springreiten _ ist seit vielen Jahrzehnten ein eigener Zweig in der herkömmlichen Turnierreiterei. In anderen Reitweisen spielt das Springreiten oft keine oder nur eine sehr geringe Rolle.
Reine Springwettbewerbe finden in einem ☞ **Parcours** mit Hoch-, Hochweit- und Weithindernissen statt. Springpferde, besonders solche der unteren Klassen, werden leider oft sehr einseitig ausgebildet – ebenso wie ihre Reiter. Es fehlt dann an der notwendigen ☞ **Gymnastizierung**, und die Pferde bekommen schon sehr früh Gesundheitsschäden, die vermeidbar wären.
Ein bekannter Springreiter sagte einmal: „Heute lernt man Springreiten als eigene Disziplin. Wir haben früher nicht

entweder Dressur- oder Springreiten gelernt, sondern einfach Reiten!"
Außer Standardprüfungen gibt es nach der ☞ **LPO** z. B. auch Spezialspringprüfungen wie Staffettenspringen, Paarspringen und Mannschaftsspringen. Gewertet werden in der Regel Fehlerfreiheit bzw. Fehler wie ein ☞ **Abwurf** und die für den Parcours benötigte Zeit - oder eines von beiden. Nur in der schweren Klasse werden Mächtigkeits- und Rekordspringen mit besonders hohen Hürden und mehreren ☞ **Stechen**, jedoch ohne Zeitwertung veranstaltet.
Außer im speziellen Springsport gibt es Springprüfungen auch im ☞ **Vielseitigkeitssport;** dazu kommen in dieser Disziplin oder als eigenständige Prüfungen ☞ **Geländeritte** auf ☞ **Naturkursen**.
☞ **Freispringen**, ☞ **Hindernisse**

Sprung _ 1. In der Züchtersprache ist damit der Deckakt (☞ **Paarung**) gemeint. Wo der ☞ **Deckhengst** frei in der Herde mitläuft und sich mit den Stuten ohne menschliche Zwangsmaßnahme paaren kann, spricht man vom Herdensprung. Dies ist die einzige wirklich natürliche Weise des Fortpflanzungsakts. Hengst und Stute können alle damit verbundenen Verhaltensweisen ausführen und befinden sich inmitten ihrer Artgenossen. Dem Herdensprung immer noch sehr nahe ist der freie Sprung, bei dem eine Stute einzeln mit einem Hengst frei läuft, bis dieser sie gedeckt hat. Beim Sprung an der Hand wird die Stute festgehalten oder sogar angebunden; oftmals werden ihr die Hinterbeine gefesselt, damit sie den Hengst nicht abwehren kann, wenn er ihr nicht liegt oder sie Angst hat. Ein kurzes Vorspiel hat höchstens am ☞ **Probierstand** stattgefunden. Den Deckhengst bekommt die Stute oft nicht einmal dort zu sehen (☞ **Probierhengst**). Trotz dieser sehr unnatürlichen Zwangshaltung sprechen Züchter, die so vorgehen, gern vom „Natursprung". Das gaukelt eine Naturnähe vor, die bei dieser Art des Deckens nicht gegeben ist. Verglichen mit der ☞ **Künstlichen Besamung** ähnelt der Sprung an der Hand allerdings noch eher dem natürlichen Verlauf einer Paarung.
2. Im reiterlichen Sinne versteht man unter einem Sprung a) ein ☞ **Hindernis** oder das Überwinden eines solchen, b) die volle Fußfolge im ☞ **Galopp**, c) einen ☞ **Schulsprung**.

Staatsgestüt _ In vielen europäischen Staaten bestehen Gestüte mit reiner Hengsthaltung oder mit Hengst- und Stutenhaltung, die dem jeweiligen Staat gehören. Dort wird vor allem die Zucht und der Erhalt der einheimischen Rassen betrieben beziehungsweise gefördert.

Staatsprämien _ gibt es für Zuchtpferde, die bei öffentlichen Prämierungsschauen gut abgeschnitten haben. Die staatliche Anerkennung kann einen ansehnlichen Betrag ausmachen.

Ständer _ Ein Ständer ist eine Art ☞ **Box** ohne Tür. Die Pferde werden darin angebunden, sie können sich also nicht frei bewegen und oft nicht einmal hinlegen. Ständerhaltung ist allgemein pferdeunfreundlich. Besonders schlimm ist diese Haltung für die Pferde, wenn sie überdies wenig Bewegung und Auslauf haben.

Stall _ So nennt man eine geschlossene Behausung für Tiere. In Pferdeställen sind meist ☞ **Boxen** oder ☞ **Ständer** eingebaut, in denen die Pferde einzeln untergebracht sind. Ein Stall ist praktisch für die Pferdebesitzer und Reiter, denn man kann die Pferde jederzeit problemlos aus der Box oder dem Ständer holen und muss sie nicht erst

Gut belüftbarer kleiner Stall mit Schiebetüren an den Boxen

auf einer ☞ **Weide** einfangen. Bei Verletzungen und Erkrankungen, für eine ☞ **Geburt** oder nach einer Operation ist es oft notwendig, ein Pferd im Stall zu halten; in der ☞ **Hengsthaltung** ist die Unterbringung im Stall üblich.
Im Stall sind Pferde vor extremen Witterungseinflüssen geschützt. Andererseits bekommt Pferden, die überwiegend im Stall gehalten werden, der ständige Mangel an Sonne, Wind und Regen sowie der fehlende Wechsel von Wärme und Kälte nicht. Sie verweichlichen und leiden außerdem unter Bewegungsmangel, wenn sie nicht regelmäßig geritten oder auf andere Weise beschäftigt werden. In zu warmen oder schlecht belüfteten Ställen mit ständigem Frischluftmangel müssen die Pferde zudem noch die starken, gesundheitsschädlichen Ausdünstungen aus ihrem eigenen ☞ **Mist** einatmen. In schlechter ☞ **Einstreu** können sich Pilze, Bakterien und Würmer ausbreiten. Ist der Stall nicht hell genug, so kann es zu Stoffwechselstörungen kommen.
Viele ☞ **Krankheiten** und ☞ **Verhaltensstörungen** gehen auf Missstände in der Stallhaltung zurück: Oft werden zu viele Pferde auf engem Raum zusammengepfercht oder in alten Rinder- oder Kuhstallungen untergebracht - in Boxen, die zu dunkel, zu eng, zu niedrig und mit altem Mist und Spinnweben verschmutzt sind. Zu einer pferdefreundlichen ☞ **Haltung** gehört aber nicht nur ein sauberer, heller, gut belüfteter Stall mit geräumigen Boxen, sondern auf jeden Fall auch der tägliche Aufenthalt auf der ☞ **Weide**.
Im Stallgebäude sind häufig auch die ☞ **Sattelkammer**, eine Futterkammer sowie Waschgelegenheiten vorhanden. ☞ **Laufstall**, ☞ **Offenstall**

Stallapotheke _ Ein Behälter, in dem man Verbandszeug und andere medizinische Hilfsmittel aufbewahrt, mit denen man im Notfall ein verletztes oder erkranktes Pferd versorgen kann. Am besten weiß der ☞ **Tierarzt**, was in die Stallapotheke hineingehört und wie man bei Pferden Erste Hilfe leistet.
Der Kasten sollte an einem sauberen, trockenen Ort im Stall untergebracht oder aufgehängt werden. Die Stallapotheke muss für alle zugänglich sein, die mit den Pferden umgehen.

Stalldrang _ So nennt man den Trieb von ☞ **Hauspferden**, möglichst in der Nähe des heimatlichen Anwesens zu bleiben oder schnell nach Hause zu kommen. Es spielt dabei keine Rolle, ob die Pferde überwiegend im Stall oder auf der Weide gehalten werden. Pferde mit starkem Stalldrang lassen sich nur schwer vom Hof wegreiten und drängeln umso heftiger, je näher sie ihm wieder kommen. Beim ☞ **Ausreiten** kann sich der Stalldrang bis zum ☞ **Durchgehen** steigern, wenn der Reiter die Kontrolle über das Pferd verliert. Ein Pferd mit starkem Stalldrang sollte man auch aus diesem Grund auf dem Nachhauseweg nur in ruhiger Gangart gehen lassen - niemals im Galopp.
Auch wenn ein Reiter aus anderen Gründen unterwegs gestürzt ist, läuft das Pferd fast immer in die Richtung seiner ständigen Behausung.

Stallen _ ist ein anderer Ausdruck für das ☞ **Harnen** und das Absetzen von ☞ **Kot** des Pferdes, vor allem bei Stallpferden.

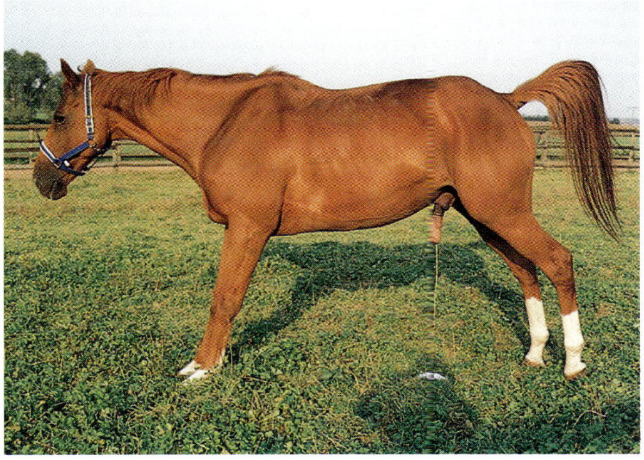

Pferde stallen am liebsten auf weichem Untergrund, damit der Urin nicht hochspritzt.

Stallfarben _ sind eingetragene, geschützte Farben, Farbmuster und Symbole eines ☞ **Rennstalles**, die sich in der Kleidung der Rennreiter wiederfinden. „Er trägt die Farben des Stalles Sowieso" heißt, dass der betreffende Rennreiter oder -fahrer mit einem Pferd aus diesem Rennstall startet. ☞ **Rennsport**

Stallhalfter _ ☞ **Führhalfter**

Stammbaum _ ☞ **Ahnentafel**

Stammbuch _ So heißt die zweite Abteilung des ☞ **Stutbuchs**.

Standard _ oder Zuchtstandard nennt man das Zuchtziel für eine ☞ **Rasse**. Der Standard wird vom zuständigen ☞ **Zuchtverband** erstellt und beschreibt unter anderem, wie das ☞ **Exterieur** der Pferde dieser Rasse beschaffen sein soll, welche ☞ **Farben** zugelassen sind und welche Nutzung beabsichtigt ist.

Stangengebiss _ ☞ **Kandare**

Stangenpferd _ Die Pferde, die bei ☞ **Vierspännern** und ☞ **Mehrspännern** direkt vor dem Wagen eingespannt sind, nennt man Stangenpferde. ☞ **Handpferd**, ☞ **Sattelpferd**

Start _ Der Start erfolgt bei Dressurreit- und -fahrprüfungen nach dem vorgeschriebenen Gruß des Reiters. Bei Springwettbewerben kann der Teilnehmer meist nach einem akustischen oder optischen Signal starten, z. B. nach dem Abläuten einer Starterglocke oder nach dem Absenken einer Startflagge. Bei solchen Prüfungen gehen die Teilnehmer in der Regel einzeln an den Start. Im ☞ **Rennsport** dagegen starten alle Teilnehmer einer Ausscheidung gleichzeitig nebeneinander oder - wie bei Trabrennen - in kurzen Abständen hintereinander. Dabei starten die bisher erfolgreichsten Pferde am weitesten hinten, so dass jeder eine Chance hat, als Erster die Ziellinie zu erreichen. Bei ☞ **Galopprennen** laufen die Pferde aus dem Stand heraus los, meist aus einem fahrbaren Boxengestell, den so genannten Startboxen. Einen solchen „stehenden" Start gibt es bei ☞ **Trabrennen** dagegen selten, hier wird meist „fliegend" gestartet. Das heißt, dass die Pferde vor den ☞ **Sulkys** bereits in voller Bewegung sind, wenn sie über die Startlinie laufen. Vor den Pferden fährt bei einem fliegenden Start ein Starterwagen her. Das ist ein Auto mit einem Gestell, das nach beiden Seiten ausgeschwenkt und nach dem Überfahren der Startlinie wieder zusammengeklappt wird. Danach verlässt der Wagen das ☞ **Geläuf**. Bei Geländeprüfungen (☞ **Distanzreiten**, ☞ **Vielseitigkeitssport**) gehen die Teilnehmer meist nacheinander im Abstand von einigen Minuten in den Wettbewerb.

Startgeld _ So nennt man die Teilnahmegebühr für einzelne Prüfungen bei ☞ **Turnieren**, im ☞ **Rennsport** und bei anderen pferdesportlichen Wettbewerben. Das Startgeld muss im Gegensatz zum ☞ **Nenngeld** in der Regel vom Sportler (Reiter, Fahrer, Voltigierer) bezahlt werden.

Stationsprüfung _ Gangarten- und Wesensprüfung für dreijährige ☞ **Zuchtstuten;** sie werden dazu ein bis zwei Wochen lang in einem Testzentrum untergebracht. Richter beobachten die jungen Pferde sowohl in der freien Bewegung als auch unter dem Sattel. Dabei soll nur die natürliche Veranlagung der Stuten bewertet werden, die sie eventuell auch weitervererben.

Stechen _ Zusätzlicher ☞ **Durchgang** bei schweren Springprüfungen, wenn z. B. mehrere Teilnehmer fehlerfrei geblieben sind. Je nach Prüfung sind mehrere Stechen möglich, sogar „Stechen bis zur Entscheidung", wenn die Teilnehmer des Stechens auch weiterhin keinen ☞ **Abwurf** haben. Häufig wird der Parcours für das Stechen verkürzt, die verbliebenen Hindernisse werden jedoch erhöht oder erweitert. Jedes Stechen bedeutet für die Pferde eine zusätzliche Belastung.

Steeplechase _ ist ein Begriff aus der englischen Sprache; er bedeutet im ursprünglichen Sinn Kirchturmrennen und wird heute für bestimmte ☞ **Galopprennen** verwendet. Früher trugen britische Jagdreiter solche Wettbewerbe aus, die von einem Dorf zum anderen führten. Start und Ziel war jeweils der Kirchturm der betreffenden Orte. Dabei ging es auf einer vorgegebenen Strecke meist querfeldein durch Sturzäcker, über Feldmauern und über „Stock und Stein". Die heutigen Steeplechases sind offizielle Galopprennen und werden nach ihrer Herkunft und Art auch Jagdrennen genannt. Die schwersten Rennen dieser Art sind das Grand National beim englischen Liverpool und das Pardubitzer Steeplechase in Tschechien; beide sind berüchtigt wegen ihrer übermäßigen Schwierigkeiten und der damit verbundenen vielen, oft tödlichen Unfälle bei Reitern und Pferden.
Außer Kirchturmrennen wurden in England auch so genannte ☞ **Point-to-Point-Rennen** ausgetragen, bei denen sich jeder Teilnehmer seinen Weg selber suchen konnte. Wer schnell sein wollte, musste meist höhere Risiken auf sich nehmen als jemand, der etwas sicherer auf weiteren Strecken ritt. ☞ **Vielseitigkeitssport**

Stehmähne _ Aufrecht stehende kurze ☞ **Mähne**, typisch für ☞ **Fohlen**. Bei erwachsenen Pferden sind die mittleren Haare meist dunkler und feiner als die Außenhaare. Diese nennt man auch Hülse. ☞ **Fjordpferd**, ☞ **Przewalskipferd**

Stehtag _ Ruhetag für die Pferde und freier Tag für die Mitarbeiter in manchen ☞ **Reitschulen**. Für Pferde, die sonst täglich mehrere Stunden eingesetzt werden, ist das plötzliche Nichtstun nicht immer gut. Sie bekommen oft an solchen Tagen eine ☞ **Kolik** oder den gefährlichen ☞ **Kreuzverschlag**, besonders dann, wenn sie keinen oder nur kurzen Koppelgang haben. In modernen Reitinstituten wird die Freizeit der Mitarbeiter so geregelt, dass die Pferde an allen Tagen gleichmäßig bewegt und beschäftigt werden.

Steigbügel _ lernte man in der westlichen Welt erst kennen, als die Hunnen im 5. Jahrhundert über Europa hereinbrachen. Sie brachten den ☞ **Sattel** und mit ihm die Steigbügel nach Europa. Die Steigbügel dienen als Hilfe beim ☞ **Aufsitzen** und geben den Füßen während des Reitens Halt. Bis dahin benutzte man zum Aufsteigen große Steine, Mauervorsprünge oder die hilfreichen Hände von Sklaven. Steigbügel gab und gibt es in zahlreichen Ausführungen. Die einfache Form ist ein Metallbügel mit einer Trittfläche für den Fußballen. Er wird mit einem Riemen am Sattel verschnallt. Arbeitsreiter wie die ☞ **berittenen Hirten** verwenden meist sehr breite Bügel, auch aus Leder oder Holz, die häufig mit einer halb geschlossenen Kappe versehen sind. So bieten sie den Füßen nicht nur Halt, sondern auch Schutz.
Spezielle Sicherheitssteigbügel verhindern durch ihre Form oder weil sie sich bei einem bestimmten Druck öffnen, dass sich der Fuß in ihnen festklemmt. Das ist sehr sinnvoll, weil man sonst bei einem Sturz mitgeschleift werden kann.

Steigen _ gehört ursprünglich zum natürlichen Verhalten von Pferden. Ein steigendes Pferd steht nur auf den Hinterhufen, beide Vorderbeine befinden sich mehr oder weniger hoch in der Luft. Beim ☞ **Hengstkampf** steigen Pferde zuerst, um auf den Gegner Eindruck zu machen und ihn dadurch einzuschüchtern. Im Verlauf einer ernsthaften Auseinandersetzung greifen sich die Hengste aus dem Steigen heraus mit den Vorderhufen und mit den Zähnen an. Das andressierte Steigen in der Freiheitsdressur (☞ **Zirkuspferde**) kann man nicht unmittelbar vom Steigen in der Natur ableiten, denn es besteht kein Zusammenhang mit natürlichen Gegebenheiten. Dabei gibt es auch keine Beugung der ☞ **Hanken** wie bei den ☞ **Schulsprüngen**. In der ☞ **Hengsthaltung** kann es vorkommen, dass ein Hengst versucht, sich auch bei einem Menschen durch Steigen durchzusetzen. Manchmal steigt bei der Grundausbildung auch ein ☞ **Wallach**, kurz bevor er sich dem Ausbilder freiwillig unterwirft.
Steigen als Widersetzlichkeit unter dem Sattel oder im ☞ **Gespann** kann ein Ausdruck von ☞ **Scheuen** sein, von ☞ **Sattelzwang** oder von Unwillen gegenüber dem Reiter/Fahrer.

Steigbügelformen

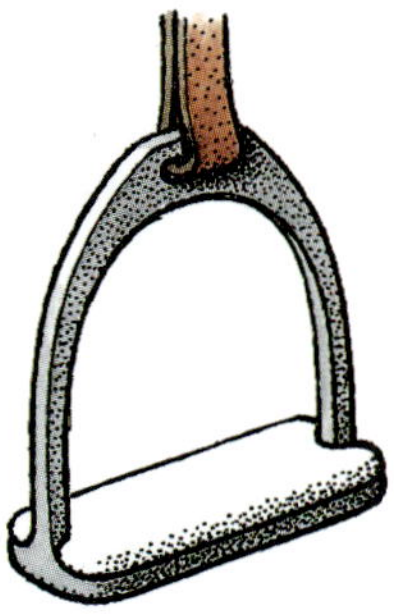

Sicherheitsbügel zum Abklappen (rechts)

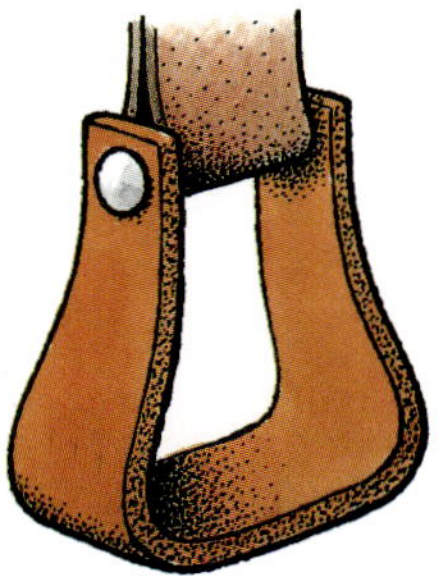

Breiter Lederbügel (Westernbügel)

Bügel mit metallenem Vorderfußschutz

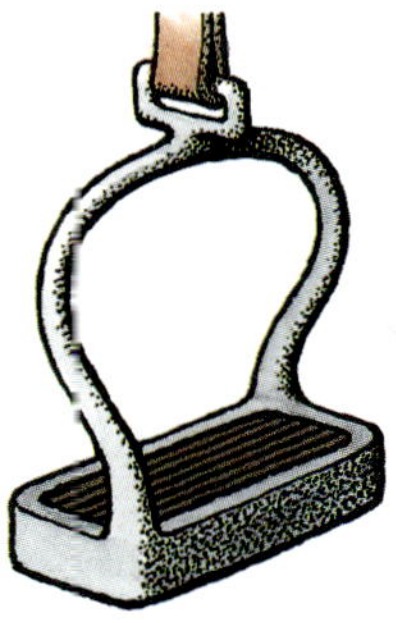

Sicherheitsbügel ohne Verkantungsgefahr

Steigergebiss _ Dieses kreisförmige Gebiss mit ☞ **Zungenfreiheit** im Maulteil wird speziell zum Führen von Hengsten benutzt. Es soll sie vor allem am ☞ **Steigen** hindern.

Steinfrucht _ Ein ungeborenes Fohlen, das im Mutterleib abstirbt und eintrocknet, bezeichnet man als Steinfrucht. Dies kommt hauptsächlich vor, wenn ☞ **Zwillinge** gezeugt worden sind. Die Steinfrucht wird mit ausgeschieden, wenn das andere Fohlen geboren wird oder wenn die Stute verfohlt, also auch der Zwilling tot geboren wird. ☞ **Verfohlen**

Steingalle _ ☞ **Gallen**

Stelldichein _ Das Stelldichein ist der Treffpunkt von Jagdreitern vor Beginn der ☞ **Reitjagd**. Es kann sich dabei um eine Reitbahn handeln, aber auch um einen Platz im freien Feld oder am Waldrand.

Stellung _ 1. Der Knochenbau der Beine und Hufe.
2. Das Pferd wird beim Reiten im Kopf und im Hals leicht nach einer Seite ausgerichtet, meist nach innen. Das nennt man Stellung. So gestellt, lässt sich das Pferd leichter auf gebogenen Linien reiten und angaloppieren. Ein Pferd ohne Stellung verspannt sich leicht. Auch in der ☞ **Biegung** soll ein Pferd gleichzeitig gestellt sein.

Stempelhengst _ Einen besonders herausragenden Hengst, der seine überdurchschnittlichen Anlagen auch weitervererbt, bezeichnet man als Stempelhengst. Er drückt seiner Nachkommenschaft über viele Generationen seinen „Stempel", also seine Qualitäten, auf. Solche Hengste sind die Begründer berühmter ☞ **Blutlinien**.

Steppenpferde _ Im Verlauf der Einwanderungen von Pferdeahnen nach Eurasien (☞ **Entwicklungsgeschichte**) entstanden von Innerasien bis nach Südwest europa gedrungene Steppenpferde. Im Unterschied zum reinen ☞ **Südpferd** mit seinen kleinen Zähnen, seinem schmalen Kopf und den kleinen Ohren besitzen Steppenpferde einen breiten, fast klobigen ☞ **Ramskopf** mit kräftigen Ohren und ein derbes Gebiss. Als typisch gilt eine natürliche ☞ **Stehmähne** ohne ☞ **Stirnschopf**.
Aus Steppenpferden könnten sich auch die so genannten ☞ **Pferdeesel** Asiens entwickelt haben. Man kann die Steppenpferde nicht exakt dem Nord- oder Südtyp zuordnen. Sie stellen einen Pferdeschlag dar, der sich auf breiter Front von Nordost bis Südwest ausgebreitet hat.
Der Hauptlebensraum der Steppenpferde sind kalte, karge Steppenlandschaften, wie sie heute noch in Innerasien bestehen. Höhlenmalereien aus Südwesteuropa zeigen häufig einen solchen Pferdetyp. Das einzige überlebende echte Wildpferd, das Mongolische Urwildpferd oder ☞ **Przewalskipferd**, entspricht dem Steppentyp.

Sternritt, Sternfahrt _ Ritt oder Fahrt zu einem Treffpunkt, zu dem Teilnehmer aus verschiedenen Himmelsrichtungen „anreisen". Ziel kann z. B. eine ☞ **Messe** oder eine andere Veranstaltung sein. Je nach Entfernung kann es sich bei einem Sternritt um einen Tagesritt oder ein mehrtägiges Wanderreitunternehmen handeln. Bei längeren Strecken wird manchmal das Reitergepäck mit einem Auto oder mit einem ☞ **Gespann** transportiert, damit die Reiter schneller vorankommen. Ein Sternritt kann auch als ☞ **Orientierungsritt** für einen Wettbewerb ausgeschrieben sein.

Stichelhaar _ Als Stichelhaar bezeichnet man einen angeborenen Weißanteil im Fell, der bei allen ☞ **Farben** vorkommt. Das farbige Fell ist dabei mehr oder weniger stark von weißen Einzelhaaren durchsetzt. Die Stichelung tritt oft nur in bestimmten Bereichen auf, z. B. am Kopf und am Hals, am Bauch, auf dem Rücken oder an den Bei-

Ein Dunkelfuchs mit Stichelhaar am Körper und weißen Abzeichen an den Beinen

nen. Bei wenig Stichelhaar ist die Hauptfarbe ausschlaggebend; ein fuchsfarbenes Pferd mit Stichelung bezeichnet man beispielsweise als „Fuchs, gestichelt".
Selbst ☞ **Schecken** können in den farbigen Bereichen gestichelt sein. Häufig ist Stichelhaar jedoch ein Anzeichen dafür, dass ein Pferd ein ☞ **Schimmel** wird. Das allmähliche Ergrauen und Weißwerden im Alter zählt man nicht zur Stichelung.

Stiefelknecht _ Eine Vorrichtung, die das Ausziehen von langen Reitstiefeln erleichtert. Ein Stiefelknecht besteht aus einem schrägen Holz-, Kunststoff- oder Metallbrett mit einer tiefen Rundung. In diese Rundung stellt man die Stiefelferse, klemmt sie fest und kann nun den Fuß leichter aus dem Stiefel ziehen.

Einfacher Stiefelknecht aus Holz

Stilreiten _ ist ebenso wie das Stilspringen und das Stilfahren eine eigenständige Prüfung bei ☞ **Turnieren**. Beurteilt werden bei Reitern z. B. laut ☞ **LPO** „Sitz und Einwirkung des Reiters, die harmonische Erfüllung der gestellten Aufgabe und der Gesamteindruck".
Dafür gibt es Wertnoten zwischen 10 und 0. In die Bewertung fallen beim Stilspringen zusätzlich die Hindernisfehler. Entsprechend werden beim Stilhindernisfahren der Fahrstil und zusätzlich ebenfalls die Hindernisfehler gewertet.

Stirnriemen _ Ergänzung des ☞ **Kopfstücks** der ☞ **Zäumung**.

Stirnschopf _ Der Teil der ☞ **Mähne**, der zwischen den Pferdeohren bis zum Stirnansatz wächst, heißt Stirnschopf oder Schibrine. Beim ☞ **Przewalskipferd** fehlt der Schopf in der Regel.

Stockman _ ☞ **Berittene Hirten**

Stockmaß _ Wird die ☞ **Größe** eines Pferdes mit einem Winkelstock gemessen, so bezeichnet man sie als Stockmaß. ☞ **Messen**

Stollen _ Zubehör zu ☞ **Hufeisen**

Stoßzügel _ Dies ist einer der meistgebrauchten ☞ **Hilfszügel** im Unterricht für Reitanfänger. In der Regel wird als Stoßzügel ein einzelner ☞ **Ausbindezügel** verwendet. Der Riemen läuft vom Sattelgurt zwischen den Vorderbeinen des Pferdes hindurch zum Kinnriemen des ☞ **Zaums**. Läuft er durch einen Halsriemen, so nennt man ihn auch feststehendes Martingal. Die Wirkung soll ähnlich wie die der ☞ **Ausbindezügel** sein.
Stoßzügel werden jedoch oft zur Qual für die Pferde, weil sie zu kurz und starr verschnallt sind und das Pferd zu einem übertriebenen Einziehen des Kopfes zwingen. Man sieht dies z. B. auch in den so genannten ☞ **Hippodromen**.

Locker verschnallt lässt der Stoßzügel dem Pferd genug Bewegungsfreiheit.

Strahl _ Der Strahl oder Hufstrahl ist ein elastischer Keil aus weicherem Horn an der Unterseite des ☞ **Hufs**.

Strahlbeinlahmheit _ ☞ **Hufrollenentzündung**

Strahlen _ ist ein anderer Begriff für das ☞ **Harnen** beim Pferd.

Strahlfäule _ Dieser Fäulnisvorgang am ☞ **Strahl** des ☞ **Hufs** entsteht häufig, wenn durchnässte ☞ **Einstreu** nicht regelmäßig ausgewechselt wird, wenn die Weiden längere Zeit verschlammt sind oder ein Pferd nicht regelmäßig Bewegung bekommt. Urin und andere Nässe zersetzen das Horn ebenso wie mangelnde Durchblutung des Hufs durch zu wenig Auslauf. Um die Fäule zu stoppen, müssen die Hufe behandelt und die Ursachen beseitigt werden.

Straßenverkehrsordnung _ Wenn Reiter, Gespannfahrer oder Pferdeführer öffentliche Straßen und Plätze benutzen, müssen sie sich wie andere Verkehrsteilnehmer an bestimmte Vorschriften halten. Allerdings sind diese Regelungen nicht leicht zugänglich, denn es gibt keinen eigenen Abschnitt nur für Pferdeleute. Gut informiert sind zumeist ☞ **Berittführer**, Fuhrleute und erfahrene Wanderreiter. Auskünfte erteilen auch die Angehörigen der Reiterstaffeln (☞ **Berittene Polizei**) und die Reiterverbände.

Streichen ist ein fehlerhafter Bewegungsablauf, ähnlich wie das ☞ **Greifen**. Beim Streichen berührt das Pferd, ebenfalls in der Bewegung, das gegenüberliegende Bein mit der Hufkante. Besonders durch beschlagene Hufe können erhebliche Verletzungen vor allem an der ☞ **Fessel** und der ☞ **Röhre** entstehen. Mit ☞ **Bandagen** oder so genannten Streichkappen (Ledermanschetten) kann man die Verletzungsgefahr verringern.
Natürlich ist es auf jeden Fall sinnvoll, die Ursache für das Streichen herauszufinden und sie nach Möglichkeit abzustellen. Manchmal wird das Streichen durch einen Stellungsfehler hervorgerufen (☞ **Stellung**), den man eventuell durch einen Spezialbeschlag (☞ **Hufbeschlag**) ausgleichen kann. Oft ist die Ursache aber auch ganz einfach ein falscher ☞ **Sitz** des Reiters.

Lederstreichkappe

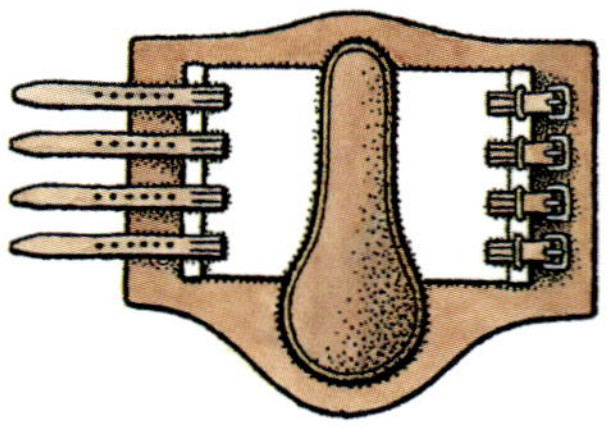

Fesselpolsterung, Lederstrippen zum Verschnallen

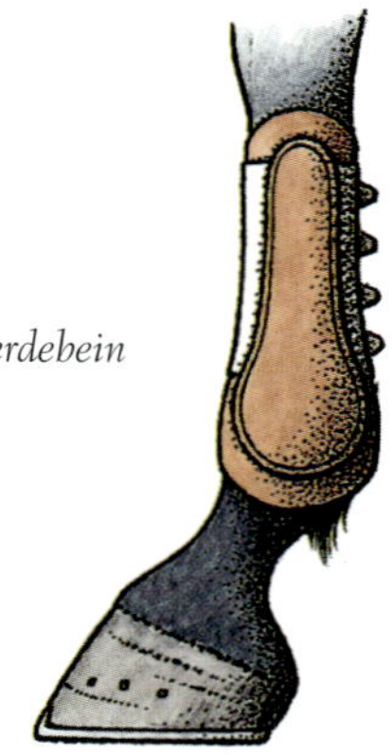

Streichkappe am Pferdebein

Streifung _ gilt bei Pferden als Teil der uralten ☞ **Wildfärbung**. Bei ungeborenen Fohlen im frühen Entwicklungsstadium ist die Streifung fast immer vorhanden (☞ **Entwicklungsgeschichte**). Neugeborene Fohlen haben manchmal noch am Rücken mehrere Querstreifen, die sich aber bald verlieren. Erhalten bleiben vor allem bei ursprünglichen Rassen häufig der ☞ **Aalstrich** und die ☞ **Zebrastreifen**.
Man darf annehmen, dass solche Fellzeichnungen Überreste aus grauer Vorzeit sind, als die kleinen Pferdevorfahren noch hauptsächlich in Wäldern lebten. Die Streifung diente zur besseren Tarnung vor Feinden.

Streitross _ Bezeichnung für ein schweres ☞ **Militärpferd**, das direkt im Kampf eingesetzt wurde. Vor allem die ☞ **Ritterpferde** bezeichnete man als Streitrösser. ☞ **Ross**

Streu _ ☞ **Einstreu**

Strichreiten _ nennt man es, wenn mehrere Reiter in einer Linie hintereinanderreiten. Dies ist aus Sicherheitsgründen im Gelände erforderlich. Wichtig ist beim Strichreiten ein ausreichender Abstand vom Vorderpferd, damit bei einem unvermittelten Halten ein Aufprall vermieden wird.

Striegel _ braucht man zum ☞ **Putzen und Pflegen**. Ein Striegel kann aus Hartgummi, Kunststoff oder Metall bestehen. Es gibt auch Putzhandschuhe, die eine Kombination aus Striegel und ☞ **Kardätsche** sind. ☞ **Putzzeug**

Stroh _ Das ausgedroschene Getreide beziehungsweise die Getreidehalme bezeichnet man als Stroh. Man verwendet es in der Pferdehaltung als ☞ **Einstreu** und als ☞ **Raufutter**. Zum Einsatz kommt hauptsächlich Hafer-, Roggen- und Weizenstroh.

Auf sauberem Stroh lässt es sich gut ruhen.

Stutbuch _ Das ☞ **Zuchtbuch** für weibliche Pferde heißt Stutbuch. Hier werden dreijährige sowie ältere Stuten eingetragen, die zur Zucht verwendet werden dürfen.
Das Stutbuch ist in drei Abteilungen oder Kategorien eingeteilt. In das Hauptstammbuch werden nur Stuten aufgenommen, die in ihrer äußeren Erscheinung und durch ihre Abstammung dem ☞ **Standard** der betreffenden Rasse bestens entsprechen. Im Stammbuch sind Stuten eingetragen, die nicht ganz so hervorragend, aber immer noch recht gut den Zielvorstellungen nahe kommen. Das Stammbuch wird manchmal verwirrenderweise auch Stutbuch genannt. Das Vorbuch erfasst Stuten mit gutem Typ, aber unklarer Abstammung.

Stute _ Das weibliche Tier bei den ☞ **Equiden** heißt Stute. Ihre äußeren Geschlechtsmerkmale sind das ☞ **Euter** und die Scheide, die sich unter dem After befindet. Eine Stute ist im Gegensatz zum ☞ **Hengst** nicht ständig zur ☞ **Paarung** bereit. Der weibliche Hormonkreislauf sorgt dafür, dass sie nur zeitweilig in Paarungsbereitschaft oder Brunst kommt. Bei den Pferden nennt man diese Phasen die ☞ **Rosse**. Stuten können nach Eintritt der ☞ **Geschlechtsreife** jährlich trächtig werden (☞ **Trächtigkeit**). Im Verlauf eines langen Lebens bekommt eine ☞ **Zuchtstute** bis zu zwei Dutzend Fohlen.

Stutenfamilie _ Das ist eine weibliche ☞ **Blutlinie**. Sie geht auf eine „Urstute" zurück, die besondere Qualitäten über viele Generationen hinweg vererbt, z. B. einen günstigen ☞ **Körperbau**, lange Fruchtbarkeit oder Springvermögen.

Stutenkampf _ Stuten zwicken und beißen bei kleineren Streiten wie Wallache und Hengste. In ernsthaften Kämpfen gehen sie sehr schlagkräftig gegen ihre Geschlechtsgenossinnen, aber auch gegen noch unerwünschte Hengste vor. Im Gegensatz zu ihren männlichen Artgenossen kämpfen Stuten hauptsächlich mit den Hinterhufen. Wird ihr ☞ **Drohverhalten** nicht beachtet, so drehen sie dem Gegner meist ihr Hinterteil zu und schlagen oft mit beiden Hinterbeinen gleichzeitig aus. Manchmal kämpfen zwei Stuten auf diese Art gegeneinander oder gemeinsam gegen ein drittes Pferd. Auslöser eines solchen Kampfes ist in der Regel der ☞ **Verteidigungstrieb** oder die ☞ **Rangordnung**.

Stutenmilch _ Die Milch der Mutterstute ist die Hauptnahrung für alle ☞ **Saugfohlen**. Im ☞ **Euter**, der Milchdrüse der Stute, wird schon kurz vor der ☞ **Geburt** die besonders wichtige ☞ **Biestmilch** produziert, deren Überschuss sich als ☞ **Harztropfen** absondert.
Die „normale" Stutenmilch – etwa vom dritten Lebenstag des Fohlens an – enthält durchschnittlich 1,5 bis 1,9 % Fett (Kuhmilch 3,4 %), 6,3 % Milchzucker (Kuhmilch 4,6 %) und rund 45 Kalorien pro 100 g (Kuhmilch 64 Kalorien).
Wohl weil sie in ihrer Zusammensetzung der menschlichen Muttermilch ähnelt und verwaiste Säuglinge damit am Leben erhalten werden konnten, wird Stutenmilch schon seit Urzeiten auch für den menschlichen Genuss verwendet. Man sagt Pferde- und Eselsmilch nicht nur eine gesundheitsfördernde, sondern auch eine kosmetische Wirkung nach.
Bei den asiatischen Völkern, insbesondere den Skythen (8. bis 3. Jahrhundert vor Christus) war es immer schon üblich, Pferdestuten zu melken und die Milch durch Vergären haltbar zu machen. Auch der griechische Dichter Homer erzählt in seinen Dichtungen von „Rossemelkern". Die ägyptische Königin Kleopatra soll täglich in Stutenmilch gebadet haben. Etwas Zweifel darf man daran haben,

denn die Stutenmilchgewinnung ist rarer als etwa bei Kühen.
Milch gibt eine Stute nur, solange sie ein Fohlen säugt. In den ersten vier bis fünf Wochen soll überhaupt nicht gemolken werden, damit das Fohlen genügend Milch bekommt. Später werden die Fohlen in der heutigen gewerblichen Stutenmilchgewinnung stunden- oder halbtageweise von der Mutter getrennt und bekommen ersatzweise Aufbaufutter und Milchpulver. Von einer Stute werden pro Melkvorgang etwa ein bis zwei Liter Milch gewonnen. Die Milch wird tiefgefroren und als Trinkkur verschickt oder zu Cremes und Lotionen verarbeitet.
In Mitteleuropa hat die Stutenmilchgewinnung in den letzten Jahren stark zugenommen – vor allem, weil mit dem Slogan „Zurück zur Natur!" geworben wird. Ob der gesundheitliche Gewinn für erwachsene Menschen tatsächlich so groß ist, wie er werbeträchtig angepriesen wird, ist bis heute wissenschaftlich nicht eindeutig erwiesen. Dafür sind die Schattenseiten unübersehbar: Stuten werden nicht aus züchterischen Gründen mit Hengsten gepaart, sondern lediglich, damit sie Milch geben. Die Fohlen sind nach dem ☞ **Absetzen** meist überflüssig und wandern zum Schlachter oder fristen ein armseliges Dasein, wenn sie nicht verkauft werden können.
Unzählige Menschen bleiben übrigens bis ins hohe Alter gesund, ohne je einen Schluck Stutenmilch zu sich genommen zu haben.

Stuterei _ ist ein alter, nur noch selten verwendeter Ausdruck für ☞ **Gestüt**.

Süddeutsches Kaltblut (Oberländer) _ Diese Pferderasse des deutschen Alpenlandes ist eng mit dem ☞ **Noriker** verwandt. Längere Zeit machte man keinen Unterschied zwischen den beiden Rassen – bis deutsche Züchter fanden, dass sich ihre Pferde durch einen eigenen Namen von den österreichischen Kaltblütern unterscheiden sollten. 1952 bekamen die bayerischen Noriker den Namen Süddeutsches Kaltblut.
Inzwischen gehen die Unterschiede allerdings doch über den Namen hinaus. Das Süddeutsche Kaltblut ist heute insgesamt leichter als der Noriker. Dies war früher schon eine Zuchtrichtung in Oberbayern; daher stammt auch die Bezeichnung Oberländer. Die Hauptfarbe ist ☞ **Fuchs** mit hellem ☞ **Behang**. Das Gewicht beträgt zwischen 600 und 800 kg, die Widerristhöhe liegt bei etwa 160 cm.
Im bayerischen Hauptgestüt Schwaiganger werden Hengste, Stuten und ihre Fohlen gehalten. Das Süddeutsche Kaltblut wird auch in Baden-Württemberg gezüchtet. Im dortigen Hauptgestüt Marbach stehen Pferde dieser Rasse neben Hengsten der Rasse ☞ **Schwarzwälder Fuchs**, die sehr ähnlich aussehen, aber kleiner sind. Es gibt auch Kreuzungen von Norikern, Süddeutschem Kaltblut und Schwarzwälder Füchsen.
☞ **Rheinisch-Deutsches Kaltblut**, ☞ **Schleswiger Kaltblut**

Südpferde _ Vermutlich vor allem in den ersten Jahrtausenden der Einwanderung nach Eurasien (☞ **Entwicklungsgeschichte**) gelangten Eiszeitpferde in die südlichen Bereiche Asiens, nach Arabien und Nordafrika.
Man nimmt an, dass diese Südpferde direkte Nachkommen des zierlichen Pliohippus waren, der vor etwa zehn Millionen Jahren lebte und als voreiszeitliche Stammform der Pferde gilt. Vermutlich wichen sie dem kälter werdenden Klima in Amerika als Erste aus und kamen so nach Asien.
Pferde des Südtyps sind feingliedrig, ☞ **trocken** und sehnig; im Lauf sind sie schnell und ausdauernd.
Von den Südpferden haben sich vermutlich die besonders wärmeliebenden ☞ **Zebras** und ☞ **Esel** Afrikas abgespalten. Sie alle sind Bewohner trockener, heißer Gebiete.
Vor allem der ☞ **Araber** gilt in Europa als das Südpferd schlechthin. Aber auch andere ☞ **orientalische Pferde** gehören zu diesem Typ, den man auch als Urvollblüter bezeichnet.

Suffolk Horse _ Diese englische Kaltblutrasse stammt aus der Grafschaft Suffolk und angrenzenden Distrikten; sie wird auch Suffolk-Punch genannt.
Das Suffolk Horse hat einen gedrungenen Körperbau mit kurzen, starken Beinen, die wenig ☞ **Behang** aufweisen. Meist haben die Pferde einen großen, kräftigen Kopf und einen starken, muskulösen Hals. Suffolks werden etwa 160 bis 165 cm groß, das Gewicht kann bis über 1000 kg betragen. Es gibt fast nur ☞ **Füchse** in mehreren Farbabstufungen.

Sulky _ Ein Sulky oder Traberkarren ist ein zweirädriger Rennwagen für ☞ **Trabrennen**. Der Fahrer hat nur eine Sitzschale unter sich und stemmt sich mit gespreizten Beinen gegen zwei Fußstützen. Vor leichte Sulkys, die so genannten Fohlenkarren, werden schon ☞ **Jährlinge**

Der Sulky oder Traberkarren ist ein einachsiges Gefährt.

gespannt. In abgewandelter Form werden Sulkys auch von Fahrern im ☞ **Freizeit-Pferdesport** verwendet.

SVP _ bedeutet Schweizerischer Verband für Pferdesport. Auf Französisch nennt er sich Fédération Suisse des Sports Equestres – FSSE. Der SVP ist der Dachverband für die Reiter, Fahrer und Voltigierer in der Schweiz und hat seinen Sitz in Ostermundigen bei Bern. Ihm sind neun Landesverbände angeschlossen. Sein Reglement ist vergleichbar mit der deutschen ☞ **LPO**.
Das ☞ **Brevet** und die Lizenz (☞ **Reiterausweis**) sind Voraussetzungen für die Teilnahme an freien (leichteren) bzw. offiziellen (höherklassigen) ☞ **Turnieren**. Man erhält diese Abzeichen durch Prüfungen, ähnlich wie die kleinen und großen ☞ **Leistungsabzeichen** der ☞ **FN**.
Für die Zucht ist in der Schweiz, anders als bei der deutschen FN, ein eigener Verband zuständig. Er hat die offizielle Bezeichnung Schweizerischer Pferdezuchtverband (SPZV), sein Sitz ist in Bern.
Außerdem gibt es den Schweizerischen Verband für Ponys und Kleinpferde (SVPK) mit Sitz in Kloten bei Zürich.

Pferde in Mythen, Sagen und Sternbildern

Kein anderes Tier ist so stark mit der Mythologie verschiedener Kulturen verwoben wie das Pferd.

So müssen Wildpferde schon sehr früh großen Eindruck auf die Menschen gemacht haben. Sie sind auf alten Darstellungen in Höhlen und auf Felsen abgebildet, deren Alter man auf 30 000 bis 40 000 Jahre schätzt; auch Schnitzereien von Steinzeitmenschen stellen unter anderem Pferde dar. Da ist es nicht verwunderlich, dass Pferde auch in den Sagen und Göttervorstellungen der späteren Stämme und Völker eine bedeutende Rolle spielten. Einige Gestalten aus der Mythologie sind bis heute überliefert.

Besonders ausdrucksvoll war die Pferdeverehrung im antiken Griechenland. Der griechische Göttervater Zeus ließ Blitz und Donner von dem geflügelten Pferd Pegasus tragen. Nach ihm wurde auch ein großes Sternbild benannt, das mit dem Sternbild Andromeda verbunden ist.

Geflügelte Pferde besaßen aber auch andere olympische Götter. So zogen beispielsweise Lampos und Phaeton den Wagen von Eos, der Göttin der Morgenröte, und der Sonnengott Helios lenkte ein geflügeltes Vierergespann.

Besonders seltsame Fabelwesen waren die Kentauren, die einen Pferdeleib hatten, deren Oberkörper, Kopf und Arme jedoch die eines Menschen waren. Die Kentaurensage entstand in Thessalien – in jenem Landesteil, in dem die alten Griechen ihre ersten Begegnungen mit Reitern und Pferden hatten. Es waren skythische Krieger, die in der ersten Hälfte des zweiten vorchristlichen Jahrtausends in Thessalien einfielen. Sie müssen den Griechen wie vierbeinige Ungeheuer mit Männerleibern vorgekommen sein, als sie wie verwachsen mit ihren Pferden dahergaloppiert kamen. Auch ihnen ist ein Sternbild (Centaurus) am nördlichen Himmel gewidmet, ebenso wie dem sanften Einhorn, einem Fabelwesen in Pferdegestalt mit einem langen Horn auf der Stirn (Monoceros). Ein weiteres Sternbild hat man Equuleus benannt – das heißt Fohlen.

In der Vorstellung der Mongolen waren die Sterne am Nachthimmel durchweg Pferde: eine riesige Herde herrlicher Tiere, die unter dem Schutz des hell leuchtenden Planeten Venus stand.

Wotan (Odin), der höchste Gott der Germanen, ritt auf Sleipnir, einem gewaltigen achtbeinigen Schimmel, der mit Donnergetöse durch die Lüfte brauste. Gefallene Krieger wurden nach germanischem Glauben von den Walküren auf göttlichen Pferden ins Walhall, das Heldenparadies, gebracht. In einem der beiden Merseburger Zaubersprüche wird beschrieben, wie Wotan und zwei Göttinnen das verletzte Fohlen von Baldur, dem Licht- und Frühlingsgott, heilen.

Zu Ehren des Göttergeschlechts opferten die Germanen bei den Sonnwendfeiern ein Pferd; mit dem Blut des edlen Opfertieres wurden die Weiden besprengt, damit sie fruchtbar würden.

Die Kelten verehrten als eigene Pferdegöttin Epona, die auch Schutzpatronin der Esel und Maultiere war.

☞ **Amazonen**, ☞ **Einhorn**, ☞ **Epona**, ☞ **Kentaur**, ☞ **Pegasus**, ☞ **Poseidon**, ☞ **Sleipnir**

T

Tätowierung _ Bei manchen Pferderassen wird kein ☞ **Brandzeichen** im Fell angebracht, sondern auf der Innenseite der Unterlippe oder an der haarlosen Innenseite eines Hinterbeines eine Erkennungsnummer eintätowiert. Eine noch modernere Methode zur Kennzeichnung sind ☞ **Chips**.

Talerung _ So nennt man ein kreis- und netzförmiges dunkles Muster auf hellerem ☞ **Fell**, wie es z. B. beim ☞ **Apfelschimmel** vorkommt. Talerung kann auch durch gute Fütterung und Pflege entstehen. Man bezeichnet sie dann als Futterflecken oder Haferflecken.

Tandem _ Ein ☞ **Gespann** mit zwei Pferden, die nicht wie beim ☞ **Zweispänner** nebeneinander, sondern hintereinander eingespannt sind. Ein Tandem ist meist schwieriger zu lenken als ein Zweispänner.

Tarpan _ Dieser Begriff kommt aus der russischen Sprache und bedeutet Wildpferd oder Waldpferd. Verschiedenen Berichten zufolge hat in Osteuropa noch im 18. Jahrhundert ein Wildpferd gelebt, das einen anderen Typus verkörperte als das ☞ **Przewalskipferd**. Die Pferdchen, die beobachtet wurden, hatten eine Schulterhöhe von etwa 110 bis 130 cm. Dieser so genannte Tarpan war feinknochig und besaß einen kurzen, keilförmigen Kopf mit kleinen Ohren und breiter Stirn. Das Sommerfell war überwiegend grau bis fahlbraun, im Winter soll sich das Fell oft in Weiß umgefärbt haben, wie dies bei anderen nördlichen Wildtieren vorkommt. Wild lebende Waldtarpane hat es den Berichten zufolge bis ins 19. Jahrhundert hinein in Südrussland und Polen gegeben. Die letzten echten Tarpane sollen von Bauern getötet worden sein, weil sie deren Futtervorräte für die Hauspferde wegfraßen. Die Mehrzahl der Forscher glaubt jedoch, dass dieser Pferdetyp kein echtes ☞ **Wildpferd** mehr war. Es wird vermutet, dass es sich um Wildpferd-Hauspferd-Mischlinge oder um wieder verwilderte ☞ **Hauspferde** (☞ **Wildlinge**) handelte. Heutige Tarpane sind Nachzüchtungen mit Hilfe von östlichen, aber auch westeuropäischen Ponyrassen. Sie tragen äußere ☞ **Wildpferdmerkmale**. Der Zoologe Hans Heck, langjähriger Direktor des Münchner Zoos Hellabrunn, hat dafür den Ausdruck ☞ **Rückzüchtung** geprägt.

Tasthaare _ werden auch als Sinneshaare oder Spürhaare bezeichnet. Es handelt sich um halb starre, einzeln stehende lange Haare im Kopfbereich von Säugetieren. Beim Pferd findet man Tasthaare vor allem rund um das Maul (an der Oberlippe, an den Nüstern und an der Unterlippe beziehungsweise am Kinn) sowie um die ☞ **Augen**. Diese Haare enthalten viele Nervenfasern, die meist schon auf geringsten Druck ansprechen. Mit Hilfe der Tasthaare kann ein Pferd z. B. Gegenstände und Hindernisse bei Lichtmangel erspüren, bevor es mit ihnen direkt in Berührung kommt.

Tarpanfamilie in einem Zoogehege, rechts der Hengst und Vater des Fohlens

Tastsinn _ Die Fähigkeit, Berührungen wahrzunehmen, bezeichnet man als Tastsinn. Wie bei den meisten Tieren und beim Menschen, sitzen auch bei Pferden in der Haut und über den ganzen Körper verteilt Tastnerven. Der Fühl- oder Tastsinn wird durch die Fellhaare im Allgemeinen nicht beeinträchtigt. An dünn behaarten oder haarlosen Stellen reagieren Pferde allerdings schneller auf Berührungen als an dicht behaarten Körperteilen. Besondere Tastnerven sitzen in der weichen Maulpartie, wo sich auch die so genannten ☞ **Tasthaare** befinden. Dadurch kann ein Pferd mit den Lippen Gegenstände ertasten und aufgrund ihrer Oberfläche und ihrer Form feststellen, ob sie brauchbar oder unangenehm sind.
Im äußeren ☞ **Huf** befinden sich keine Nerven; hier wird der Tastsinn erst angesprochen, wenn ein Druck, ein Stoß oder Ähnliches auf die Huflederhaut einwirkt.

Team Penning _ Ein Mannschaftswettbewerb im ☞ **Westernreiten**. Innerhalb einer bestimmten Zeit müssen die Reiter einer Gruppe mehrere Rinder aus einer Herde aussondern und in ein kleineres Gehege treiben.

Technische Kommission ☞ **Landeskommission**

Temperatur _ ☞ **Körpertemperatur**, ☞ **Schweiß**

Tempo, Tempi _ 1. Die durchschnittliche oder tatsächliche Geschwindigkeit eines Pferdes z. B. im ☞ **Rennsport**, beim ☞ **Distanzreiten** und auf den Geländestrecken im ☞ **Vielseitigkeitssport**. Für bestimmte Streckenabschnitte gibt es meist Tempovorgaben, die nicht überschritten werden dürfen und nicht unterschritten werden sollen.
2. Die verschiedenen Gangmaße einer Gangart. Normale Tempi sind fleißiger Schritt, Arbeitstrab und Arbeitsgalopp. Beim Mittelschritt, Mitteltrab und Mittelgalopp werden die Tritte bzw. Sprünge länger und raumgreifender.
Bei starkem Tempo in jeder Gangart haben die Bewegungen des Pferdes den meisten Raumgriff, und das Pferd ist im ☞ **Rahmen** erweitert. Beim versammelten Tempo tritt das Pferd besonders gut mit der Hinterhand unter seinen Körper, es greift aber nur verhältnismäßig wenig nach vorn aus. Es ist im Hals aufgerichtet, die Tritte sind deutlich abgesetzt, und der Rahmen ist verkürzt. ☞ **Versammlung** ist, wenn überhaupt, nur bei einem gut ausgebildeten Pferd möglich; man erreicht sie keinesfalls, indem man das Pferd durch Verkürzen der Zügel in eine bestimmte Haltung zwingt.

Tennessee Walker _ Diese mittelgroße, leichte Warmblutrasse ist im US-Staat Tennessee entstanden. An ihrer Entwicklung waren unter anderem ☞ **Englische Vollblüter**, ☞ **Morgan Horses**, ☞ **American Saddlebred Horses** und amerikanische ☞ **Traber** beteiligt.
Wichtiges Merkmal der Rasse ist die Gangart Walk, eine Art gleitender Schritt, bei der der Reiter sehr angenehm sitzt. Außer im normalen Gebrauchstempo gibt es ihn noch im Renntempo als Running Walk. Der Tennessee Walker wird zwischen 150 und 160 cm groß; Hauptfarben sind ☞ **Braune**, ☞ **Rappen** und ☞ **Schimmel**. Ähnlich wie auch beim ☞ **American Saddlebred Horse** werden aus Showgründen häufig Schweif und Hufe manipuliert.

Tersker _ Diese vielseitige, mittelgroße Sportpferderasse aus Russland steht im Typ der ☞ **orientalischen Pferde**. Es gibt sie offiziell seit 1948; entstanden ist sie hauptsächlich aus russischen ☞ **Arabern** und ☞ **Donpferden**. Typisch sind ein sehniger Körperbau mit trockenen Gliedmaßen (☞ **trocken**), ein nobler Kopf und schwungvolle, elastische Gänge. Es kommen fast nur ☞ **Schimmel** vor. Die Größe beträgt zwischen 155 und 160 cm. Vereinzelt trifft man Tersker auch in Westeuropa an.

Tete _ Dieser Begriff kommt aus dem Französischen und bedeutet Kopf. Beim Reiten in der ☞ **Abteilung** ist der Anfangsreiter an der Tete; meist ist dies der erfahrenste Reiter der jeweiligen Gruppe. Der zweitbeste Reiter sollte am Schluss reiten, da er bei ☞ **Kehrtwendungen** an den Anfang kommt.

Therapeutisches Reiten und Voltigieren _
Schon der griechische Arzt Hippokrates (um 460 bis 375 vor Christus) hat erkannt, dass der Umgang mit Pferden für kranke und behinderte Menschen heilsam sein kann. Seit einiger Zeit wird Reiten und Voltigieren als Therapie teilweise von den Krankenkassen anerkannt.
Es gibt drei Formen des Therapeutischen Reitens und Voltigierens.
1. Die so genannte Hippotherapie kann z. B. für Menschen mit spastischen Lähmungen, Erkrankungen der Wirbelsäule oder Herz- und Kreislaufschäden günstig sein. Meist werden unter Anleitung einer Heil- oder Krankengymnas-

Irlands „Zigeunerpferde", die Tinkerponys, sind nun auch auf dem europäischen Festland gefragt.

Tod _ Die natürliche Lebenserwartung von Pferden liegt zwischen 30 und 40 Jahren (☞ **Alter**). Im Freileben sterben alte Pferde, wenn sie von Hunger geschwächt und unbeweglich geworden sind. Man nimmt an, dass sie sich dann in Verstecke zurückziehen, um dort auf ihren Tod zu warten. Manchmal kürzen Raubtiere die schlimme Endphase ab, indem sie geschwächte alte Tiere töten. Frei lebende Pferde erreichen allerdings – ebenso wie viele Hauspferde – oft kein hohes Alter; aufgrund von Nahrungs- und Wassermangel oder durch Seuchen gehen viele Tiere schon als Fohlen oder in noch jungem Erwachsenenalter zugrunde. Seit es Menschen gibt, fielen unzählige Wildpferde menschlichen Jägern zum Opfer, und auch heute noch werden viele ☞ **Wildlinge** abgeschossen oder zu Tode gehetzt.
Nur wenige Hauspferde sterben eines natürlichen Alterstodes in ihrer gewohnten Umgebung. Am ehesten passiert dies noch in den ☞ **Wildgestüten**, in denen die Besitzer den natürlichen Ablauf eines Pferdelebens zumindest bei den Stuten so wenig wie möglich stören. Allerdings gibt es hier keine natürlichen Feinde, die wie in freier Wildbahn das Leiden eines sterbenden Pferdes beenden. Manchmal sterben Pferde im Stall oder auf der Weide an einer plötzlichen Erkrankung oder an einer Verletzung, bevor ein Tierarzt eingetroffen ist; es kommt auch vor, dass die medizinische Hilfe das Pferd nicht mehr retten kann. Gelegentlich muss ein unheilbar krankes oder verletztes Pferd an Ort und Stelle vom Tierarzt eingeschläfert werden, weil man es nicht mehr transportieren kann. Im Allgemeinen werden Hauspferde aber in einem Schlachthaus oder Schlachthof getötet. Dies ist in europäischen Ländern aus Hygienegründen vorgeschrieben, ebenso wie das schmerzfreie Töten. In der Regel wird ein Schussbolzen verwendet, der das Nervenzentrum zerstört. Wenn er richtig eingesetzt wird, spürt das Pferd keine Schmerzen und ist in Sekundenschnelle tot.
Das Furchtbare für viele Pferde ist wohl nicht der Tod selbst, sondern der Weg in den Tod. Noch immer sind viele Transporte mit ☞ **Schlachtpferden** äußerst grausam.

Tölt _ ist eine der ☞ **Spezialgangarten**. Der Tölt läuft im Viertakt ab und hat die gleiche Fußfolge wie der ☞ **Schritt**. Doch die Geschwindigkeit ist wesentlich höher und kann bis zum Renntempo gesteigert werden. Das gleichmäßige Auffußen klingt auf festem Untergrund ziemlich hart; dennoch sitzt der Reiter sehr angenehm und erschütterungsfrei auf einem töltenden Pferd. Töltende Pferde waren besonders als Damenreitpferde im Mittelalter beliebt, man nannte sie damals noch Zelter.

Ein Islandhengst im flotten Tölt

Eine ☞ **Versammlung** ist im Tölt nicht möglich, weil sich das Pferd mit Kopf und Hals ausbalancieren muss. Deshalb gilt der Tölt in der klassischen europäischen ☞ **Reitweise** als fehlerhaft. Doch Tölt ist eine natürliche Gangart. Meist tölten Pferde allerdings nur in schwierigem Gelände, wenn sie schneller als im Schritt, aber sicherer als im ☞ **Trab**, ☞ **Pass** oder ☞ **Galopp** vorankommen wollen. Tölt wird manchmal auch als gebrochener Pass bezeichnet, weil jeweils die Beine der gleichen Körperseite nacheinander auffußen. Im Pass findet dieses Auffußen allerdings fast gleichzeitig statt. Nicht alle Pferde haben eine natürliche Veranlagung zum Tölt. Die wohl bekanntesten Tölter sind hierzulande die ☞ **Isländer**.

Töltprüfung _ Im Gegensatz zu anderen Gangarten werden z. B. nach der ☞ **IPO** keine Rennen in der Gangart ☞ **Tölt** angeboten. Es gibt jedoch einfache Töltprüfungen sowie Mehrgangprüfungen, in denen die Pferde in den drei ☞ **Grundgangarten** sowie im Tölt oder im Tölt und im Pass vorgestellt werden. Solche Prüfungen bezeichnet man als Viergang- und Fünfgangprüfungen.

Tollwut _ können auch Pferde bekommen. Vor allem Weidepferde in gefährdeten Bezirken sollten durch eine vorbeugende ☞ **Impfung** vor dieser schlimmen, ansteckenden Krankheit geschützt werden.

Torisches Pferd _ Der Name dieser Pferderasse leitet sich von dem Gestüt Torgel in Estland ab. Das Torische Pferd ist ein mittelgroßes, kräftiges Allzweckpferd; es gibt einen leichteren Sporttyp und den älteren Wirtschaftstyp. Die Größe beträgt um die 155 cm. Torische Pferde sind meist ☞ **Füchse**, auch Kohlfüchse mit hellem ☞ **Behang** kommen vor. Einige Pferde dieser Rasse gibt es inzwischen auch in Deutschland. Man bezeichnet das Torische Pferd auch als Estländischen Tori, Torgeler oder Torisker.

Totes Rennen _ So nennt man ein Rennen, bei dem mindestens zwei Pferde gleichzeitig das Ziel erreichen oder bei dem wegen des ☞ **Generalausgleichs** ein Sieger nicht ermittelt werden kann. ☞ **Rennsport**

Touchieren _ ist laut ☞ **LPO** beim Training von Springpferden unter bestimmten Voraussetzungen gestattet. Das Touchieren ist nichts anderes als das ☞ **Barren**. Wie die festgelegten Grundsätze überwacht werden sollen, wird in der LPO nicht beschrieben. In der Öffentlichkeit, also auf Turnieren, ist Touchieren/Barren nicht erlaubt.

Trab _ ist eine ☞ **Grundgangart** im Zweitakt. Das Pferd fußt mit den diagonalen, also sich schräg gegenüberliegenden Beinen gleichzeitig ab. Dies ist ein Takt, der auch Tritt genannt wird. Ein Tritt ist also das gleichzeitige Abfußen des linken Hinterbeins und des rechten Vorderbeins oder des rechten Hinterbeins und des linken Vorderbeins.
Bei viel ☞ **Aktion** vorwärts fußt das zweite Beinpaar manchmal vom Boden ab, bevor das erste Beinpaar wieder auffußt. Dann entsteht eine Schwebephase, ähnlich wie beim ☞ **Galopp**. In der Dressur wird entweder im Arbeitstrab, im Mitteltrab, im starken Trab oder im versammelten Trab geritten. Der Reiter sitzt aus oder trabt leicht (☞ **Aussitzen**, ☞ **Leichttraben**).
Bei Trabrennen laufen die Pferde meist in einer unnatürlichen Geschwindigkeit, die sie in kurzer Zeit erschöpft. In flottem, gleichmäßigem Trab vor einer Kutsche ermüden und verschleißen Pferde dagegen am wenigsten schnell. In der Natur nähern sich Pferde im Trab z. B. einer Stelle, an der sie etwas Interessantes vermuten; einen Trab mit

In Mitteleuropa sind Estländische Toris selten zu sehen.

etwas „abgehackten" Bewegungen (Stechtrab) zeigen sie vor allem beim ☞ **Imponierverhalten;** in flottem, aber nicht eiligem Trab wechseln Pferde z. B. von einer Koppelseite zur anderen, um zu einem befreundeten Artgenossen zu gelangen.

Traber _ Pferde, die speziell für ☞ **Trabrennen** gezüchtet, trainiert und verwendet werden, bezeichnet man als Traber. Gezielte Traberzuchten gibt es seit dem 18. Jahrhundert. Damals wurden zahlreiche Rassen kreuz und quer gekreuzt, um Pferde mit maximaler Trabrennleistung zu bekommen. Der Renntrab ist ein Zucht- und Trainingsergebnis, er kommt natürlicherweise bei Pferden nicht vor. Die Gangart ☞ **Galopp** wird bei Trabrennpferden stark unterdrückt. Im Wesentlichen gibt es drei Zuchtregionen: Europa, Russland und Amerika. Die heutige internationale Bezeichnung ist Standardtraber (Standardbred Traber) mit dem Zusatz des jeweiligen Bereiches oder auch Landes. Kreuzungen von Pferden aus verschiedenen Regionen sind nicht selten. Traber können zwischen etwa 148 und 165 cm groß sein, ☞ **Braune** und ☞ **Füchse** überwiegen. ☞ **Hauptverband für Traberzucht und -rennen**

Traberkarren _ ☞ **Sulky**

Trabrennen _ finden überwiegend mit dem ☞ **Sulky** statt; es sind also Fahrwettbewerbe. Auf großen Bahnen finden Trabrennen (im Gegensatz zu ☞ **Galopprennen**) ganzjährig statt. Nur vereinzelt gibt es Veranstaltungen auch für Trabrennreiter.

Trabrennen sind ein Sport für junge Pferde: Stuten sind mit acht Jahren, Hengste spätestens mit elf Jahren „ausgejährt"; sie dürfen dann nicht mehr an großen Rennen teilnehmen. Die Rennbahnen sind meist etwa einen Kilometer lang, die Rennstrecke beträgt jedoch zwischen 1100 und 4000 m. Der ☞ **Start** erfolgt meist fliegend. Das heißt, die Pferde traben nicht erst an der Startlinie los, sondern schon eine kurze Strecke vorher. Ein Starterwagen mit ausschwenkbaren Flügeln fährt vor ihnen her und sorgt dafür, dass bis zur Startlinie alle Pferde ihre Position behalten. Galoppsprünge sind in Trabrennen nur bis zu einer bestimmten Anzahl erlaubt - und auch das nur dann, wenn das galoppierende Pferd dadurch keinen Vorteil hat. Sonst droht dem Team der Ausschluss.

Das Fahrergewicht ist einheitlich auf 75 kg festgelegt und muss bei Leichtgewichten durch einen ☞ **Gewichtsausgleich** ergänzt werden. Anstelle eines ☞ **Generalausgleichs** werden erfolgreiche Trabrennpferde in Leistungsklassen mit längeren Distanzen und höherer durchschnittlicher Kilometerleistung eingestuft. In einigen Ländern gibt es im Winter auch Trabrennen mit Schlitten.

Trachten _ Den hinteren Teil der Hufwand bezeichnet man als Trachten oder Trachtenwand. ☞ **Huf**

Trachtensattel _ ☞ **Sattel**

Bei Trabrennen laufen die Pferde fast ausschließlich vor dem Sulky.

Hochträchtige Ponystute wenige Stunden vor dem Abfohlen

Trächtigkeit _ Die Zeit von der Zeugung bis zur ☞ **Geburt** eines Fohlens bezeichnet man als Trächtigkeit. Man sagt dann, die Stute trägt, ist trächtig oder tragend. Die Tragzeit dauert bei Pferden im Allgemeinen zwischen 320 und 355 Tagen, im Durchschnitt sind es etwa 333 Tage. Tragende Stuten verhalten sich oft recht abweisend, vor allem gegenüber ☞ **güst** gebliebenen Stuten, auf Hauspferdweiden auch gegenüber Wallachen. Der Hengst, der die Stute gedeckt hat, hat bei ihr jetzt ebenfalls nichts mehr zu melden. Das ganze Wesen der Stute ist wie ihr Körper auf das ☞ **Fohlen** abgestimmt. ☞ **Verfohlen**

Tränken _ 1. Erwachsene Pferde brauchen im groben Durchschnitt um die 20 bis 30 Liter Wasser pro Tag. Pferde, die viel arbeiten und/oder viel ☞ **Trockenfutter** bekommen, benötigen verhältnismäßig viel Wasser. An heißen Tagen und bei stärkerer Belastung kann der ☞ **Durst** oft nur mit 50 und mehr Litern Flüssigkeit gelöscht werden. Bekommt ein Pferd nicht genug zu trinken, so besteht die Gefahr, dass es beim Schwitzen (☞ **Schweiß**) zu viele Mineralstoffe, vor allem Kochsalze, verliert. Dann kann der Kreislauf zusammenbrechen. Auch ohne Belastung kann ein Pferd bei anhaltendem Wassermangel, auch im Freiland, verdursten. Deshalb muss auf ☞ **Weiden** ebenso wie im ☞ **Stall** und unterwegs stets ausreichend Wasser zur Verfügung stehen. Sind in einem Stall keine ☞ **Selbsttränken** vorhanden, so muss man die Pferde mit Wasser aus Eimern von Hand tränken.
2. Wasserbehälter und Wasserstellen, aus denen Pferde trinken, bezeichnet man als Tränken. In ☞ **Boxen**, ☞ **Laufställen** und auf Weiden werden vielfach Selbsttränken installiert; auf manchen Gestüten oder Bauernhöfen gibt es noch Tränkebrunnen im Hof. Auf kleineren Weiden werden oft ausrangierte Badewannen oder Tonnen als Tränke aufgestellt. Sie dürfen allerdings keine Bruch- beziehungsweise Splitterstellen haben oder angerostet sein. Verschmutztes Wasser muss erneuert, vereistes Wasser aufgebrochen werden.
Im Freiland kann man unter günstigen Bedingungen (wenn z. B. das Grundwasser genügend hoch steht) Brunnen oder ☞ **Schwemmen** anlegen.

Weide-Selbsttränke an einem Wassertank, in dem das Wasser sauber und frisch bleibt

Tragrand _ Die äußere Auftrittfläche des ☞ **Hufs** bezeichnet man als Tragrand oder Tragerand.

Tragtiere _ Statt motorgetriebener Fahrzeuge werden in vielen Ländern immer noch Tiere zum Tragen aller nur erdenklichen Lasten verwendet. Meist werden ☞ **Maultiere** und ☞ **Esel**, seltener auch Pferde eingesetzt.
Sie transportieren vor allem Erzeugnisse und Waren von Bauern und Fischern, von Handwerkern und Händlern. Aber auch Bau- und Brennstoffe, technisches und militärisches Gerät packt man den vierbeinigen „Transportern" auf den Rücken. Viele Tragtiere werden außerdem zum

Ziehen von Pflügen, Karren und größeren Wagen eingesetzt. ☞ **Militärpferde**, ☞ **Packpferde**

Häufiger als Pferde werden in vielen Ländern wie hier in Mexiko immer noch Esel als Tragtiere eingesetzt.

Tragzeit _ Die Dauer der ☞ **Trächtigkeit** nennt man Tragzeit. In der Regel dauert sie etwa elf Monate.

Trail _ ist eine Disziplin mit ☞ **Hindernissen** im ☞ **Westernreiten**. Zu diesem Wettbewerb gehört stets das Öffnen, Durchreiten und Schließen eines Tores, das Reiten über mindestens vier Stangen oder Hölzer und das ☞ **Rückwärtsrichten** zwischen Stangen oder auf einer Dreieckslinie. Außerdem müssen Pferd und Reiter ihre Geschicklichkeit an vielen weiteren Hindernissen unter Beweis stellen.

Trainer _ Übungsleiter, im Sport meist mit der Zulassung (Lizenz) eines Fachverbandes, im Pferdebereich z. B. als ☞ **Amateur-Ausbilder** oder als Profi im ☞ **Rennsport**.

Trakehner _ Die volle Bezeichnung dieser Pferderasse lautet Ostpreußisches Warmblut Trakehner Abstammung. Im Jahr 1732 gründete Friedrich Wilhelm I. in Ostpreußen das Gestüt Trakehnen. Grundlage der Zucht waren ostpreußische Landstuten; als Deckhengste setzte man vorwiegend ☞ **Araber** und ☞ **Englisches Vollblut** ein. Der bis heute berühmteste Hengst der Trakehnerzucht war Tempelhüter; sein Denkmal steht in einer Nachbildung im Hof des ☞ **Deutschen Pferdemuseums** in Verden/Aller. Das deutsche Militär bezog bis zum Ende des Zweiten Weltkrieges seine ☞ **Remonten** hauptsächlich aus Trakehnen. Am Kriegsende, als Ostpreußen nicht mehr zu Deutschland gehörte, brachten Flüchtlinge rund 800 Trakehner-Stuten und 45 Hengste mit in den Westen. Außerdem kamen einige hundert weitere Pferde aus Ostpreußen, die jedoch nicht aus Trakehnen stammten. In der Bundesrepublik Deutschland wurde die Zucht neu aufgebaut. Auch in seiner Stammheimat, die heute teils polnisch, teils russisch ist, wird der Trakehner beziehungsweise der Ostpreuße weitergezüchtet. In Deutschland gibt es kein Staatsgestüt, aber eine Reihe bedeutender Privatgestüte für das Trakehner Pferd, das in den meisten deutschen Landeszuchten als ☞ **Veredler** eingesetzt wurde. Der Trakehner ist ein leichtes, nobles Pferd mit deutlicher angloarabischer Prägung. Er ist hart und genügsam, temperamentvoll und nicht immer einfach im Umgang. Die Größe liegt bei etwa 160 bis 170 cm. Es kommen alle ☞ **Farben** vor, Schimmel sind jedoch selten. Seit Längerem gibt es auch Trakehner ☞ **Schecken**. Trakehner werden häufig im ☞ **Vielseitigkeitssport** eingesetzt.

Trakehnerhengst der Spitzenklasse im heutigen Erscheinungsbild

Transponder _ Bezeichnung für implantierte ☞ **Chips** zur Kennzeichnung von Pferden. Man kann einen Transponder nur mit einem speziellen Ablesegerät „entziffern". ☞ **Brandzeichen**

Transport _ Um Pferde von einem Ort zum anderen zu bringen, gibt es spezielle Autoanhänger für ein bis drei Pferde sowie größere Fahrzeuge, in denen ein Dutzend und mehr Pferde Platz haben. Solche Fahrzeuge müssen verkehrssicher sein, und die Pferde dürfen sich darin nicht verletzen können.
Pferde werden seit vielen Jahrhunderten auch auf Schiffen transportiert, meist unter nicht gerade pferdefreundlichen Bedingungen: Die Pferde können sich auf den Schiffen oft wochenlang kaum richtig bewegen und kommen häufig verstört an ihrem Ziel an. Mit der Zunahme der weltweit verzweigten ☞ **Zucht** sowie des internationalen ☞ **Pferdesports** reisen immer mehr Pferde per Flugzeug v… …tinent zum anderen. Das geht zwar schnel- … Platz zum

So wird aus einem größeren Transporter vorübergehend ein kleiner Freiluftstall.

Traversalen _ ☞ **Seitengänge**

Treideln _ So nennt man es, wenn Schiffe vom Land aus gezogen werden. Früher hat man Schiffe besonders auf Flüssen und Kanälen getreidelt, als es noch keine Schiffsmotoren gab. Segeln war flussaufwärts oder bei Windstille kaum möglich, Rudern bei größeren Wasserfahrzeugen zu schwer. So wurden an den Gewässern entlang so genannte Treidelpfade angelegt. An die Schiffe band man dicke Taue, an deren andere Enden Pferde gespannt wurden (seltener Esel oder Rinder). Die Tiere mussten das Gefährt schräg hinter sich herziehen. So konnten die Schiffe, meist Lastkähne, bei fast jedem Wetter auf dem Wasser eingesetzt werden. Leichtere Wasserfahrzeuge werden oft auch von Menschen getreidelt.

Trekking _ Unter Trekking versteht man das Wandern beziehungsweise Reisen mit Pferden oder anderen Reit- und Lasttieren. ☞ **Wanderreiten**

… Dies ist eine weitverbreitete ☞ **Zäumung** mit …s. Das metallene Mundstück ist meist gebrochen. …t, es besteht aus zwei Teilen, die in der Mitte …n bewegliches Gelenk verbunden sind. Solche …henen Gebisse bezeichnet man als Wassertrensen. …ochene Trensen bestehen meist aus besonderen …alien, beispielsweise aus Gummi mit Metallkern, aus … oder Kunststoff. Sie bezeichnet man auch als …entrensen. Als Begrenzung und zum Einschnallen des …**opfstücks** und der ☞ **Zügel** dienen bei allen Tren…gebissen große, bewegliche Ringe auf beiden Seiten … Mundstücks. Eine Kinnkette wie bei der ☞ **Kandare** …t. Die amerikanische Version der Wassertrense ist das …affle Bit, zur Kandare gibt es Trensen zum Unterlegen.

…rinken _ ☞ **Durst**, ☞ **Tränken**

Trocken _ bedeutet feingliedrig, fein behaart, von wenig Fett umgeben. Einen trockenen Körperbau haben vor allem Pferde im Südtyp (☞ **Südpferde**).

Trockenfutter _ ist durch Trocknung haltbar gemachtes Futter. ☞ **Heu**, ☞ **Pellets**

Troika _ Eine Troika ist ein ☞ **Gespann**, bei dem drei Pferde nebeneinandergehen. Diese Anspannung stammt aus Russland und hat einige Besonderheiten. Das mittlere Pferd ist unter einem hölzernen Bogen, der Djuga, eingespannt und läuft im ☞ **Trab**. Die beiden äußeren Pferde tragen ein ☞ **Sielengeschirr**; sie sollen auf der rechten beziehungsweise linken ☞ **Hand** im ☞ **Galopp** gehen. Hals und Kopf der äußeren Pferde sind dazu oft in einer Zwangshaltung übermäßig nach außen gestellt (☞ **Stellung**). Andere Dreiergespanne sind das ☞ **Einhorn** und das ☞ **Random**.

TTEAM _ nennt sich eine Methode des verständnisvollen Umgangs mit Pferden, die von der amerikanischen Reitlehrerin Linda Tellington-Jones entwickelt wurde.

Tundrenpferd _ Manche Forscher gehen davon aus, dass es während der Eiszeiten neben dem ☞ **Urpony** und dem ☞ **Steppenpferd** noch einen weiteren Nordpferdtyp gab: ein plumpes, massives Pferd, das zwischen 150 und 180 cm groß war. Dieses Tundrenpferd soll im hohen Norden die Tundren und Halbtundren bewohnt haben, in den gemäßigten Breiten hauptsächlich Sümpfe und Moraste. Aus diesem Typ sollen die schweren ☞ **Kaltblüter** entstanden sein. Wie Funde gezeigt haben, gab es zwar solche riesigen Wildpferde, doch sie existierten nur kurze Zeit.

Tupferprobe _ Bei der Tupferprobe wird das Scheidensekret von Stuten auf Krankheitserreger hin untersucht. Die Tupferprobe ist üblich, bevor man eine Stute zum ☞ **Decken** bringt.

Turf _ ist ein internationaler Ausdruck für den ☞ **Rennsport**. Der Begriff ist vom englischen Wort für Rasen abgeleitet und wird insbesondere für ☞ **Galopprennen** verwendet, die überwiegend auf Rasenbahnen gelaufen werden.

Turkmene _ Dies ist ein Sammelbegriff für vollblütige Pferde Mittelasiens, die verschiedene Rassebezeichnungen tragen, sich im Typus aber gleichen. Zuchten gibt es unter anderem in Afghanistan, im Iran, in der Türkei und in GUS-Staaten wie Turkmenien, Usbekistan und Kasachstan. Turkmenische Pferde gehören zu den ☞ **orientalischen Pferden**.

Turnier _ Ein Turnier ist ein öffentlich ausgetragener Wettbewerb mit verschiedenen Einzelprüfungen, der sich über einen oder mehrere Tage erstreckt. Turniere gab es schon zur Zeit von Karl dem Großen, also im 8. und 9. Jahrhundert. Damals waren Turniere jedoch ausschließlich Wettkämpfe unter Rittern (☞ **Ritterpferde**), die auf solchen Veranstaltungen für den Ernstfall des Krieges trainierten. Allerdings kamen bei diesen „Spielen" viele Teilnehmer ums Leben, wodurch sich die Zahl der Ritterheere verkleinerte. Deshalb wurden die Kämpfe auf dem Turnierplatz mit der Zeit „entschärft". Turnierregeln sind uns aus der Wende vom 1. zum 2. Jahrtausend nach Christus erhalten. So nannte man einen Lanzenzweikampf zu Pferd Tjost, einen Wettbewerb für Mannschaften Buhurt. Es galt, den oder die Gegner mit der Waffe aus dem Sattel zu stoßen. Beim Quintan ritt der Kämpfer im Galopp z. B. gegen eine Strohpuppe, die er an bestimmten Stellen durchbohren musste. Auch das ☞ **Ringreiten** stammt aus dem Mittelalter.
Bei heutigen Turnieren geht es weniger kriegerisch zu. Dennoch haben noch in den ersten Jahrzehnten des 20. Jahrhunderts vor allem berittene Soldaten und Offiziere die herkömmlichen Prüfungen in ☞ **Dressur**, ☞ **Springen** und im ☞ **Vielseitigkeitssport** bestritten. Inzwischen werden auch in Mitteleuropa nicht mehr nur Turniere nach den Regeln der ☞ **FEI** ausgetragen. Anhänger anderer Reitstile können sich ebenso an Turnieren beteiligen, z. B. nach der ☞ **IPO**. In den entsprechenden Verbandszeitschriften werden die Termine und die Ausschreibungen veröffentlicht, das sind die jeweiligen Prüfungen und die Einzelheiten dazu. Turnierveranstaltungen nach der ☞ **LPO** müssen bei der zuständigen Landeskommission der ☞ **FN** beantragt werden.
Je nach Jahreszeit können Turniere im Winter in einer Halle oder von Frühjahr bis Herbst im Freien stattfinden. Man spricht auch von der ☞ **Hallensaison** und der ☞ **Grünen Saison**.

UV

Überbaut _ ist ein Pferd, bei dem die ☞ **Kruppe** höher liegt als der ☞ **Widerrist**, das also hinten höher ist als vorne. Zeitweilig sind viele junge Pferde überbaut, denn das Wachstum verläuft nicht immer in allen Körperbereichen gleichmäßig. Erst beim ausgewachsenen Pferd im Alter von fünf bis sechs Jahren stellt sich heraus, ob es wirklich überbaut bleibt.

Junges, noch nicht ausgewachsenes Pony mit überbauter Kruppe

Überstreichen _ Das Überstreichen ist ein kurzzeitiges Aufgeben der ☞ **Anlehnung:** Der Reiter geht dabei mit den Händen weit nach vorn an den ☞ **Mähnenkamm** und lässt die ☞ **Zügel** durchhängen. Die treibenden ☞ **Hilfen** werden währenddessen beibehalten.
Diese Übung dient unter anderem der Entspannung des Pferdes. Das Überstreichen wird aber auch eingesetzt, um das Pferd beim ☞ **Springen** nicht im Maul zu stören.

Übertreten _ So nennt man es, wenn die Hinterhufe im ☞ **Trab** (seltener im ☞ **Schritt**) über die Spuren der Vorderhufe hinaustreten. Das Übertreten wird erreicht, wenn das Pferd gut mit der Hinterhand unter seinen Körper tritt (☞ **Untertreten**). Auch das Vorbeitreten des kreuzenden Beines am stehenden Bein bei ☞ **Seitwärtsgängen** bezeichnet man als Übertreten.

Umlauf _ ☞ **Durchgang**

Umritte _ sind religiös ausgerichtete, feierliche Ritte meist auf einem Rundkurs, an denen Gläubige gemeinsam teilnehmen. Solche Umritte oder Prozessionen werden meist an bestimmten Feier-, Gedenk- oder Bitttagen durchgeführt und gehen mit Gebeten und Gesängen einher. Vielfach erhalten die Reiter und ihre Pferde eine besondere Segnung, die ihnen göttlichen Schutz vermitteln soll. Christliche Reiterprozessionen haben ihren Ursprung häufig in der vorchristlichen Glaubenswelt, in der z. B. Götter beschworen wurden, damit die Ernte geriet oder eine Seuche abgewendet wurde. Manchmal wurden „magische" Bereiche umritten, um die guten Mächte darin festzuhalten und Dämonen abzuwehren. An vielen Umritten dürfen auch heute noch keine Frauen teilnehmen. ☞ **Seite 230**

Ungarische Anspannung _ ☞ **Anspannungsarten**

Ungarische Post _ So nennt man ein beliebtes, aber dennoch etwas waghalsiges Kunststück, das nicht nur im Zirkus zu sehen ist: Ein Reiter steht im Grätschstand auf zwei nebeneinander galoppierenden Pferden. Er muss sowohl die Balance halten als auch die Pferde so lenken, dass sie beieinanderbleiben. Die Pferdeköpfe sind zwar meist über den Zaum miteinander verbunden, nicht aber die Körper der Pferde. Als zusätzliche Erschwernis wird

Ungarische Post im Westernstil

auf tragfähigen Pferden manchmal eine menschliche Pyramide aufgebaut. Gelegentlich sind auch weitere Pferde vorgespannt, oder die Pferde springen über ein Hindernis. Vorgeführt wird die Ungarische Post häufig bei ☞ **Hengstparaden** und anderen Pferdeschauen. Sie soll von ungarischen Pferdehirten erfunden worden sein.

Unpaarhufer _ Zu den Unpaarhufern oder Unpaarzehern zählt man die Nashörner, die Tapire und die Pferdeartigen (☞ **Equiden**). Unpaarhufer besitzen eine ungerade Anzahl von Zehen, die mittlere Zehe ist verstärkt. Sie unterscheiden sich dadurch von den Paarhufern, also von allen anderen Huftieren. Ein weiteres gemeinsames Merkmal der Unpaarhufer ist, dass alle drei Tiergattungen keine Wiederkäuer sind wie etwa Rinder oder Kamele.

Unterlegenheitsverhalten _ ist eine angeborene ☞ **Verhaltensweise**, die angriffshemmend wirken soll. Besonders ☞ **Fohlen** signalisieren einem fremden, drohend erscheinenden Pferd oder einem ranghohen Herdenmitglied mit einer besonderen Geste ihre Unterlegenheit, aber auch ihre Unantastbarkeit als Jungtier. Das junge Pferd zeigt das Unterlegenheitsverhalten, indem es den Hals vorstreckt und die Ohren seitlich abstellt. Dabei klappt es hörbar mit den Kiefern oder „kaut", obwohl es nichts im Maul hat. Junghengste können durch dieses Verhalten verhindern, dass der ☞ **Leithengst** sie aus der Familie verdrängt, bevor sie die ☞ **Herde** von selbst verlassen. Auch erwachsene Pferde deuten oft durch seitlich gehaltene Ohren und kurzes Herunternehmen des Kopfes ihre Nachgiebigkeit an, allerdings ohne gleichzeitige Kaubewegungen. Ein ☞ **Hengstkampf** wird manchmal dadurch verhindert, dass eines der Tiere sich „klein macht" und abwendet.

Das Fohlen „kaut", um das fremde Pferd zu besänftigen.

Unterlegtrense _ ☞ **Kandare**

Untertreten _ Ein Pferd, das die Hinterbeine in der Bewegung weit vorsetzt und sie dadurch „unter den Leib bringt", tritt unter. Pferde entwickeln die Anschubkraft zum Laufen in den verschiedenen ☞ **Gangarten** vor allem aus der ☞ **Hinterhand**.
Je mehr Kraft ein Pferd in der Hinterhand entwickeln kann und je geschmeidiger es im Rücken ist, umso stärker kann es sich selbst von hinten „anschieben" und die Vorhand entlasten. Wichtig ist das besonders für Reitpferde, die zusätzlich zu ihrem eigenen Körpergewicht das Gewicht des Reiters tragen und sich dabei auch noch im Gleichgewicht halten müssen. Bei gutem Untertreten tritt das Pferd mit den Hinterbeinen unter Umständen so weit nach vorn, dass die Spur der Hinterhufe sogar über die der Vorderhufe hinausreicht (☞ **Übertreten**). Die Schubkraft der Hinterhand ist jedoch nicht bei allen Pferden gleich. ☞ **Kaltblüter** können beispielsweise allgemein weniger gut untertreten als ☞ **Warmblüter**. Dafür haben Kaltblüter mehr Kraft in der Vorderbrust, die sie beim Ziehen von Lasten einsetzen können. Bei Reitpferden kann man die Schubkraft durch Training verbessern, durch falsches Reiten jedoch verschlechtern.

Untugend _ ist ein unter Pferdehaltern und Pferdesportlern gebräuchlicher Ausdruck für eine ☞ **Verhaltensstörung** bei einem Pferd.

Urpony _ Während der Eiszeiten (☞ **Entwicklungsgeschichte**) hat sich hauptsächlich in den westlichen und nördlichen Regionen Europas und Asiens ein Pferdetyp angesiedelt, der sich an die dort herrschenden Bedingungen besonders gut anpassen konnte: an das sehr wechselhafte, oft stürmische Klima mit heißen Sommern, nassen Übergangszeiten und kalten, schneereichen Wintern, und an das entsprechend unterschiedliche Nahrungsangebot. Es ist das Urpony. Solche Pferdchen waren um die 110 bis 125 cm groß und von drahtiger bis kräftiger Gestalt. In der warmen Jahreszeit trugen sie vermutlich wie die heutigen ☞ **Ponys** ein feines, kurzes Fell, in den kalten Monaten bot ein dichtes ☞ **Winterfell** Schutz vor Frost und Schnee. Urponys lebten in Wäldern und Mooren, auf Heideflächen und in den nordischen Tundren, in Tälern und im Gebirge. Wahrscheinlich unternahmen sie je nach Landschaft und Jahreszeit oft weite Wanderungen, um neue

Nahrungsgebiete zu erschließen. Das Urpony ist das typische ☞ Nordpferd.

Urwildpferd _ Damit meint man vor allem das einzige heute noch lebende echte ☞ Wildpferd, das ☞ Przewalskipferd.

Vaquero _ ☞ Berittene Hirten

Verdrängungskreuzung _ nennt man es, wenn eine ☞ Rasse durch ☞ Veredler über mehrere Generationen hinweg so lange umgeformt wird, bis sie z. B. ein neues Erscheinungsbild, andere Leistungsmerkmale oder auch Veränderungen im Charakter zeigt. ☞ Zucht

Veredler _ Hengste, die mit Pferden anderer ☞ Rassen gekreuzt werden, um diese zu „verfeinern", bezeichnet man als Veredler. Vor allem die ursprünglichen Ponyrassen wurden veredelt, damit man sie z. B. auch zum Sportreiten verwenden kann. Ähnlich ist es vielen derben Arbeitspferderassen ergangen; sie wurden durch Veredlung in Reitpferde oder sogar in Rennpferde wie das ☞ Englische Vollblut umgezüchtet. Diese Rasse gilt heute selbst als die Veredlerrasse für Großpferde schlechthin; für ☞ Ponys ist der wichtigste Veredler der ☞ Araber. ☞ Zucht

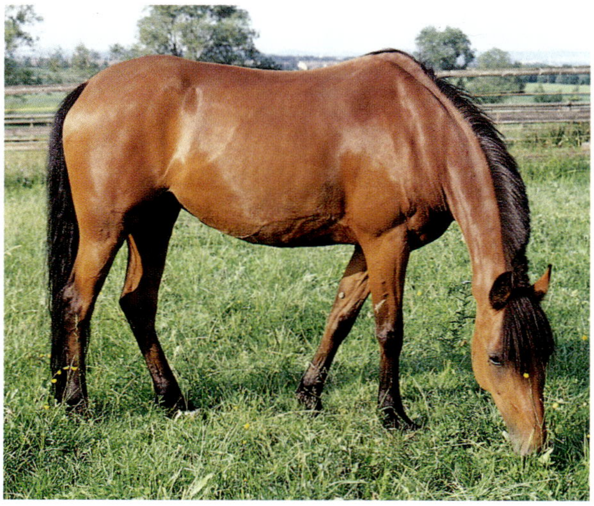

Englische Vollblüter sind die gefragtesten Veredler für Großpferde

Vereine _ sind nichtstaatliche Zusammenschlüsse, die aber teilweise - wie die ☞ FN - als Dachverband offizielle Aufgaben übernehmen. Um Pferdesport auszuüben, muss man nicht zwangsläufig Mitglied in einem Verein sein. Viele Reiter und andere Pferdesportler sind jedoch in Vereinen organisiert, weil sie dort z. B. günstig Reitunterricht nehmen können und Gleichgesinnte treffen. Für nichtprofessionelle Leistungssportler ist die Mitgliedschaft in einem Verein, der zu dem zuständigen Dachverband gehört, vorgeschrieben.
☞ FEI, ☞ FENA, ☞ FN, ☞ SPV

Verfassungsprüfung _ Dies ist eine tierärztliche Kontrolluntersuchung, bei der festgestellt werden soll, ob ein Pferd (noch) einsatzfähig ist. Ein wesentlicher Teil der Verfassungsprüfung ist die Messung von Puls, Atmung und Temperatur (☞ PAT-Werte). Solche Verfassungsprüfungen können bei allen pferdesportlichen Wettkämpfen vorgenommen werden, bei manchen Leistungsprüfungen sind sie z. B. von der ☞ LPO zwingend vorgeschrieben.

Verfohlen _ So nennt man es, wenn eine Stute eine Fehl- oder Totgeburt hat. Allgemein heißt dies auch Abort oder Abgang. Bei einer Fehlgeburt kommt das Fohlen vor Ablauf der ☞ Trächtigkeit zur Welt und ist nicht lebensfähig; nur im Ausnahmefall überleben Frühgeburten bei Pferden.
Manchmal wird ein Fohlen über die volle Dauer der Trächtigkeit ausgetragen, ist aber bereits vor der ☞ Geburt gestorben oder überlebt den Geburtsvorgang nicht. Stuten, die ihr Fohlen verloren haben, versuchen in einer Herde oft ein anderes Pferdekind zu „adoptieren".
☞ Steinfrucht, ☞ Zwillinge

Vergiftungen _ entstehen bei Pferden z. B. durch verdorbenes Futter und durch die Aufnahme von ☞ Giftpflanzen. Ebenso werden sie durch Chemikalien im ☞ Stall hervorgerufen, beispielsweise durch Holzschutzmittel in den Trennwänden der ☞ Boxen oder durch Pilzbefall der ☞ Einstreu. Eine besondere Form der Vergiftung ist der Eiweißüberschuss, der bei der ☞ Hufrehe und beim ☞ Kreuzverschlag auftritt. ☞ Allergien

Verhaltensforschung _ Erst seit wenigen Jahrzehnten befassen sich Wissenschaftler mit den natürlichen Bedürfnissen und Verhaltensweisen von Pferden. Erforscht wird zum einen, wie Pferde sich verhalten. Zum anderen will man wissen, weshalb sie dies oder jenes tun. Dabei stießen die Forscher auf ein Problem: Es gibt - im Gegensatz zu den anderen ☞ Equiden - keine echte Wildform der Pferde im Freileben mehr. Studien kann man am letzten Wildpferdtyp, dem ☞ **Przewalskipferd**, zwar noch in Großgehegen und in zoologischen Gärten betreiben; doch auch diese Pferde führen bereits ein eingeengtes, vom Menschen beeinflusstes Leben. In der Wildnis sind Beobachtungen nur noch an ☞ **Wildlingen**, den Nachkommen von verwilderten ☞ **Hauspferden**, möglich. Und Wildlinge sind wiederum zoologisch gesehen keine echten ☞ **Wildpferde**. Aus den heutigen Forschungsergebnissen kann man teils also nur Vermutungen auf die Ursprünglichkeit von Verhaltensweisen ableiten. Bei Vergleichen mit den anderen Equiden muss man bedenken, dass es sich dabei zwar um verwandte, aber doch andere Tierarten mit teils ganz speziellen Verhaltensmerkmalen handelt. Dennoch ist die Verhaltensforschung natürlich sehr wichtig. Sie zeigt die Bedürfnisse, die die heutigen Pferde haben. Dadurch hat sie dazu beigetragen, dass vermehrt über die so genannte artgerechte Haltung von Pferden nachgedacht und eine solche Haltung auch praktiziert wird.

Nur selten darf ein Zuchthengst noch wie in der Natur frei mit einer rossigen Stute mitlaufen, um sie zu umwerben.

Überliefertes Wissen vom Verhalten der Pferde hat sich oft als ungenau oder einseitig erwiesen. Manche Beobachtungen wurden auch falsch gedeutet, weil man z. B. über körperliche Zusammenhänge, etwa über die Funktion von Hormonen, nichts wusste. Und bis heute besteht trotz der modernen Forschung bei vielen Menschen, die Pferde nutzen, weiterhin kein Interesse an den natürlichen Verhaltensweisen der Vierbeiner. Manchen Menschen ist nur wichtig, dass ein Pferd keine Eigenschaften besitzt, die in der Zucht, beim Reiten oder bei anderem Gebrauch „lästig" sind. Durch bestimmte Haltungsformen, durch medizinische Eingriffe und durch reiterliche Zwänge werden natürliche Bedürfnisse der Pferde unterdrückt, erwünschtes Verhalten wird gefördert. So beschränkt sich das Wissen vielfach auf solche ☞ **Verhaltensweisen**, die für Züchter, Reiter und Fahrer wichtig sind. Und weil es keinen unmittelbaren Nutzen bringt, sind viele Reiter nicht daran interessiert, das eigentliche Wesen der Tiere näher kennenzulernen.

Für einen echten Pferdefreund aber ist es sehr interessant, zum Beispiel etwas über den ☞ **Herdentrieb**, den ☞ **Fluchttrieb**, den ☞ **Verteidigungstrieb**, den ☞ **Fortpflanzungstrieb** und über die ☞ **Ausdrucksweisen** der Pferde zu erfahren.

Verhaltensstörung _ Eine Verhaltensweise, die ein Pferd häufig zeigt und mit der es sich oder andere gefährdet, bezeichnet man als Verhaltensstörung. Dazu gehören unter anderem das ☞ **Bocken**, ☞ **Durchgehen**, ☞ **Kleben**, ☞ **Koppen**, ☞ **Pullen**, ☞ **Steigen** und ☞ **Weben**. Auch häufiges Klopfen gegen Boxenwände, ☞ **Holznagen** und andere Eigenheiten werden von manchen Pferdeleuten zu den Verhaltensstörungen gerechnet. Diese so genannten „Untugenden" sind oft Ausdruck von Instinkten oder Bedürfnissen, denen das Pferd nicht nachgehen kann, aber auch von falschem Umgang und mangelhafter Haltung. Solche Verhaltensstörungen kommen bei wild lebenden Pferden nicht vor.

Verhaltensweisen _ Zu den natürlichen Verhaltensweisen von Pferden zählen unter anderem ☞ **Angriffs- und Kampfverhalten**, ☞ **Drohverhalten**, ☞ **Flucht-**

Das Hinlegen unter dem Reiter ist eine von vielen „künstlichen" Verhaltensweisen, die den Pferden andressiert werden.

trieb, ☞ **Fortpflanzungstrieb**, ☞ **Herdentrieb**, ☞ **Imponierverhalten**, ☞ **Komfortverhalten**, ☞ **Sozialverhalten**, ☞ **Spielbedürfnis**, ☞ **Unterlegenheitsverhalten** und ☞ **Verteidigungstrieb**.
Angelerntes oder andressiertes Verhalten wie Steigen in der Freiheitsdressur oder unter dem Reiter wird häufig auf natürliche Verhaltensweisen zurückgeführt. Dies ist jedoch falsch, denn in der Dressur werden nur einzelne Verhaltensmuster gezeigt, die völlig aus dem natürlichen Zusammenhang gerissen sind. ☞ **Ausdrucksweisen**, ☞ **Rangordnung**

Verladen _ Man spricht vom Verladen eines Pferdes, wenn man es zum ☞ **Transport** in ein Fahrzeug führt. Viele Pferde machen beim Verladen Probleme, weil sie Angst vor dem kleinen, dunklen Raum im Transporter haben oder weil man versucht hat, sie mit Gewalt in den Hänger zu bekommen. Am einfachsten lernen Fohlen das Verladen, wenn die Mutterstute bereits mit Geduld daran gewöhnt wurde. Manche Pferde mit einem gelassenen Gemüt gehen von sich aus schon beim ersten Mal und auch später freiwillig und ohne Widerstreben in jeden Transporter.

Verletzungen _ Verletzungsgefahr besteht für die Pferde im ☞ **Stall** ebenso wie auf der ☞ **Weide**, beim ☞ **Transport**, beim ☞ **Putzen und Pflegen** sowie bei jeglicher Art der Nutzung. Verletzungen können z. B. als Folgen des ☞ **Festlegens** und des ☞ **Scheuens** entstehen; häufig haben Pferde auch ☞ **Druckstellen** und ☞ **Scheuerwunden**. Bei kleineren, akuten Hautverletzungen kann man ein Pferd meist mit einem Mittel aus der ☞ **Stallapotheke** versorgen. Stärkere Blutungen, klaffende Wunden, Augenverletzungen und festsitzende Fremdkörper, z. B. im ☞ **Huf**, müssen in jedem Fall tierärztlich versorgt werden. Schon beim geringsten Verdacht auf innere Verletzungen oder auf einen Knochenbruch, etwa nach einem Sturz, gehört ein Pferd in die Hand eines ☞ **Tierarztes**. Oft ist auch ein Transport in eine ☞ **Pferdeklinik** erforderlich.

Verritten _ nennt man ein Pferd, das durch unsachgemäßes Reiten an anhaltenden Verspannungen leidet und deshalb nicht mehr gut auf die ☞ **Hilfen** reagiert. Dies kommt häufig bei ☞ **Schulpferden** in Reitschulen vor, aber auch bei überforderten Turnierpferden oder nicht richtig ausgebildeten Freizeitpferden. Verrittene Pferde neigen wegen Rücken- und Genickschmerzen häufig auch zum ☞ **Kopfschlagen** und manchmal sogar zum ☞ **Bocken**. Es ist ihnen nicht zu verdenken. Verrittene Pferde müssten behutsam und fachkundig wieder gymnastiziert werden (☞ **Gymnastizierung**) und vor jeder Reitstunde ausreichend gelöst werden (☞ **Lösen**). Leider suchen viele Reiter und auch Reitschulbesitzer den Fehler aber nicht bei sich, sondern versuchen die Pferde mit ☞ **Hilfszügeln** und scharfen ☞ **Gebissen** zu „erziehen". Oft sind solche „Erziehungsmaßnahmen" nichts anderes als Tierquälerei.
☞ **Auseinanderfallen**, ☞ **Tierschutz**

Versammlung _ Zustand, in dem ein Pferd bei kürzestem ☞ **Raumgriff** die ☞ **Hinterhand** am stärksten belastet und damit die ☞ **Vorderhand** entlastet. Der Hals ist aufgerichtet, der Rücken schwingt, und die Tritte sind ausdrucksvoll, weil sich das Pferd in der Hinterhand gut senkt (☞ **Hanken**). Ein versammeltes Pferd steht bestens an den ☞ **Hilfen**. Die Fähigkeit zur Versammlung gilt in der herkömmlichen ☞ **Dressur** als höchster Ausbildungsgrad und als Grundlage der ☞ **Hohen Schule**. Junge Pferde lassen sich noch kaum versammeln, und auch bei älteren Pferden sind versammelte ☞ **Gangarten** selbst bei guter Schulung nicht immer möglich - etwa, wenn die Pferde Schwächen im ☞ **Körperbau** haben.

Verteidigungstrieb _ Dies ist ein Mechanismus, der das eigene Leben oder das Leben von Artgenossen schützen beziehungsweise die Stellung in der ☞ **Rangordnung** erhalten soll. Dabei gehen Pferde keineswegs zimperlich vor. Sie wehren sich mit Hufen und Zähnen und können sogar ein Raubtier in die Flucht schlagen. Wenn es um die Rangordnung innerhalb der ☞ **Herde** geht, kann es zu einem heftigen ☞ **Hengstkampf** oder ☞ **Stutenkampf** kommen. Mutterstuten verteidigen vor allem ihre ☞ **Fohlen**. Auf Weiden, die den Pferden keine Möglichkeit bieten, in Deckung zu gehen, stehen Stuten oft im Kreis: Ihre Köpfe sind nach innen, die ☞ **Kruppen** nach außen gekehrt. Die Fohlen befinden sich dann in der Mitte der Gruppe. Hier sind sie vor Feinden sicher und bekommen von den Alttieren außerdem Schatten gespendet.

Verwandte der Pferde _ sind die ☞ **Esel**, die ☞ **Pferdeesel** und die ☞ **Zebras**. Zusammen bilden sie alle die Tierfamilie der ☞ **Equiden**.

Verweigern _ Wenn ein Pferd verweigert, dann bleibt es vor einem ☞ **Hindernis** stehen, das es eigentlich überwinden soll. Pferde verweigern z. B., wenn sie sich überfordert fühlen oder wenn der Reiter unsicher ist.

Verziehen _ Wenn man Mähnen- oder Schweifhaare durch Ausrupfen mit der Hand oder mit einem Rupfkamm entfernt, so nennt man das Verziehen. Das ☞ **Langhaar** fällt nach dem Verziehen natürlicher, als dies nach dem Abschneiden mit einer Schere der Fall wäre.

Veterinärmedizin _ Tierheilkunde (vom lat. „veterinär" = auf Tierkrankheiten und ihre Behandlung bezogen) ☞ **Tierarzt**

VFD _ ist die Abkürzung für Vereinigung der Freizeitreiter und -fahrer in Deutschland e.V. Diese Organisation mit Landes- und Bezirksgruppen ist unabhängig von der ☞ **FN**.

Vielseitigkeitssport _ Mit dem Begriff Vielseitigkeit meint man in erster Linie eine reitsportliche Disziplin. Bei manchen Pferdeleuten gilt „die Vielseitigkeit" der herkömmlichen europäischen Reitweise als „Krone der Reiterei". Denn wie das Wort schon sagt, werden Pferde (und Reiter) dabei nicht einseitig nur für einen Bereich des Reitens ausgebildet und trainiert, sondern für mehrere. Zum Vielseitigkeitssport gehören Leistungen in der ☞ **Dressur**, im ☞ **Springen** und bei ☞ **Geländeritten**. Frühere Benennungen für einzelne Klassen der Vielseitigkeit wie Stubbendorf, Kleine Vielseitigkeit und Military werden heute nicht mehr überall benutzt. Es gibt jetzt nach der ☞ **LPO** nur noch Vielseitigkeitsprüfungen und Große Vielseitigkeitsprüfungen, weiterhin nur in den ☞ **Kategorien** B und A. Sie werden immer in der Reihenfolge Dressur-, Gelände-, Springprüfung durchgeführt und dauern je nach Ausschreibung zwei oder drei Tage. Beim Dressur- und Springreiten sind die Anforderungen im Vergleich zu speziellen Dressur- und Springprüfungen etwas niedriger; schließlich wird insgesamt von den Pferden mehr verlangt.
Bei der Geländeprüfung muss eine Geländestrecke gemeistert werden, die wiederum in mehrere Abschnitte unterteilt ist. Die Phasen A und C (Phase C gibt es nur bei der Großen Vielseitigkeit) bestehen jeweils aus einer Wegestrecke, die bei Phase A etwa 2 bis 6,5 km und bei Phase C etwa 4,5 bis knapp 10 km lang sein kann. Eine so genannte Rennbahn stellt die Phase B dar: Dies ist eine ebene Geländestrecke, die gut 1 km bis rund 3 km lang ist. Sie weist meist mehrere Kurven und auf jeden Fall vier bis zehn Hindernisse auf, die zwischen 90 und 100 cm hoch sind. Die letzte und härteste Prüfung stellt als Phase D die Querfeldeinstrecke dar. Die Streckenlänge liegt zwischen 1,5 und 6,5 km. Die Querfeldeinstrecke ist mit etwa 15 bis 40 festen Natursprüngen bestückt (☞ **Hindernisse**). Die Maximalhöhen liegen zwischen 90 und 120 cm, die Weiten zwischen 120 und 300 cm; Gräben sind 250 bis 400 cm breit, Tiefsprünge haben eine Abmessung von 140 bis 200 cm. Nur vereinzelt haben die Reiter die Möglichkeit, anstelle von sehr schwierigen Hindernissen etwas leichtere Hürden zu wählen. Dafür wird ihnen dann eine höhere Zeit angerechnet. Die besondere Anforderung liegt nicht so sehr in den Abmessungen der Hindernisse, sondern vor allem in der Länge und Beschaffenheit der Strecke sowie in der Anzahl und der Art der Hindernisse; dazu kommen die Anstrengungen in den vorausgegangenen Prüfungsteilen. Eine kurze Zwangspause und eine ☞ **Verfassungsprüfung** gibt es nur bei einer Großen Vielseitigkeit nach Phase C.
Weil immer wieder schwere, auch tödliche Unfälle vor allem bei der Geländeprüfung passieren, hat der reiterliche Vielseitigkeitssport insgesamt keinen besonders guten Ruf. Nicht die Sportart an sich erscheint jedoch fragwürdig, sondern eher die einzelnen Ausschreibungen und die Selbstüberschätzung einzelner Reiter.
Vielseitigkeitsprüfungen gibt es seit Langem auch im ☞ **Fahrsport**.

Vierspänner _ Ein ☞ **Gespann**, bei dem vier Pferde im „Block" gehen, also zwei mal zwei hintereinander, bezeichnet man im Gegensatz zur ☞ **Quadriga** als Vierspänner.

Vollblut _ Diese Bezeichnung steht eigentlich für alle Pferde, die sich weniger für das Dressurreiten oder für Arbeitseinsätze, sondern vor allem für Kurzstreckenrennen eignen. Sie stehen meist im Typ der ☞ **Südpferde**, sind von sehniger Statur und recht temperamentvoll. In Europa und Amerika versteht man unter einem Vollblut hauptsächlich die „Kunstrasse" ☞ **Englisches Vollblut**. Zu den Vollblütern gehören aber auch Rassen aus den turkmenischen Regionen wie die ☞ **Achal-Tekkiner** oder wie die ☞ **Traber**. Solche Vollblüter werden häufig als ☞ **Veredler** bei anderen Rassen verwendet. Ihre Zuchtbasis ist vor allem die ☞ **Leistungszucht** im Hinblick auf Schnelligkeit. Der Ausdruck „vollblütig" steht auch für jahrhundertelange ☞ **Reinzucht**, wie sie beim arabischen Pferd betrieben wurde. Vollblutaraber werden ebenfalls als Veredler eingesetzt, wegen ihrer geringeren Größe in erster Linie für Ponyrassen. Wenn man ausschließlich die Reinzucht als Maßstab für den Begriff „vollblütig" ansieht, dann wäre in diesem Sinne die Vollblutrasse schlechthin eine nördliche Robustrasse, nämlich der ☞ **Isländer**. Er wird als einzige Hauspferdrasse überhaupt in seiner Heimat nachweislich seit über tausend Jahren rein gezüchtet.

Voltigieren, der etwas andere Pferdesport

Volte _ 1. Eine kreisförmige ☞ **Hufschlagfigur** mit einem Durchmesser von rund sechs Metern. Sie wird vom ersten ☞ **Hufschlag** aus geritten und endet dort auch wieder. Richtiges Voltereiten, das gleichmäßig auf jeder ☞ **Hand** durchgeführt wird, macht Pferde geschmeidig, weil sie sich durchgehend in ihrer Längsachse biegen müssen. Anfänger reiten Volten im Schritt, etwas Fortgeschrittenere im ausgesessenen Trab (☞ **Aussitzen**). Galoppvolten bleiben Könnern vorbehalten.
2. Kreuzen der eigenen Spur zwischen aufeinanderfolgenden ☞ **Hindernissen**. Solche Volten gelten bei Prüfungen als Fehler, auch wenn sie nicht kreisrund, sondern „unförmig" recht- oder dreieckig ausfallen.
3. Abwenden von der Reitrichtung und Reiten eines (weiten) Kreises im Gelände. Durch eine solche Volte kann man ein Pferd manchmal am ☞ **Durchgehen** im Gelände hindern oder es so weit beruhigen, dass der Reiter es wieder in den Griff bekommt.

Voltigierabzeichen _ ☞ **Leistungsabzeichen**

Voltigieren _ bedeutet so viel wie „Turnen auf dem Pferd". Das Voltigieren war bereits bei den Römern als Training der berittenen Einheiten bekannt. Später wurde auch bei der ☞ **Kavallerie** in anderen Ländern voltigiert. Voltigierkünste werden außerdem im Zirkus gezeigt, dennoch hat sich das Voltigieren als Sportart durchgesetzt. 1928 war diese Disziplin sogar bei den ☞ **Olympischen Spielen** vertreten. Heute voltigieren überwiegend Kinder, Jugendliche und junge Erwachsene.
Voltigiert wird auf einem galoppierenden Pferd. Dieses läuft dabei auf einer Kreislinie mit einem Durchmesser von 13 Metern. Im Zentrum des Kreises steht der ☞ **Longenführer**. Die Voltigierer laufen einzeln zum Pferd, passen sich dem Takt seiner Bewegung an und springen dann mit Hilfe eines breiten Ledergurts mit Haltegriffen (Longiergurt, Voltigiergurt) auf den Pferderücken.
Es gibt Hunderte von Übungen, die einzeln, zu zweit oder zu dritt ausgeführt werden. Für den Gruppenwettkampf ist ein Pflichtteil mit den Grundfiguren Grundsitz, Stehen, Fahne, Mühle, Flanke und Schere vorgeschrieben; die Kür muss aus Einzel- und Kombinationsfiguren bestehen. Spätestens wenn man volljährig ist, darf man (aus Gewichtsgründen) nur noch als Einzelvoltigierer in den Wettbewerb gehen. 1986 wurde in der Schweiz die erste Weltmeisterschaft im Gruppen- und Einzelvoltigieren ausgetragen. Inzwischen ist das Paarvoltigieren dazugekommen.
Vor lauter Begeisterung über die Voltigierer mit ihren oft artistischen Leistungen vergisst man leicht die Voltigierpferde. Solche Pferde sind einer besonderen Beanspruchung ausgesetzt. Von einem Voltigierpferd wird verlangt, dass es für eine Dauer von bis zu einer Viertelstunde ununterbrochen schwungvoll und gleichmäßig galoppiert – und zwar immer nur in eine Richtung, nämlich auf der

linken ☞ **Hand**. Dies führt zu einer sehr einseitigen Belastung. Gleichzeitig muss das Pferd das Gewicht der Voltigierer, ihre Aufsprünge und wechselnden Bewegungen auf seinem Rücken ausbalancieren können. Außerdem darf ein Voltigierpferd weder zu behäbig noch zu temperamentvoll sein, damit es einerseits fleißig galoppiert, andererseits aber die Voltigierer nicht in Gefahr bringt.
Voltigierpferde müssen regelmäßig so geritten werden, dass die einseitigen Belastungen gemildert werden. Sehr geübte Voltigierpferde galoppieren übrigens auf dem vorgeschriebenen Zirkel, ohne von einer Longe geführt zu werden!

Voltigierlehrer _ ☞ **Amateurreitlehrer**

Voltigierwart _ ☞ **Reitwart**

Vorbereitungsplatz _ Ein solcher Reitplatz hieß bis vor einiger Zeit Abreiteplatz. Auf jedem größeren Turnier der ☞ **FN** muss ein Vorbereitungsplatz vorhanden sein; auf ihm dürfen keine Prüfungen abgehalten werden, und es muss ein Richter als Aufsicht anwesend sein. Der Vorbereitungsplatz dient dem ☞ **Abreiten** und/oder ☞ **Abfahren** der Pferde vor einer Prüfung.

Vorbuch _ nennt man die unterste Abteilung des ☞ **Stutbuchs**.

Vorderfußwurzel _ Sie entspricht etwa der Handwurzel bei uns Menschen und liegt beim Pferd zwischen Unterarm und ☞ **Röhrbein**. Sie wird häufig als ☞ **Vorderknie** bezeichnet, weil sie als Gelenk mit dem Röhrbein verbunden ist und abgewinkelt werden kann. Pferde können sich darauf auch niederlassen, deshalb spricht man von „Niederknien". ☞ **Körperbau**

Vorderhand oder Vorhand _ nennt man den Schulter- und Brustbereich des Pferdes mit den Vorderbeinen (☞ **Körperbau**). Für Reiter zählt alles zur Vorhand, was vor der Zügelhand liegt, also auch Kopf und Hals des Pferdes.

Vorderknie _ Dies ist eine verbreitete, aber falsche Bezeichnung für die ☞ **Vorderfußwurzel**.
Ein ☞ **Knie** mit Kniescheibe gibt es beim Pferd nur an den Hintergliedmaßen.

Vorderzeug _ Kernstück des Vorderzeugs ist ein breiter Brustriemen, der an beiden Seiten des Sattelgurts verschnallt wird; ein Nackenriemen hält ihn in der richtigen Höhe. Das Vorderzeug soll verhindern, dass der Sattel bei Pferden mit flacher ☞ **Sattellage** nach hinten wegrutscht. ☞ **Schweifriemen**

Vorderzeug am gesattelten Pferd

Vorführen _ ☞ **Vormustern**

Vorhandwendung _ Darunter versteht man eine ☞ **Wendung**, bei der das Pferd sich um die eigene Längsachse dreht. Aus dem Halten tritt es mit der Hinterhand seitlich weg und beschreibt so in einem gleichmäßigen Takt einen Halbkreis oder Kreis „um die Vorhand". Die Vorderhufe dürfen nur auf der Stelle mittreten. Ein leichtes Zurücktreten gilt nicht als Fehler, aber nach vorn darf das Pferd nicht weglaufen. Die Vorhandwendung ist wie das ☞ **Schenkelweichen** eine Übung für den einseitigen Einsatz der ☞ **Hilfen** und zum ☞ **Lösen**. Man sollte sie aber nicht zu oft üben, da sie die Vorderbeine belastet.

Vormustern oder Mustern _ nennt man das Vorführen eines aufgetrensten, aber ungesattelten Pferdes an der Hand, z. B. vor einer Körkommission (☞ **Körung**). Das Vorführen vor den Richtern ist jedoch kein einfaches Herumführen, sondern muss in einem bestimmten Stil erfolgen. Das Pferd wird an der Hand erst im Stand und dann im Schritt und im Trab auf einer Dreieckslinie vorgestellt, sodass die Richter es aus verschiedenen Sichtwinkeln mustern können.

A B C D E F G H I J K L M N O P Q R S T U V W X Y Z

Ein Umritt mit Tradition: Der Blutritt von Weingarten

In der oberschwäbischen Stadt Weingarten, nicht weit vom Bodensee entfernt, findet jedes Jahr am Tage nach Christi Himmelfahrt einer der bekanntesten und größten Umritte statt. Der Blutritt wurde in Unterlagen der Abtei Weingarten schon in den Jahren 1529, 1546 und 1639 erwähnt.

Er hat seinen Namen von der Heilig-Blut-Reliquie, die sich das Jahr über in der Basilika von Weingarten befindet. Sie wird in einem wertvollen Gefäß aus Gold und Edelsteinen aufbewahrt. Am Blutfreitag trägt ein Ordenspater das Gefäß zu Pferd in einem Gefolge von Mitreitern, Pfarrherren, Ministranten und Musikkapellen durch die Stadt und die Fluren. Dem Glauben der Katholiken nach soll es sich um Blut von Jesus Christus handeln, das dieser am Kreuz vergossen hat. Bei der Prozession wird der Segen des Heiligen Blutes für Haus, Hof und Felder erbeten.

Die Reiter sind überwiegend in Frack und Zylinder gekleidet, die Pferde mit prächtigem Sattel- und Zaumzeug ausgestattet. Manche Reiter tragen bunte Fahnen oder Standarten, die eigens für diesen Tag angefertigt wurden. Tausende von Stadtbewohnern und Pilgern säumen den Weg.

Wenn die Prozession das bebaute Gebiet von Weingarten verlässt, treten die Musikkapellen aus dem Zug heraus. Dann beginnt für die Reiter der wichtigere Teil des Blutritts. Während sie auf ihren Pferden über die Feld- und Wiesenwege ziehen, verrichten sie gemeinsam lange Gebete. Sie werden nur unterbrochen, wenn der Blutreiter-Pater anhält und vom Pferd steigt, an den aufgestellten Altären geistliche Lieder singt und den Segen mit der Reliquie erteilt. Das geschieht viermal, und dabei läutet jedes Mal auch die 128 Zentner schwere Hosanna-Glocke aus dem Jahr 1490 in der Basilika.

Viele Reiter reisen von weither schon am Vortag an und verbringen die Nacht bei ihren Pferden im Stall. Am Blutfreitagmorgen um vier Uhr wird bereits die erste heilige Messe gefeiert. Danach versorgen die Männer ihre Pferde und bereiten sie und sich selbst auf den Umritt vor. Die Blutreitergruppen aus der näheren Umgebung reiten am frühen Morgen des Blutfreitags in die Stadt.

Im Jahr 1646 sollen 1400, im Jahre 1701 rund 2400 und 1753 sogar über 7000 Reiter die Reliquie begleitet haben. Heute werden immer noch bis zu 3000 Reiter gezählt! Die meisten Blutreiter kommen jedes Jahr zu dieser Prozession nach Weingarten. Manche sind schon mehr als 40 Jahre lang dabei, selbst eine 70-fache Teilnahme hat es schon gegeben.

Wer aus Alters- oder Gesundheitsgründen nicht mehr mitreiten kann, bekommt einen Ehrenplatz auf der Tribüne vor dem Rathaus. Oft sind mehrere Generationen einer Familie dabei, die Tradition der Teilnahme wird seit Jahrhunderten weitergegeben. Und in manchen Bauernfamilien, die längst mit modernen Maschinen arbeiten, hält man Pferde vor allem noch für den Weingartener Blutritt.

Schade nur, dass nach wie vor keine Frauen mitreiten dürfen – nicht alle traditionellen Bräuche passen noch in eine aufgeklärtere Zeit.

W

Nahrung und Wasser mangelt. So kommen viele Wildlinge erbärmlich durch Verhungern und Verdursten ums Leben. Selbst Naturschutzorganisationen sind oft nicht bereit, für Wildlinge etwas zu unternehmen, da sie sie nicht zu den natürlich vorkommenden Wildtieren rechnen. Zoologisch gesehen sind Wildlinge nämlich keine echten ☞ **Wildpferde**. Das einzige noch erhaltene Wildpferd ist das ☞ **Przewalskipferd**.

Wildpferd _ Richtig ist diese Bezeichnung nur für ungezähmte Pferde, deren Vorfahren ebenfalls nie von Menschen gezähmt und zum ☞ **Hauspferd** gemacht wurden. Wie andere Wildtiere, konnten auch die Wildpferde Jahrmillionen überleben und sich ohne das Zutun des Menschen weiterentwickeln.
Wildpferde gab es in Europa und Asien während der Eiszeiten und der Zwischeneiszeiten in großer Zahl (☞ **Entwicklungsgeschichte**). Sie wurden jedoch zunehmend von Menschen bejagt. Als viel später, nämlich im Mittelalter, die Feuerwaffen aufkamen, konnte man die Tiere noch viel einfacher abschießen. Viele Herden wurden geschwächt, weil man junge Tiere herausfing, um sie zu zähmen. Dadurch gab es zu wenig Nachwuchs; oft töteten die Jäger bei solchen Wildfängen auch rücksichtslos die Leit- und Muttertiere, die versuchten, die Fohlen zu verteidigen. Schließlich wurden die Lebensräume für wilde Pferde (wie für manche anderen Wildtiere auch) immer stärker von Menschen und ihren gezüchteten Haustieren - auch Hauspferden - in Anspruch genommen. Die Wildpferde wurden immer mehr in unwirtliche Gegenden abgedrängt. Teils lebten sie auch als halb wilde Herden in so genannten Wildbahnen und wurden zur Zucht verwendet. Wildpferde überlebten zwar bis in das 20. Jahrhundert, doch es fanden sich nur noch wenige Restherden in der Mongolei - in Gebieten, die weit von jeder menschlichen Behausung entfernt waren. Diese mongolischen (Ur-)Wildpferde bekamen den Namen ☞ **Przewalskipferd**. Dieses Pferd ist das einzige erhaltene Wildpferd. Allerdings schafften es die Jäger (im Namen der Wissenschaft!), das mongolische Wildpferd auch noch in seinen letzten Rückzugsgebieten auszurotten. Ob die erst vor kurzem ausgewilderten Przewalskipferde eine Überlebenschance haben, muss man erst abwarten. Und ob man sie noch als richtige Wildpferde bezeichnen kann, bleibt ebenfalls fraglich. Sie sind Nachkommen von vielen Zoogenerationen.
Auf jeden Fall ist kein anderes der heutigen wild lebenden Pferde auf der Erde ein echtes Wildpferd. Man nennt solche Pferde zoologisch richtig ☞ **Wildlinge**. Der heutige ☞ **Tarpan** ist ebenso wenig ein echtes Wildpferd wie die Zuchtpferde in ☞ **Wildgestüten**, obwohl für eine solche Rasse (☞ **Dülmener**) die Bezeichnung Wildpferd auf Antrag des Besitzers sogar gesetzlich geschützt wurde. Ahnungslose Pferdefreunde werden dadurch leicht irregeführt.

Wildpferdmerkmale _ Dazu zählt man körperliche Eigenheiten ebenso wie Besonderheiten in der Entwicklung und im Verhalten. So waren die ersten Generationen der ☞ **Przewalskipferde**, die man in Zoos hielt, noch spätreif. Das heißt, dass sie erst mit etwa vier Jahren in die ☞ **Geschlechtsreife** kamen. Außerdem kamen die ☞ **Stuten** nur einmal im Frühjahr in die ☞ **Rosse**.
Als typisch wird zudem die Scheu vor Menschen angesehen.
Auch die ☞ **Stehmähne** ohne Stirnschopf sowie der ☞ **Backenbart** gelten als Wildpferdmerkmale, weil sie beim Przewalskipferd die Regel sind. Nicht alle Merkmale kommen jedoch bei jedem Tier vor. Außerdem nimmt man inzwischen an, dass es Urwildpferdtypen auch mit ☞ **Fallmähne** gab. Dies war wohl vor allem beim ☞ **Urpony** der Fall. Der ☞ **Haarwechsel** des ☞ **Langhaars** tritt bei allen Przewalskipferden auf. Neben diesen sichtbaren Merkmalen sind vor allem Eigenheiten im Skelett und im Gebissaufbau von Bedeutung. Auffallend ist, dass das Gehirn bei Przewalskipferden im Allgemeinen größer ist als bei Hauspferden. Diesen Unterschied hat man übrigens bei allen Wildtieren festgestellt, von denen es Haustierformen gibt.
☞ **Domestikation**, ☞ **Hauspferd**, ☞ **Wildfärbung**

Winterfell _ Durch den ☞ **Haarwechsel** bekommen Pferde zur kalten Jahreszeit hin ein wärmeres ☞ **Fell**. Dieser natürliche Schutz ist allerdings ein Nachteil, wenn man ein Pferd auch in dieser Jahreszeit zum Reiten oder Fahren einsetzen will. Pferde im Winterfell geraten dabei schnell ins Schwitzen (☞ **Schweiß**), auch wenn sie nicht überfordert werden. Bei überwiegend im Stall gehaltenen Pferden kann man den Haarwechsel meist weitgehend verhindern, wenn man sie vom Herbst an ständig mit einer Decke eindeckt. So bleibt auch die Leistungsfähigkeit besser erhalten. Biologisch gesehen ist das aber unnatürlich. Meist hilft man sich eher damit, dass man den Pferden eine Teilschur verpasst (☞ **Scheren**).

W

Wälzen _ ist ein Grundbedürfnis der Pferde und ein wichtiger Teil der ☞ **Fell- und Hautpflege**. Pferde wälzen sich besonders gern auf trockenem Sand, aber ebenso auch in Schlammpfützen und auf Pulverschnee; nasser Schnee wird gemieden, da er das Fell durchnässen und die Körperoberfläche – in Kombination mit der kalten Außentemperatur – stark auskühlen würde. In Wasserstellen, aus denen sie trinken, nehmen Pferde jedoch besonders an heißen Tagen gern ein Wälzbad. Kotstellen werden beim Wälzen gemieden, und auf frischem, fressbarem Gras wälzt sich ein Pferd meist nur dann, wenn es keine andere Gelegenheit hat.

Wälzen – für Pferde ein Vergnügen

Man kann die Absicht eines Pferdes, sich zu wälzen, recht gut erkennen: Es schnuppert meist ausgiebig an einer Stelle herum, umkreist sie mit Trippelschritten und scharrt mit den Vorderhufen. Dann knickt es in den Vorderbeinen ein und lässt sich meist einfach zur Seite fallen.
Beim Wälzen reibt das Pferd Kopf, Hals, Rücken und Seiten heftig und oft mit wohligem Brummen auf dem Boden. Dabei werden lose Haare, abgestorbene Hautzellen, Parasiten und Schmutz von der Haut gelöst oder im Schlamm eingebacken. Wenn sich das Pferd wieder erhoben hat, schüttelt es sich kräftig; dabei schleudert es Nässe, Sand oder Schnee und die losen Partikel aus dem Fell. Zudem wird das Fell aufgelockert und liegt nach dem Schütteln wieder im natürlichen ☞ **Haarstrich**. Zum Leidwesen vieler Reiter wälzen sich Pferde (wenn sie Gelegenheit dazu haben) oft sofort, nachdem sie ordentlich gestriegelt und gebürstet wurden. Vermutlich liegen dann die Haare zu glatt an und verhindern, dass sich eine isolierende Luftschicht bilden kann. Vor dem Satteln muss man die Pferde dann nochmals bürsten, damit verbliebene Staub- und Sandkörner nicht zu Druckstellen führen. Besonders wälzbedürftig sind Pferde, die stark schwitzen. Der Schweiß verkrustet nämlich und juckt, vor allem unter dem Sattel- und Zaumzeug. Sehr starker Wälzdrang kann sogar dazu führen, dass sich ein Pferd mit Sattel auf den Boden wirft und versucht, sich zu wälzen. Dies ist allerdings nicht nur für den Sattel gefährlich; das Pferd kann sich üble Rückenverletzungen zuziehen. Man sollte deshalb ein verschwitztes Pferd so bald wie möglich absatteln und sich wälzen lassen oder es waschen.
Auf der ☞ **Weide** hat das Wälzen meist eine ansteckende Wirkung auf die anderen Pferde einer Herde: Ein erwachsenes Pferd nach dem anderen wälzt sich, und die Fohlen schauen den Alttieren verblüfft dabei zu – bis sie sich schließlich selbst dem Wälzen hingeben.
Wenn Pferde keine Gelegenheit bekommen, sich im Freien zu wälzen, versuchen sie es oft auf der frischen Einstreu in der ☞ **Box**. Dies ist in jedem Fall gefährlich, denn die Pferde können sich anschlagen oder ☞ **festlegen**.
Bei einer ☞ **Kolik** darf sich ein Pferd auf keinen Fall wälzen, da dies eine lebensgefährliche ☞ **Darmverschlingung** hervorrufen oder sie noch verschlimmern kann.

Wagen _ Unter dieser Bezeichnung fasst man alle Gefährte mit einer oder mehreren Achsen und mit zwei, vier oder mehr Rädern zusammen, in denen Menschen, Tiere und/oder Material per Pferdezugkraft befördert werden können (☞ **Fuhrwerk**, ☞ **Gespann**). Am bekanntesten sind vierrädrige Kutschen aller Art. Daher stammt auch die gebräuchliche Bezeichnung „Kutscher" für den Lenker eines Pferdewagens. Im Gegensatz zum Wagen ist der ☞ **Zug** ein Gespann mit Arbeits- oder Militärgeräten.

Wagenrennen _ gehören zu den „klassischen" Rennen der Antike. Besonders beliebt waren die oft wilden Rennen mit Kampf- und Triumphwagen (☞ **Quadriga**). Auch heute werden verschiedentlich Wagenrennen ausgetragen. So gibt es z. B. in Nordamerika Rennveranstaltungen mit Nachbildungen von Siedlerwagen, bei denen vier- bis achtspännig gefahren wird und immer wieder schlimme Unfälle passieren. Eine verwandte Art sind Schlittenrennen, die in vielen Ländern abgehalten werden, in denen es ausreichend Schnee dafür gibt. ☞ **Rennsport**

Waler _ Diese australische Halbblutrasse steht im Typ des ☞ **Hunters**. Sie hat das ☞ **Australian Stockhorse** mit beeinflusst.

Wallach _ So nennt man einen ehemaligen ☞ **Hengst**, dem die Hoden entfernt wurden. Durch diesen Eingriff kann das männliche Tier keine Fohlen mehr zeugen. Wallache sind einfacher zu halten und zu reiten als Hengste, weil ihr ☞ **Fortpflanzungstrieb** bald nach der ☞ **Kastration** erlischt.

Wand _ ist die Kurzbezeichnung für einen Teil des ☞ **Hufs**.

Wanderreiten _ Unter Wanderreiten versteht man mehrtägige oder sogar mehrwöchige Reittouren durchs Gelände, meist mit einem bestimmten Ziel. Man kann aber auch einen Rundkurs ohne Hauptziel reitend zurücklegen. Beim Wanderreiten kehrt man abends nicht zum jeweiligen Ausgangspunkt zurück, sondern reitet von einem Ort zum anderen. Für die Rückreise kann man die gleiche oder eine neue Route wählen.
Wanderreiten kann man nicht mit dem ☞ **Distanzreiten** gleichsetzen. Die Anforderungen sind anders, und von ihrer Natur her handelt es sich bei normalen Wanderritten nicht um Leistungswettbewerbe; es sind aber auch keine einfachen Spazierritte.
Man muss rechtzeitig gründliche Vorbereitungen treffen. Mit Ausritten und Tagesausflügen steigert man bei sich und bei seinem Pferd die Kondition. Hat man sich die Strecke für einen Wanderritt ausgesucht, so muss man die Tagesetappen berechnen. Wie weit man an einem Tag kommt, hängt unter anderem davon ab, welche Landschaft zu durchreiten ist, ob es viel bergauf und bergab geht, ob man häufig Straßen überqueren oder Umwege um Gewässer und eingezäuntes Weideland machen muss und dergleichen. Auch das (voraussichtliche) Wetter spielt eine Rolle. Danach müssen Quartiere für die Reiter und Unterstellmöglichkeiten für die Pferde gesucht und gebucht werden. Ganz wesentlich hängt der Erfolg auch von der richtigen Ausrüstung ab – und davon, ob die Pferde rechtzeitig den richtigen ☞ **Hufbeschlag** (oder auch keine ☞ **Hufeisen**) bekommen.
In speziellen Kursen kann man das Grundwissen erlernen, das man zum Wanderreiten unbedingt braucht – beispielsweise, in welcher Gangart man hauptsächlich reiten soll, wann und wie lang Erholungspausen sein sollen, wo man Futter und Wasser für die Pferde besorgen kann und nicht zuletzt, wie man Geländekarten liest. Man bekommt Tipps von erfahrenen Wanderreitern, die einem z. B. sagen können, welche Ausrüstung sich bewährt hat, wie man mit vollem Gepäck durch einen tiefen Bach reitet oder welche Art von Unterkünften man besser meiden sollte.
In jedem Fall ist eine Sonderportion Gelassenheit und Geduld erforderlich, denn viele unerwartete und unvorhersehbare Dinge können Wanderreitern zusetzen: unpassierbare oder versperrte Wege, eine Verletzung oder Unwohlsein, die Futterallergie eines Pferdes, Dauerregen und vieles mehr. Dennoch halten viele Reiter das Wanderreiten für den schönsten Freizeit-Pferdesport.
Erste Erfahrungen im Wanderreiten und in der Organisation solcher Ritte kann man privat mit erfahrenen Wanderreitern sammeln; man kann aber auch an Trekkings teilnehmen, die von Reiseveranstaltern angeboten werden. Manchmal wird bei solchen Touren alles Gepäck, das man tagsüber nicht braucht, mit einem Fahrzeug zur nächsten Unterkunft transportiert. Es gibt leichte Touren für Anfänger, außerdem werden Ritte auch für geübtere Wanderreiter angeboten.
Dass man selbst das sehr individuelle Wanderreiten in ein Leistungskorsett zwängen kann, zeigt die Tatsache, dass es in einer Reihe von europäischen Ländern Wanderreiterwettbewerbe gibt. Deren Krönung ist das Europäische Wanderreiter-Championat der ☞ **FITE**, das seit Mitte der achtziger Jahre jährlich veranstaltet wird.

Training für einen Wanderritt mit Packpferd

Wangenfleck _ Dies ist ein dunkler runder Fleck auf beiden Wangen eines Pferdes. Wangenflecke gelten als urtümliche Zeichnung, vermutlich haben dort bei den Vorfahren der Pferde Duftdrüsen gesessen.

Warmblut _ Im Sinne der europäischen Pferdezucht sind alle Pferde Warmblüter, die man nicht zum ☞ **Vollblut** oder zum ☞ **Halbblut** rechnet, die größer sind als ein ☞ **Pony**, weniger massiv als ein ☞ **Kaltblut**, und die auch nicht im ☞ **Cobtyp** stehen. Entstanden sind viele der heutigen europäischen Warmblüter aus schweren ☞ **Wirtschaftspferden**, die man mit leichteren ☞ **Rassen** veredelte - vor allem mit dem ☞ **Englischen Vollblut**, das selbst mütterlicherseits von Landstuten abstammt. In anderen Warmblütern steckt schon seit Jahrhunderten vor allem der ☞ **Araber**. Das Warmblut gilt heute als der vielseitigste Typ der Pferde. In erster Linie meint man damit allerdings die europäischen Rassen, die besonders für den modernen Leistungsreit- und -fahrsport umgezüchtet wurden. Es gibt die unterschiedlichsten Warmblutrassen, sowohl in Europa als auch auf den anderen Kontinenten. ☞ **Barockpferde**, ☞ **Gangpferde**, ☞ **Westernpferde**

Waschen _ sollte man das ☞ **Fell** und das ☞ **Langhaar** eines Pferdes, wenn es besonders verschmutzt oder verschwitzt ist. Man kann Pferden an warmen Tagen auch mit dem Wasser aus dem Wasserschlauch Abkühlung verschaffen. Vor allem ist es gut, die Beine abzuspritzen. Nach dem Waschen wird die Feuchtigkeit zuerst mit dem ☞ **Schweißmesser** aus dem Fell gezogen. Danach kann man das Pferd trocken führen oder auf die Koppel entlassen. Bei starkem Wind sollte man ein Pferd im Stall waschen und nach dem Abziehen mit dem Schweißmesser mit einem saugfähigen Tuch oder mit Stroh trocken reiben, damit es nicht zu sehr auskühlt.

Eine kühle Dusche aus dem Wasserschlauch tut Pferden an heißen Tagen nach einem Ritt besonders gut.

Wattreiten und -fahren _ ist vor allem an der Nordseeküste möglich, wo durch die Gezeiten regelmäßig ein Teil des Meeresbodens freigelegt wird. Dieser etwa 3 bis 20 km breite Streifen ist das Watt. Vom Festland aus ist es nicht immer zugänglich, aber auf einigen Inseln ist das Wattreiten zu einem beliebten Freizeitsport geworden;

Auftakt zu einem Reiterfest auf dem Meeresboden

sogar bei Turnieren wird manchmal ein Teil der Prüfungen im Watt abgelegt. Einen solchen Untergrund gibt es sonst nirgends: halbfester Schlamm, der den Pferden bis zur Fessel reichen kann und mit flachen Salzwasserlaken, mit Tang und unzähligen Miesmuscheln durchsetzt ist.
Unter der Leitung von erfahrenen Wattführern kann man mancherorts auch Ausflüge zu Pferde vom Festland zu einer Insel oder von einer Insel zur anderen unternehmen.

In einigen Orten werden außerdem Kutschfahrten durchs Watt angeboten.
Ein besonderes Spektakel ist das Duhner Wattrennen in Cuxhaven-Duhnen. Dort werden seit 1902 jährlich an einem Sonntag im Sommer Trab- und Galopprennen im Watt veranstaltet, etwa vergleichbar mit den ☞ **Bauernrennen** auf festem ☞ **Geläuf**. Der Termin ändert sich von Jahr zu Jahr, denn er hängt vom Rhythmus der Tiden (Ebbe und Flut) ab. Das Wasser muss auf der Rennstrecke bereits abgelaufen sein, darf aber nicht schon in der nächsten Stunde wieder zurückfluten, weil sonst die Teilnehmer „baden gehen" würden. Etwa vier Stunden lang sind Pferde und Reiter auf dem feuchten Meeresboden in voller Aktion; der hochspritzende Schlick ist für die Pferde allerdings nicht immer die reine Freude.

WBO _ Abkürzung für „Wettbewerbs-Ordnung für den Breitensport" der ☞ **FN**, gültig seit 2008. Sie ist eine Ergänzung der gleichzeitig geänderten ☞ **LPO** und ersetzt unter anderem die bisherige Kategorie C. Durch die WBO werden die unterschiedlichsten Vergleiche im Dressur-, Spring- und Geländereiten geregelt, die nicht zu den Turnieren zählen, aber auch Fahrer- und Longierwettbewerbe sowie viele Veranstaltungen aus dem ☞ **Breitensport** wie Gelassenheitsprüfungen, Handpferdereiten, Pferd- und Hund-Prüfungen oder Quadrillereiten und -fahren. Weitere Prüfungsmöglichkeiten gibt es zum Beispiel für Barockpferd- und Gangpferdreiter, für Westernreiter und für Reiterinnen im Damensattel.
Auch gemeinsame Prüfungen für verschiedene Reitweisen sind möglich, wie beispielsweise Paarreiten mit Dressur und Western, und sogar sportübergreifende Wettbewerbe wie „Reiten und Biken" (Geländeradfahren), an denen sich auch Nichtpferdesportler beteiligen können. Dabei gelten auch je nach Ausschreibung die Regelwerke von FN-Anschlussverbänden (siehe Adressen ganz hinten) und anderer Sportverbände. Das WBO-Handbuch kann im Buchhandel oder direkt bei der FN erworben werden.

Weben _ Ein webendes Pferd pendelt oft stundenlang mit dem Hals hin und her; häufig tritt es dabei auch von einem Vorderbein auf das andere. Dieses zwanghafte Verhalten ähnelt den monotonen Bewegungen von Zoo- und Zirkustieren, die in zu enge Käfige gesperrt werden.
Aus ähnlichen Gründen weben auch Pferde. Ein webendes Pferd leidet unter Eintönigkeit und Bewegungsmangel. Weben schädigt auf Dauer die Beine. Schlimmer noch ist aber der Schaden am Gemüt eines solchen bedauernswerten Pferdes. Obwohl die Ursache in menschlichem Versagen, vor allem in falscher ☞ **Haltung**, liegt, nennt man das Weben eine „Untugend". ☞ **Verhaltensstörung**

Wechselpunkte _ Acht Stellen an der Umgrenzung der ☞ **Reitbahn** bezeichnet man als Wechselpunkte.
Sie dienen als Anfangs- oder Endpunkte für ☞ **Hufschlagfiguren** und ☞ **Handwechsel**. Die Punkte A und C markieren die Mitte der kurzen Seiten, E und B die der langen Seiten. Bei K und H bzw. F und M hört eine lange Seite reiterlich gesehen auf. Die Wechselpunkte sind „offiziell" erreicht, wenn der Oberkörper des Reiters sich auf ihrer Höhe befindet.

Wechselstreu _ ☞ **Einstreu**

Weide oder Koppel _ nennt man eine eingezäunte Wiese. Den Aufenthalt von Pferden auf einer Weide bezeichnet man als Weidegang. Eine Weide oder Koppel kann wenige Quadratmeter, aber auch mehrere Hektar groß sein. Die Pferde und andere Weidetiere können ähnlich wie in der Wildnis Gras fressen (äsen, weiden, grasen) und sich innerhalb der Umzäunung frei bewegen. Sie haben direkten Kontakt zu Artgenossen, sofern sie nicht artwidrig allein gehalten werden. Pferde, die sich überwiegend oder immer auf Weiden aufhalten (☞ **Robusthaltung**), sind wie in der Wildnis dem Tag- und Nachtrhythmus, der wechselnden Witterung und den jahreszeitlichen Veränderungen ausgesetzt. Das bringt eine natürliche Abhärtung, aber auch die Auslese von schwachen Tieren mit sich. Vor allem in ☞ **Wildgestüten** überlässt man die Tiere weitgehend der Natur und greift mit medizinischer Hilfe

Auf einer großen Weide ist für viele Platz.

und zusätzlicher ☞ **Fütterung** nur in Ausnahmefällen ein. Auf Weiden oder auch in natürlich begrenztem Freiland muss den Pferden aber auf jeden Fall ständig Trinkwasser zur Verfügung stehen. Wenn es keine natürlichen sauberen Gewässer gibt, muss man ☞ **Schwemmen** oder ☞ **Tränken** anlegen. Auch sollten natürliche Unterstände wie Baumgruppen oder Felsvorsprünge vorhanden sein, sonst muss man Schutzhütten aufstellen oder Zugang zu einem ☞ **Stall** schaffen (☞ **Laufstall**, ☞ **Offenstall**). Die Umzäunung muss so stabil sein, dass die Pferde sie respektieren. Die Tiere dürfen sich aber nicht daran verletzen können. Außerdem muss auf den Weiden ausreichend ☞ **Grünfutter** vorhanden sein. Von abgegrasten Koppeln versuchen Pferde auf nahrungsreichere Weiden abzuwandern, wenn sie nicht genügend Futter bekommen. Wenn ihnen das nicht gelingt, verhungern frei lebende Pferde. ☞ **Seite 242**

Weiße Linie _ nennt man einen schmalen, hellen Streifen am ☞ **Tragrand** des ☞ **Hufs**. Die weiße Linie bildet den Abschluss der Weichhornschicht der ☞ **Hornkapsel**.

Weißisabelle _ nennt man die hellste Form des ☞ **Isabellen** und die Vorstufe zum ☞ **Albino**.

Welsh-Pony (Walisisches Pony) _ Wales ist ein Landesteil von Großbritannien, der im Westen an der Irischen See liegt und überwiegend aus Bergland besteht. Dort ist das Welsh-Mountain-Pony zu Hause, eine der kleinsten Ponyrassen. Es wird nur bis etwa 122 cm groß. Aus diesem bodenständigen Bergpony entstand durch Einkreuzung von ☞ **Arabern** und anderen Rassen um 1930 das größere und elegantere Welsh-Pony. Es wird bis 137 cm groß. Eine etwas stämmigere Variante in der gleichen Größe ist das Welsh-Pony im ☞ **Cobtyp**. Der Vierte im Bunde ist der Welsh-Cob, der mindestens 137 cm bis etwa 150 cm groß wird. Kreuzungen innerhalb der Sektionen, wie man die Zuchtabteilungen nennt, sind erlaubt. Zusätzlich gibt es noch Welsh-Halbblut-Pferde, die mindestens ein Viertel Welsh-Blut führen müssen. In allen Sektionen sind sämtliche ☞ **Farben** mit Ausnahme von ☞ **Schecken** und ☞ **Fleckschimmeln** zugelassen. Welsh-Ponys werden heute in vielen Ländern der Welt gezüchtet.

Ein Welsh-Mountain-Pony im arabisierten Typ

Weltreiterverband _ ☞ **FEI**

Wendungen _ Wendungen aus der Bewegung sind vor allem die ☞ **Kehrtwendungen** zum Wechseln der ☞ **Hand**. Auch ☞ **Volten** sowie das Abwenden vom ☞ **Hufschlag**, z. B. auf den ☞ **Zirkel**, bezeichnet man als Wendungen. Zu den Wendungen aus dem Halten gehören die ☞ **Hinterhandwendung** und die ☞ **Vorhandwendung**.

Western Horsemanship _ ist eine Disziplin im ☞ **Westernreiten**. Die Prüfung besteht aus zwei Teilen: einer Einzelaufgabe (☞ **Pattern**) und einem so genannten Rail Work (Arbeit auf dem Hufschlag). Das ist eine ☞ **Reining**, zu der meist nur noch die besten Reiter der Einzelaufgabe antreten müssen.

Westernpferde _ Sammelbegriff für verschiedene Pferderassen Nordamerikas, die sich besonders für die Arbeit der Cowboys eignen. Sie sollen - wie andere Pferde von ☞ **berittenen Hirten** - einen ausgeprägten „cow sense" besitzen, also ein Gespür für die Reaktionen der gehüteten Tiere. Die bekannteste und am weitesten verbreitete Westernrasse ist das ☞ **Quarter Horse**.

Westernreiten _ ist die sportliche Version der Arbeitsreitweise der Cowboys, der nordamerikanischen Rindertreiber (☞ **Berittene Hirten**). Typisch sind der ☞ **Sattel**, ein Trachtensattel mit einem Horn für das Wurf- und Fangseil (☞ **Rope**) und mit breiten ☞ **Steigbügeln**, sowie die teilweise einhändige ☞ **Zügelführung**. Grundsätzlich liegt unter dem Sattel eine ☞ **Satteldecke** (☞ **Pad**). Es

Beim Westerntrail wird auch das Rückwärtsrichten des Pferdes zwischen liegenden Stangen verlangt.

gibt spezielle Westernzäumungen mit ☞ **Gebiss** (Bit), man kann aber z. B. auch einen europäischen Gebisszaum verwenden. Vielfach ist die manuelle ☞ **Hackamore** mit Bosal und Mecate im Gebrauch.
Beim Westernreiten sitzt man, anders als in der europäischen ☞ **Reitweise**, mit fast gestreckten Beinen im Sattel, die Unterschenkel sind etwas weiter vorn platziert. Sie berühren etwa von der Wadenmitte an den Pferdekörper nicht mehr, es sei denn, der Reiter gibt eine Schenkelhilfe (☞ **Hilfen**). Die Zügelführung ist im Allgemeinen einhändig: Man hält die leicht durchhängenden Zügel lose in einer Hand, ohne ständigen Kontakt zum Pferdemaul zu halten (☞ **Annehmen**).
Der Westernstil eignet sich unter anderem als ☞ **Freizeit-Pferdesport** und zum ☞ **Wanderreiten**. Man kann auch ☞ **Leistungsabzeichen** für Westernreiter ablegen und an speziellen ☞ **Turnieren** teilnehmen. Dazu braucht man jedoch nicht unbedingt ein ☞ **Westernpferd**; grundsätzlich kann man jede ☞ **Rasse** in der Westernreitweise ausbilden. Unter den westerngerittenen Pferden findet man im deutschsprachigen Raum Araber, Ponys, Warm-, Halb- und Vollblüter. Besonders eignen sich wendige und aufmerksame Pferde mit einem ausgeglichenen Temperament und einem kompakten, gut bemuskelten Körperbau, die zwischen etwa 145 und 155 cm groß sind.

Merkmale des fortgeschrittenen Dressurreitens im Westernstil sind fliegende ☞ **Galoppwechsel**, ☞ **Durchparieren** aus vollem ☞ **Galopp** zum Halten mit Sliding Stop, einem Gleiten auf den Hinterhufen, schnelle halbe und ganze ☞ **Wendungen** beziehungsweise ☞ **Pirouetten** und ☞ **Rückwärtsrichten**, jedoch ohne die in der europäischen Reitweise erwünschte Art der ☞ **Versammlung**.
Im Westernreiten wird eine Art natürlicher Versammlung angestrebt, die mehr vom Pferd als vom Reiter ausgeht.
Im Wettbewerb gibt es als Basisdisziplinen ☞ **Pleasure**, ☞ **Reining**, ☞ **Trail**, ☞ **Western Horsemanship** und ☞ **Western Riding**. Rinderdisziplinen sind ☞ **Cutting** und ☞ **Team Penning**. Zu den Renndisziplinen gehören ☞ **Barrel Race** und ☞ **Pole Bending**. Geritten wird nach dem Reglement der Europäischen Westernunion vorzugsweise in den ☞ **Grundgangarten** Walk (natürlicher Schritt), Jog-Trot (weicher, raumgreifender Trab) und Lope (leichter, rhythmischer Arbeitsgalopp).

Western Riding _ ist eine der Disziplinen im ☞ **Westernreiten**. Es bedeutet laut Regelbuch der Westernunion „die Vorstellung eines sensiblen, sich losgelassen und mühelos bewegenden Pferdes“. U. a. werden fliegende Galoppwechsel gefordert.

Westernsattel _ ☞ **Sattel**

Westfale _ Warmblutpferd aus dem heutigen Bundesland Nordrhein-Westfalen. Im Gebiet Alt-Westfalens blühte die Pferdezucht schon zu römischen Zeiten. Weithin bekannt waren die ☞ **Wildgestüte**, von denen es auch im 19. Jahrhundert noch eine Reihe gab, unter anderem bei Nordkirchen, im Emscher Bruch, in der Senne, im Duisburger Wald und im Merfelder Bruch. Die Kleinpferde aus diesen Gestüten bildeten vermutlich schon im Mittelalter die Zuchtgrundlage für die westfälischen Wirtschaftspferde. (Als einziger „Urwestfale“ blieb der ☞ **Dülmener** erhalten.)
Der große Westfale wurde später auch mit ☞ **Andalusiern**, ☞ **Neapolitanern**, holländischen und dänischen Pferden vermischt. 1826 entstand das ☞ **Landgestüt** in Warendorf bei Münster. Inzwischen wurde die Zucht fast gänzlich auf den ☞ **Hannoveraner** ausgelegt. Der heutige Westfale steht wie alle anderen deutschen Landeszuchten im Typ ☞ **Deutsches Reitpferd**.

Westfriese _ ☞ **Friese**

Wettbewerb _ Bezeichnung der ☞ **FN** und anderer Organisationen für einfache öffentliche Ausscheidungen unterhalb der Ebene von ☞ **Turnieren**.

Wetten _ Im ☞ **Rennsport** kann man Wetten über das Ergebnis eines Rennens abschließen. Sie sind wohl so alt wie Pferderennen selbst. Offizielle Wetten sind fest geregelt. Man kann sie auf dem Rennplatz am so genannten Totalisator abschließen oder andernorts bei staatlichen beziehungsweise staatlich zugelassenen Wettannahmestellen.

Widerrist _ Bezeichnung für die höchste Stelle zwischen den Schulterblättern des Pferdes. Der Widerrist wird von den Dornfortsätzen der ersten Rückenwirbel gebildet. Bei manchen Pferden ist er sehr ausgeprägt und gut sichtbar, bei anderen ziemlich flach. ☞ **Körperbau**, ☞ **Messen**

Dieser Araber hat einen ausgeprägten Widerrist.

Wiehern _ ist die typische Lautäußerung der Pferde. Sie wiehern auf unterschiedliche Arten und aus verschiedenen Anlässen. Außerdem stehen ihnen viele weitere ☞ **Ausdrucksweisen** zur Verfügung.

Wielkopolski _ Dies ist die heimatliche Bezeichnung für das Großpolnische (Wielkopolsker) Pferd. Es handelt sich dabei um das moderne polnische Warmblutpferd schlechthin. Die wichtigste Ausgangsrasse der Zucht war der ☞ **Trakehner**. Wie andere Warmblutrassen wurde das Wielkopolski mit Voll- und Halbblütern veredelt (☞ **Veredler**). Die Größe liegt meist zwischen 160 und 165 cm. Es kommen alle Grundfarben vor (☞ **Farben**), meist haben die Pferde aber keine weißen ☞ **Abzeichen**.

Wildbahn _ Freie Wildbahn oder Wildnis nennt man den Lebensraum, den ☞ **Wildpferde** einnahmen. Die Pferde lebten in kleinen Familien von etwa vier bis zwölf Tieren. Je nach Jahreszeit sowie Futter- und Wasservorkommen unternahmen Wildpferde oft weite Wanderungen. Dabei schlossen sich die Familien meist zu großen ☞ **Herden** zusammen.
In der Wildnis erbeuten Raubtiere einen Teil der Fohlen, vor allem jedoch kranke, verletzte und altersschwache Tiere. Dadurch tragen sie dazu bei, dass die Herden gesund bleiben und nicht zu groß werden.
☞ **Wildlinge** haben zwar das unabhängige Überleben wieder gelernt, sie haben aber teilweise überhand genommen, weil natürliche Fressfeinde fehlten. Dies ist auch in Schutzgebieten der Fall. Dort muss der Mensch die Tierbestände regulieren. Das gilt ebenso für Reservate, in denen ☞ **Przewalskipferde** gehalten werden.
☞ **Robustpferde** werden oft für den größeren Teil des Jahres in die freie Wildnis entlassen, etwa auf Island, wo es keine Fressfeinde für die Pferde gibt und das Meer natürliche Grenzen bildet. Manche so genannte Wildbahnen sind jedoch eingezäunt, und die Pferde leben deshalb auf verhältnismäßig kleinen Gebieten. Bei dieser Haltungsform handelt es sich um ☞ **Wildgestüte**.

Wildesel _ Damit meint man sowohl die in der Wildnis vorkommenden ☞ **Esel** in Afrika als auch die ☞ **Pferdeesel** aus Asien.

Wildfärbung _ So nennt man jene ☞ **Farben** des Haarkleids, die vermutlich auch schon beim ☞ **Wildpferd** in seinen verschiedenen Verbreitungsgebieten vorkamen. Beim ☞ **Przewalskipferd** ist die Wildfärbung noch vorhanden. Es wird vermutet, dass Pferde, die in Wüstenrandgebieten lebten, helle Farben trugen, die die Sonnenstrahlen zurückwerfen. Bei Wildponys in Moor- und Berggebieten dagegen nimmt man eine braune bis schwarze Färbung an, ebenfalls als Anpassung an die Umgebung. Die Hauptfarbe des Przewalskipferdes als Steppenbewohner ist hellbräunlich. Doch gab es bei den Tieren, die vor rund 100 Jahren gefangen wurden, schon sehr unterschiedliche Farbabstufungen – von fahlweißlich über kräftige Brauntöne bis hin zu schwarzbraunen Tieren.
Auch bei den heutigen Zoo-Urwildpferden ist die Färbung nicht völlig einheitlich. Allerdings weiß niemand, ob und wie viel Hauspferdeblut bereits in einigen der Tiere

steckte, die man damals fing. Als sicheres Erbe der Wildpferde gelten auf jeden Fall bestimmte ☞ **Abzeichen** wie ☞ **Streifung** und ☞ **Schwärzung**, ☞ **Stehmähne**, ☞ **Wangenflecke** und ☞ **Mehlmaul** sowie Aufhellungen an Bauch, Kopf, Flanken und Hinterbacken. Nur noch sehr selten tritt bei einem Pferd im ☞ **Haarwechsel** zur kalten Jahreszeit hin die völlige Umfärbung in Weiß ein, wie sie bei einigen nordischen Wildtieren heute noch vorkommt. Beim ☞ **Tarpan** wurde eine solche Weißfärbung von Forschern im 18. Jahrhundert beschrieben.

Wildgestüt _ In einem Wildgestüt leben ☞ **Zuchtstuten** meist ganzjährig im Freien. Sie müssen Nahrung und Trinkwasser größtenteils selbst finden, werden nur selten tierärztlich betreut und bringen ihre ☞ **Fohlen** ohne menschliche Hilfe zur Welt. Halb wild gehaltene Pferde unterliegen einer gewissen natürlichen Auslese, die kräftigsten und widerstandsfähigsten Tiere haben die besten Überlebenschancen. Das Gebiet eines Wildgestüts ist weiträumiger als eine ☞ **Weide**, aber es ist keine echte ☞ **Wildbahn**.
Pferde in einem Wildgestüt haben stets einen oder mehrere Besitzer. Ein Teil der Jungtiere wird jährlich aus der ☞ **Herde** herausgefangen. Die ☞ **Deckhengste** werden vom Menschen ausgewählt und sind meist lediglich für einige Monate bei der Herde. Nur die Zuchtstuten bleiben ihr ganzes Leben lang im Wildgestüt.

Wildling _ Bezeichnung für verwilderte ☞ **Hauspferde** oder ☞ **Hausesel** und deren Nachkommen (☞ **Brumby**, ☞ **Mustang**). Pferde und Esel wurden von den Europäern bei der Vereinnahmung neuer Kontinente mitgenommen; manche Tiere konnten entlaufen, andere wurden zurückgelassen – z. B. Jungtiere, weil man sie nicht gebrauchen konnte.
In Nord- und Südamerika, in Südostasien, in der pazifischen Inselwelt, in Australien und sogar in Südafrika gab es zu Zeiten der Einwanderer noch große Gebiete, in denen Pflanzenfresser wie die Pferde und Esel ausreichend natürliches Futter und Wasser fanden. Wo sich fortpflanzungsfähige Tiere beider Geschlechter zusammenfanden, gab es auch bald Nachwuchs.
Seit Langem gelten Wildlinge jedoch bei den Landwirten als „Plage", weil sie die Weideflächen der Haustiere beanspruchen. Daher wurden und werden Pferde- und Esel-Wildlinge in aller Welt oft grausam verfolgt. Heute sind sie meist auf kleine Reservate zurückgedrängt, oder sie mussten in extreme Gebiete ausweichen, in denen es an

Brumbys, die Pferdewildlinge Australiens

Nahrung und Wasser mangelt. So kommen viele Wildlinge erbärmlich durch Verhungern und Verdursten ums Leben. Selbst Naturschutzorganisationen sind oft nicht bereit, für Wildlinge etwas zu unternehmen, da sie sie nicht zu den natürlich vorkommenden Wildtieren rechnen. Zoologisch gesehen sind Wildlinge nämlich keine echten ☞ **Wildpferde**. Das einzige noch erhaltene Wildpferd ist das ☞ **Przewalskipferd**.

Wildpferd _ Richtig ist diese Bezeichnung nur für ungezähmte Pferde, deren Vorfahren ebenfalls nie von Menschen gezähmt und zum ☞ **Hauspferd** gemacht wurden. Wie andere Wildtiere, konnten auch die Wildpferde Jahrmillionen überleben und sich ohne das Zutun des Menschen weiterentwickeln.
Wildpferde gab es in Europa und Asien während der Eiszeiten und der Zwischeneiszeiten in großer Zahl (☞ **Entwicklungsgeschichte**). Sie wurden jedoch zunehmend von Menschen bejagt. Als viel später, nämlich im Mittelalter, die Feuerwaffen aufkamen, konnte man die Tiere noch viel einfacher abschießen. Viele Herden wurden geschwächt, weil man junge Tiere herausfing, um sie zu zähmen. Dadurch gab es zu wenig Nachwuchs; oft töteten die Jäger bei solchen Wildfängen auch rücksichtslos die Leit- und Muttertiere, die versuchten, die Fohlen zu verteidigen. Schließlich wurden die Lebensräume für wilde Pferde (wie für manche anderen Wildtiere auch) immer stärker von Menschen und ihren gezüchteten Haustieren - auch Hauspferden - in Anspruch genommen. Die Wildpferde wurden immer mehr in unwirtliche Gegenden abgedrängt. Teils lebten sie auch als halb wilde Herden in so genannten Wildbahnen und wurden zur Zucht verwendet. Wildpferde überlebten zwar bis in das 20. Jahrhundert, doch es fanden sich nur noch wenige Restherden in der Mongolei - in Gebieten, die weit von jeder menschlichen Behausung entfernt waren. Diese mongolischen (Ur-)Wildpferde bekamen den Namen ☞ **Przewalskipferd**. Dieses Pferd ist das einzige erhaltene Wildpferd. Allerdings schafften es die Jäger (im Namen der Wissenschaft!), das mongolische Wildpferd auch noch in seinen letzten Rückzugsgebieten auszurotten. Ob die erst vor kurzem ausgewilderten Przewalskipferde eine Überlebenschance haben, muss man erst abwarten. Und ob man sie noch als richtige Wildpferde bezeichnen kann, bleibt ebenfalls fraglich. Sie sind Nachkommen von vielen Zoogenerationen.
Auf jeden Fall ist kein anderes der heutigen wild lebenden Pferde auf der Erde ein echtes Wildpferd. Man nennt solche Pferde zoologisch richtig ☞ **Wildlinge**. Der heutige ☞ **Tarpan** ist ebenso wenig ein echtes Wildpferd wie die Zuchtpferde in ☞ **Wildgestüten**, obwohl für eine solche Rasse (☞ **Dülmener**) die Bezeichnung Wildpferd auf Antrag des Besitzers sogar gesetzlich geschützt wurde. Ahnungslose Pferdefreunde werden dadurch leicht irregeführt.

Wildpferdmerkmale _ Dazu zählt man körperliche Eigenheiten ebenso wie Besonderheiten in der Entwicklung und im Verhalten. So waren die ersten Generationen der ☞ **Przewalskipferde**, die man in Zoos hielt, noch spätreif. Das heißt, dass sie erst mit etwa vier Jahren in die ☞ **Geschlechtsreife** kamen. Außerdem kamen die ☞ **Stuten** nur einmal im Frühjahr in die ☞ **Rosse**.
Als typisch wird zudem die Scheu vor Menschen angesehen.
Auch die ☞ **Stehmähne** ohne Stirnschopf sowie der ☞ **Backenbart** gelten als Wildpferdmerkmale, weil sie beim Przewalskipferd die Regel sind. Nicht alle Merkmale kommen jedoch bei jedem Tier vor. Außerdem nimmt man inzwischen an, dass es Urwildpferdtypen auch mit ☞ **Fallmähne** gab. Dies war wohl vor allem beim ☞ **Urpony** der Fall. Der ☞ **Haarwechsel** des ☞ **Langhaars** tritt bei allen Przewalskipferden auf. Neben diesen sichtbaren Merkmalen sind vor allem Eigenheiten im Skelett und im Gebissaufbau von Bedeutung. Auffallend ist, dass das Gehirn bei Przewalskipferden im Allgemeinen größer ist als bei Hauspferden. Diesen Unterschied hat man übrigens bei allen Wildtieren festgestellt, von denen es Haustierformen gibt.
☞ **Domestikation**, ☞ **Hauspferd**, ☞ **Wildfärbung**

Winterfell _ Durch den ☞ **Haarwechsel** bekommen Pferde zur kalten Jahreszeit hin ein wärmeres ☞ **Fell**. Dieser natürliche Schutz ist allerdings ein Nachteil, wenn man ein Pferd auch in dieser Jahreszeit zum Reiten oder Fahren einsetzen will. Pferde im Winterfell geraten dabei schnell ins Schwitzen (☞ **Schweiß**), auch wenn sie nicht überfordert werden. Bei überwiegend im Stall gehaltenen Pferden kann man den Haarwechsel meist weitgehend verhindern, wenn man sie vom Herbst an ständig mit einer Decke eindeckt. So bleibt auch die Leistungsfähigkeit besser erhalten. Biologisch gesehen ist das aber unnatürlich. Meist hilft man sich eher damit, dass man den Pferden eine Teilschur verpasst (☞ **Scheren**).

Pony im dichten, schützenden Winterfell

Wirtschaftspferde _ Im weitesten Sinn sind alle ☞ **Arbeitspferde** Wirtschaftspferde. Hauptsächlich meint man damit aber die Pferde in der Land- und Forstwirtschaft sowie im Garten- und Plantagenbau. Viele Rassen, die heute hauptsächlich noble ☞ **Sportpferde** hervorbringen, sind mit Hilfe von ☞ **Veredlern** aus kräftigen Wirtschaftspferden entwickelt worden. Manchmal züchtet man neben dem Leistungssport-Typ auch noch, meist in kleinem Umfang, den alten, kräftigen Wirtschaftstyp. Diese Pferde sind stämmiger und oft auch ausgeglichener als ihre „modernen" Rassegenossen. Viele dienen nicht nur als Arbeitspferde, sondern werden zunehmend auch zum Freizeitreiten und -fahren verwendet, darunter auch manche Kaltblüter.

Woilach _ So nennt man eine große Pferdedecke, die zum Reiten mehrfach zusammengelegt und als Sattelunterlage verwendet werden kann. Bei Reitpausen kann man das Pferd damit eindecken.

Wolf _ Wer einen Wolf hat, der hat Scheuerwunden am Gesäß. Solche Wunden kann man sich beim Reiten holen, wenn man ungeübt ist, den richtigen ☞ **Sitz** noch nicht beherrscht und/oder ungeeignete ☞ **Reitkleidung** trägt.

Wolfszahn _ Hinter den letzten Backenzähnen erscheint bei Pferden oft ein kleiner Zahn oder Zahnrest, der keine Funktion mehr hat. Vermutlich ist er wie der ☞ **Hakenzahn** ein Überbleibsel aus der frühen ☞ **Entwicklungsgeschichte** der Pferde. Ein solcher Wolfszahn muss manchmal vom Tierarzt herausoperiert werden, weil er das Wachstum der anderen ☞ **Zähne** hemmt oder sogar eine Entzündung im Kiefer hervorruft.

Württemberger _ Deutsches Warmblutpferd aus dem Bundesland Baden-Württemberg. Der Württemberger steht heute im Typ des ☞ **Deutschen Reitpferdes**.
Das Land- und Hauptgestüt Marbach beherbergt neben den Württembergern eine bedeutende Zucht von ☞ **Arabern** sowie Hengste der Rasse ☞ **Schwarzwälder Fuchs**.

Wundstarrkrampf (Tetanus) _ wird durch Bazillen hervorgerufen. Die gefährlichen Krankheitserreger dringen durch kleinste Wunden in den Körper eines Pferdes ein. Vor allem unter Luftabschluss vermehren sich die Bazillen sehr schnell. Sie scheiden ein Nervengift aus und verursachen verheerende Krämpfe, die zum Ersticken oder zu Herzversagen führen. Für Mensch und Tier gibt es vorbeugende ☞ **Impfungen**.

Wurmbefall _ ☞ **Parasiten**

Der Woilach wurde früher vor allem bei langen Ritten häufig verwendet, heute sieht man ihn kaum noch.

Die größte Bergweide der Welt

Zielstrebig gehen die Pferde auf dem Weg zum Berg voran, etwas bedächtiger trotten die Rinder hinter ihnen her. Einige Male stoßen aus einem der Bauernhöfe links und rechts des Weges weitere Tiere dazu. Dann gibt es jedes Mal ein aufgeregtes, freudiges Wiehern und Muhen in dem immer größer werdenden Zug. Stuten mit Fohlen bei Fuß sind ebenso dabei wie ein- und zweijährige Jungpferde – alles Haflinger.

Der große Almauftrieb am Ritten bei Bozen in Südtirol ist im vollen Gange. Erwartungsvoll ziehen die Tiere nach langem Stehen im Winterstall die immer steiler werdenden, steinigen Pfade bergauf in ihre „Sommerfrische"; die Aussicht auf Auslauf ohne Zäune, auf frisches Grünfutter und auf Ruhe fernab von jedem menschlichen Lärm scheint sie anzutreiben.

Die riesige Bergweide, die sich rund um das 2260 Meter hohe Rittner Horn erstreckt, hat eine Größe von etwa zwölf Quadratkilometern. 350 Bauern schicken jedes Jahr im Mai nach uraltem Recht zwischen 160 und 180 Haflinger und um die 800 Rinder auf diese größte Alm der Welt. Betreut werden die Tiere von einem Alm-Meister und drei oder vier weiteren Hirten. Die Männer hausen in wetterfesten, aber einfachen Hütten ohne Komfort, die Tiere leben auf der Hochalm fast wie in freier Wildbahn.

Ganz ungefährlich ist es dort oben allerdings nicht, immer wieder einmal geht ein Pferd oder ein Rind verloren. Die Almleute merken es allerdings meist sehr schnell, wenn eines der fast tausend Tiere fehlt. Manchmal verirrt sich ein Pferd oder ein Rind, wenn es beim Weiden den Anschluss an die Herde verliert, oder hat sich in eine Lage gebracht, aus der es sich allein nicht mehr befreien kann. Es muss dann unter großen Mühen und Gefahren geborgen werden.
Des Öfteren entdecken die Almhirten ein Tier erst nach tagelangem Suchen – friedlich an einem Ort grasend, an dem besonders schmackhafte Kräuter wachsen. Es kommt aber auch vor, dass sie dort, wo Greifvögel kreisen, nur noch die Überreste eines vermissten Tieres finden, das im Steilgelände abgestürzt ist oder vom Blitz erschlagen wurde. Besonders die vorwitzigen Jährlinge sind gefährdet: Sie stehen nicht mehr unter der Obhut ihrer Mütter, können aber die besonderen Gefahren der Bergwelt noch nicht richtig einschätzen.

Besucher sind auf dem Ritten unerwünscht, sie würden bloß Unruhe in die Großherde bringen. Nur zum regelmäßigen Umtrieb kommen einige Helfer. Hoch zu Ross holen die Hirten dann die Herde zusammen und führen sie in ein anderes Gebiet. So kann die Natur nicht wie früher durch Überweidung schweren Schaden nehmen.

Vier Monate dauert der Aufenthalt auf dem Rittner Horn. Dann geht es allmählich immer tiefer hinunter ins Tal, denn auf den Bergen kann es schon im Spätsommer recht kalt werden, und das Gras wächst nur noch spärlich. Gekräftigt und abgehärtet durch das frische Berggras, durch Höhenluft, Wind und Wetter kehren die Pferde und Rinder schließlich in die heimatlichen Ställe zurück – bis es im nächsten Frühjahr wieder heißt: Almauftrieb zum Rittner Horn!

XYZ

X-Z Das große Pferdelexikon

Im Verlauf von Jahrtausenden wurde eine unüberschaubare Vielzahl von Zäumen erfunden, und immer noch kommen neue Arten hinzu. Es waren und sind zum Teil sehr grausame Konstruktionen, die den Pferden allein schon beim Tragen Schmerzen verursachen. Mildere Zäumungen entfalten ihre Wirkung erst durch die ☞ **Zügel** in der Hand des Reiters oder Fahrers. Manchmal wird die Wirkung auch durch Zusatzzäume wie die ☞ **Hilfszügel** verschärft.
Im Wesentlichen unterscheidet man zwischen Zäumen mit ☞ **Gebiss** und gebisslosen ☞ **Nasenzäumen**. Zu beiden Arten gehört meist ein ☞ **Kopfstück**, das den Zaum an der vorgesehenen Stelle hält. Über die Zügel, die ☞ **Leinen** oder die ☞ **Longe** werden dem Pferd Signale vermittelt, die man auch ☞ **Hilfen** nennt. Besonders die ☞ **Zügelführung** ist allerdings oft sehr unsachgemäß und grob - teils aus Unfähigkeit, teils aus Absicht, um das Pferd „gefügig" zu machen (☞ **Annehmen**, ☞ **Riegeln**). Grundsätzlich gilt: Je besser das Vertrauen zwischen Pferd und Reiter/Fahrer ist, umso weniger (scharfes) Zaum- und Lederzeug ist nötig; dazu gehört allerdings auch eine fachgerechte ☞ **Ausbildung** von Pferd und Mensch.
☞ **Hackamore**, ☞ **Kandare**, ☞ **Kappzaum**, ☞ **Pelham**, ☞ **Reithalfter**, ☞ **Trense**

Zebra _ Die gestreiften Zebras sind eine Unterfamilie der Pferdeartigen oder ☞ **Equiden**. Man nennt sie wegen ihres Fellmusters gelegentlich auch „Tigerpferde". Zebras sind nur in Afrika zu Hause. Sie kommen in drei Arten und mehreren Unterarten vor. Alle tragen eine Stehmähne und einen Schwanz mit Haarquaste. Ansonsten unterscheiden sie sich sowohl im Streifenmuster als auch in den Farbtönen, im Körperbau und in der Lebensweise voneinander. Bergzebras leben in kleinen Trupps und sind in den Mittelgebirgen Südafrikas zu Hause. Das Kap-Zebra ist mit 125 cm Schulterhöhe das kleinste Zebra überhaupt. Man findet es ebenso wie das etwas größere Hartmann-Zebra nur noch in Reservaten. Zu den besonderen Erkennungszeichen der Bergzebras zählen ein schwarzweißes „Gitter" über der Schwanzwurzel und eine herabhängende kleine Hautfalte am Hals, die so genannte Halswamme.
Das Grévy-Zebra ist im äußeren Osten Afrikas beheimatet. In kleinen Rudeln war es in Steppen, Hochmooren und sumpfigen Buschgebieten verbreitet. Es ist mit rund 150 cm Schulterhöhe die größte Zebraart. Weitere Kennzeichen sind breite Hufe, eine sehr dichte und schmale

Steppenzebras in freier afrikanischer Wildbahn

Streifung an den Beinen und ein ☞ **Aalstrich**. Grévys bevorzugen weiche Pflanzennahrung, etwa Laub und Knospen. Sie sind stark vom Aussterben bedroht. Berg- und Grévyzebras nannte man früher wegen ihrer langen Ohren auch Eselzebras.
Am häufigsten gibt es noch die Steppenzebras. Ihr Lebensraum sind die großen afrikanischen Savannen. Dort leben sie heute in größeren Herden, vor allem in den Nationalparks. Von den fünf Unterarten sind jedoch zwei Arten bereits ausgerottet, das Burchellzebra und das Quagga. Grant-, Böhm- und Chapman-Zebras kann man auch in europäischen Tierparks sehen.
Zebras gibt es nicht als Haustiere, obwohl vereinzelt immer wieder versucht wird, sie als Reit- oder Gespanntiere zu verwenden.

Zebrastreifen _ sind dunkle Querstreifen an den Beinen von ansonsten heller gefärbten Pferden. Wie der ☞ **Aalstrich** gelten solche Streifen als Merkmal urtümlicher Pferde.
☞ **Abzeichen**, ☞ **Wildfärbung**

Zebroid _ Zebroide stammen aus Kreuzungen von Zebras mit Pferden, Eseln (Eselzebroide) und Halbeseln. Sie wurden bisher nur in zoologischen Gärten gezüchtet, hauptsächlich zu Forschungszwecken. Zebroide sind ebenso wenig fortpflanzungsfähig wie ☞ **Maulesel** und ☞ **Maultiere**. ☞ **Equiden**

XYZ

x _ steht als besonderes Kennzeichen hinter dem Namen von ☞ **Anglo-Arabern**. Es weist sie als ☞ **Halbblüter** aus. ☞ **ox**, ☞ **xx**

Xenophon _ Dieser griechische Offizier, Pferdezüchter und Geschichtsschreiber lebte von 430 bis 355 vor Christus. Neben wichtigen historischen Büchern schrieb er auch eine Reitlehre mit dem Titel „Über die Reitkunst“. Sie ist das älteste schriftlich erhaltene Werk dieser Art. Dazu gab Xenophon auch Hinweise zum Pferdekauf, zur Pferdehaltung und zum Umgang mit Pferden.
Viele Überlegungen und Anweisungen von Xenophon haben auch heute durchaus noch Gültigkeit. Lesenswert sind seine Werke auf jeden Fall!

xx _ hinter dem Namen eines Pferdes bedeutet, dass es sich um ein ☞ **Englisches Vollblut** handelt. Wegen des verbreiteten Einsatzes Englischer Vollblüter als ☞ **Veredler** finden sich diese Buchstaben auch im ☞ **Pedigree** vieler deutscher Warmblutpferde. ☞ **ox**, ☞ **x**

Yakute _ Dies ist die wohl nördlichste Pferderasse der Welt. Der Yakute ist ein kräftiges, unverwüstliches Pony in einer Größe zwischen 130 und 135 cm. Sein derbes Äußeres ist den extremen Klimabedingungen seiner Heimat angepasst.
Das Yakuten-Pony wird vom Volk der Yakuten in Nordostsibirien gezüchtet. Sein Hauptzuchtgebiet liegt im Tal des Yana-Stromes, der in die Laptew-See mündet, einen Teil des Nordpolarmeeres. Beiderseits ragen Gebirgszüge auf: rechts das Tscherskij-, links das Werchojansk-Gebirge mit der gleichnamigen Stadt. Flusstal und Berge werden vom Polarkreis durchlaufen.
Entsprechend der geographischen Lage gibt es kurze, mäßig warme Sommer und extrem harte Winter mit Rekordkälten bis zu minus 60° Celsius, kaum Niederschläge und magersten Pflanzenwuchs.
Wie das ☞ **Mongolenpony** nutzt man auch das Yakuten-Pony vielseitig zum Gebrauchsreiten sowie für Reiterspiele und Rennen, als Tragtier bei Wanderungen und für die Stutenmilchgewinnung. Außerdem findet das Pony als Schlachttier Verwendung, von dem man nicht nur das Fleisch isst, sondern auch Haut und Haare, Knochen und Sehnen voll verwertet.
Die kleinen, ungemein zähen Pferde werden in der Herdengemeinschaft im Freien gehalten.

Zackeln _ nennt man einen ungleichmäßigen ☞ **Trab** mit kurzen Wechseln in den ☞ **Schritt**. Es kommt gelegentlich bei ermüdeten oder unsicheren Pferden vor. Kleine Pferde zackeln manchmal, um mit größeren Artgenossen im Tempo mitzuhalten.

Zähne _ Pferde haben ein typisches Pflanzenfressergebiss. Die Vorderzähne sind an ihrer Grundfläche nicht schmal und scharfkantig wie die Schneidezähne von fleischfressenden Tieren oder Menschen, sondern verhältnismäßig breit. Damit können Pferde Gras, Kräuter und Blätter fassen und mit einem kleinen Ruck abrupfen. Mit der Zunge wird dann die Nahrung nach hinten in den Bereich der Backenzähne befördert.
Die Pflanzen und Pflanzenteile müssen zerkleinert und zermahlen sein, bevor sie in den Magen wandern. Nur so werden sie aufgeschlossen und können schließlich im ☞ **Blinddarm** verdaut werden. Deshalb haben die Backenzähne (auch Mahlzähne genannt) breite, flache Kronen. Das kräftige Kiefergelenk macht beißende und mahlende Bewegungen möglich, sodass die Backenzähne wie kleine Mühlsteine wirken, wenn das Pferd kaut. Diese Zähne sind besonders tief im Kiefer verankert.

Schneidezähne eines etwa fünfjährigen Pferdes

Querovale Form

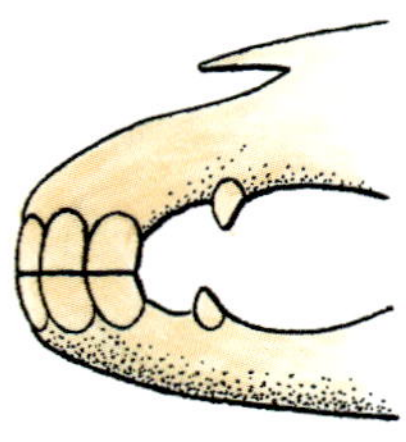

Zangenstellung

Schneidezähne eines etwa achtzehnjährigen Pferdes

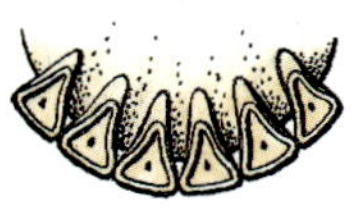

Dreieckform

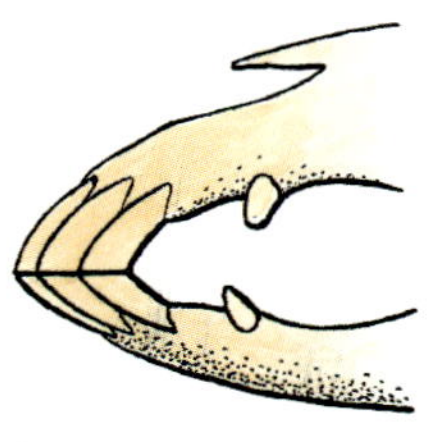

Pinzettenstellung

Das ☞ **Milchgebiss** der Pferde hat 24 Zähne; die hinteren Backenzähne fehlen beim Milchgebiss noch. Das bleibende Gebiss (Dauergebiss) besteht aus mindestens 36 Zähnen. Männliche Pferde besitzen meistens noch weitere vier kleine ☞ **Hakenzähne**. Bei Stuten sind diese Zähne selten; deshalb nennt man sie auch Hengstzähne. Dazu kommt gelegentlich noch ein ☞ **Wolfszahn**.
Im vorderen Kieferteil sitzen oben und unten je sechs Schneidezähne. Die inneren zwei Schneidezähne nennt man auch Zangen. Daneben liegt je ein Mittelzahn, und die jeweils letzten, äußeren Schneidezähne sind die Eckzähne. Danach folgen, wenn vorhanden, die Hakenzähne. Nach einer größeren Lücke in den Kiefern (☞ **Laden**) beginnt auf jeder Seite im Ober- und Unterkiefer die geschlossene Reihe der Backenzähne oder Mahlzähne. Sie werden unterteilt in je drei vordere und je drei hintere Backenzähne. Die allgemeine zoologische Bezeichnung dafür ist Prämolaren = Vorbackenzähne und Molaren = Backenzähne.
Die bleibenden Zähne nutzen sich an der Reibefläche mit der Zeit ab. Die Natur hat jedoch vorgesorgt: Die Zähne schieben von der Wurzel her nach; die Lücken füllen sich im gleichen Maße mit Knochensubstanz. Die Wurzeln der Backenzähne sind jedoch deutlich länger und kräftiger als die Wurzeln der Schneidezähne.
Die Oberfläche der bleibenden Schneidezähne verändert sich durch die Abnutzung im Verlauf eines Pferdelebens. In den ersten Jahren nach dem ☞ **Zahnwechsel** sind die Zahnoberflächen queroval und haben Einbuchtungen im Zahnschmelz, die man als ☞ **Kunden** bezeichnet. Allmählich wird die Form rundlicher, und die Kunden reiben sich ab. In höherem Alter nehmen die Oberflächen der Schneidezähne eine etwa dreieckige Form an, und es können nochmals Schmelzeinfaltungen entstehen.
Auch die Stellung der Schneidezähne verändert sich, je älter ein Pferd wird. Die Kiefer werden weniger elastisch und strecken sich nach vorn. Anfangs stehen die Schneidezähne meist senkrecht und genau aufeinander – ideal für das Grasen. Je älter ein Pferd wird, umso schräger stellen sich die Schneidezähne. Aus dem Beißzangengebiss wird ein Pinzettengebiss (mit einem zeitweiligen ☞ **Einbiss** der Eckzähne). Ältere Pferde brauchen daher meist länger zum Grasrupfen als ihre jüngeren Artgenossen. Gleichzeitig entstehen manchmal an den Backenzähnen durch den Kieferschub Haken (nicht zu verwechseln mit den Hakenzähnen), weil die Kauflächen zeitweilig auch hier nicht mehr genau aufeinandertreffen. Diese Zahnhaken können die empfindliche Schleimhaut im Maul verletzen. Oft kaut ein solches Pferd dann wegen der Schmerzen nicht mehr richtig, beschränkt das Fressen auf das Allernotwendigste und magert ab. Solche Haken kann ein Tierarzt abraspeln.
Gelegentlich muss ein Zahn entfernt werden, weil sich z. B. eine Geschwulst im Kiefer gebildet hat. Dies ist meist eine schwierige Operation mit langwieriger Heilung.
In hohem ☞ **Alter** ist die Zahnsubstanz aufgebraucht, und die Zahnstummel fallen aus. Ohne Zähne (oder mit starken Fehlbildungen der Kiefer wie ausgeprägtem ☞ **Hechtgebiss** und ☞ **Karpfengebiss**) kann ein Pferd nicht mehr genügend oder gar nicht mehr fressen. Es muss langsam verhungern. In der Natur kürzen Raubtiere eine solche schlimme Endphase ab, indem sie geschwächte alte Tiere töten.

Zäumen _ ☞ **Satteln und Zäumen**

Zahnhaken _ nennt man durch einseitigen Abrieb entstandene Haken an den Backenzähnen. ☞ **Zähne**

Zahnwechsel _ Er beginnt beim Pferd meist schon vor dem dritten Lebensjahr und dauert etwa zwei Jahre. Manche Pferde werden dann zeitweilig unleidlich, weil ihnen der Zahnwechsel Schmerzen bereitet – nicht anders, als es bei uns Menschen auch oft der Fall ist. ☞ **Milchgebiss**, ☞ **Zähne**

Zangen _ Bezeichnung für die beiden mittleren Schneidezähne. ☞ **Milchgebiss**, ☞ **Zähne**

Zaum, Zäumung _ Diese Begriffe stehen im Zusammenhang mit dem Wort Zähmen. Als die ersten Wildpferde nicht mehr nur als Beute gejagt, sondern lebend eingefangen wurden, war der erste Schritt zur ☞ **Domestikation** getan. Zum Führen und später zum Reiten, Fahren oder Longieren brauchte man allerdings Hilfsmittel. Die einfachen Schlingen, die man den Pferden wahrscheinlich zum Fangen und ersten ☞ **Einbrechen** um den Hals legte, genügten dafür nicht. Man erfand Vorrichtungen, die den Pferden um das Maul oder ins Maul gebunden wurden und die sie durch Schmerz oder Druck auf empfindliche Stellen gefügig machen sollten. Damit bekam der Mensch die lebhaften und körperlich überlegenen Tiere buchstäblich „in den Griff".

Im Verlauf von Jahrtausenden wurde eine unüberschaubare Vielzahl von Zäumen erfunden, und immer noch kommen neue Arten hinzu. Es waren und sind zum Teil sehr grausame Konstruktionen, die den Pferden allein schon beim Tragen Schmerzen verursachen. Mildere Zäumungen entfalten ihre Wirkung erst durch die ☞ **Zügel** in der Hand des Reiters oder Fahrers. Manchmal wird die Wirkung auch durch Zusatzzäume wie die ☞ **Hilfszügel** verschärft.

Im Wesentlichen unterscheidet man zwischen Zäumen mit ☞ **Gebiss** und gebisslosen ☞ **Nasenzäumen**. Zu beiden Arten gehört meist ein ☞ **Kopfstück**, das den Zaum an der vorgesehenen Stelle hält. Über die Zügel, die ☞ **Leinen** oder die ☞ **Longe** werden dem Pferd Signale vermittelt, die man auch ☞ **Hilfen** nennt. Besonders die ☞ **Zügelführung** ist allerdings oft sehr unsachgemäß und grob – teils aus Unfähigkeit, teils aus Absicht, um das Pferd „gefügig" zu machen (☞ **Annehmen**, ☞ **Riegeln**). Grundsätzlich gilt: Je besser das Vertrauen zwischen Pferd und Reiter/Fahrer ist, umso weniger (scharfes) Zaum- und Lederzeug ist nötig; dazu gehört allerdings auch eine fachgerechte ☞ **Ausbildung** von Pferd und Mensch.

☞ **Hackamore**, ☞ **Kandare**, ☞ **Kappzaum**, ☞ **Pelham**, ☞ **Reithalfter**, ☞ **Trense**

Zebra _ Die gestreiften Zebras sind eine Unterfamilie der Pferdeartigen oder ☞ **Equiden**. Man nennt sie wegen ihres Fellmusters gelegentlich auch „Tigerpferde". Zebras sind nur in Afrika zu Hause. Sie kommen in drei Arten und mehreren Unterarten vor. Alle tragen eine Stehmähne und einen Schwanz mit Haarquaste. Ansonsten unterscheiden sie sich sowohl im Streifenmuster als auch in den Farbtönen, im Körperbau und in der Lebensweise voneinander. Bergzebras leben in kleinen Trupps und sind in den Mittelgebirgen Südafrikas zu Hause. Das Kap-Zebra ist mit 125 cm Schulterhöhe das kleinste Zebra überhaupt. Man findet es ebenso wie das etwas größere Hartmann-Zebra nur noch in Reservaten. Zu den besonderen Erkennungszeichen der Bergzebras zählen ein schwarzweißes „Gitter" über der Schwanzwurzel und eine herabhängende kleine Hautfalte am Hals, die so genannte Halswamme.

Das Grévy-Zebra ist im äußeren Osten Afrikas beheimatet. In kleinen Rudeln war es in Steppen, Hochmooren und sumpfigen Buschgebieten verbreitet. Es ist mit rund 150 cm Schulterhöhe die größte Zebraart. Weitere Kennzeichen sind breite Hufe, eine sehr dichte und schmale

Steppenzebras in freier afrikanischer Wildbahn

Streifung an den Beinen und ein ☞ **Aalstrich**. Grévys bevorzugen weiche Pflanzennahrung, etwa Laub und Knospen. Sie sind stark vom Aussterben bedroht. Berg- und Grévyzebras nannte man früher wegen ihrer langen Ohren auch Eselzebras.

Am häufigsten gibt es noch die Steppenzebras. Ihr Lebensraum sind die großen afrikanischen Savannen. Dort leben sie heute in größeren Herden, vor allem in den Nationalparks. Von den fünf Unterarten sind jedoch zwei Arten bereits ausgerottet, das Burchellzebra und das Quagga. Grant-, Böhm- und Chapman-Zebras kann man auch in europäischen Tierparks sehen.

Zebras gibt es nicht als Haustiere, obwohl vereinzelt immer wieder versucht wird, sie als Reit- oder Gespanntiere zu verwenden.

Zebrastreifen _ sind dunkle Querstreifen an den Beinen von ansonsten heller gefärbten Pferden. Wie der ☞ **Aalstrich** gelten solche Streifen als Merkmal urtümlicher Pferde.

☞ **Abzeichen**, ☞ **Wildfärbung**

Zebroid _ Zebroide stammen aus Kreuzungen von Zebras mit Pferden, Eseln (Eselzebroide) und Halbeseln. Sie wurden bisher nur in zoologischen Gärten gezüchtet, hauptsächlich zu Forschungszwecken. Zebroide sind ebenso wenig fortpflanzungsfähig wie ☞ **Maulesel** und ☞ **Maultiere**. ☞ **Equiden**

Zelter _ nannte man im Mittelalter Pferde, die die Spezialgangart ☞ **Tölt** und manchmal auch noch den ☞ **Pass** beherrschten. Sie waren besonders als Damen- und Reisereitpferde gefragt. Als jedoch das Reisen mit Kutschen in Mode kam, schwand das Interesse an den Zeltern.

Zirkel _ 1. Rundbahn zum ☞ **Longieren**, die auch als Longierzirkel bezeichnet wird.
2. Eine kreisförmige ☞ **Hufschlagfigur**. Ein Zirkel hat bei normal breiten ☞ **Reitbahnen** im Durchmesser fast das Maß der kurzen Seiten. Die kurze und die langen Seiten der Reitbahn werden jeweils mit einer ☞ **Pferdelänge** berührt. Den Halbkreis zur Bahnmitte nennt man offene Seite. Man kann auf dem Zirkel reiten, aus dem Zirkel wechseln (zum anderen Zirkel), durch den Zirkel wechseln (ist schon sehr anspruchsvoll) sowie den Zirkel verkleinern und wieder vergrößern. Hierzu ist allerdings eine perfekte Hilfengebung erforderlich (☞ **Hilfen**).

Zirkuspferde _ Schon in der Antike kannte man Schaunummern mit Pferden, die die Zuschauer in Staunen und Bewunderung versetzten und so zur Unterhaltung des Publikums beitrugen. Die Vorführer verdienten damals wie heute ihren Lebensunterhalt damit. Zirkuspferde kann man deshalb sowohl zu den ☞ **Showpferden** als auch zu den ☞ **Arbeitspferden** rechnen. Sie werden in verschiedenen Bereichen eingesetzt.
In der Freiheitsdressur stellt man frei laufende Pferdegruppen vor, die oft sehr attraktiv nach Farben zusammengestellt sind. Meist handelt es sich um Hengste, die z. B. auf Kommando steigen, sich um die eigene Achse drehen oder zur Musik „tanzen". Außerdem gibt es Einzelnummern, bei denen Pferde sich z. B. „schlafen legen" oder „Rechenaufgaben lösen".
In der Kunstreiterei werden ☞ **Ungarische Post** oder waghalsige Voltigierfiguren vorgeführt, beim Schulreiten zeigt man Lektionen wie den ☞ **Spanischen Schritt**.

Zucht _ ist ein Grundzug der ☞ **Domestikation**. Dabei trifft nicht mehr die Natur eine Auslese zwischen starken, überlebensfähigen und ranghohen Tieren, die sich fortpflanzen, und anderen, denen die Fortpflanzung versagt bleibt. Bei der Zucht bestimmt weitgehend oder ausschließlich der Mensch, welche Tiere sich wann, wo und wie oft miteinander paaren dürfen. Bei dieser künstlichen Auslese nach menschlichen Gesichtspunkten ist Natürlichkeit häufig nicht gefragt. So werden z. B Pferde aus unterschiedlichen Gebieten zusammengebracht, die ein unvorhersehbares Erbe weitergeben.
Es entstehen ☞ **Rassen**, die es im Wildleben nicht gegeben hat und niemals geben würde. Vieles, was in der Wildnis zum Überleben dringend erforderlich ist, wird beim ☞ **Hauspferd** verdrängt – beispielsweise Robustheit, Scheu und ein Größenwachstum, das sich nach den Gegebenheiten in der Wildbahn richtet. Viele Pferde sind auf feste Behausungen angewiesen und zeigen schon als Fohlen, dass sie den Menschen sehr zugeneigt sind. Miniatur- und Riesenformen werden ebenso gezüchtet wie „edle" Pferde mit wenig Behaarung oder solche mit unnatürlich ausgeprägten ☞ **Gangarten** und in der Natur kaum auftretenden ☞ **Farben**. ☞ **Exterieur** und ☞ **Interieur** werden danach beurteilt, wie günstig sie für die Nutzung der Pferde durch den Menschen sind. Kommen natürliche, oft verdrängte ☞ **Verhaltensweisen** durch, so nennen unverständige Menschen sie ☞ **Untugenden** und versuchen, sie „wegzuzüchten". Und wenn eine Pferderasse nicht mehr den Anforderungen entspricht, die der Mensch an sie stellt, lässt man sie entweder aussterben, oder man züchtet sie um.
Allerdings läuft vieles in der Zucht nicht so, wie der Mensch es sich vorstellt – nicht einmal bei ☞ **künstlicher Besamung** und ☞ **Embryotransfer**. Denn die Natur spricht immer noch ein Wörtchen mit, zumindest solange die Gentechnik sich nicht in die Pferdezucht einmischt.

Zuchtbuch _ oder Gestütbuch nennt man ein Register, das von einem ☞ **Zuchtverband** oder einem staatlichen ☞ **Gestüt** geführt wird. Meist wird es für Hengste und für Stuten getrennt angelegt. Fohlen werden in das Buch zunächst ohne Namen bei der Mutter eingetragen. Weibliche Tiere, die später als ☞ **Zuchtstuten** anerkannt werden, kommen dann mit eigenem Namen in das ☞ **Stutbuch**. In das Hengstverzeichnis werden nur Hengste mit bestandener ☞ **Körung** und ☞ **Deckerlaubnis** eingetragen.

Zuchthengst _ Das ist ein männliches Pferd, das regelmäßig zur Zucht eingesetzt wird. Man bezeichnet einen Zuchthengst auch als Beschäler oder Deckhengst. Er muss gekört sein (☞ **Körung**) und eine ☞ **Hengstleistungsprüfung** erfolgreich absolviert haben. Außerhalb der ☞ **Decksaison** werden Zuchthengste oft auch im Renn- oder Turniersport eingesetzt. ☞ **Veredler**

Zuchtstute _ Ein weibliches Pferd, das in (fast) jeder ☞ **Decksaison** gedeckt wird und Fohlen bekommt, bezeichnet man als Zuchtstute. Manchmal werden Zuchtstuten weder geritten noch gefahren, besonders wenn sie in einem ☞ **Wildgestüt** leben. Ihre Aufgabe besteht ausschließlich darin, Nachwuchs zu bekommen und aufzuziehen.

Zuchtverbände _ Pferde- und andere Tierzuchtverbände sind vom Tierzuchtgesetz vorgeschrieben und müssen staatlich anerkannt werden. Es sind Organisationen für Züchter der einzelnen ☞ **Rassen**, die für ihre Tiere eine rechtlich gültige Rasseanerkennung und Zuchterlaubnis haben wollen. Zuchtverbände müssen bestimmte Aufgaben wahrnehmen und eine genau festgelegte Struktur haben. Dazu gehört es, dass ein ☞ **Zuchtbuch** geführt wird und dass ein sachkundiger Zuchtleiter vorhanden ist. Der Zuchtverband und nicht der einzelne Züchter entscheidet, ob z. B. ein ☞ **Deckhengst** bei der jeweiligen Rasse zur Zucht zugelassen wird.
Die ☞ **Körung** allein stellt noch keine ☞ **Deckerlaubnis** für den jeweiligen Verband dar. Der Zuchtverband übernimmt auch das ☞ **Brennen** oder eine andere ☞ **Kennzeichnung** der Pferde. Er erstellt außerdem den ☞ **Standard**, also das Zuchtziel einer Rasse.
Nicht jede Einrichtung, die sich Zuchtverband nennt, ist tatsächlich eine staatlich anerkannte Vereinigung. Statt eines ☞ **Abstammungsnachweises** bekommt ein Züchter von einem nicht anerkannten Verband nur inoffizielle Papiere, etwa eine ☞ **Registrierbescheinigung**.

Zügel _ sind ein wesentlicher Bestandteil der ☞ **Zäumung**. Sie werden am Nasen- oder Gebissteil des Zaums befestigt und an den Enden meist verschnallt. Mit Hilfe der Zügel kann der Reiter auf den Pferdekopf einwirken. Eine „Lenkhilfe" ohne Zügel ist der ☞ **Halsring**. Zügel bestehen meist aus glattem, teils auch aus geflochtenem Leder oder Gurtstoff; außerdem gibt es Zügel aus Pferdehaar. ☞ **Führzügel**, ☞ **Leinen**, ☞ **Longe**

Verschiedene Zügelmaterialien

Glattleder

Geflochtenes Leder

Gurt mit Stoppern

Stoff- oder Wollkordel

Zügelführung, Zügelhilfen _ Grundsätzlich unterscheidet man die beidhändige und die einhändige Zügelführung. In der herkömmlichen europäischen ☞ **Reitweise** hält man die Zügel fast ausschließlich in beiden Händen. Beim ☞ **Westernreiten** und anderen Arbeitsreitweisen werden die Zügel vielfach (aber nicht immer) in einer Hand geführt, um die andere z. B. für das Einfangen von Tieren aus der Herde oder zum Öffnen von Gattern frei zu haben.
Beim europäischen Reitstil sollen die Zügelhände zu Fäusten geschlossen sein und aufrecht stehen, sodass jederzeit ein ☞ **Annehmen** und Nachgeben möglich ist. Die Arme des Reiters sind angewinkelt und liegen nahe am Oberkörper. Beim ☞ **Abreiten** lässt man sein Pferd am

Die übliche Zügelhaltung in der herkömmlichen deutsch-kontinentalen Reitweise

langen Zügel gehen, damit es sich strecken und dehnen kann (nicht zu verwechseln mit dem ☞ **Langen Zügel** bei der Arbeit an der Hand!). Danach werden die Zügel aufgenommen, also durch Nachfassen verkürzt.
Beim ☞ **Aufnehmen** des Pferdes oder zum Halten werden die Zügel ein- oder beidseitig gegen die treibenden Schenkel- und Gewichtshilfen gegengehalten; solche anstehenden Zügel gibt es z. B. auch beim Durchreiten von Ecken (☞ **Paraden**). Damit das Pferd sich nach dem Reiten strecken und entspannen kann, werden die Zügel hingegeben: Sie hängen dann durch.
Beim Reiten geht das Pferd anfangs meist noch etwas vor dem Zügel, es soll allmählich an den Zügel kommen - und zwar nicht allein durch Annehmen der Zügel, sondern durch gleichzeitige treibende ☞ **Hilfen**! Wenn die Zügel zu stark angenommen werden und das Pferd Schmerzen im Maul hat, geht es oft gegen den Zügel, über oder hinter dem Zügel. Manchmal wehrt es sich auch durch Kopfschlagen gegen die harte Zügelhand des Reiters oder Fahrers.

Zügellahmheit _ ist eine ☞ **Lahmheit**, die ein Pferd nur beim Reiten hat. Sie entsteht durch falsche Belastung und Zügelführung des Reiters oder durch Überforderung des Pferdes.

Zug, Zugpferde _ Jedes größere ☞ **Gespann**, ob mit ☞ **Wagen**, Schlitten, ☞ **Fuhrwerk** oder Arbeitsgeräten, nennt man auch Zug (kommt von Ziehen). Bei ☞ **Mehrspännern** spricht man z. B. auch von Viererzug, Fünferzug, Sechserzug und so weiter. Zum schweren Zug zählen vor allem die Fuhrwerksgespanne, bei denen die Pferde oft tonnenschwere Lasten ziehen.
Zugpferde müssen sorgfältig ausgebildet werden und sollten ein ausgeglichenes Temperament haben. Heftige, nervöse oder ungehorsame Pferde sind im Zug für sich und ihre Umgebung eine noch größere Gefahr als unter dem Sattel. Unfälle können aber auch durch reparaturbedürftige Gefährte und ☞ **Geschirre** hervorgerufen werden.
☞ **Zugleistung**

Zugleistung _ nennt man das maximale ☞ **Gewicht**, das ein Pferd ziehen kann. Bei ☞ **Hengstleistungsprüfungen** für ☞ **Kaltblüter** und andere Pferde, die vorwiegend im ☞ **Zug** eingesetzt werden, ist die Zugkraft ebenso gefragt wie z. B. bei sportlichen Zugleistungsprüfungen. Dabei wird ein bestimmtes Mindestgewicht für die jeweilige Rasse vorgegeben.

Zungenfreiheit _ Manche ☞ **Gebisse** bei Zäumung auf ☞ **Kandare** haben in der Mitte eine Aufwölbung, die der Zunge des Pferdes mehr Spielraum geben soll. Diese Aufwölbung bezeichnet man als Zungenfreiheit.

Zwanghuf _ Bezeichnung für eine fehlerhafte Hufform: Der ☞ **Huf** ist im hinteren Bereich verengt, der Strahl zu schmal und die Auftrittsfläche verkleinert.

Zweibrücker _ Deutsches Warmblutpferd aus der Rheinpfalz, der Region mit dem kleinsten deutschen ☞ **Landgestüt** in Zweibrücken. Zuchtziel ist heute auch hier ein Pferd im Typ ☞ **Deutsches Reitpferd**.

Zweispänner _ nennt man ein ☞ **Gespann**, bei dem zwei Pferde nebeneinander eingespannt sind. Dies dürfte die gebräuchlichste Anspannungsart sein. Ein selteneres Gespann mit zwei Pferden ist das ☞ **Tandem**.

Zweispännig im Galopp durchs Wasser – eine Sache für Könner

Zwerghackney _ ☞ **Hackney**

Zwergpferde _ nannte man früher alle ☞ **Ponys** mit einem Stockmaß von weniger als 122 cm. Heute versteht man darunter vor allem die ☞ **Miniaturpferde**.

Zwillinge _ Der Organismus einer Stute ist für jeweils ein Fohlen pro ☞ **Trächtigkeit** und Säugezeit eingerichtet. Man nimmt an, dass sich bei etwa einem Fünftel der Stuten, die gedeckt werden (☞ **Decken**), jedoch zwei

Fohlen bilden, sehr selten sogar Drillinge. Mehrlinge bekommen jedoch schon im Mutterleib meist zu wenig Nahrung und behindern sich gegenseitig im Wachstum. Die Gefahr einer Fehl- oder Totgeburt (☞ **Verfohlen**) ist bei einer Zwillingsträchtigkeit daher besonders groß. Häufig gleicht die Natur jedoch ihren „Fehler" selbst wieder aus:

Bei Pferdezwillingen bleibt ein Fohlen oft deutlich kleiner als sein Geschwister.

Eine der Früchte, wie man Ungeborene auch nennt, wird noch im Embryostadium, also gleich in den ersten Wochen der Trächtigkeit, im Körper der Stute aufgelöst (resorbiert). Gelegentlich lösen sich auch beide Embryos auf. Seltener stirbt ein Fohlenfötus erst nach mehreren Monaten ab und wird zur ☞ **Steinfrucht**. Um das besser entwickelte Fohlen nicht zu gefährden, wird manchmal das Absterben des zurückgebliebenen Zwillings durch einen tierärztlichen Eingriff ausgelöst. Es ist jedoch schon vorgekommen, dass dann trotzdem Zwillinge geboren wurden – die Stute hatte offensichtlich Drillinge getragen! Die Trächtigkeit und die ☞ **Geburt** von Zwillingen ist für eine Mutterstute eine besondere Strapaze. Werden beide Fohlen ausgetragen, so sind sie meist sehr klein, schwach und nicht gesund. Oft stirbt einer der Zwillinge wenige Stunden nach der Geburt, manchmal überleben auch beide den ersten Tag nicht. Nur etwa ein Drittel aller geborenen Zwillingsfohlen wird älter als drei Wochen. Wenn beide Zwillinge am Leben bleiben und gut heranwachsen, ist dies ein besonderer Glücksfall. Nach einer Statistik kommen bei ☞ **Hauspferden** unter 1000 Geburten etwa 15 Zwillingsgeburten vor. Beobachtungen von Zwillingsgeburten bei ☞ **Equiden** im Freileben sind nicht bekannt. Wahrscheinlich sind solche Mehrlingsgeburten hauptsächlich eine Folge der ☞ **Domestikation**.

Bildnachweis

Archiv EMS: Bund gegen den Missbrauch der Tiere e. V.: S. 185

Beuerle, Wilfried: S. 13, 15 rechts, 64, 99, 111, 114, 152 unten, 157 unten, 173, 197, 216

Dünisch, Ramona: S. 6, 11, 32, 44, 45, 59, 70 unten, 78 rechts, 81, 128, 138 rechts, 223, 238, 241

Erdmann, Heike: S. 14, 21, 37, 38, 49, 50, 51, 56, 57, 60 oben (2), 62, 65, 73, 83, 87, 90, 138 links, 147, 151, 167, 185 oben rechts, 185 mitte (2), 209, 218 (2), 221, 231, 239, 246

Friedel, Edda: S. 42 links

Funk, Nicole: S. 183

Geiger, Julie-Sabine: S. 120, 122, 124, 189, 199, 219, 224

Goller, Werner: S. 16, 58 links, 96, 162 links

Kärcher, Gaby: S. 5, 15 links, 25, 30, 33, 41, 107, 113, 125, 130 links, 131 rechts, 133, 141, 177, 202, 243

Kessel, Carola von: S. 169 (2), 217 rechts

Küpper, Sabine: S. 9, 10, 12, 21, 35, 39, 40 (2), 42 rechts, 48, 60 unten (2), 63, 74, 80, 91, 110, 127, 129, 134, 143, 152 oben, 154, 155, 164, 174, 182, 185 oben links, 195, 214 rechts, 222 oben links, 225 rechts, 233, 235, 250

Marzinek, Addi: S. 22, 47 rechts, 78 links, 100, 121, 135, 150, 205, 249

Marzinek-Späth, Edel: S. 8, 23, 29 (2), 31, 43, 55, 68, 69, 70 oben, 79, 88, 92, 96 rechts, 103, 108 rechts, 118 unten, 130 rechts, 131 links, 136 links, 137, 139 (2), 144, 145 (2), 149, 158, 160, 162 rechts, 165, 171, 180, 181, 184, 192, 193, 194, 198, 202, 210, 214, 215, 217 links, 234 links, 236, 237, 241, 248

Philipp, Hans-Jürgen: S. 108 links, 225

Sorrel: S. 18, 142, 203

Schurr, Gerlinde: S. 26, 27, 47 links, 48, 66, 67, 95, 118 oben, 157 oben, 166, 186, 187, 190, 228, 232, 234

Schweizerischer Verband der Mazedonischen Pferde e. V.: S. 136 rechts

Sievers, Ulrike: S. 76

Tier-Hilfswerk Heidelberg e. V.: S. 213

Adressen

Deutschland:

Deutsche Reiterliche Vereinigung e.V. (FN)
Hausadresse: Freiherr-von-Langen-Straße 13,
48231 Warendorf
Postadresse: D-48229 Warendorf
Telefon: 0 25 81/6 36 20
Telefax: 0 25 81/6 21 44
E-Mail: fn@fn-dokr.de
Internet: www.pferd-aktuell.de

FN-Geschäftsstelle Berlin:
14053 Berlin, Passenheimer Straße 30
Telefon: 0 30/3 04 97 99

Direktorium für Vollblutzucht und -rennen
Rennbahnstraße 100
D-50737 Köln

Hauptverband für Traberzucht und -rennen
Gutenbergstraße 40
D-41564 Kaarst

Anschlussverbände der FN

Erste Westernreiter Union Deutschland e.V. (EWU)
Islandpferde-Reiter- und Züchterverband e.V. (IPZV)
Verein Deutscher Distanzreiter und -fahrer e.V. (VDD)
Internationale Gangpferdevereinigung e.V. (IGV)
Deutsches Kuratorium für therapeutisches Reiten e.V. (DKThR)
Deutscher Akademischer Reiterverband e.V. (DAR)
Bundesverband für klassisch-barocke Reiterei Deutschland e.V.

Österreich:

Bundesfachverband für Reiten und Fahren in Österreich
Geiselbergstraße 26-32/512
A-1110 Wien
Telefon: +43/17/49 92 61
Telefax: +43/17/49 92 66 91
E-Mail: office@fena.at
Internet: www.fena.at

Schweiz:

Schweizerischer Verband für Pferdesport
Papiermühlestraße 40 H
Case Postale 726
CH-3000 Bern
Telefon: +41/31/3 35 43 43
Telefax: +41/31/3 35 43 58
E-Mail: svps-fsse@bluewin.ch

Die Autorin

Edel Marzinek-Späth arbeitet als freie Journalistin und Buchautorin. Sie war leitende Redakteurin einer Pferdezeitschrift, hat mehrere Bücher veröffentlicht und zahlreiche Artikel auch über Pferde verfasst. Schon seit dem Kindesalter geht die solide ausgebildete Reiterin mit Pferden um. Ihr eigener reichhaltiger Erfahrungsschatz wird bei allen Veröffentlichungen über Pferde durch die fachkundige Beratung ihres Ehemannes Addi Marzinek ergänzt, der langjähriger Reiter, Pferdeausbilder und Hufschmied ist.

08 09 / 8 7 6 5 4 3 2 1

verlegt durch EGMONT Verlagsgesellschaften mbH,
Gertrudenstraße 30–36, 50667 Köln

3., überarbeitete und aktualisierte Auflage
Titelfoto: Corbis, Germany
Illustrationen: Helmut Ball
Umschlaggestaltung und Typografie: Jutta Hohl-Wolf
Gesetzt aus der Fairfield LH und Interstate
Druck/Bindung: Westermann Druck Zwickau GmbH, Zwickau
ISBN 978-3-505-12476-1